DRC

国务院发展研究中心
学 术 文 库

重大公共政策评估
理论、方法与实践

Research On The Theory,
Methods And Practice
Of Public Policy Estimate

李志军◎主编

中国发展出版社
CHINA DEVELOPMENT PRESS

图书在版编目（CIP）数据

重大公共政策评估理论、方法与实践/李志军主编.
北京：中国发展出版社，2013.7
ISBN 978-7-80234-940-7

I.①重… Ⅱ.①李… Ⅲ.①政策分析 Ⅳ.①D0

中国版本图书馆 CIP 数据核字（2013）第 119039 号

书　　　名：重大公共政策评估理论、方法与实践
著作责任者：李志军
出 版 发 行：中国发展出版社
　　　　　　（北京市西城区百万庄大街 16 号 8 层　100037）
标 准 书 号：ISBN 978-7-80234-940-7
经 销 者：各地新华书店
印 刷 者：北京科信印刷有限公司
开　　　本：700mm×1000mm　1/16
印　　　张：23.75
字　　　数：410 千字
版　　　次：2013 年 7 月第 1 版
印　　　次：2013 年 7 月第 1 次印刷
定　　　价：50.00 元

联 系 电 话：(010) 68990642　68990692
购 书 热 线：(010) 68990682　68990686
网 络 订 购：http://zgfzcbs.tmall.com//
网 购 电 话：(010) 88333349　68990639
本 社 网 址：http://www.develpress.com.cn
电 子 邮 件：bianjibu16@vip.sohu.com

目　录
Contents

第二篇　有关国家和国际组织政策评估情况及主要做法

第三篇　公共政策评估在中国

第四篇　科技创新政策评估

第五篇　公共政策评估案例

关于建立我国重大公共政策评估
制度的建议①（代序）

李志军

公共政策评估是指特定的评估主体根据一定的标准和程序，通过考察政策过程的各个阶段、各个环节，对政策的效果、效能及价值所进行的检测、评价和判断。20 世纪 90 年代以来，随着各国政府改革的推进，公共政策评估受到越来越多国家的重视，许多国家相继开展了公共政策评估工作，对提高政策质量和政府公共管理的水平，推动政府行政改革，发挥了重要作用。

一、建立我国重大公共政策评估制度的
必要性与重要意义

1. 公共政策评估有利于提高政策运行的科学性和准确性

制定和执行政策是政府部门的重要职责和任务之一。任何一项政策在研究制定、组织实施一段时间以后，其运行质量和效果如何，都需要进行评估，以便对政策进行调整、完善或者终止。

公共政策评估对正确地制定、执行和完善政策具有重要意义，不仅能反映政府制定和执行公共政策的能力和效果，也决定和影响着政府的绩效。通过公共政策评估可以决定是否需要对政策进行调整、完善或终止，更好

---

① 原载国务院发展研究中心调研报告《择要》2013 年 4 月 7 日第 16 号。

地配置政策资源，提高政策的科学性和准确性，实现政策运行和决策的科学化，提高政府正确履行职责的能力和水平。

2. 快速变化的国内外形势迫切需要加强公共政策评估工作

改革开放以来，我国从中央到地方都研究制定、颁布实施了许多政策。从总体上讲，这些政策是有效的，对推动改革开放和经济社会发展发挥了重要作用。但毋庸置疑，也有一些政策实际执行效果不理想，没有达到预期目标。究其原因，一方面，是由于国际国内环境错综复杂，形势变化快，决策难度大，政策出台时机和力度难以把握；另一方面，有些政策出台比较匆忙，政策质量不高，特别是没有随着形势的变化进行及时调整。

决策的失误是最大的失误。当前和今后一个时期，国内外形势错综复杂、充满变数，我国经济社会发展依然面临着一些风险和挑战，决策难度更大。经济社会发展要求提高公共政策的针对性和有效性，提高公共政策的质量和执行效果。这就迫切需要加强公共政策评估工作，尤其是对一些重大经济社会政策进行定期评估，并根据评估结果，及时调整和完善政策。

二、当前我国公共政策评估工作状况
不适应经济社会发展需要

近年来，我国有些部门和地方开展了一些公共政策评估工作，对本部门本地区制定实施的公共政策项目进行了自我评估或委托第三方进行评估。比如：科技部委托有关部门对中小企业创新基金、火炬计划、《国家中长期科学和技术发展规划纲要》实施情况进行了评估；国家知识产权局委托有关部门对《国家知识产权战略纲要》实施情况进行了评估。从总体上讲，这些评估不是法定的，是部门自己组织的，是随意的、零散的，缺少独立的第三方评估，透明度和公信力不足。

造成这种状况的主要原因是我国政策评估工作起步较晚，政策评估理论方法研究滞后，实践经验不足。特别是，对公共政策评估的重要性认识不足；评估理论与方法体系不完善；法律地位不明确，没有建立科学的公共政策评估机制；政策评估组织不健全，缺少独立的政策评估组织；缺乏

完善的信息系统等等。由于没有专门的法律和完善的评估制度，导致政策评估工作的客观性、独立性不强，政策评估职责和目的不明确，组织建设和机制建设难以落实，评估经费无法有效保障，严重制约了政策评估工作的规范发展，影响了公共政策质量的提高。

当前，我国公共政策评估工作状况明显不适应经济社会发展需要。要深刻认识公共政策评估对经济社会发展的重要意义，抓紧建立我国重大公共政策评估制度。

三、建立我国重大公共政策评估制度需要着力解决的几个问题

政策评估的制度化和法律化建设是使政策评估工作真正纳入政策过程的必要保障。只有建立了规范化、制度化的公共政策评估体制和机制，政策评估才能走上健康发展的轨道，政策评估的功效才能得到充分、有效地发挥。根据我国国情和现实情况，并吸收借鉴国外公共政策评估的经验和做法，建立我国重大公共政策评估制度，需要着力解决好以下几个方面的体制和机制问题。

1. 确立公共政策评估的地位

要通过立法确立公共政策评估的地位，明确各级政府制定和执行公共政策都要进行不同程度的绩效评估；规范评估主体、客体的权力与责任；对政策评估原则、评估类型、评估程序、评估结果的使用和公开及职能机构、人员组成、评估费用等作出明确规定。

2. 发挥人大和监察部门的作用

公共政策评估是政府绩效评估的重要内容之一，要把公共政策评估纳入政府绩效评估体系，作为一项重要内容来对待。对于各级政府颁布实施的政策，建议由同级人大常委会或其专门委员会负责组织评估；对于政府各个部门颁布实施的政策，建议由同级人民政府监察部门负责组织评估。

3. 加强评估机构和人才队伍建设

各级政府所属政策研究与咨询机构可以承担政策评估的具体工作，要对这些机构进行规范、整合，保证评估工作的公正、客观和独立性。鼓励和引导民间政策评估机构的发展，充分发挥民间评估机构体制灵活、专业化强、客观公正、社会关系广泛的优势，特别要注意赋予民间评估机构超然、独立的地位，保证其工作不受政府干扰。加大评估专业人才的培养力度，通过学历教育和在职培训，提高评估人员的专业化水平。

4. 探索科学的评估理论、方法和技术

加强政策评估理论体系建设。要结合国情和实际，学习借鉴国外先进、实用的评估方法与制度设计，不断提高政策评估的针对性、有效性。

5. 提供必要的经费保障

政策评估是一项耗资巨大而复杂的系统工程，需要各种专业人才参与，需要收集大量的资料和数据，经历较长时间的分析研究和评估过程，因此需要提供必要的经费保障。

6. 提高公共政策评估的透明度

建立政策评估信息系统，完善政府信息公开制度。在评估过程中，要扩大公众参与面，保证评估结论客观公正，提高评估的质量。根据不同情况，把可公开的政策评估信息对公众发布，接受公众监督和评议。

第一篇 公共政策评估基本理论与方法

一、公共政策评估的由来与发展

一般来说，公共政策的过程包括五个阶段：政策研究；政策制定；政策执行；政策评估；政策修改、完善或终止。

公共政策评估，也称"政策评估"，是政策过程的重要组成部分，对正确的制定、执行和完善政策具有重要意义，不仅能反映政府制定和执行公共政策的能力和效果，也决定和影响着政府的绩效。通过公共政策评估可以决定是否需要对政策进行调整、完善或终止，更好地配置政策资源，提高政策的科学性和准确性，实现政策运行和决策的科学化，提升政府正确履行职责的能力和水平。

不同的学者对于政策评估的由来与发展历史拥有不同的观点。Frank van der Most 通过对过往文献的回顾，简略地描述了社会项目评估（social program evaluation，简称 SPE）和研究评估（research evaluation，简称 RE）的历史[①]。

社会项目评估

社会项目评估这个领域最初源于 1900 年左右时在美国开展的测评学生成绩的实践。在十几年后的欧洲和美国，智力测试、精神测试和科学管理运动又被引进。到了 1930 年代，人们发展评估性描述以提升和优化课程，而在 1960 年代，如 Michael Scriven（1967）这样的一些作者强调评估中的判断和标准等要素，从而引起了一场关于谁应该提供这些要素的讨论，并促进了评估模型在 1960 年代和 1970 年代的发展。

从 1960 年代开始，在社会项目评估内，评估通常被嵌入一个基本的自上而下的政策循环视角。在这个视角内，评估被嵌入决策循环的两个位置。一个位置是在决策作为既存项目的继续时，而评估此时就是一种投入。另一个位置是在开展项目的过程中，从而让项目员工借此提高项目水平。例如，Weiss（1972）说过："评估研究的目的是以项目目标为标杆来衡量项目的影响，从而作为随后的项目决策的准备，并提升未来的项目。"当学者们以这种视角来

---

① Frank van der Most. Use and non – use of research evaluation：A literature review. Circle. Lunds university.

看待评估的作用和影响时，他们通常关注的是评估对决策和后续决策的影响，以及对社会项目的改进。例如 Leviton（1981）说过："我们认为官僚决策和政策修订的循环决定了投入使用的评估的类型。"

1970 年代见证了社会项目评估进一步的专业化。在 1976 年，评估网络和评估研究学会被建立起来。一些评估类期刊，例如《评估评论》（1977）、《评估实践》（1979）和《美国评估杂志》（1980）都开始创刊，而且评估的标准都于 1981 年和 1988 年得到发展。

从 1960 年代以后，在评估专业化的过程中，越来越多的学者开始意识到基本的政策循环视角并不适合于他们从事评估时的实践经验，因此有可能产生其他竞争性视角。Weiss（1972）显现出了她强烈的实践导向。她详细指出许多实践并不符合政策循环模型，但却并未下结论说这个模型是不正确的。

其他人则清晰地表达了他们对该模型的批评，并发展出其他不同程度上背离政策循环视角的竞争性模型。Stake（1974）和他的同事提出了"回应性评估"：第一，回应性评估指向项目活动而非目标；第二，它回应来自受众的信息需求；第三，它对成功或失败的报告指的只是不同价值和利益的人的观点。

Patton（1978）基于评估被使用的调查结果，发展出一种"使用取向的评估"方法。这种方法的使用不是单一的、开拓性的事件，而是减少既定社会环境下决策者不确定性的渐进过程。因此，这种方法的每一个重要步骤就是确认相关决策者和信息使用者。这些都是想要评估信息的明确个体，而非拥有正式、规定目标的组织。

Guba & Lincoln 在 Stake 的"回应性评估"概念的基础上，介绍了"第四代评估"，这种评估方法强调评估中不同利益相关者之间的协商。此外，他们的理论明显是建构主义的产物，也就是把评估的背景考虑在内。相较于 Patton，他们主要关注的不是决策者或那些想要评估信息的人。他们指出，"有些人被吸引到评估中，是因为评估会给他们带来风险。"而且早期评估方法的缺点之一就是管理主义取向：管理人与评估者签订合同，这就导致管理人自身不会成为评估目标，也就是说如果发现了败象，管理人是不会被谴责的。另外，"典型的管理人/评估人关系是既剥夺权力又不公平的。"因为合约管理人拥有决定评估结果的最终权力，即使评估结果通常是经过与评估人员协商后才产生。

尽管 Stake、Patton 和 Guba& Lincoln 都提出了社会项目评估的新方法，而且即使他们都引起了人们的注意，政策循环视角还远没有被击败，更可能是像以前那样富有生机。Weiss（1998）从 1980 年代起评估这个领域对评估的使用。她对建构主义思想怀有复杂的情感，因为建构主义让我们更认真地使用评估结果进行概括和综合，但她又怀疑建构主义是否真的能复兴对评估的使用。当谈到一些参与式方法，她表示这些方法既有优势又有劣势。Weiss 希望这些方法能带来不同的效果，但却发现实践中项目受益人通常并没有被包括在参与式评估中，结果，这些研究可能显得比较保守。另一个说明政策循环视角还富有生命力的近期例子是，Leeuw（2008）指出"第四代标准（这种标准定义了一个评估体系）只是评估活动的信息和决策与执行过程的制度性联结罢了。"

研究评估

超过一个半世纪以来，在美国的科研院校和期刊上，科学研究都有各种形式的内部同行评审的实践。在二战后的几十年间，研究协会和其他基金组织也将同行评审引进学术工作，相当于一套围绕项目生命循环的评估实践。不久后，各部门和研究协会以及其他从业者也开始对新型的研究评估感兴趣，这主要是在总体层次上，而不是单个的工程。自 1960 年代后期起，他们变得对创新研究的影响感兴趣。大约十年后，全国范围都开始通过科技评估来评价技术对社会的影响。在 1980 年代期间，文献计量学和科学计量学等研究科学的方法引起了一些政府部门的注意，并以此作为进行研究资助的基础。最著名的要属英国、澳大利亚和新西兰的评估系统。最迟到 1990 年代，资助项目和研究协会的运作也成为了评估的客体。或许也有人指出现在已经出现对研究进行社会性评估，即对存在于特定环境中的研究进行评估，然而，它还没有得到广泛使用。最后，在 1990 年代，世界范围和全国范围都涌现出对各个大学的排名。对于教育项目而言，这种排名早就被发展出来，但全部大学的排名则是最近发展出来的。

这里列出的各种发展并不是在所有国家同时发生，而且并不是所有类型的评估都在所有国家得以实践。另外，并不是每种评估都系统性地覆盖了所有研究。尽管如此，在一些国家，如 Whitley（2008）所指，这种混杂物已经在某些维度上变得尤其密集和系统。

评估除了在数量和类型上得到扩张，研究评估内部也越来越专业化。尽管没有研究评估协会的存在，但一个专业的期刊《研究评估》在 1992 年就已创刊。从那时开始，荷兰特温特大学的技术和社会科学研究中心已经提供一种关于研究评估的全年课程，主要针对的专业人员包括大学和研究委员会的员工，以及政府政策人员。大约与此同时，曼彻斯特创新研究中心提供了关于科技政策评估的课程。专业的研究团体如荷兰莱顿大学的科技研究中心和如 Technopolis 一类的咨询公司都开展评估或者提供评估服务。在评估研究中，两套参照标准得到使用：科学的内部同行评审与上文所说的政策循环视角。通常这两套标准会同时使用。

Hellmut Wollmann 则将西方公共部门改革与评估的历史进行了梳理①。他认为，在过去的几十年中，公共部门改革与评估紧密联系如同孪生兄弟一般。公共部门改革与评估的发展历史可以划分为三个阶段：第一波是在 1960 年代和 1970 年代；第二波则开始于 1970 年代中期；第三波则与新公共管理运动相关。

在 1960 年代和 1970 年代中，伴随着先进福利国家到来的是提高国家前瞻性政策制定能力的理念，它要求通过对政治和行政结构进行一场深刻的现代化运动，让计划和评估制度化和专业化。从理念上说，这是建立在政策循环的假设上的。政策循环围绕着政策形成计划、执行和评估，其中的评估被认为是如同"控制论中的连接环"一样有用，它搜集信息并将其反馈到相关的政策制定过程中。政策评估，完全由社会科学为基础的评估研究所主导，它主要关注的是大量政策的产生和成效。嵌入在包含（短期）计划时间的改革主义情绪（还有乐观主义）中，政策评估的目的是提升政策成效，并将其产出效果最大化。这种早期阶段的评估被称为"第一波"评估。从 1960 年代中期起，美国已经成为全球政策评估领域的带头人，而瑞典与德国则是欧洲政策评估的领跑者。

从 1970 年代中期起，紧随 1973 年第一次石油价格恐慌所引起的全球经济和财政危机之后，政策制定已经被预算削减和成本效率的思想所主导。结果，政策评估得到重新定义，政策评估的隐含任务就是减少政策，并将投入效率最大化。从一种发展的视角来看，这一阶段是政策评估的第二波。在欧洲国家中，荷兰和英国成为了模范。

政策评估的第三波则是在 1980 年代后期和 1990 年代得以形成，这一时期在更多的国家中存在着更为紧迫的财政危机，并且新公共管理运动在国际理论与实践中大行其道。通过广泛引进私人部门的管理概念和工具，新公共管理运动建立在明显包含目标设置、执行和评估的"管理循环"之上。尽管这与之前的"政策循环"拥有明显的概念上的相似性，但是一个深刻的区别是"管理循环"与有关执行单位进行中的活动拥有基本的和战略性的关系。第二波成本效率为导向的评估很大程度上是作为外部评估来执行，并且主要目的是检

---

① Hellmut Wollmann. Evaluation in public－sector reform: concepts and practice in international perspective. Cheltenham: Edward Elgar publishing, 2003（p1－3）.

查和减少（扩张性的和昂贵的）福利国家政策。"管理循环"所要求的评估活动和工具则具有内部性质，围绕以机构为基础的绩效管理、自我评估程序和报告，组成了"新公共管理包裹"的一部分。因此，"第三波"评估的特点是内部设置的评估机构和工具占据舞台中央。

在《第四代评估》一书中，Guba E. G 和 Y. S. Lincoln 二人认为定义"评估"一词是没有意义的，因而选择了对其进行描述。通过描述人们做评估时的内心想法、哲学预设等内容，来表明对评估的建构已日臻精巧。然而，到今天，应该对其进行激进的崭新建构，也就是第四代评估。当然，对于第四代评估，人们并没有一致的意见，作者主要是将其作为对早期评估形式中的幼稚、残缺进行革除、改进①。同时，作者认为，他们并不相信"第四代评估"是评估的终极形式。"第四代评估"只是比以前更成熟，但迟早也会被发现其中的问题（这在之后的"协调民主式评估"中将会得到论述）。

关于公共政策评估的演进，可以划分为以下几个阶段。

（一）第一代：测量

从 1910 年到第二次世界大战期间，是第一代评估。这个阶段的标志是"测量"（measurement），认为"政策评估即实验室实验"。评估的重点放在技术性测量工具的提供上，以实验室内的实验为主，比如对智商、学习成效进行测量。政策评估者相当于技术员。第一代评估的不足在于，过分重视测量和实验室评估研究的结果，而没有顾及实验室的评估能否适用、推广到现实生活中。

评估活动并不是简单地在某一天产生，它是不断地建构与再建构的结果。其实生活中最典型的评估就是学生时代的考试。学校考试早已被应用了数百年，从而确定学生们是否掌握了各种课程的内容。第一个公开的教育学研究"拼命拼写的无效"（rice，1897），就是基于对学生分数的分析，发现学生们的拼写成绩与所花时间并无明显关系。与此同时，法国国家教育部部长邀请心理学家 Alfred Binet 设计一种测试，以区分出正常儿童与智障儿童。刚开始 Binet 尝试使用英国与德国早已完善的计量心理技术，但并不成功。于是 Binet 根

---

① Guba E. G，Y. S. Lincoln. Fourth generation evaluation. Newbury park：sage, 1989（p21 – 41）.

据常识观察发现智障儿童不能应对简单的生活情境，例如数钱。最终 Binet 根据对象在所处年龄所应完成的事务，而创造出"心理年龄"的概念。到 1912 年，将心理年龄与实际年龄对比得出智商已经变得非常普遍。Binet 测试在 1910 年时跨过大西洋来到美国。1916 年，Louis Terman 修改 Binet 测试以使其适应美国儿童，自此以后智商测试就成了美国教育制度的永久组成部分。

美国国家教育协会于 1904 年组建了一个专门研究考试的委员会，通过考试来对孩子们进行分类，并决定他们的进度。1912 年，第一个学区研究局在纽约市建立，它的任务就是应用"新的测量技术"来检查教育系统。类似的机构很快在其他主要城市建立，这些机构的主管也开始举办年会，之后他们正式组建了美国教育研究协会。

促使脑力测试快速成长和得到广泛认可的最大影响事件应该是在一战中，为了招募士兵，军队领袖采纳了美国心理协会的方案，在很短的时间内对 200 万人进行测量。受这次成功的影响，该方案的带头人 Arthur Otis 对方案进行修改并应用于学校。

另外，几个背景因素虽然看起来与第一代评估的发展只有间接联系，但对其形成产生重大影响。第一个背景因素是"社会科学"的崛起；第二个背景因素是科学管理运动在贸易和工厂中的产生。这都为测量提供了一定的合法性。

到 20 世纪二三十年代，学校考试的影响达到了最大限度。这段时间可以被称作测量时代。

（二）第二代：描述

从第二次世界大战到 1963 年，是第二代评估。这个阶段的标志是"描述"（description），主张"政策评估即实地实验"，强调现实生活实地调查的重要性。除仍保留技术测量的特性外，重点强调描述的功能，政策评估者逐渐变成了描述者。这种以客观事物为取向的描述有致命的缺陷，即过分强调政策评估的价值中立，而实际上，调查活动本身就有意无意地包含了评估主体的价值偏好。

1933 年开始的"八年研究"，试图证明经过非正统课程训练的学生照样能在大学中获得成功，该项目允许 30 所公立和私立中学不需严格按照卡耐基学分体系，从而开设更容易被大学录取的课程。研究者需要设计一种方法来评定新的课程体系。拉尔夫·泰勒通过搜集有关学生的信息，进行格式化评估，并制定课程表。

所谓第二代评估，即是以描述有关目标的优劣模式为特征的方法。评估者的角色是描述者。由此，测量不再等同于评估，而是作为评估的一种工具。"八年研究"的报告最终于 1942 年出版，描述这个项目的第三卷引起了人们广泛的关注。后来，拉尔夫·泰勒被称为"评估之父"。

（三）第三代：判断

从 1963 年到 1975 年，是第三代评估。这个阶段的标志是"判断"（judgement），认为"政策评估即社会实验"，强调价值判断的功能，将重点放在社会公平性议题上。强调政策评估者不仅要把科学的实验研究方法与实地调查方法相结合，而且还要体现出个人对政策目标价值结构的判断，认为评估者是判断者。

苏联率先于美国发射卫星后，公众认为是美国教育的失败所致。于是对美国许多领域的科研、教育项目进行了评估。由于第二代评估的本质是描述性的，它忽视评估的另一面——判断，因为学校的管理人员希望的是根据绩效划分人事等级而非简单的描述。事实上，在 1960 年代，"伟大社会"政策在教育和社会福利上的失败也极大地促进了评估研究的兴起[①]。

第三代评估的标志是判断，评估者在保持以往的技术性、描述性作用的同时，又扮演了一个评判员的角色。Michael Scriven 提出了一些新问题：第一，它要求目标本身就被看作是有问题的；第二，判断必然具有价值倾向。

1967 年后，出现了一系列的新评估模型，它们在一点上达成共识，即判断是评估的一部分。

尽管对前三个时代的评估的讨论很简单，但它揭示了评估随着时代的变化一直在进步。第一代评估通过测量使数据收集系统化；第二代评估通过描述使评估客体得到发展；第三代评估将价值判断确立在评估中。但它们都有以下缺陷。

---

① Hendry Dunlop. Evaluation research: an illustrative case study. Public policy and administration. Dec 1, 1993.

1. 管理主义倾向

所谓管理者包括种类繁多的人，但通常他是指委托或资助评估的客户或赞助者，或者是指评估人员需向其提交评估报告的领导干部。例如学校董事会成员、学监或校长。评估人员既需和管理者签订契约，又需要让管理者设定参数和研究范围，还需要向管理者作评估报告。管理者和评估人员之间这种传统的关系很少能被挑战，但却产生了许多意想不到的后果。这样一种安排使得管理者完全不会受伤害。第一，这种典型的管理者和评估者的关系是无太多实效和不公平的。第二，这种典型的管理者和评估者的关系是妨碍公民权的。第三，管理者拥有权力来决定评估结果是否被发表。第四，这种典型的管理者和评估者的关系容易流于形式。

2. 无法成功适应价值多元主义

人们通常会认为美国是个大熔炉，学校总在教"我们的遗产"、"我们的体系基于新教伦理"。实际上，我们只是在过去 20 年来开始明白这个社会（《第四代评估》写作于 20 世纪 80 年代），价值多元主义的教训是 1960 年代后半叶才开始明白的。判断评估最开始也与价值多元主义同时产生。然而只要价值不同，谁的价值主导评估的问题就会被掀起。所谓价值中立根本不可能，评估的每一个环节都会渗透着价值判断。

3. 过分强调调查的科学范式

就像我们所注意到的，社会科学的从业者们怀抱着信念和激情，已经遵从密尔关于学习物理科学研究方法的意见。科学研究方法的前提是它们本身就显得不言自明。现实遵从自然法规运行，而不会因为个人兴趣改变。然而研究社会现象不像研究自然规律一样，它不可控的因素太多，不可能达到自然科学的研究效果。

（四）第四代：回应性建构主义评估

1975 年以后，是第四代评估，这个阶段是"回应的建构性评估"（the responsive constructive evaluation），其核心是"协商"，认为"政策评估即政策制定"。其焦点不再是目标、决定、结果或类似的组织者，而是诉求、利益和争执，设计众多的利益相关者。第四代评估分享着一个结果性的信念：价值多元主义。由于不同的判断在面对同一事实性证据时引起利益相关者在价值上的冲突，因此，政策评估者应该扮演起问题建构者角色，重视利益相关者的诉求、利益和争执等回应性表达。通过与利益相关者的反复论证、批判和分析，使政策评估者与利益相关者形成对问题的共识。

20世纪80年代末，Guba& Lincoln通过对政策评估历史的梳理和批判，提出要发展"第四代评估"。

1. 建构主义

Guba& Lincoln认为，建构主义方法论可以作为科学模型的代替者。它依赖于一种与科学相对的信念系统，即范式。人们无法在绝对意义上证实或证伪一种范式，就像人们不可能证明神的存在。他们认为，实证主义范式已经形塑了当代的科学，然而却需要被替代。建构主义范式可以满足要求，它几乎完全不像科学，特别是它的预设与科学相对立。从本体论上说，它拒绝客观事实的存在，宣称事实是社会建构所成，而且有多少人就会有多少建构（尽管有些建构会被共享）。从认识论上说，建构主义否定了主客体二元主义的可能性，它主张研究结果是精确存在的，因为观察者与被观察者对于问题的认识会相互作用。从方法论上说，由于已经给出了本体论和认识论的假设，自然主义范式反对构成科学特征的控制性操纵"实验"方式，主张通过主客体间的互动进行建构。

2. 回应性聚焦模型

任何评估过程的算法都必须通过一种方法来决定提出哪些问题和搜集哪些信息。在第一代评估中，特定的变量要被识别，关于这些变量的信息需要被搜集。在第二代评估中，特定的目标要被识别，各种目标的信息和它们之间的关系都需要得到描述。在第三代评估中，各种模型需要不同的信息。这些聚焦要素——变量、目标、决定等等——或许被称为"内容提要"；评估人员所使用的组织者将随着评估者提出的问题变得明显，例如"什么是你的目标？"或者"这次评估将被用于哪些决定中？"

回应性评估当然也有它的内容提要：利益相关者的诉求、关心、问题。利益相关者有很多种，Guba& Lincoln将其分为三大类，每大类又分为一些次类。

一是代理人，包括所有生产、使用和执行评估信息的人：评估开发人；出资人（包括地方、地区和国家三个层面）；推断评估会改变现状的地方评估人员；决定利用和发展地方性评估的决策者；设备、供给物的提供者；评估委托人；参与评估的所有人。

二是受益人，包括所有受益于评估的人：直接受益人，"目标群体"，评估为他们而设计；间接受益人，他们受直接受益人正面影响；因评估工作而受益的人，如评估资料出版人等。

三是评估受害人，包括所有受到评估消极影响的人：在评估活动中被系统性排斥的群体，例如被"天才"方案而排斥的"常态"儿童；评估活动对其产生负面影响的人群；评估所造成的政治影响，会伤害到一些人；为了评估活动而承担"机会成本"的人。

回应性评估有四个阶段，它们可能会有重叠。在第一阶段，利益相关者被确认并征求他们的诉求、关心和问题；在第二阶段，以上被搜集的信息将会被介绍给其他团体，以得到评估、反驳、同意和其他反应，这一阶段中许多原始诉求、关心、问题将被解决；在第三阶段，那些没有被解决的诉求、关心、问题成了评估人进行信息搜集的优先对象，这些信息可以是定性的，也可以是定量的；在第四阶段，在评估者及其评估信息的指导下，利益群体间进行协商，从而在每一个议题上达到一致。并不是所有问题都会解决，那些遗留下的问题将会在时间、资源和利益允许时进入下一轮评估。

人们应该注意到调查范式（建构主义）和评估模型（回应性聚焦模型）的相辅相成。建构主义方法论适合于回应式评估调查过程的需要，而回应式评估需要建构主义方法论。

3. 对第四代评估的检验

《第四代评估》出版以后，"第四代评估"方法的实用性成了评估领域人们争论的一个来源。Angela J. Huebner 和 Sherry C. Betts 认为，大部分争论的焦点倾向于假设的执行问题。很少，甚至没有人通过实际运用这种方法来检验"第四代评估"。于是作者通过一个具体案例来实现这种检验，即将"第四代评估"方法论用于"社区——大学青年合作项目"的最初步骤中①。

通过研究发现，"第四代评估"方法的优点包括：多种利益相关群体的参与；让多种观点交锋；为后来的项目发展培育了早期支持。"第四代评估"的缺陷包括：确认利益相关者的困难性；提供教育和许可资料的困难性。

---

① Angela J. Huebner and Sherry C. Betts. Examining Fourth Generation Evaluation: Application to Positive Youth Development, Evaluation, July 1999; vol. 5, 3: pp. 340 – 358.

4. 对第四代评估的评价

Daniel L. Stufflebeam、Anthony J. Shinkfield[1] 承认回应性建构主义评估拥有许多优点。在完全公开整个评估过程与结果上，它可作为范例。它与这条原则一致，即人们只有在自身意见受到考虑，并加入到事情发展的过程中，才会更可能重视这件事情（对于评估来说，也就是更可能使用评估结果）。这种回应性建构主义评估方法也寻求直接将许多可能受到伤害或帮助的利益相关者当成评估事业中的重要参与者。据称，最终无论一致意见达成与否，对于所有参与者也富有教育意义。它也降低了客户了解因果关系的期望。尽管它并不承诺提供最后的答案，它仍旧是从一个分歧的阶段（它广泛地搜集各方观点与判断）走向一个聚合的阶段（得到一些一致的意见）。此外，它将参与人作为评估的工具，因而有效地利用了他们的相关经验、知识与价值视角；这就大幅度地减少了发展、实地检验和确认信息等方面负担。这种方法充分使用了定量的方法与来自不同源头的调查结果。

然而，这两位学者也指出，回应性建构主义方法实用性受到限制，并且还有许多缺点。这种方法开放、探索与参与的性质让它成为了一个广泛而耗时的过程，从而很难作出计划与预算。由于在分歧和聚合的阶段，都需要完全的参与和持续的互动，因而通常很难产生资助组织和决策者所要求的即时报告。此外，如果这种方法想要运行良好，就需要得到大量利益相关者的注意力与负责任的参与。该方法就这一点而言尤其不现实：广泛的草根们的兴趣与参与通常都很难获得，更何况是持续到整个项目评估结束。这种状况还会因为利益相关者的变动而加重。尽管这个过程强调和承诺开放性，然而一些参与者并不想说出他们的私人想法与判断。而且，利益相关者有时并不清楚评估中正在解决的问题，因而就成为了低效的资料来源。尽管所有的利益相关者都被认为是重要的资料收集工具，但是想要保证他们都认真形成和报告有效的观察与判断是不切实际的。想要评估人员在有限的时间里指导所有一开始就对项目一无所知的人也是不现实的。而且反复地询问流动的利益相关者，重新再问之前已问过的问题，并质疑之前已经达成的共识，都会对这种评估方法导致大量的负担。由于评估人员倾向于报告相互冲突的观点，而且不会依据项目特点选择自己的立场，这就导致客户们并不会很欣赏评估人员的做法。许多客户并不欣赏这种建构主义哲学，他们

---

[1] Daniel L. Stufflebeam, Anthony J. Shinkfield. Evaluation. Theory, Models, and Applications. San Francisco: Jossey - Bass, 2007（p220 - 225）.

更重视主要包括一些如评估结果、统计重要性、校准判断等"硬资料"的评估。客户们可能更期望基于独立观点、排除利益冲突的专家报告。

(五) 协商式评估

或许最新进入评估领域中的评估视角是由 House 和 Howe 二人于 2000 年以后推动的协商式评估。该方法在民主框架中发挥作用，并要求评估者在得出站得住脚的结论的过程中，能坚持民主原则。它预期把项目评估作为一种原则性的、有影响力的社会机制，通过发布可靠而有效的公告来促进民主化进程。

协商式评估包含三个维度：民主参与，通过对话来审视和确认利益相关者的投入，经过审议对项目成果进行有效的评估。House 和 Howe 认为在一个优秀的项目评估中的每一个方面，这三个维度都是必要的。

在民主的维度，该方法强调参与者间的平等性，由权力不平衡所导致的话语权一家独大的现象是不被允许的。在对话的维度，评估者要求利益相关者与其他观众帮助编制评估结果。之后，合作者们对评估结果的草案开展认真的讨论和争辩，以保证所有人的观点都得以表达。在最后的审议阶段，评估者正直地考虑和讨论所有的成果，并对项目成效提出站得住脚的评估结果。

协商民主式评估方法的目的是将民主参与应用在得出良好项目评估结果的过程中。虽然由评估者确定要处理的评估问题，但这是通过与利益相关者的对话与思考完成的。

协商式评估所使用的具体方法包括与利益相关者的讨论、调查和争辩。参与、对话和审议被认为应包括在评估的所有阶段：开始、设计、执行、分析、综合、撰写、展示与讨论。House 和 Howe 提出了十个问题，以评估协商民主式评估的充分性：谁的利益被代表了？主要利益相关被代表了吗？有人被排除了吗？有权力不平衡的现象吗？有适当的程序来控制权力不平衡吗？人们如何参与评估？他们的参与有多可信？他们对互动有多投入？存在反思性的审议吗？如何看待和扩展这种审议？

协商式评估适用的前提是，客户同意资助一项需要至少一部分利益相关者民主参与的评估活动。因此，资助人必须愿意放弃足够的权力，以保证足够的利益相关者表达自己的观点，并将最初的调查结果公布给所有感兴趣的人员，之后让利益相关者有机会影响最后的结论。这些参与的利益相关者必须愿意参与这种开放而有意义的对话与审议。

这种方法拥有许多优点。它是让评估实现公正的直接尝试。它追求利益相关者在评估所有阶段的民主参与。但是 House 和 Howe 也承认，协商民主式评估还有待进一步发展与检验，至少现在还有些不切实际，因而不能被充分使用。

二、公共政策评估的涵义、
分类、作用与意义

"评估"（evaluation）一词在英语中已经存在很多世纪，而且随着时间的变化具有不同的功能与涵义。只是在最近几十年，特别是 20 世纪的后半叶，评估才拥有更为精确的涵义[①]。Daniel L. Stufflebeam 和 Anthony J. Shinkfield 认为，作为一个在社会中发挥重要作用的职业，评估也拥有许多技术性的东西需要通过完整和持续性的训练才能获得。评估领域拥有广泛而快速发展的专业文献，包括评估模型、方法和研究发现。它的研究资料与所有领域都可以发生关联。作为一个独特的专业，评估支持所有其他专业，并为它们所支持。没有专业可以在没有评估的情况下取得进步。服务或研究想要取得进步，并经受住公众和专业的审查，就要接受严格的评估并证明自身的健全性。而且，以提升为导向的自我评估是专业主义的特点。项目领导人和所有其他专业的人员都有义务好好服务他们的客人。这需要对他们定期评估，并要求他们对工作的改进负责。从评价与提升质量和满足责任需要的意义上说，所有专业（包括评估本身）都依赖于评估。另一方面，评估从其他领域（如哲学、政治学、心理学、社会学、人类学、教育学、经济学、沟通学、公共行政、信息技术、统计学

---

① Daniel L. Stufflebeam, Anthony J. Shinkfield. Evaluation: Theory, Models, and Applications. San Francisco: Jossey – Bass, 2007（p3）.

和测量学）中汲取概念、标准和方法。很明显，对于评估者来说，认识并建立与其他领域的关系是非常重要的。评估领域存在许多专业组织（包括美国评估协会和其他国家或地方的评估协会）和大学训练项目。

到 2011 年 4 月中旬①，国际评估合作组织（International Organization for Cooperation in Evaluation，IOCE）已经确认了总共 117 个由专业评估人员组成的组织。它们包括 78 个国家的 96 个组织，加上 21 个地区性或国际性的组织。其中，美国评估协会在 1986 年建立，澳大利亚评估学会建立时间与此接近。加拿大评估学会于 1991 年建立，欧洲评估学会于 1994 年建立，非洲评估协会于 1999 年建立。国际评估合作组织则于 2003 年，由来自 24 个国家和地区的评估组织正式建立。

以上反映的不仅是国外评估领域与评估组织的迅速而繁荣的发展，更反映了随着现代社会经济的发展，政府与社会对评估（尤其是政策评估）的需要越发迫切而多样。

（一）政策评估的涵义

1. 政策评估与公共政策②

Malcolm Bradbury 曾经说过："马克思说过'重要的事情不是理解这个世界，而是改变这个世界'。可怜的人，他完全弄错了。重要的事情是在你理解这个世界之前不要将它改变的太多。"而 James G. March 和 Guje Sevon 曾经说过："人们搜集和考虑信息是因为它有助于理解生活中正在发生的事；而且理解正在发生的事的重要性独立于其他任何使用该知识的目的。"尽管这两则引言都与评估并不直接相关，但说明了两件有关评估与公共政策之间关系的重要事情。第一件是信息（在这里可以引申为评估得到的信息），对于决定接下来的事情至关重要。正如马克思所言，如果世界想要进步，行动是必需的。但如果是在不完全考虑现状的情况下就采取行动，就有可能会让社会境况变得更

---

① Nick L. Smith, Paul R. Brandon, Melanie Hwalek, Susan J. Kistler, Susan N. Labin, Jim Rugh, Veronica Thomas and Louise Yarnall. Looking Ahead: The Future of Evaluation. American Journal of Evaluation. 2011 32: 565 DOI: 10. 1177/1098214011421412.

② Carol Hirschon Weiss. The Interface between Evaluation and Public Policy. Evaluation. Oct 1, 1999.

糟，或者至少没有成功解决原先制定政策时所想要解决的问题。评估通常能产生对公共政策决策和再决策非常重要的信息。

然而来自 March 和 Sevon 的引言强调了这样的事实，即信息不仅与决策有关。评估者经常会根据评估资料对政策制定的影响，而提到和担心资料被利用的程度。决策者有没有改变项目以弥补评估所发现的问题？他们有没有完全终结不成功的项目，并扩展成功的项目？他们有没有招揽评估结果显示项目影响最大的顾客？这都是评估者和学者们所关心的对评估的利用问题。March 和 Sevon 提出信息能够服务于更为宽广和更为重要的目的。他们提出，从各个角度看，从事评估的个人和组织的生命最好是被看成贡献于对事件的诠释和历史的理解，而非只是为了作决策。

（1）评估的目的

Weiss 提出，评估的整个目的就是代表公民帮助人群和组织提升他们的方案、政策和实践。尽管其中有些动机是增加这个世界的知识，评估者同样希望影响政府机构、非营利组织和公司，以解决社会问题。评估可能旨在向实践者提供良好的信息，从而让他们重新考虑他们正在做的事情，并提升他们的个人实践；评估也有可能旨在向管理者提供良好的信息，以推进组织规划与管理，从而实现他们的社会目标。但是最频繁、最重要的目标就是帮助发展、采纳和修改政策。这些政策可能包括继续或终结一个项目；也可能包括项目在其他组织或地区的扩散和制度化；又或者是对政策元素的修改。

人们对评估的作用总是存在理性的预期。评估者总会期望他们的研究会为政策制定带来秩序和理性。通过研究得出政府措施的效果，他们希望：帮助政府决定是否继续或终止特定的政策措施；将成功的项目或政策扩散和制度化，将不成功的项目或政策削减；研究出哪些项目和项目的哪些部分需要修正。通过这样做，评估将会为政策的改进和人类的完善提供指导。

评估者如果抱有这样的预期，他们一定会常常感到失望。情况通常是，他们会发现政策制定者忽视评估结果，而因为其他的理由继续采纳一些政策。就如组织研究者经常发现的，组织通常并不将知识作为组织生命的引擎转动的燃料。各种组织的决策者可能会声称支持评估和其他方面的社会科学。他们甚至会花许多的钱来委托评估。但是当评估结果被送到他们面前时，他们都会将其悬置。但如果评估结果支持他们本应打算采取的行动时，他们就会挥舞着评估结果。

因此评估者通常能够和真正做到的工作就是"启蒙"。启蒙就是筛选新信息、思想和观点，并将其输入到决策圈。它通常会显示出旧的预设是误导人的，并刺破旧的迷信。随着时间的流逝，来自评估结果的思想就会逐渐浸入到人们的意识中，并改变问题形成和方案设计的方式。曾经被"想当然"的预设现在会被重新审视，而且以前被认为很重要的问题也会被看得不那么重要了。先前没被意识到的新问题则会被摆上政策议程。启蒙的细流很难被看到，而且很难被确认为评估的成果。但评估的累积效应是对政策议程和政策规则的重塑。

（2）政策制定者为何关注评估

政策制定系统充满着各种竞争者。这种竞争发生在不同政治系统中的不同位置。在议会制系统中，辩论更容易存在于执政党或政党联盟之中。在总统制系统中，则存在更多的观点进入机会，各种压力团体、选民和利益集团都寻求影响政策的性质。在党规严厉的地方，讨论的范围则存在于党内领导层中。在一个威权政府中，争论可能会被局限在内部人（即高层身边的咨询人员）中。

一个政策制定者、一群政策制定者或他们身边的助手都有可能会去求助于社会科学和评估。但更常见的情况是，评估者自身或者其他形式的中介通过各种方法引起这些人的注意。那些向决策圈提供评估知识的人群和机构包括：大学教职员工，各种国家科学院会，被委以研究和评估等任务的公务员，各部的咨询机构，立法参议局，人力工作者，会议发言人，媒体，思想库，电脑网站，朋友，邻居，以及上过大学的孩子。在有些国家，许多政策对话都被转化成社会科学语言，于是政策对话中的参与者不得不学会知道如何说一些经济学、社会学、组织理论或评估中的专业语言。

政策制定者会注意社会科学的原因多种多样。

第一，他们或许对问题拥有更好的感知——学校改革的政策执行情况如何，过去限制医疗成本的努力取得了什么样的效果，哪些政策被证明有效地减少了高速公路死亡率，政策中的哪些部分最有助于减少故意破坏行为。他们需要良好的信息，从而可以针对政策和管理采取一些明智的举措。在这种情况下，他们是真诚地寻求最好的举措，他们想要知道评估结果会是什么。

第二，政策制定者可能不相信其他来源的信息。例如，当局可能会认为公共服务机构专心于权力的争斗，因此提供的信息可能只会显示他们工作中最好的一面。立法者可能相信利益集团总是试图通过有偏见的资料和不完整的信息来欺骗他们。因此他们转向社会科学寻求矫正。

第三，政策制定者想要使用社会科学为他们的政治行为提供合法性。在政府失去公民信任的地方，政治领导人可以使用社会科学来装饰他们的行为。由于社会科学相对得到尊敬，它的从业者也被看作是独立的，因此，它能提供正直、理性和洞见的光环。

第四，在某个具体政策议题上，政策制定者或许想要证据或理论来支持他们的立场。他们想要劝服怀疑者，助长支持者的信心或者击败对手的观点。此时评估被当作政治弹药使用。

第五，政策制定者想要被认为是适应时代变化和博学多才的。在有些情况下，知道最新的发现——有关学校重组、军队征兵或机构职能的分权化——都可以在其他政策参与者和公众面前呈现出专业特长的形象。组织管理想要被看作良好的管理者，而得到如此声誉的一个办法就是，采取行动之前先参考各种质量尽可能高的信息。

寻求最佳和最聪明的政策，只是政策制定者关注评估结果的原因之一。但即使当这并非他们的主要目标时，他们还是会受到评估结果各种潜移默化的影响。评估可以告诉人们哪些项目发挥或不发挥作用，以及在哪些条件下得到更好的结果。经过一些年，研究结果会影响新版本项目的发展，而新版本项目会再次得到评估，以观察这些改变是否导致了更好的结果。这在美国的福利工作项目中得到显现。在30多年中，连续版本的培训项目得到评估，以厘清这些项目所能和不能取得的效果，并研究出其他配套服务的影响。

评估所能做出的另一贡献是处理了关于成本的议题。包括成本收益分析或成本效益分析的评估是以一种政策制定者能很好懂得的语言说话——钱。官员们借此明白了想要取得一定结果就要付出多少钱，而想要取得更好结果的话就要多付多少钱。他们也可以明白在选择一个中庸项目而非一个更为有效的项目时，所需要放弃的是什么。鉴于欧洲和北美各种社会政策都会着眼于开支水平进行争论，这种类型的评估信息就能产生很大影响。

因此，评估能够成为政策制定者的一种信息源。它能持续教育、帮助他们获得新思想和新信息。它有助于让他们显得摩登而理性。它有助于他们宣扬自己的观点，并打击对手的要求。但它也能使用"经典"方式发挥作用——帮助政策制定者更好地理解问题，选择政策或修改政策。

（3）评估传达的渠道

政策制定者如何知道评估研究的结果？或许最常见的方式是被委托机构研究得出的评估报告。被委托机构也希望他们的研究成果能够有助于提升被评估的项目。

评估者一般通过书面或口头的方式将研究结果告诉给政策机构或资助组织。书面报告对于提供有关方法、发现、警告和解释的全面信息都很重要。口头报告则在引起政策参与者兴趣和传达关键信息等方面更为有效。在小国家，评估者可能拥有许多场合可以与政策制定者及其职员进行交流。在大国家，书面报告及其总结则扮演更为常见的角色，但政策制定者或项目管理人很少会认真读完报告。

在其他地方，通常会有许多其他正在运转的类似项目能够从项目研究中获益。研究结果也许不能直接适用于它们，但能对这些项目的成功或缺陷有一些有益的洞见。然而，一般并没有渠道将这些信息传达给那些项目的负责人。除非评估结果被一些专业期刊或新闻简讯所挑选，或者评估者在一个从业者会议上发言，不然那些潜在的评估结果使用者并不能接收到这些信息。

当评估处理的是拥有很高的全国性关注度的政策或项目时，各种其他渠道也会发挥作用。各国很常见的一种渠道是高层咨询机构。在英国，这个机构可能是一个皇家委员会，在美国则可能是一个总统委员会。许多国家都对向政府提供意见作出了专门的安排。通过咨询机构，政府调动专家提出合适的政策措施。当评估者被包含进咨询委员会，他们能将他们的知识引入讨论。有时其他专家知道了评估发现，也会将其传达到委员会中。为了对由咨询机构提出的政策建议达成广泛的一致意见，政府有时也会吸收一些来自政府机构、立法机构、工业、劳工、高等教育机构的代表。委员会中对评估结果的讨论也会通过这些团体传播。

另一个评估知识的来源是咨询人员。政府机构通常都会召集各种专家以帮助解决困难的政策议题。这些咨询人员可能是来自大学的教职员工，拥有咨询实践经验的个人，来自咨询或管理公司的职员，或者因为洞见或适合的政治视角而拥有一定名声的人。当他们清楚了解最近的评估，他们就会将这些知识传达上去。

思想库在许多国家得到发展。思想库最先在美国得到发展，它代表一种制度化的安排，即有时发展出新知识，但大部分时候是重新组装或重新包装既存的知识，让它适合于政治或行政系统。思想库的工作可能是受官员们的要求，或者来源于分析和研究人员的倡议（或者来自思想库之外的人员的委托）。思想库会把很大的精力放在吸引决策者对他们知识的注意力上，因为思想库的价值就在于他们对决策圈的影响力。在一些情况下，思想库会拥有自己的政治观点，并为了它们的立场而参与一些类似于游说的活动。但对于一些更为中立的思想库来说，它们的主要目标是帮助政府基于更好的信息，进行更为深刻和批判性地思考。

媒体也会不时地曝出一些有关值得注意的评估的故事。记者之所以被吸引来报道它，可能是因为政策的重要性或者该主题已经被当时的新闻所报道。但有时一项研究之所以成为新闻是因为研究结果的不可预期性，而非是它处理的问题的重要性。如果调查结果是反直觉和挑战了常识性预设，记者们就会把它当作"人咬狗"一类的故事。无论媒体报道的原因是什么，当一项评估被出版报道——更好的情况是被电视报道，官员们就会予以注意。如果这个话题正在他们职权范围内，他们则不得不予以注意。人们将会询问他们有关这个话题的事情，他们必须知道。在了解这份评估结果的过程中，他们会发现自己已经受其影响了。

还有一个进入政策区域的渠道是非正式政策网络。关注同一个特定政策话题的人们，不管是农业补助、婴儿死亡率或犯罪率，都倾向于与其他人保持一段时间联系。这个群体想要听到最新的新闻、信息、政治机密和小道传闻。这个网络的成员可能是通过各种角度研究这个主题的人：立法者、官员、项目管理者、学者、利益集团领导人和记者。当评估者们是这个网络的成员，他们就已经一定程度上进入政策讨论中了。他们能引进最好和最新的评估结果，而且事实上人们也期望他们这么做。他们也会被问及对其他评估研究结果的专业判断。这种非正式联系是许多评估研究结论变现为政策的重要方式。

2. 政策评估的定义

随着时间变化，评估方法的不同导致了评估概念的不断变化。在早些时候，评估通常与对照行为目标来评估成效相关。之后，特别是在 1970 年代，人们更加强调专业性的判断。从那时起，越来越多的人相信评估就是为决策者收集和分析信息。

Michael Howlett 和 M. Ramesh 认为，政策评估的概念包括这样一个过程：广泛地探索执行中的公共政策、使用的手段、要实现的目标。评估的深度与彻底性取决于那些发起评估和实施评估的人们[①]。

William N. Dunn 认为，监督主要关心的是事实，而评估则主要关心的是价值。描述性、规范性和元伦理方面的理论为政策分析中的评估提供了基础，在这里，评估是指产生有关政策结果的价值的信息。当政策结果确实拥有价值，那是因为他们有助于实现目标。在这种情况下，我们就说一项政策或项目取得了一定层次的绩效[②]。

---

① Michael Howlett，M. Ramesh. Studying public policy：policy cycles and policy subsystems. Oxford：Oxford University Press，1996（p168）.

② William N. Dunn. Public policy analysis：an introduction. London：Longman，2009（4th edition）（p295，306）.

James E. Anderson 认为，政策评估不仅是一项技术或分析的过程，它也是一个政治过程①。

Charles O. Jones 认为，评估是指评判政府过程与项目的绩效②。

Blaine R. Worthen，James R. Sanders 和 Jody L. Fitzpatrick 等人相信评估就是确定评估目标（无论评估的是什么）的价值或功绩。说得更广泛一些，评估就是确认、厘清和应用可信的标准，以确定评估目标的价值、质量、功用、有效性或重要性。评估使用探询和判断的方法，包括：确定评判质量的标准，并决定这些标准是相对的还是绝对的；收集相关信息；使用这些标准，以确定价值、质量、功用、有效性或重要性。从而得出建议，以优化评估目标③。

Guba E. G 和 Y. S. Lincoln 认为，对"评估"（evaluation）一词而言，是无法找到正确的定义方式的，因为一旦予以定义，将会永远终结关于它的讨论。至于"到底什么是评估？"这样的问题，回答它是没有任何意义的④。

Evert Vedung 提出，公共部门评估是统治者们运用学者和科学家的脑力来促进国家利益的方法。评估学者被要求提供关于行政、产出和政府措施的成效的反馈性评估，以帮助自我反思，更深层次地理解和政府负责人更加有根据的决策。抛弃"可敬的目标即已足够"这样陈腐的政治观念，评估活动是基于相反的想法，即只有良好的实践和坚实的成效才是真正有价值的。

评估意味着检查过去以更好地应对未来。它是一个监督、系统化和给政府活动及其成效评分的机制，从而让公共官员们在他们未来导向的工作中，会更负责、创新和有效率地采取行动。现代政府的干预活动是如此广泛，它们的执行是如此复杂，并且它们造成的影响是如此深远，以至于需要用科学和社会研究来监督它们的活动和影响。

然而，系统性评估并不是只为当政者服务，它也能为政治反对派、专业学者、公民或政府项目的受众所要求开展。认真的反馈性评估需要系统性的资料收集、资料分析和资料编制。而且，与政府行动绩效相关的标准也必须为评估所包含。

Evert Vedung 认为，可以对评估作出如下定义：评估等于对政府措施的产出功绩、价值进行审慎的回溯性评价，以求对未来的实践状况产生作用。他还

---

① James E. Anderson. Public policy – making. New York：praeger publishers, 1976（p147）.

② Charles O. Jones. An introduction to the study of public policy. Monterey：brooks/cole publishing company, 1984（p198）.

③ Blaine R. Worthen, James R. Sanders, Jody L. Fitzpatrick. Program Evaluation：Alternative Approaches and Practical Guidelines. Longman Publishers, USA, 1997（p5）.

④ Guba E. G, Y. S. Lincoln. Fourth generation evaluation. Newbury park：sage, 1989（p21）.

对与评估相关的内容作出了以下总结①：评估与政府干预有关；评估聚焦于行政、产出、结果；评估是回溯性的；评估是对正在进行和已完成任务的评价；评估不只是影响评价（还应包括效率、行政产出监控等）；干预目标不是唯一的价值评判标准；评估是审慎地评价；评估应是有效的。

美国评估协会（American Evaluation Association）是这样定义评估的："评估包括评价项目、政策、人员、产品和组织的优点和缺点，从而提升他们的绩效②。"

加拿大优秀评估中心（Center of excellence for evaluation，CEE）的网站上写道："在整个加拿大政府，评估是指对项目结果进行系统性地收集与分析，以对项目结果的相关性与绩效作出判断，并审视实现目标的替代性方式。通过对项目成效的公开报告，评估有助于会计问责、开支管理、结果管理、政策与项目提升③。"

3. 政策评估与项目评估、工程评估

事实上，我们在讲公共政策（public policy）评估时，通常也包含公共项目（public program）评估或公共工程（public project）评估的含义。Laura Irwin Langbein 和 Claire L. Felbinge 二人对此进行了区分④。通常来说，政策是指政府制定的一般性规定，在它之下形成具体的政府授权的项目或工程。也就是说，项目和工程执行政策。项目是持续性的服务或行动，而工程则是期望拥有持续、长期影响的一次性的活动。在大多数情况下，项目和工程由政策授权，都服务于同样的目标。这些目标包括提供社会性或其他公共服务，执行那些意在影响个人和组织行为的规定。尽管如此，政策、项目与工程的区别并不是那么明显。对于一个人来说的政策，对于其他的人来说可能就是项目或工程。例如从联邦层面看，对贫困家庭的暂时性救助项目（Temporary Assistance for Needy Families，TANF）既可以被看作一项政策，也可以被看作一个项目。而从州这一层次看，TANF 是一个全国性政策，并形成 50 或更多的不同的州立项目。此外，从地方官员（在美国，地方政府是指州以下的市级政府）的角度看，由州政策产生了无数的地方项目。然而，可能是因为大量评估活动是关

---

① Evert Vedung. Public policy and program evaluation. new jersey：transaction publishers, 2009（p1 – 13）.

② American Evaluation Association：http：//www. eval. org/aboutus/organization/aboutus. asp.

③ Treasury Board of Canada Secretariat：http：//www. tbs-sct. gc. ca/cee/index – eng. asp.

④ Laura Irwin Langbein, Claire L. Felbinge. Public Program Evaluation：A Statistical Guide. M. E. sharpe, Inc. , 2006（p3）.

于具体的、持续性的地方项目，通常还是会被称为项目评估而非政策评估。而所谓工程也只是短期的项目。

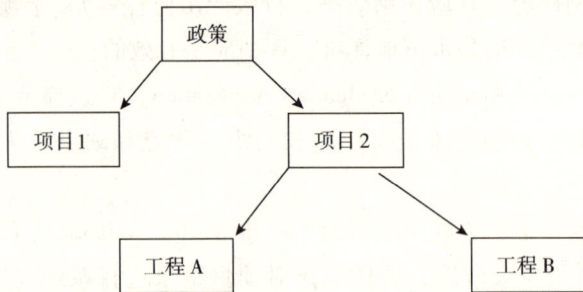

图1.1　政策—项目—工程等级图

针对项目评估与绩效测量这两个相关的概念，学者们也对其进行了探讨。项目评估的关键是测量产生或结果，并确认一项措施是否有效地实现了项目目标。绩效测量的关键是测量产出。测量在项目评估与绩效测量中都是关键的概念。在最简洁含义上，测量是"根据一定规则确认目标或事件的数量"。但项目评估与绩效测量并不完全相同。项目评估尝试评估影响，而绩效测量并不进行因果性评价。项目评估与绩效测量的另一个不同是，绩效测量通常都是由组织内部人员开展，而项目评估通常（并非总是）都是由组织外部人员开展。然而，这些区别正在变得越来越不明显。在项目评估的早期，对结果的简单测量被认为是评估者的工作。然而，近来评估者已经参与绩效指标的遴选，并确认在指标上的绩效是否与部门目标相一致。

Laura Irwin Langbein 和 Claire L. Felbinge 二人在他们的书中将三者统称为项目评估。并提出项目评估是一项实证性的事业。"实证性"意味着项目评估基于可辩护（defensible）的观察。项目评估并非基于直觉，它不基于评估者所持的标准或价值，它也不基于评估者的偏好，而是基于他们能够用来证明的事实。例如，我可能更偏好枪支管制政策，因为我完全相信枪支管制是"好的"。但是大多数系统性实证研究并没有显示枪支管制能够持续性减少枪杀事件。类似地，我也许相信允许人们合法随身藏匿武器是站不住脚的，因为它似乎有利于使用枪支进行威胁或伤害其他人。但是基于现实的观察，无数的研究表明随身藏匿武器的政策让罪犯使用武器更加有风险，因此，实际上，藏匿武器政策减少了杀人行为而非增加了它们。这个例子说明基于事实的评估结果有时能够产生反直觉的结果。大多数人的直觉是随身携带藏匿武器是很危险的，但事实观察得出的结果挑战了我们的直觉。

当"实证性"指的是依赖于观察，并非意指任何观察都有助于项目评估。记者也依赖于观察，但他们的观察都是经由他们的兴趣而选择过的，这就意味着这些观察可能是非典型性（或典型性）的案例。记者或许可以宣称他们的案例是"非典型"或"典型"，但并没有以系统性的方式来证实他们的话。与此相反，项目评估依赖科学研究的方法，这就意味着以严格控制的方式收集和分析资料。这些控制方式可能是实验性或统计性的，有些控制方式要比其他控制方式产生的结果更加可靠，但没有一项评估研究是完美而百分之百的可靠。

4. 政策评估与立法评估、项目评估

Werner Bussmann 指出，在许多欧洲国家，政府政策主要由立法管理，它们只有被议会通过才具有合法性。它们以抽象或概括化的方式适用于一个政策领域的所有公民或政府机构。在许多情况下，立法通过的概括化的法律需要以条例的形式进一步予以具体规定，并由分权化的或联邦的单位执行。这当然也是欧盟的情况，它的立法是在国家或次国家层面执行①。

评估对象的类型和它们的立法状况——工程、项目、法律或整个政策领域——并没有得到太多在方法上的讨论。大多数涉及"立法评估"的书籍都来源于法学。评估方法学在一定程度上与法律相矛盾。它的主要目标至今还是工程与项目——这两者在时间上有清晰的界限，并拥有明确的受益人。然而法律则旨在无限的时间中适用领土上的所有人。鉴于立法中所出现的问题，Weiss 和 Rein 在 1970 年指出应将法律当成"目标广泛的项目"。他们认为试验方法不太适合目标广泛的项目，并建议以一种定性的方法来研究其发展与变化。在最近这些年，有关立法评估的文章并不多。然而，评估立法确实是一个问题。媒体与公众，立法机构与行政机关都越来越想知道法律是如何执行的，它带来的结果怎样。立法机关要么通过行政机关，要么通过他们自己的评估或审计单位获得信息。英国议会已经开始着手更广泛的立法后检查。其他议会也同样对立法评估感兴趣。在德国，评估与立法和执法关系紧密。欧盟也不断尝试不仅要评估财政项目，也要评估立法。因此，人们需要更清楚地认识立法评估。

这之所以很重要是因为对立法评估的期望都很高。政治家和当局都想知道法律是否取得了预期的结果。评估将会为政策决策创造一个坚实的基础吗？又

---

① Werner Bussmann. Evaluation of Legislation: Skating on Thin Ice. *Evaluation*. 2010 16: 279. DOI: 10. 1177/1356389010370252.

或者基于立法评估的政策决策实际上只是在薄如冰片的基础之上吗？

公共政策评估的对象事实上也大有区别。接下来我们再仔细审视一下项目、法律和政策。

在最低的聚合层面上，项目通常包括几个拥有统一目标的工程。尽管项目，特别在多层次的治理中，可能会相当复杂，它们通常会围绕着特定的主题（A 导致 B 导致 C）。项目拥有具体的目标人群，可以与未受项目影响的人群作比较。因此，通常是有可能通过事后的实证分析弄明白因果关系的。

在更高的聚合层面上，通常就是法律。它们通常要规范一种特定的主题事物（例如初等教育、食物质量、银行、发展援助）或者横截面问题（例如环境质量）。当为一种主题事物设定一个框架，法律通常试图取得多元的目标，其中有一些会是相互矛盾的。由于法律通常适用于一个国家的所有领土，因此很难找到非事实的证据（如果法律未生效，情况会怎样）。国际比较就在原则上成为一种替代的选择，如果其他国家的情况是可以很容易拿来做对比的话。

在最高的聚合层面上，政策领域包括教育、农业和环境等政策。政策领域是关注具体结果的项目或法律的综合。因此它们是复杂的"全体"。组成政策的项目或法律之间会产生互动，从而相互强化或弱化影响。这就是为什么建立因果联系是非常困难的任务。事实上，政策评估（如经济合作与发展组织的报告）在很大程度上都依赖于专家观点和评估综合。

表 1.1　　　　　对项目评估、立法评估、政策领域评估的比较

	项目评估	立法评估	政策领域评估
聚合层面	+	+ +	+ + +
复杂性	+	+ +	+ + +
目标	简单，一致	多样，经常相互矛盾	多样，经常相互矛盾
方法	纵向和横截面比较，实验	国际比较，纵向比较，专家观点	国际比较，纵向比较，专家观点，评估综合
评估性表述	描述性，规范性（名义比较），通常以证据为基础，对因果关系进行表述	描述性，规范性（名义比较），有时是以证据为基础，对因果关系进行表述	描述性，规范性（名义比较），基于专家观点的可信解读

不幸的是，项目、法律和政策等方面的评估情况并没有如所描述的那样清晰。"复杂性"并不是被检查系统（项目、法律或政策）的主要特征，而是同样取决于观察者的目标。因此，如果所有的成果都在兴趣的中心，一个项目

（例如完成工程的数量）可被以一种尤为简单的方式检查。它同样能被以一种最为复杂的方式研究，如果知识目的和专业兴趣这样要求的话（例如在政策形成和执行中观察和解释行动者网络）。类似地，政策也能被以一种简单而直接的方式对待，即将其视为黑箱，只看总输入（如预算数字）和结果数字（如大学毕业生的数量）。通过审视项目间的相互影响和反影响，它们同样能被以一种非常详细的方式分析。复杂与不复杂取决于"观察者的眼睛"。这就把我们带回到评估立法的问题。法律无疑比单个项目更复杂。

5. 政策评估与政策分析

Iris Geva-May 与 Leslie A. Pal 二人将政策评估与政策分析的区别进行了专门的辨析①。

政策文献中一个萦绕已久的问题是政策分析与政策评估之间存在的一种紧张状态。每个人都能意识到两者是不同的，但却又在各个方面相互联系。有时试图描绘两者的关系反倒会模糊它们之间的概念界限。宽泛地说，政策分析充满着价值冲突、政治决定和优先顺序，而评估则通常被看作将相对中性的社会科学研究技巧应用于政策问题的解决之中。解决这种冲突的传统方法是承认它的存在，但是要保证评估满足技术完整性和研究客观性。例如，Palumbo 认可政治和评估是紧密联系纠缠的，但是尽管如此，他还是认为专业的评估人员是不能公开参与政治的，因为如果这样做了就会消除他们原本想在决策中发挥的作用。这个问题就变成了在评估作用中建立政治维度，与此同时并不让评估者沦为政治的乞丐或仆从。在最近几年，让评估变得更为"相关"和提高其利用率的动机已经让一些观察者要求将评估更加明显的政治化，同时将评估等同于政策分析。当评估者基于评估研究提出政策措施时，他们是在用可靠的资料作出不可靠的建议。那是因为相对于标准评估方法所能提供的信息，对建议的选择依靠更为广泛的信息。这种建议恰好是政策分析者的领域，他们将评估研究作为各种判断和资料的组成部分，并将其与可行性和时机等因素结合起来考虑。当评估者跨过了这条线，但仍旧扮演一副评估者的姿态，就会有削弱自身可信度的风险。而且，他们也有可能会伤害顾客，因为他们的建议看起来被笼罩在"硬资料"的光环中，而事实上却需要多得多的资料来补充和支撑。

虽然将两者混为一谈会伤害评估，但也会伤害政策分析。政策分析依赖于

① Iris Geva - May, Leslie A. Pal. Good Fences Make Good Neighbours: Policy Evaluation and Policy A-nalysis - Exploring the Differences. Evaluation, July, 1999, Vol 5（3）: 259 - 277.

更为广泛的证据和许多的劝服与争论。政策分析中的资料搜集是关于大量的二手信息，主要是定性的，方式类似于新闻工作者的研究。评估资料则是借助于严格的研究方法以处理特定的议题。政策分析能够使用一些资料以作出政策选择，而不用担心所使用的资料已经被政治化了。尽管为了其他目的和时间基础，政策分析者应该一直考虑资料搜集的有效性，保持其与评估的界限在这方面只会对其有好处。分析通常被认为是镶嵌于政治、价值和组织动力之中——没有"正确"的答案，只有适合于时机和利益组合的答案。

保持政策分析与政策评估的界限并不是一个负面的行为。事实上，它是对公共政策众所周知的常识的承认，只是有时会为了在政策制定中突出政治的分量或者为评估寻求更多影响，而将二者之间的界限模糊掉。"好的篱笆才能形成好的邻居"，记住政策分析与政策评估间的区别对二者都有利。

另外，Ray C. Rist 则在前人工作的基础上对"项目评估"与"政策分析"进行了认真区分，他认为前者聚焦于反馈性地评估政策或项目，而后者则是前瞻性的，并且寻求对决策发挥作用。这种反馈与前瞻之间的区别拥有重要的意义，因为它决定了"项目评估"与"政策分析"探究的问题也完全不同。项目评估关注的是实际效果（包括被观察到的事物，已经发生的事物，正在发生的事物），评估的典型问题是"在床位供给被限制以后，医院发生了什么？"而政策分析所强调的则是可能性影响（或者预测、规划），政策分析的典型问题是"如果限制床位供给，医院会发生什么？"[①]

6. 政策评估与监督、绩效审计

在南非《国家评估政策框架》中，评估被理解为，对有关公共政策、项目、工程、职能与组织的信息进行系统性搜集与客观性分析，从而对相关性、绩效（效果与效率）、钱的价值、影响、持续性进行评估，并针对未来作出建议。评估针对既存的方案与战略意图提问。它寻求确定各项方案是否实现预期效果，并评估方案执行中各项活动间的因果联系与直观影响。然而，如果方案并不清晰，那就很难开展评估。监督与评估不同：监督包括持续性地搜集、分析与报告资料，以支持有效的管理。监督的目的是，向管理人员定期（和实时）提供项目执行成效的反馈，以及待纠正问题的早期征兆。与预期绩效相对，它通常报告实际绩效。

---

① Ray C. Rist. Program evaluation and the management of government：patterns& prospects across eight nations. new jersey：transaction publishers，1999（p4）.

总之，监督要问的是我们执行方案的做法是否正确，而评估是问我们做的事情是否正确，钱是否花对了地方，以及我们如何做得更好。评估之中包含判断，而且必须与目标或标准作对比。

评估、监督与绩效审计之间并没有硬性的划分标准。下表揭示了每种活动的核心要素与目标。

表1.2　　　　对检查、绩效审计、监督、评估、研究的比较

	活动	目标
检查	查出错误做法并确认信息	控制与服从
绩效审计	检查各部门提供的绩效信息的有效性	责任、控制、服从
监督	持续追踪方案实施过程，并发起纠错行动	管理、问责、纠正行动
评估	对资料进行系统性收集与客观性分析，以评估相关性、绩效（效果与效率），金钱用处，影响与持续能力，并为未来提出建议	学习、问责、提升绩效、宣传政策、规划与预算
研究	通过对现实的观察来检验假设/命题	学习/知识创新（没有责任焦点），能够宣传政策

7. 政策评估中所应包含的人[①]

在设计评估时需要作出的一个重要决定是，确定谁是评估的对象。也就是说，为了有效地回答评估中所设定的问题，确定哪些参与者需要被研究。

相关的参与者可以被分为三大类。

（1）首要对象

这主要是指政策或项目的目标人群，或者直接受到政策或项目影响的人群。例如：合格人群或目标人群；提出要求者；授受者；非接受者（或许是被分为要求或未要求收益的人群，合格的非接受者，潜在的合格的非接受者等）；参与者；非参与者（参与或未参与项目的人）；离去者（离开收益或项目）。

（2）次要对象

这主要是指那些可能在政策制定中发挥重要作用，但并未被完整包含在政策发展或实施中。例如，在罗斯福新政项目中，雇主非常关键是因为他们提供就业机会。这些团体的代表就会或多或少的参与政策的战略发展中，因而他们

---

① UK department for work& pensions：http：//research. dwp. gov. uk/asd/asd5/WP2. pdf.

就会被并入评估中。例如：雇主；全科医生；年金管理人；中介机构如咨询中心、代理机构；其他由政策间接影响的对象，例如医院急诊室会因为人们被鼓励去求助于全科医生而受到影响。

（3）政策执行的参与者

还有一个通常会被评估者所关注的关键群体是那些参与政策执行的人们。而且，由于人们越发强调跨部门协作与伙伴关系，这意味着更多的参与者和机会将会参与到政策执行中，因而他们也应该被包含进评估设计中。例如：政策制定者；政策执行者；直接参与政策执行的职员，如项目管理人，私人顾问，评判员，签约提供服务的独立组织；参与政策执行的次要参与者，如就业服务职员，地方政府人员和独立签约人。

（二）政策评估的分类

西方不同的学者对政策评估进行了不同的分类，通过对每一种分类介绍有助于我们从不同的角度理解政策评估。

最常见的方式是根据评估的时间来分类，即政策执行前的前瞻性评估、政策执行中的事中评估及政策执行后的反馈性评估。

Michael Howlett 和 M. Ramesh 将政策评估分为以下几类。

行政评估——管理绩效和预算体系

主要是指政府内部评估，由专门机构负责，它追求以最小的成本取得最大的绩效。主要包括努力评估、绩效评估、绩效充分性评估、效率评估和过程评估[①]。

司法评估——司法评价和行政裁量。由司法机关对政府行为的合法性进行评估。

政治评估——政策咨询子系统和公众。任何的利益相关者都会着手于政治评估，它缺乏行政评估和司法评估的系统性和技术性。

根据不同的评估方式，William N. Dunn 将评估分为伪评估、正式评估与决

---

① Michael Howlett, M. Ramesh. Studying public policy: policy cycles and policy subsystems. Oxford: Oxford University Press, 1996（p170–175）.

策理论评估①。

表1.3 评估的三种方式

方式	目标	预设	主要形式
伪评估	使用描述性方法产生有关政策结果的可信和有效信息	价值标准是不言自明或无可争议的	社会实验 社会系统会计 社会审计 综合研究和实践
正式评估	使用描述性方法产生被正式宣布为政策目标的政策结果的可信和有效信息	由制定者正式宣布的目标是衡量政策价值的标准	发展评估 实验评估 回溯过程评估 回溯结果评估
决策理论评估	使用描述性方法产生被多个利益相关者明确支持的政策结果的可信和有效信息	利益相关者正式或潜在的目标都是衡量政策价值的标准	可评估性评价 多属性实用性分析

Charles O. Jones 将评估分为传统型和科学型②。

传统型包括：议会监督；预算过程；审计过程；总统委员会；外部评估（出版社、电视、私人团体、学者）。

科学型运用现代科学研究方法，主要回答两个问题。研究在哪儿进行？研究是如何完成的？它包括三种评估研究：项目监督或过程研究；影响评价研究；经济效率或成本——收益研究。在以上三种研究方法的基础上，加上项目计划研究，并讨论如何实施这四种研究方法。

英国年金部的一份研究报告中提出，确定一项评估设计远非简单的事情。有无数的方法能够尝试使用，对于评估模式的选择主要取决于感兴趣的问题和被评估的政策或项目的性质。在最基本的层面上，在设计一项评估时需要考虑的关键问题包括：①我们需要知道政策是如何运行的吗？如果是，那么我们需要了解政策的哪些方面？关于这些方面的信息如何搜集？要解决这些问题，就要涉及到过程评估。过程评估是指一种政策监督的形式，目的是确定政策是否按预期实施。这通常也被称为执行评估。②我们需要根据预期结果知道政策的影响吗？为了回答这个问题，我们需要知道政策未予执行时的情况吗？也就是

---

① William N. Dunn. Public policy analysis：an introduction. London：Longman，2009（4th edition）（p309）．

② Charles O. Jones. An introduction to the study of public policy. Monterey：brooks/cole publishing company，1984（p205－213）．

说，需要预测反事实的情况吗？如果是，那么如何测量反事实的情况？要解决这些问题，就要涉及到影响评估。影响评估是指测量政策在事前确定的标准上所取得的影响。它通常包括测量反事实的情况。有时，评估或许只需要关注政策过程或政策影响。更多的情况是，研究将包括两种要素，因而也就包含两种评估类型①。

《南非政策评估框架》② 基于对各国评估实践的考察，根据评估目标与评估问题的不同，将政策评估类型划分为诊断性评估、设计评估、执行评估、影响评估、经济评估、综合评估。

表1.4　　　　　　　　《南非政策评估框架》划分的政策评估类型

评估类型	活动	时间
诊断性评估	这是一种准备性研究（通常被称为事前评估），以确定出台政策前的情况，并有助于设计政策。它确认待解决问题的已知情况，要应对的问题与机会，原因与结果，包括政策产生的间接影响，以及各种政策选择所导致的可能性结果。这有助于在设计政策前画出改革的草图	在设计或计划前的关键阶段
设计评估	在项目开始前或执行中分析改革方案，项目内在的逻辑与一致性。这做起来很快，而且只需使用二手信息。它也评估指标与假设的质量	在政策被设计出来之后的第一年，也有可能再往后一些
执行评估	旨在评估一项政策的操作机制是否支持目标的实现，并弄清楚为什么。它关注活动、产出、结果、资源使用与因果联系。它建立在既存的监督系统之上，并应用在项目执行之中，以提升操作过程的效率与效果。它也评估指标与假设的质量。这种评估操作起来也很快，主要使用二手资料，或者通过广泛的实地工作进行彻底调查	在执行中开展一次或几次
影响评估	追求测量由特定举措所引起的结果变化（也可以是目标人群的福利）。它的目的是告知高级官员，该举措是否该予以坚持，以及所需要的潜在调整。这种评估是建立在个案的基础上	通常是在设计或执行后的 3 到 5 年

① UK department for work& pensions：http：//research. dwp. gov. uk/asd/asd5/WP2. pdf.

② National Evaluation Policy Framework：http：//www. thepresidency. gov. za/MediaLib/Downloads/Home/Ministries/National_ Evaluation_ Policy_ Framework. pdf.

续表

评估类型	活动	时间
经济评估	经济评估要考虑的是一项政策或项目的收益是否高于成本。经济评估的类型包括：成本效益分析，它重视执行政策的成本，并将此与整个结果作对比，产生一个"每一单位结果所需要的成本（例如每增加一个人就业所需要的成本）"的预测；成本收益分析，它用金钱来衡量政策产生的结果（例如每增加一个人就业所产生的价值）	任何阶段
综合评估	综合各种评估的结果，以概括出对整个政府的调查结果。绩效监督与评估部（南非政府的评估部门）会基于国家评估计划中的各项评估，进行综合性评估，并作出年度评估报告	在一系列评估完成之后

（三）政策评估的作用与意义

Michael Howlett 和 M. Ramesh 认为，政策评估的基本意义在于对问题政策的变更产生影响。从学习的视角来看，公共政策评估是一个向政策行为体积极学习、发现政策问题和寻求解决方法的反复过程。

表 1.5 **政策评估与学习特点模型**[①]

政府行政能力	政府与社会行为体在政策子系统中的联系		
		高	低
	高	社会学习	教训汲取
	低	正式评估	非正式评估

William N. Dunn 认为，政策评估的作用在于[②]以下几点。

第一，也是最重要的，评估提供有关政策绩效的可靠和有效的信息。在这个方面，评估揭示了实现特定政策目标的程度。

---

① Michael Howlett, M. Ramesh. Studying public policy: policy cycles and policy subsystems. Oxford: Oxford University Press, 1996（p177）.

② William N. Dunn. Public policy analysis: an introduction. London: Longman, 2009（4th edition）（p307 – 308）.

第二，评估有助于阐明和批判选取政策目标时所隐含的价值。

第三，评估或许有助于其他政策分析方法的应用，包括政策问题的建构和建议。

Edie N. Goldenberg 认为，项目评估通常被视为寻求在公共部门更好地解决问题的手段。但实际上，它们通常还有其他目标。评估既被用来控制执行项目的个人和组织；也被用来影响外部政治环境。Goldenberg 还通过 1978 年的文官改革来总结项目评估中的一些现象①。

第一，由于政治领导人通常很短视，他们不可能对在产生有效信息前需要很长时间的评估研究感兴趣。由于许多问题的答案需要很久的时间来研究，因此短期来看，评估研究对于政治领导人的吸引力就来自其他两个目的——作为控制负责项目执行的机构和下属的手段，或者作为影响外部政治环境的手段。然而，为了这些目的，评估活动必须以高水平的专业能力开展；否则，控制系统将会把行为引导到非生产性方向，并且该项目所处政治环境中的重要人物将会抵制这个机构的影响力。

第二，最有助于发挥控制作用的评估方法不一定是影响外部环境最有效的方法。为了实现控制的目的，评估过程的效果必须是及时的，并且必须基于对项目运作的精确理解。然而为了影响外部环境，评估者必须也启动一个有明晰承诺的长期研究，这个承诺是回答与项目有关的主要问题。在大多数机构，短期研究和长期研究被分配给不同的人员，这不可避免地导致大量的精力被浪费在相互扯皮上。因为一批人员倾向于雇佣社会科学家，另一批人员倾向于雇佣项目专家，于是两类人一起工作的质量将因缺乏必要的专业技能而大大受损。

第三，评估过程能够包含这样一些激励因素，即鼓励组织采用学习到的知识。如果评估单位能与内部管理部门紧密地工作，那么控制措施能根据新的学习被改变。这也通过向外围人员展示评估对项目的作用来影响他们。假如一个机构的评估单位与重要决策者缺乏有效的沟通，那么该机构的其他外围人员将会做他们自己的研究，甚至不断复制和提高被研究机构的评估负担，从而施加压力谋求项目变化。

第四，评估计划必须早日开展，最好在执行之前，从而让评估成功地造成外部影响。一旦项目在运转之中，先前的证据将会浮现出来，其他人将会确定出使项目成功的正确措施。

---

① Edie N. Goldenberg. The three faces of evaluation. Journal of Policy Analysis and Management, Vol. 2, No. 4 (Summer, 1983), pp. 515 – 525.

最后，影响外部环境的努力如果做得太过分，就会退化为控制和宣传。然而，公然的控制自然会有它的限制因素，因为它会很快破坏评估的质量，从而破坏它的影响。

大多数机构都没有完全、有效地利用评估的三方面作用（寻求在公共部门更好地解决问题的手段、控制执行项目的个人和组织、影响外部政治环境）。他们过晚地开展评估；他们将评估责任分配给那些缺乏必要的综合技能的人员；或者他们经受不住短视的诱惑从而扭曲或压制评估数据。

之后，1978 年担任美国文官委员会主席的 Alan K. Cambell 对这篇文章给予了关注，他认为 Goldenberg 对评估过程的三方面描述展示了开展评估工作的复杂性。然而，他又讲道，评估工作中有更多的困难。其中有些困难明显与改革的内容相关；其他与公共部门的环境有关。特别是有四个困难阻碍了评估过程：文官改革所依靠的知识的不足性；分离出被评估的特定政策的影响的困难性；获得特定结果的政治需要；以及改革所基于的赋权法里所包含的对立目标[1]。

Daniel L. Stufflebeam 和 Anthony J. Shinkfield 认为，评估通过"提供对价值、重要性和提升（以及这些是如何和何时发生）的肯定、鉴定和问责、终结坏项目的依据（如果必要的话）等方面的活动"来服务社会[2]。然而，健全的评估并不一定能保证高质量的服务，或者当局会注意到评估的教训并采取所需要的纠正行动。评估只提供质量保证与提升的要素之一。许多事例表明，问题产品伤害了消费者，并非是由于缺乏相关的评估信息，而是因为决策者没有注意和采取行动。

Blaine R. Worthen、James R. Sanders 和 Jody L. Fitzpatrick 在书中简单地举了两个例子来分析评估的作用[3]。例如评估在教育中的作用：让老师们在学校预算分配上拥有更大的话语权；在具体的内容上判断学校课程质量；认可那些满足最低认可标准的学校；弄清一个中学的反暴力项目的价值；满足外部资助机构的要求，向其报告学校项目的有效性。而评估在其他公共部门中的作用则包括：决定是否施行一个城市发展项目；确定一个工作培训项目的价值；决定是否修改一个低成本住房工程的租赁政策；为医疗志愿者改善一个社区培训项

① Alan K. Cambell. A Frame for the Three Faces. Journal of Policy Analysis and Management, Vol. 2, No. 4（Summer, 1983）, pp. 526 – 530.

② Daniel L. Stufflebeam, Anthony J. Shinkfield. Evaluation: Theory, Models, and Applications. San Francisco: Jossey-Bass, 2007（p5）.

③ Blaine R. Worthen, James R. Sanders, Jody L. Fitzpatrick. Program Evaluation: Alternative Approaches and Practical Guidelines. Longman Publishers, USA, 1997（p10）.

目；弄清监狱的提前释放计划对累犯的影响。

在过去几十年，美国的评估学学者最初确定了评估的三大作用：第一，工具性作用，即决策者使用评估结果在一定程度上来修改评估目标；第二，概念性作用，即项目工作人员通过评估结果以新的方式理解项目；第三，启发作用，即评估结果将会增加相关领域的知识，从而帮助任何可能用到的人，而不只是评估项目相关人员。除了这三种作用，后来又有学者描述了第四种作用——过程作用，即由评估过程所导致的认知、行为、项目和组织上的变化。而第五种作用则是劝导性或象征性作用。不像其他作用的定义，对于何谓劝导性或象征性作用，人们缺乏一致意见。有些人举例认为通过评估来规劝重要利益相关者即是劝导性或象征性作用①。

另外，在《理解公共政策》中，Thomas R Dye 认为，虽然政策评估给出了一个评价政府工作的好机会，但政府在其主导的政策评估中也会产生许多问题②：偏爱正面效果；霍桑效应（当人们知道自己被观察时，其行为会与通常状态有差异）；实验结果在全国的推广普及（小范围政策实验的结果往往和大范围政策实验的结果大大不同）；伦理和法律问题（由一条规则所界定的实验组与对照组的区别很有可能与伦理相悖，例如给予还是拒绝医疗）；对效果的政治解释（最终得出的结论将不可避免是政治的结果）。

政策评估经常会面临失败，其原因主要是：目标的不确定性（政府经常会追求不同甚至于相互矛盾的目标，以取悦不同的利益群体）；政策方案只具有软性价值（有些政策方案并不会改变目标群体的状况，而只是让他们感到政府在"关心"他们）；政府机关对评估的敌视性偏见；由于沉淀成本过高，政府机关会自觉不自觉地反对任何批评这项政策无效的意见；政策研究会干涉正在实施的政策方案；方案评估本身是需要成本的，而这在实施方案中往往不会被涉及到。

对此，行政官僚们是如何解释负面的研究发现的呢？方案效果在时间上具有长期性；方案效果在空间上具有广泛性；方案效果本身难以用简单的标准和数据界定；由于法律或伦理问题，实验研究是难以有效进行的；实验组与控制组之间没有发现差别，很有可能是方案实施的投入还不够（当然，也可以被解读为方案根本就没有效果）；研究本身就有偏见。

哈佛大学教授 James. J. wilson 则总结了两条社会科学在政策效果研究中的

① Dreolin N. Fleischer, Christina A. Christie. Evaluation Use: Results from a survey of U. S. American E-valuation Association Members. American Journal of Evaluation, June 2009; vol. 30, 2: pp. 158 – 175.

② Thomas r. dye. Understanding public policy. New Jersey: Prentice Hall, 2007（12th edition）.

法则：所有政策都产生了预期效果——如果政策评估者即是政策执行者或与他们亲密的人；没有一个政策会产生预期效果——如果研究是由独立第三方或对政策本来就怀疑的人们主持的。

另外，关于评估，Michael Scriven 认为它是一个崇高的职业和踏实的工作。他认为，评估者应该富有良心，并作为评估者、审计者和建议者。无论是作为一个形成或总结性角色，如果没有独立性，他是没有价值的。在总结性评估中，他必须签订报告，编辑它，并在特定情况下自费出版它，如果客户拒绝出版它。而且评估人不只是一个技术建议者的角色，而是一个拥有专业伦理的自治性专门角色，与审计人的角色在很多方面具有类似之处①。

三、公共政策评估基本理论

政策评估最开始的发展是非理论的（atheoretical）行为。在最初将项目评估（在这里，政策评估与项目评估通用）确立为一门学科的努力中，许多开拓者的作品都极大地强调科学的研究方法。或许作为与武断或随机判断相区别的一门科学，这曾经有助于推动项目评估在评价项目价值上的作用。但是随着时代的进步，二战以来，特别是美苏争霸以来，人们对评估工作愈发重视。例如评估学界的著名杂志《美国评估杂志（American Journal of Evaluation）》于1980 年创刊，现为 SSCI 收录期刊，影响因子 1. 157，在社会科学类杂志中排名第十七②。以《美国评估杂志》为代表的评估类期刊的繁荣发展，反映了政策评估不仅在实践上日新月异，而且在理论上也硕果累累。

---

① Michael Scriven. Curriculum Theory Network，No. 8/9，Monograph Supplement：Curriculum Evaluation：Potentiality and Reality（1971 – 1972），pp. 132 – 139.

② American evaluation association：http：//www. eval. org/Publications/AJE. asp.

（一）评估能力建设

对项目结果的持续增长的需求已经产生评估能力建设的需要。为了综合现存各种政策评估能力理论文献和让经验文献结构化，整合型评估能力建设模型被发展了出来。研究发现，经验文献与理论文献存在高度的一致性，在个人层次上，包括态度、知识和行为；在组织层面上，包括实践、领导力、文化、主流化和资源。评估能力建设模型和实践的重要问题还有协作过程和项目结果。经验文献和理论文献的一致性表明这个领域已经开始发展出一致的措施，使用更加大的设计，并进行更系统的报告①。

所谓评估能力建设（Evaluation capacity building，ECB），是指一种有意识地提高个人积极性、知识与技能的过程，以提升一个组织开展或使用评估的能力。Susan N. Labin 等人通过对过往文献的回顾与总结，提出了一个综合的评估能力建设模型（见图1.2）。

1. 对评估能力建设的需要：为什么

该模型的第一列涉及的是开展评估能力建设的需要，以及是谁和是什么激起了对评估能力建设的兴趣。评估能力建设可能由组织内部因素推动（例如领导者提高组织内部评估水平的愿望），也有可能由组织外部因素推动（例如资助人的要求），或者由组织内部因素与外部因素一起推动。Preskill 与 Boyle 强调了三个有关评估能力建设需要的重要因素：评估能力建设的积极性；对评估能力建设的预设与期望；确认评估能力建设的目标。他们指出，"理解组织参与评估能力建设的动机……提供了有关谁应该参与、教授和学习评估能力建设的洞见。"与评估能力建设的动机相关的，是潜藏在评估能力建设的愿望背后的预设。Preskill 与 Boyle 提出，当这些预设没有被参与评估能力建设的关键人物分享时，努力的成功可能会大打折扣。他们同样注意到，具体目标的阐明对于评估能力建设的成功设计与执行也很重要。

开展需求评价，并且调适评估能力建设的努力以适应特定人群和环境，这些会影响评估能力建设策略的选取与执行。人们同样假设，组织的既存特点也

---

① Susan N. Labin, Jennifer L. Duffy, Duncan C. Meyers, Abraham Wandersman,, Catherine A. Lesesne. A Research Synthesis of the Evaluation Capacity Building Literature. American Journal of Evaluation, September 2012; vol. 33, 3; pp. 307–338., first published on January 27, 2012.

会影响策略使用及其效力。一些具体的因素在文献中也已经被提到，包括对评估的态度，资源的可利用性（人员、时间和财政），内部的评估专业能力和一些组织实践与能力，例如来自领导层、组织文化的支持，主流化或将评估作为组织例行事务的一部分。人们假设这些因素会影响组织学习和评估能力建设成果将会变得可持续的程度。在综合的评估能力建设模型中，许多有助于评估能力建设过程的既存特征都被定义为优势与资源。

2. 评估能力建设活动：是什么和如何做

该模型的第二列归纳了评估能力建设策略、具体执行特征与对评估能力建设工作的评估。策略的各个方面都被确认，以建立重要的维度来把握他们的性质与效力。有些评估能力建设的努力会通过潜在的理论或方法来证明其正当性，如授权评估或组织学习。Preskill 与 Boyle 确认了数种类型的评估能力建设的设计与执行理论，包括评估理论、成人学习理论以及有关组织变革与发展的理论。

评估能力建设策略可能会通过各种模型来提供，例如面对面谈话、电视会议或电话、电子邮件或其他基于网络的机制以及纸质材料如评估手册。策略既有可能被用在个人层面，以实现学习与行为改变的目的，也有可能被用在组织层面。策略的类型指的是评估能力建设的机制，即培训、技术援助、实验参与或者评估活动参与。另外，也有实证与理论文献在讨论评估能力建设活动的内容。在个人层次，策略内容关注的是态度与评估课程，如设计评估与分析资料。在组织层次，策略内容关注集体行动，例如将评估作为组织过程与实践的一部分，对评估活动提供领导支持，培育一种学习文化，将评估作为组织的常规功能，或者提升评估资源。

3. 结果：成效

人们已经假设了评估能力建设在个人与组织层面的成效。个人层面的成效包括提升过的态度、知识与技能（通过参与各种评估活动的行为得到确证）。Preskill 与 Boyle 假设个人学习会由组织环境影响，想要实现个人学习与行为改变，支持性的组织特征是必要的。综合评估能力建设模型中的组织层面成果则包括五种重要的组织特征。过程、政策与实践涉及的是评估的开展与使用。领导能力被包含进去，是因为它对组织变革拥有公认的重要性。组织文化是价值、态度、目标和实践的结合体，它能够支持或阻碍组织变革，并被认为是成功的评估能力建设的必要成果与指标。评估的主流化（或者说是常规化）是让评估能力建设持续下去的必要条件。如果评估能力建设能取得成功的话，支持评估的资源也被假设为是很重要的。

项目成效指的是负责评估能力建设的组织所取得的成效。一些实证性的文献证实评估能力建设会引起项目成效的提升。负面效果被加入模型中是为了追踪评估能力建设引起的任何未预料到的负面结果。通过评估能力建设，可以取得许多有关项目运行与项目评估的经验、教训。

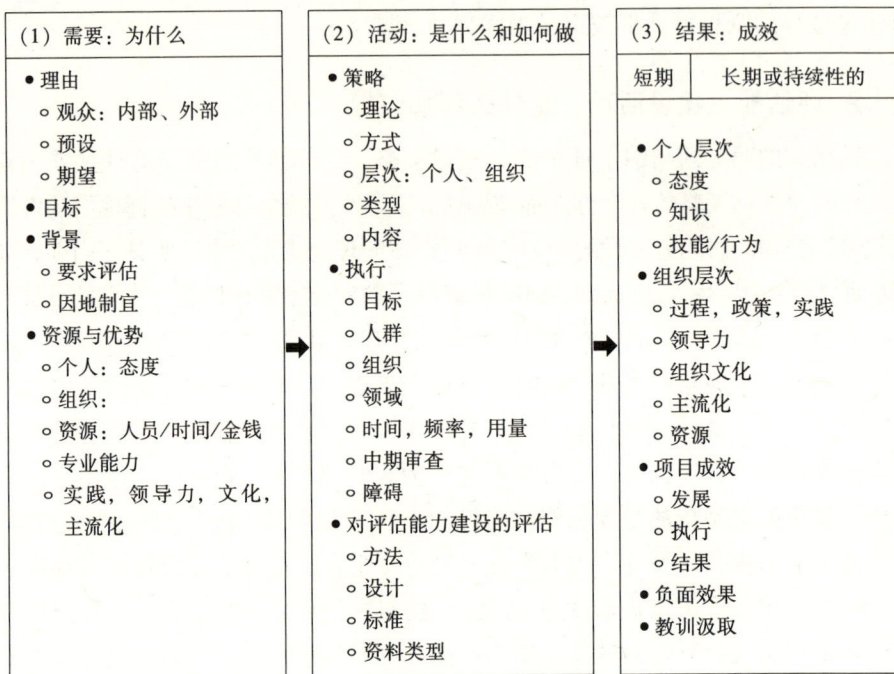

(1) 需要：为什么	(2) 活动：是什么和如何做	(3) 结果：成效	
● 理由 ○ 观众：内部、外部 ○ 预设 ○ 期望 ● 目标 ● 背景 ○ 要求评估 ○ 因地制宜 ● 资源与优势 ○ 个人：态度 ○ 组织： ○ 资源：人员/时间/金钱 ● 专业能力 ○ 实践，领导力，文化， 　主流化	● 策略 ○ 理论 ○ 方式 ○ 层次：个人、组织 ○ 类型 ○ 内容 ● 执行 ○ 目标 ○ 人群 ○ 组织 ○ 领域 ○ 时间，频率，用量 ○ 中期审查 ○ 障碍 ● 对评估能力建设的评估 ○ 方法 ○ 设计 ○ 标准 ○ 资料类型	短期	长期或持续性的 ● 个人层次 ○ 态度 ○ 知识 ○ 技能/行为 ● 组织层次 ○ 过程，政策，实践 ○ 领导力 ○ 组织文化 ○ 主流化 ○ 资源 ● 项目成效 ○ 发展 ○ 执行 ○ 结果 ● 负面效果 ● 教训汲取

图 1.2 综合的评估能力建设模型

（二）理论驱动型评估[①]

尽管理论驱动型评估的根源可以追溯到 20 世纪 30 年代的泰勒（他的以评估作为目的，从而形成和检验项目的理论），后来又在 1960 和 1970 年代中重现，直到 1990 年代这种理论驱动型评估于 Huey - Tsyh Chen 的原创性著作《理论驱动型评估》出版后，才在评估领域中得到了更为广泛的回应。从那以

---

① Chris L. S. Coryn, Lindsay A. Noakes, Carl D. Westine, and Daniela C. Schröter. A Systematic Review of Theory - Driven Evaluation Practice From 1990 to 2009. American journal of Evaluation, June 2011; vol. 32, 2: pp. 199 - 226, first published on November 12, 2010.

后，使用这种概念和方法论的理论著作，甚至于实际案例已经非常广泛，理论驱动型评估有时被称为项目理论评估、基于理论的评估、理论指导的评估、关于理论的行为、关于改变的行为、项目逻辑、逻辑框架、结果科层制、现实主义评估，而且最近被称为项目理论驱动型评估。尽管各种名称使其变得难以理解，它仍为无数评估学者、从业者们所称道，并认为是评估实践的优先方法。

这些方法以各种形式被广泛采纳，包括对 W. K. Kellogg 基金的社区变革能动性的评估（1988，2000），对美国联合之路（1996）健康、人力服务、青少年或家庭服务、疾病防疫中心的评估。过去几年中，理论驱动型评估的方法被广泛地运用到国际发展的背景中，包括海外发展机构、国际影响力评估中心、联合国评估小组和世界银行独立评估小组都曾进行运用。最近，这些方法又被建议作为评估美国军事行动和许多其他领域的手段。理论驱动型评估还被建议应用于独立或联邦赞助的药品随机对照实验或随机化试验。

项目理论是理论驱动型评估的关键，它们一般是用图表描述项目行动、结果和其他因素之间的关系，尽管它们可能也会用表格、叙述或其他形式，根据其复杂性和细节层次而不同。典型的线性项目理论模型如下（真正的模型当然要复杂得多，但基本信息都还是一样）。

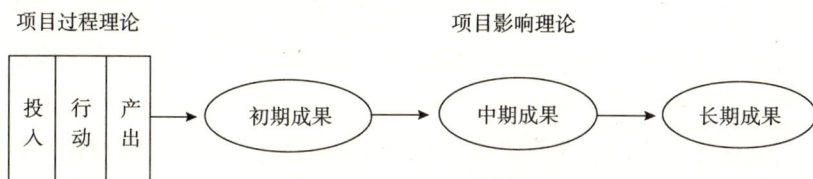

项目过程理论   项目影响理论

| 投入 | 行动 | 产出 | → | 初期成果 | → | 中期成果 | → | 长期成果 |

图1.3　线性项目理论模型

用于描述或代表一个评估理论的要素通常包括投入、行动、产出（它们代表项目过程理论）和初期成果、中期成果、长期成果（它们代表项目影响理论）。投入包括执行一个项目所需要的各种资源（人力、物质、财政）；行动是指为达到既定目标所采取的行动（培训和服务）；产出是行动的直接结果；成果是指由投入、行动和产出所直接或间接达到的预期改变。初期成果通常是指知识、技能和能力以及其他特点（例如对于实践性知识的增长）。中期成果通常被划分最终导致长期结果的行为改变，如减少某种社会问题或满足项目目标人群的需要。

在早期概念化的过程中，无数的理论家，包括 Weiss 和 Wholey 倾向于用线性评估来描述项目理论。而在最近的作品中，其他人则支持更加情境化、广泛化、生态化的项目理论模型。如图 1.4 所示。

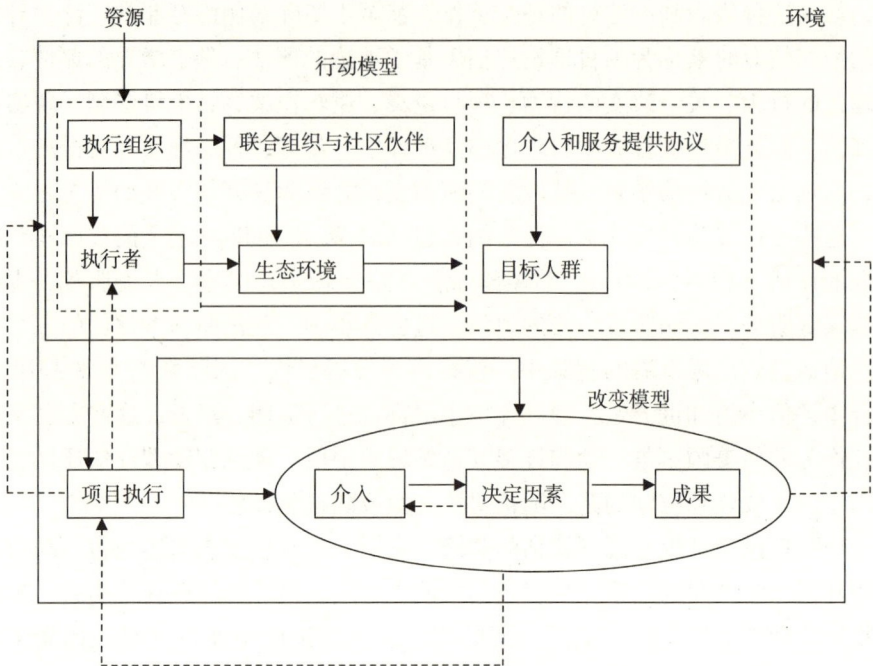

图 1.4 非线性项目理论模型

这种非线性项目理论模型与线性模型差别非常大。总体上，这类模型目的在于将系统思想整合进假设的项目理论，将各种背景因素和其他影响项目过程和成果的因素考虑在内。即使如此，人们还是不禁问道，这类模型究竟能在何种程度上代表复杂的现实和不可预测的、持续变化的开放系统。

无论如何发展或描述项目理论，一个关键方面就是各种组成部分是如何相互连接的。一个项目理论应该可信易懂，并对长期的因果关系有清晰描述。Donaldson 认为项目理论有四种来源，包括之前的理论和研究，与项目紧密联系的理论，对执行中项目的观察，对假定项目理论中的关键假设进行探索性研究。

作为理论驱动型评估的核心，它包含两个重要组成部分。第一个是概念上的，第二个是经验上的。概念上，理论驱动型评估应该解释一个项目理论或模型；经验上，理论驱动型评估应该寻求调查出项目是如何取得预期成果的。另外，取决于项目理论概念框架的哪一部分被关注，Chen 区分了理论驱动型评估中的四个变量：理论驱动型过程评估，中介机制评估，主持机制评估，综合过程/成果评估。在这里，前三个通过对理论驱动型评估进行剪裁，从而可以只聚焦于项目理论的一方面，而不是对整个评估理论进行考察。

总之，理论驱动型评估的感知价值部分在于让人们知道一个项目是否有效（即因果描述，存在于 A 和 B 之间的因果关系），部分在于解释了一个项目潜在的因果机制（即因果解释，A 如何引起 B）。这种关于项目因果关系的知识应该为决策者提供有效的信息，例如政策形成。这些评估当然不只是用作总结性的目的，而是在分析和经验上更有力量，从而形成更好的评估问题，更好的评估答案，更好的项目，以及更能促进形成项目的有关信息，从而促使项目的复制和提升，而这在其他类型的项目评估中是不可能的。

（三）评估研究与社会政治结构

由于对社会项目进行评估的压力越来越大，社会和政治力量可能会阻碍社会组织中对评估研究的介绍、执行和运用。评估是一个特定背景下具有政治寓意的社会过程。Robert Wilderman 认为，评估社会项目的困难不仅限于缺少评估研究技术，同时在于一个复杂的、服务性组织中的社会政治结构阻碍作用[1]。所谓社会政治结构，是指所有有形或无形的规则、价值、需要，组织中含蓄或明显的目标，组织中的个体，也有组织与其外界的关系。在这样的背景下，评估过程可能会维持项目社会价值或与政治安排相冲突。而且情况常常如此。例如，尽管科学的意识形态要求对研究发现的交流，然而被评估的项目需求和价值事实上并不支持这种意识形态。在这种负面结果的情况下，项目人员可能就会有意无意地妨害对评估发现的散布和利用。很少项目人员愿意引起人们对有可能负面评价项目的报告的注意力。因此，尽管足够的评估研究技术是必要的，但要将评估成功地运用于社会组织也需要足够的技巧。那些在着手评估研究前没有关于社会政治结构的渗透性影响知识的人就可能会遭遇挫折和失望。

恐惧对评估来说是反生产性的，因为它会创造各种形式或微妙或不微妙的阻力。这些阻力包括从被动的不合作到主动的对抗。要减少这种由恐惧引起的评估阻力就要做到：第一，让组织中的员工和管理者、客户、董事会成员们都了解到评估只是服务于提升项目这个目的的工具，以及评估与决策、政策规划和管理的相关性；第二，在项目发展的早期阶段，规范评估（过程导向）要

---

① Robert Wilderman. Evaluation Research and the Sociopolitical Structure: A Review. American journal of community psychology, vol. 7, No. 1, 1979.

比总结评估（结果导向）更适用；第三，避免评估个人，不强调对个人的评估有利于人们更加专心于项目的成效；第四，有些评估方法可能比其他评估方法更缺乏恐惧性，因此可以尝试把缺乏恐惧性的评估方法放在前面使用。

（四）评估使用理论

所谓"使用"是一个多维的现象，即工具性的维度（决策支持和问题解决功能）、概念性的维度（教育功能）和象征性的维度（政治功能）。为了提高在这三个维度上的评估使用，许多调查文章制定了经过扩展的预测指标。这些指标大约可以归纳为以下几类：（a）相关度；（b）可信度；（c）用者参与；（d）沟通有效性；（e）信息加工的潜力；（f）客户对信息的需求；（g）对项目变化的期待程度；（h）评估作为管理工具时的观测价值；（i）评估执行的质量；（j）决策或政策制定的背景特点[①]。

对评估使用的理论发展起到最突出作用的是"Weiss - patton 之争"。这场争论的中心问题是评估者能否和应否对评估的使用负责。Weiss 认为，在决策背景下相互竞争可信度的评估信息应该是非理性的和多元的。她宣称评估人员最能和应该追求的是精确和充分的评估信息的产生。Patton 则支持评估人员在推广和培养评估使用中扮演一个积极的角色。他认为评估人员具有以下责任：（a）帮助决策者确认他们的评估需求；（b）参与决定、咨询什么是能够满足那些需求的信息；（c）产生被预期使用者所需要的信息。尽管这个问题并没有得到直接解决，这场争论的重要性应该得到承认，而且每种立场都出自于不同的项目背景，从而在头脑中有不同的利益相关人。评估理论的使用背景可以被区分为两种：利益相关者争论项目的目标（政治背景）；项目目标既定，但达到目标的手段还有待探究（理性决策背景）。之后，研究者们发展出的协作模型得到了越来越大的共鸣，协作模型倾向于让评估人员和项目工作人员的关系更加公平，从而共同协商决策和建构意义。

在近期，美国学者 Dreolin N. Fleischer 和 Christina A. Christie 通过对美国评

---

① Lyn M. Shulha and J. Bradley Cousins. Evaluation Use: Theory, Research, and Practice Since 1986. American Journal of Evaluation, September 21, 1997; vol. 18, 3: pp. 195 - 208.

估协会1140个会员的调查，对评估使用进行了研究①。该研究调查和分析了影响评估使用的因素、评估对组织结果的作用、评估人员的作用、利益相关者的卷入对评估的影响，以及人们对评估的误用甚至不用等等，这都给从事和关心评估的人们带来有益的启示。

（五）评估伦理

美国学者 Jan Blustein 在2005年发表的文章中提到，美国联邦社会项目评估在过去四分之一个世纪中得到了极大的发展，尽管偶尔有学者在教科书中提到，有些相关组织也发布了一些不具有约束力的行为指导（而这些指导部分与伦理相关），却几乎没有对研究伦理的公开辩论。虽然她主要的研究方向是卫生政策，因而并非是一个专业的伦理学家，甚至并非一个评估人员，但她基于自己的专业背景，作为一个旁观者对这个问题进行了深入的研究②。

Blustein 先是回顾了医学研究的伦理。由于医药科学在二战中的滥用，医学研究伦理这个领域在20世纪中叶兴起。战争结束时，世界回应医学滥用的事实，制定了纽伦堡法则。之后，在1960和1970年代的美国，在 Tuskegee 和 willowbrook 滥用科学对弱势受试者进行研究的事件败露了出来。公众的强烈抗议导致国会召开听证会和1974年国家研究法案的通过，这项法案划时代地创造了在生物医药和行为研究领域保护被试者的国家委员会。这个委员会负责确认实践与研究之间的边界，并确立了规制生物医药和行为研究领域的研究行为的伦理原则。这个委员会的主要成果就是贝尔蒙特报告。

这个报告以辨析日常提供治疗的私人行为与科学研究的公共行为的区别开始。它认为研究最基本的明显特征是它的普遍性。科学研究的目的是为了追求所有人都可得到的知识。这种知识是公共产品，因为研究中被试者承担风险是为所有人探求这种产品。相对于日常生活，更高的伦理标准应该被应用于科学。

贝尔蒙特报告提出了指导研究行为的三条原则：对人的尊重、仁慈、正义。这三条原则是联邦对包含被试者的研究领域的规定的基础。当然，在一些

---

① Dreolin N. Fleischer and Christina A. Christie. Evaluation Use: Results From a Survey of U. S. American Evaluation Association Members. American Journal of Evaluation, June 2009; vol. 30, 2: pp. 158 – 175.

② Jan Blustein. Toward a more public discussion of the ethics of federal social program evaluation. Journal of Policy Analysis and Management, Vol. 24, No. 4 (Fall, 2005), pp. 824 – 846.

领域对这些原则的解读也曾出过许多问题。解读很关键，贝尔蒙特委员会也曾提到，这些原则只是大体的指导方针，而非对研究领域的人伦理问题进行严格的规定。

第一，对人的尊重。这项原则坚称被试者应被视为自主主体，有他们自己的观点、目标、价值和信念。"知情同意"（informed consent）的观念就是来自于这项原则：主试者不能知道被试者是否应该选择参加一项研究；只有被试者自己知道他们的偏好。这项原则反应了康德关于避免把人当作实现一些目的的手段的规则。

第二，仁慈。这个原则包含两个部分：①不能施加伤害；②将可能福利最大化，将可能伤害最小化。贝尔蒙特委员会提到这不是反对被试者冒险的禁令，实际上，科学事业不可避免地会使被试者承担风险，但这些风险只有与被期望的福利成比例时才是合乎情理的。贝尔蒙特委员会同样注意到，这里所谓风险与福利应是对被试者，个人和社会总体而言的。他们要求研究者将科学视为进步性影响："总体上来看科学研究，社会成员有义务认识到知识增加和新的医学、精神疗法和社会程序所带来的长期福利和风险。"

第三，正义。这里的正义是指"分配正义"，或者说对研究收益和负担进行均等的分配。在贝尔蒙特报告被撰写的时候，穷困病人作为被试者，而富有病人受益于医学研究的事实已经持续了很长一段时间。在引用这些暴行时，委员会强调在研究中应该极力避免这种情况：接受社会救济的病人、少数种族或者被制度所限制的人们，仅仅由于他们容易被找到、他们弱势的地位或者他们可操纵性，而不是因为一些与研究问题直接相关的理由，而被系统性地选取。

贝尔蒙特报告于1979年由卫生、教育和福利部部长（HEW）当作一项政策出版。与此同时，委员会签发了一个报告，该报告建议建立一个保护科学研究中的被试人员的机制。机构审查委员会（IRBs）——由在机构中工作的科学家和至少一名不隶属于该机构的成员组成——将会对研究进行评估，以保证这些工作是在"尊重人权、仁慈和正义"的方式中进行。

规范对被试人员进行研究、描述机构审查委员会对（卫生、教育和福利部赞助的）研究的活动性质和范围的规定于1981年初被完成。将近十年之后，这一规定被16个联邦机构调整和采纳。作为这16个机构唯一的普遍性规定，它被称为"共同规则"。

共同规则要求研究者向一个委员会提交详细的工作计划，而这个委员会必须由一些同行和至少一位这个领域之外的人员所组成。机构审查委员会审查这些计划，以保证被试人员被对待的方式与贝尔蒙特报告所阐述的规则相一致。

让机构审查委员会审查的要求非常耗时，有时甚至令人厌烦，许多研究者将其视为"仅仅是一个官僚桎梏"。有些机构审查委员会运转低效，有时甚至严重损害了其效能。尽管如此，具有明确标准的正式规定的存在与伴随而来的制度结构，至少发挥了不断提醒人们要重视伦理问题的作用。作者相信，这已成为保证人们意识到研究伦理的重要因素，特别是在医学研究领域。

然而，要理解公共社会项目评估与以上阐述之间的关系，我们还是要回到1974年听证会，那些听证会揭示了在 Tuskegee 中对被试者的暴行，而这是在公共卫生服务部门的赞助下进行的，也就是说，行政上是在卫生、教育和福利部的管辖下进行。在听证会进行时，事态已经变得很明了，除非卫生、教育和福利部主动采取措施，否则国会将会立法来控制 HEW 赞助的研究。结果，卫生、教育和福利部于1974年5月22日签发了"保护被试人员"的规定，并使其成为应用于整个部门的政策。这个规定很大程度上是卫生、教育和福利部"HEW"中"H（即卫生）"这个部分的产品，在起草时没有其他通常参与社会科学研究的部门的参与。因而这些规定并不是那么适用于负责社会项目的部门。他们习惯于在没有外部监督如机构审查委员会审查的情况下运转。1979年时，这个话题是如此富有争议以至于贝尔蒙特委员会发布它的最后一份报告时，在最后一个注脚中将这个问题留给了后人。

由于与社会试验相关的问题和生物医学与行为研究领域的问题很可能大大不同，委员会明确拒绝在这个时机作出任何关于试验研究的政策决定。当然，委员会相信这个问题将会被它的某个替代机构所解决。

实际上，这个问题并没有被任何替代机构所解决。

在贝尔蒙特委员会完成它的使命之后的一些年后，管理机构成了卫生和公共事业部，它尝试通过规制手段解决伦理问题。在1982年的建议规则制定公告中，它界定了免于实行"共同规则"的研究领域。其中一个研究领域就是社会项目评估，即由卫生和公共事业部所实行或下属的研究或试验项目，它们的设计目的是研究、评估或检查：①公共福利或服务项目；②在那些项目中获取收益的程序；③那些项目或程序中可能的改变或替代选择；④那些项目中方法和收益或服务支付层次的可能性改变。

在联邦公布的文件中，卫生和公共事业部并没有宣称对一些研究领域免除"共同规则"是为了实现被试者最佳的利益。实际上，它强调的是实用方面和法律方面的考虑：对社会试验的外部评估是"拖延的、累赘的和重复的"（特别是当有些项目同时在许多个州实行时）。

最后，对卫生和公共事业部所赞助的社会项目评估有关伦理的决定都被从公共领域撤除。在接下来的年份中，类似的立场也为其他联邦机构所采纳。到1991年时，对社会项目评估免于讨论伦理问题成了16个联邦机构所采纳的"共同规则"的一部分。因为对于那些机构所执行的评估，并没有由外围人员对伦理问题进行强制的"事实检查"。

由于社会项目评估免除伦理讨论的理由主要是来自实用和程序上的考虑而非伦理上的考量。所以Blustein决定作一个思维实验，在这个实验中，将贝尔蒙特原则应用于社会项目评估中。作者选择的案例是国家就业工作团研究。通过这个思维实验，作者倾向于将贝尔蒙特原则应用于社会项目评估中，并逐一反驳了那些认为社会项目评估与生物医学或行为研究不同的观点。然而，Blustein这篇文章发表不久，就遭到了Peter Z. Schochet——国家就业工作团研究的主要研究员的批评[1]。他认为Blustein对国家就业工作团研究的批评过于严厉，实际上评估人员非常努力地遵守贝尔蒙特原则，而Blustein对该研究的批评近乎吹毛求疵，没有考虑实际情况。学者Burt S. Barnow也反驳了Blustein所说的国家就业工作团研究没有遵守贝尔蒙特原则[2]。但是Peter Z. Schochet和Burt S. Barnow的批评还是从实用和程序上进行反驳，并没有超越Blustein的讨论。不过，这正说明社会政策的评估伦理问题极富争议，也证明了这个问题的重要性。尽管遭到了一些学者的反驳，但这正达到了Blustein的目的，正如她那篇文章的题目——"对联邦社会项目评估伦理进行更加公开的讨论"。

（六）政策评估与政策学习

政策评估最重要的功能是它对问题政策的影响[3]。毕竟，政策评估的隐含目标就是完成调查后，如果必要就改变政策。为了理解政策评估与政策改变的关系，我们需要理解一个更大的过程——政策学习。从一个学习的视角来看，公共政策评估被认为是一个积极学习政策问题本质和相应解决措施的反复过程。

---

① Peter Z. Schochet. Comments on Dr. Blustein's Paper, "Toward a More Public Discussion of the Ethics of Federal Social Program Evaluation: . Journal of Policy Analysis and Management, Vol. 24, No. 4（Fall, 2005）, pp. 849–850.

② Burt S. Barnow. The Ethics of Federal Social Program Evaluation: A Response to Jan Blustein. Journal of Policy Analysis and Management, Vol. 24, No. 4（Fall, 2005）, pp. 846–848.

③ Michael Howlett, M. Ramesh. studying public policy: policy cycles and policy subsystems. Oxford: Oxford University Press, 1996（p175）.

　　像政策科学中的其他概念一样，针对"政策学习"这个术语也有不同的解释。Peter Hall 采纳了一个工具性的"学习"定义，并宣称在公共政策领域，学习是为了服务于政府更好地实现目标这个目的。他认为，"学习是一个这样的过程，根据过去政策的结果和新的信息，深思熟虑地尝试调整政策目标和技巧，从而取得治理的终极目标。"另一方面，Hugh Heclo 认为学习并不是那么有意识的活动，通常是政府对某种社会或环境刺激的回应。他认为，"学习可以被解释为一种行为上相对持续的调整，这种调整是经验的结果，可以被概念化为对某种观察到的刺激的回应。"在 Heclo 眼中，学习是政府基于他们过去的经验回应新出现的情况。

　　这两种定义描述了政策学习和政策改变两者之间关系的性质，但它们在阐述这个问题的方法上大不相同。对于 Hall 来说，学习是规范的政策过程的一部分，在这个过程中，决策者试图理解为什么一些行动取得成功，而另外一些行动却失败。如果政策变革是政策学习的结果，那么变革的动力源自于政府的正式政策过程。另一方面，对于 Heclo 来说，政策学习被视为政策制定者应对政策外部环境所采取的反应性行动。只要环境发生改变，政策制度者想要他们的政策取得成功就必须予以适应。这两个形成鲜明对比的概念让我们不禁思考这样一个重要的理论问题，政府学习究竟是内生的还是外生的？也就是说，政策学习是政府过程之外的事物推动决策制定者的过程，还是它本就源于政策制定者根据他们过去的经验，试图优化和调整他们的政策的过程。

表 1.6　　　　　　　　　　　两种政策学习的特征

	内生性学习	外生性学习
学习主体	小型、技术型或专业型的政策网络	大型、公共参与的政策共同体
学习客体	政策背景或政策工具	察觉政策问题或政策目标

　　内生型学习发生在小型、聚集的政策网络，它的目标是学习有关政策背景或政策工具的事物。相比较而言，外生型学习则发生在广泛的政策共同体中，而且包含对问题解读的质疑和解决问题的政策的目标。

　　内生型政策学习，就像 Richard Rose 说的一样，可以被称为"教训汲取"。这种政策学习源于正式的政策过程，以及政策制定者在实现目标的过程中所使用的手段或技巧。这些教训可能是关于政策循环不同方面的实践性建议，例如，哪些政策工具在哪些情况下取得实效，哪些工具则失败，或者，在政策议程设定的过程中，哪些问题得到了公众的支持，哪些没有得到公众的支持。

　　外生型学习，则被称作为一种更普通的学习，即"社会学习"。它源自于政策过程之外，并影响政策制定者改变社会的约束条件和能力。这种类型的学习是关于政策目标本身。这是最基本的学习类型，它伴随着潜藏于政策之下的思想转变。许多国家在 1980 年代迈向私有化，并将通货膨胀视为比失业更严重的问题就是典型的外生型学习。

政策评估把这两种学习都包含在内。从定义上说，行政评估实质上发生在已确立的行政机构内，并且倾向于采取"教训汲取"的形式——在褒义和贬义两种意义上。而司法或政治评估则更倾向于受社会价值观或伦理观改变的影响，因此也是社会学习的教训进入行政过程的手段。

在两种学习过程中，政策制定者是否能学习到任何教训取决于他们吸收新信息的能力。在一个如政府般复杂的组织内，这意味着学习是一个积累性过程，既有的知识储备很大程度上决定着新知识注入政府时，政府将会采取什么样的措施。在这一方面非常重要的是组织与其环境间的"边界扫描"，使得新信息得以散布到整个组织。

在政策制定的过程中，这意味着两个影响政府评估潜力进而影响政策变革的相关变量是：①政府的组织能力，特别是在主题领域的专业技能；②政策子系统的性质，特别是政府和社会成员之间是否及何种程度上存在联系。加在一起，这两个变量在政策评估和政策学习之间建立了更进一步的关系。

（七）评估文化

Veronica G. Thomas 对评估中的文化问题有过专门的梳理①。毫无疑问，在尊重和理解文化对评估的作用上，过去 25 年见证了大幅度的进步。在这段时间中，不断有人呼吁评估者的实践（评估计划、执行和成果的传播）方式应该更为精确地反映项目人群所处的历史、社会、文化、政治和经济背景。关注工程所处的文化背景，让评估从基本上忽略文化维度或只将它们视作"误差杂音"（最差的情况），转变为完全承认文化作为基础知识的重要部分，对于讲述有关项目的完整情况十分必要。通过承认和尊重工程所在的文化背景，特别是当评估工作要服务于不同的受众时，评估者可以问出更为恰当的问题，在

---

①　Nick L. Smith, Paul R. Brandon, Melanie Hwalek, Susan J. Kistler, Susan N. Labin, Jim Rugh, Veronica Thomas and Louise Yarnall. Looking Ahead: The Future of Evaluation. American Journal of Evaluation 2011 32: 565 DOI: 10. 1177/1098214011421412.

正确的地方从正确的人那里获取高质量的消息，得出有效而有意义的结论，并让评估结果以有关而有用的形式呈现给利益相关者。

注意评估中的文化问题已经从这个领域的边缘转移到它的中央，因为人们不断认识到这个问题会影响到每一个评估人员在每一个环境中的评估。对文化方法的支持挑战了（a）从各种社区收集评估资料的传统方式；（b）把什么算作可信证据的受限观念；（c）评估者与社区利益相关者间的等级关系。关于如何设计和执行一项应对文化、背景、多元主义、包容性和跨文化效度的评估的文献正在不断增多。在过去的十年，美国评估协会就这个话题举办了无数的会议。另外，各种政府机构（如国家科学基金，NSF）和基金会（如凯洛格基金会，科罗拉多信托基金）已经支持增加评估者培养渠道的多样性，并提升从业评估者的文化胜任力。这些代表性策略旨在收集更好的证据以提升社会项目，更多地从不同的文化背景服务于个人，以及更精确地记录这些项目的成果。

在过去15年，这个行业中的四大活动的目的都是保证更多的评估者关注他们实践中值得提到的文化问题。一项活动包括美国评估协会的多样性委员会出版的有关项目评估标准文化性阅读材料，它根据文化多样性、文化问题的对待方式以及对文化胜任的关注，来逐行评定项目评估标准。另一项活动包括对美国评估协会的评估指导原则的修改，并明确宣称文化胜任是评估者实力的重要组成部分。第三项活动包括出版国家科学基金的《2002工程评估用户友好型手册》，它包括一个新的章节，题名为"开展文化回应性评估的指南"，这是被引用最多的关于处理项目评估中的文化问题的作品。第四项活动包括美国评估协会全体会员通过的关于文化胜任的公开声明。这项声明承认文化胜任在评估中的重要性并告诉公众美国评估协会对评估行为中的文化胜任的期望。在理解评估中文化的作用方面，人们已经取得了喜人的成就。从将文化视为背景，将文化视为胜任的方法，到将文化视为认识论，这个领域正在开始理解文化在评估中的价值判断和行为中所发挥的基础性作用。除了前面提到的和其他值得赞誉的努力，许多工作还有待完成。

未来的评估需要将文化问题以更有意义的方式嵌入其中。在美国，有色人种正在以比白种人更高的速度增长，这无疑会影响接下来几十年文化和多样性被概念化的方式。伴随着这种增长，我们会见到对"大熔炉"哲学更大的排斥，以及对"马赛克"视角更广泛的接受，因为个体们会更加重视保持他们独特的文化价值、模式和世界观。结果，如果在评估政府服务于这些人群的公共政策时忽视了这些文化维度，将会是极大的疏忽。另外，未来的评估者将不再能够把来自特定族群的人就当作单一的文化群体，与此相反，多样性内部的多样性一定要被认识到。例如，在面对不同的拉丁族群时，简单地将一个工具从英语翻译为西班牙语并不足以解决文化问题。在这种情况下，语义和内容上的均衡性都需要被考虑到。

由于社会项目所要服务的民众的文化多样性不断增长，评估者将会越来越需要具备一定的知识、技能和性情来舒适和胜任地在不同的文化内和文化间工作。文化能力将被视为必要的实践技能，同样地，它将会成为这个领域中研究生训练和专业培训的一部分。未来的评估者们将会在文化上更加多样，并且更好地准备在不同的背景下工作。他们将会更加有意识地研究文化问题，而且付出足够的时间研究目标人群。未来的评估者将会拒绝"放之四海而皆准"的单一方法，并寻求更为"文化回应性"的方式对待利益相关者，收集资料，进入和退出项目背景，还有传播评估结果。

目前，对评估中文化问题的强调主要是非理论的，而且过于关注方法论。尽管方法论在这个领域非常重要，但没有一个理论镜头，这幅图像也不会完整。未来的努力或许更多地关注将理论与评估实践的文化背景联系起来。这将有助于评估者对评估中的文化问题进行批判性思考，从而提升他们在这个领域的实践。当评估工程是为了服务于不同的、特别是边缘化的人群，一个批判性社会探究理论导向是考虑文化问题的有用方法和重要视角。批判性社会理论，特别是批判性种族理论，是一个旨在挑战现存知识的框架，它的目标是提高社会意识和促进诸如平等、社会福利和正义的价值。在评估中使用批判性的理论导向能够影响一系列评估者必须注意的文化问题：（a）评估者准备询问而最终没有询问的问题；（b）评估者阐明而最终不了了之的事情；（c）评估者准备使用而最终没有采用的方法；（d）被搜集来而最终忽视的资料；（e）资料解释是如何做到的，谁的解释得到了最高或最低的认可；（f）得出什么样的结论，以及什么样的结论没有被考虑到；（g）结果是如何呈现的，这些结果是向谁传播的。

未来的评估应该关注如何收集有关以下话题的实证知识：（a）如何以最佳的方式与不同的利益相关者共事；（b）评估中采用文化回应性方法的后果（例如，它会自动产生更为有效和可靠的结果吗）；（c）评估中的元评估声称应对评估中的文化问题。考虑到越来越多类型的人群意味着对高质量评估的要求不断增多，于是针对文化群体的资料收集设计、工具的发展、调适和利用也会不断增多。

特别是在宏观层面，将会存在许多相对未经核查的领域，评估者可用来寻求拓宽他们对文化问题的审视。其中一个值得提到的领域是环境可持续性和环境正义。在美国，环境不平等是通过不成比例的环境负担显现（例如废物中转站、电站、卡车路线），它们通常是由低收入的少数族群承担，而这些人也是社会项目的接受者。这显然会对项目目标人群的态度、行为与价值，政策制定者和其他资助人的观点产生影响。然而，当今的评估者通常并不将这些问题考虑到他们的工作中去。

四、公共政策评估基本方法

对评估方法的研究可追溯至 20 世纪 30 年代，当时的社会学家史蒂芬（Stephan）用实验设计方法对美国罗斯福总统的"新社会计划"进行评估，从而使得政策评估开始步入较大规模的系统科学范畴。二战成为政策评估发展的重要分水岭，此后的政策评估更朝向精致化、务实化发展，并逐渐成为政策制定过程的重要环节[1]。

Susan N. Labin[2] 将 1960 年代至今的评估分为突现期和异质期。1960 年代时经济的繁荣导致了社会项目的新时代——可以被概括为约翰逊的"战胜贫穷"计划——并且让社会科学开始致力于评估这些项目。当时社会科学的研究者们将其他领域如农业、生物医药和心理学的方法应用到评估中，当时认为实验或随机对照实验设计是验证因果证据的"黄金标准"。这一时期被作者概括为"突现期"。然而到了 1980 年代中期，评估研究协会和评估网络合并为新的美国评估协会，对随机对照实验的挑战日渐加深，并伴随着一系列替代性

---

① 李德国，蔡晶晶："西方政策评估：范式演进和指标构建"，《科技管理研究》，2006 年第 8 期，第 246 页。

② Nick L. Smith, Paul R. Brandon, Melanie Hwalek, Susan J. Kistler, Susan N. Labin, Jim Rugh, Veronica Thomas and Louise Yarnall. Looking Ahead: The Future of Evaluation. American Journal of Evaluation 2011 32: 565 DOI: 10. 1177/1098214011421412.

方法的产生。这之后的二十五年可以被看作"异质期"。技术、技术的民主化影响、对社会项目责任的兴趣已经影响了异质时代的主要问题，并对评估方法有直接和非直接的影响。主要问题如下：资料技术；参与方法；能力建设；定性/定量方法；过程与结果资料；研究设计；绩效测量；研究综合。

经济全球化的压力正在美国显现，伴随着对政府开展社会项目资源的紧缩，而且为了引导资源分配而对项目进行更严格的审查。尽管有些时候这些压力看似有利于评估参与决策，相对于其他评估方法，当前的联邦评估政策更多强调对绩效测量和影响评估的需要和使用。绩效测量和影响评估都可以被视为确认普遍标准的尝试，通过使用数值的或定量的技术分析"客观"的信息以判断哪些项目应该被资助。在其他方面，绩效测量和影响评估可以被视为一个连续系统的两端——绩效测量关注标准，而影响评估则关注经过"严格"设计的证据。

（一）对政策评估方法的综合性分析

Claudio M. Radaelli 和 Bruno. Dente 以公共政策分析的视角分析评估研究，认为早期的政策研究和近期的政策研究的间断性在于，早期的评估研究对评估者的角色进行了不够充分的概念化，而近期的政策研究正确地承认了评估者在政策过程中的内生性。最终他们提出了评估策略应该随着政策过程的特点而变化。政策过程的两个维度（社会冲突的程度和创新的程度）被用来表现这种对策略的划分[①]。

第一象限表明的是这种情况：公共政策极具创新性，并在社会冲突很低的情况下进行。那么，在这种社会冲突不是创新的最大阻碍的情况下，应该采取怎样的评估研究策略呢？这时评估研究可以对新项目进行试验，以作为示范工程。在这种情况下，人们并不清楚运行项目的问题。结果，人们优先进行描述，发现和调查未知的可能性。鉴于这一象限中的评估策略的目的是从实践中积累知识，因而被称为"发现"。

第二象限表明的是高度冲突的领域中的创新，例如在原住居民已经遭受失

---

① Claudio M. Radaelli, Bruno Dente. Evaluation Strategies and Analysis of the Policy Process. Evaluation, January 1996; vol. 2, 1: pp. 51 – 66.

业危机的情况下，制定针对外来移民的环境或住房政策。在这样的情况下，政策评估的目标就是将冲突转化为政策发展的资源。因此这个象限被称为"冲突管理"。

第三象限表明评估是在官僚制度盛行和社会冲突较低的情况下进行的。政策问题的一些知识已被掌握，有些知识甚至是制度化的。制度能够阻止发现错误。大量的监督系统和时间序列分析被假定有助于这些政策的执行。在这个象限中，评估研究的策略应是发展一个良好的平衡计分卡，也就是一套支撑决策过程和强化责任的指标体系。

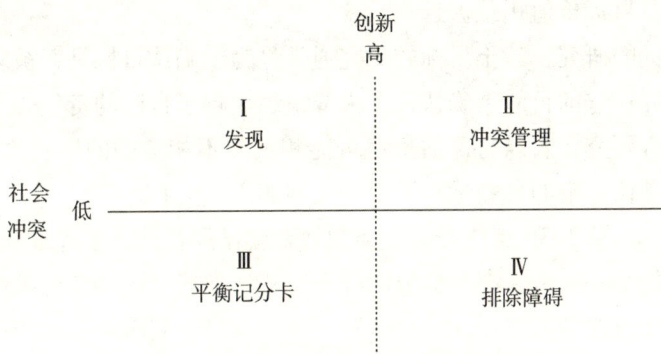

图 1.5 政策过程的维度与评估策略的选择

第四象限则例证了一种僵局，即高冲突而低创新。在这种状况下，每一种打破僵局和疏通政策过程的努力都是合法的，因此被称为"排除障碍"。或许在这里，政策评估的作用在于启蒙而非直接运用：新的概念框架能促进政策发展。评估研究可以尝试通过调整政策网络里的互动系统来促进政策变化。

当然，作者也承认，这张表格提供的只是启发，他们的主要目的是促进一种权变的思路——根据情景选择方法。

而 Daniel L. Stufflebeam 和 William J. Webster 认为，在教育评估的实践中，有 3 大类、13 小类研究方法，它们各不相同，有些被合法地用来评估事物的价值，有些则被非法地用来为目标价值创造一个错误的印象①。

第一大类，政治导向的研究：推动一种对于目标的正面或负面观点，而不关心它的实际价值。

政治控制的研究：进行这样的评估主要是为客户提供好处，客户希望取得

① Daniel L. Stufflebeam, William J. Webster. An Analysis of Alternative Approaches to Evaluation. Webster. Educational Evaluation and Policy Analysis, May 1980; vol. 2, 3: pp. 5 – 20.

尽可能全面可靠的信息，但他们会控制信息的传播，只将有利的信息进行公布，在这种情况下，政治就战胜了科学。

公关激发型研究：它类似于政治控制型评估，它的目的是为了给客户或宣传者创造了一个积极的公共形象，通常它寻求那些有效帮助取得公共支持的信息。

第二大类，问题导向的研究：通过获得问题答案来评价目标价值的方法，它以问题始，以寻求方法获得答案终。这类评估可被称为"准评估研究"，因为有些时候它们刚好提供了评估目标价值的信息，但另一些时候，它们的焦点太狭窄或者与目标价值相距甚远。

基于目标的研究：基于目标的研究通常是为了确认目标是否被实现。

责任研究：它的目的是确认每个人或组织履行了自己的责任。

试验调查研究：它以与评估价值可能相关或不相关的问题和方法论开始，它的目的是确认特定的自变量和因变量之间的因果关系。

测试项目：从1930年代开始，美国教育就已经存在许多标准化测试项目。很可能美国的每一个地区都有类似的标准化测试项目，许多教育家都倾向于用标准化测试项目的结果来评估一个学区、一个项目，甚至一个老师的水平。标准化测试项目的好处就是他们能有效地提供关于学生表现的确实可信的信息。

管理信息系统：它很像政治控制型研究，但是它只为管理者提供他们执行项目所需要的信息，而不提供有助于他们赢得政治优势的信息。

第三大类，价值导向的评估：评估和提升目标价值。

资格认证研究：大多数教育机构已经成为资格研究的主体，而且大多数专业教育者，曾经为了一个给定教育位置而满足认证要求。这种对于机构和人员的研究属于真实的评估努力，因为研究机构和人员是为了判断他们是否适合工作于特定的社会职位。

政策研究：它的出发点是确认和评价社会或社会的一部分，从而得出竞争性政策的优点。

决策导向研究：强调评估既应该用来前瞻性地帮助提升一个项目，又应该反馈性地用来判断它的价值。

消费者导向的研究：在消费者导向的研究方法中，评估者是"开明的代理消费者"。它的目的是判断各种教育产品和服务的相对价值，从而帮助纳税人和从业者在他们购买教育产品和服务时作出明智的选择。

客户中心的研究：这种客户中心的研究采用地方自治的视角，并帮助项目相关人评估项目，并使用评估来提升它。这种研究的目的是帮助处在特定环境的人们理解他们所在项目的行动、这些行动被利益相关者评估的方式，以及他们被这个项目领域专家评估的方式。

专家为基础的研究：这项研究假定在给定领域的特定专家能够进行一定的深度分析和评估。这项研究的目的是批判地描述、评价和阐述给定目标的特定优点。

总之，人们当然需要继续努力发展和实施更好的评估方法，理论家们应该诊断出既存方法的优点和缺点，从而发展出更经得起检验的方法。

另外，英国年金部的一份报告将政策评估分为过程评估与影响评估两种。过程评估是指一种政策监督的形式，目的是确定政策是否按预期实施。这通常也被称为执行评估。影响评估是指测量政策在事前确定的标准上所取得的影响。它通常包括测量反事实的情况。有时，评估或许只需要关注政策过程或政策影响。更多的情况是，研究将包括两种要素，因而也就包含两种评估类型①。

几乎所有大规模的政府政策评估都会包含一些过程评估的元素，也就是说，过程评估提供了大量有关政策应该在未来如何被管理或发展的信息。换句话说，过程评估确认了项目是什么，以及它是否像预期一样被提供给目标受众。过程评估通常是在独立于政策执行的情况下开展，而且一般是由评估专家开展。因为一些实践上的原因，它通常区别于日常的项目管理和监督，尽管管理信息系统中的资料能在评估中发挥重要作用。更为典型的情况是，过程评估是伴随着影响评估开展的。在这种情况下，过程评估资料能够独立于影响评估，而被用于评估执行程序。而影响评估则会根据过程评估提供的背景资料作出判断。

不同类型的评估要求不同的方法。弄清楚一种类型的评估使用哪些方法最为有效是非常重要的，因为每一种方法都有它独特的优点和局限（以及成本）。通常而言，将各种方法结合起来才能回答由评估提出的所有问题。成功将各种方法结合起来的评估也更有可能获得丰硕的成果，因为这就能够综合从不同的来源获取的有关话题的信息。当然，这种评估分析和解读时也最为复杂。

下面将据此把政策评估的主要方法划分为过程评估方法和影响评估方法这两大类，并对这两个大类中的具体方法进行详细介绍。

---

① UK department for work& pensions ：http：//research. dwp. gov. uk/asd/asd5/WP2. pdf.

（二）过程评估方法

1. 监测和运筹学

监测和运筹学方法可能包括：分析有关符合条件人群的行政资料；分析来自管理信息系统的资料；收集与分析有关资源（职员与财务）的绩效测量资料；具体的监测政策进程；深度区域研究。

政府部门经常会使用行政资料来监测政策过程，以预测政策影响。除此之外，运筹研究人员通常会开展具体的模型任务，例如：在研究对象参与项目的过程中和之后，根据研究对象与组织间的互动，分析他们的行为（这包括建立互动过程的模型）；对从信息技术系统或对象调查中获取的资料进行统计分析，以建立最优化方法来鼓励参与。

2. 社会研究

在评估的背景下，社会研究可能包括：大规模定量调查；使用深度配对访谈或讨论组的定性方法；案例研究；文献回顾，观察性研究；日记和文献分析。

运用社会研究方法将不可避免地增加评估成本，因为它们包含大量原始资料的收集工作。当监测和行政资料不完整或不足以开展评估时，人们才会运用社会研究方法。

下面，我们将介绍社会研究中三大资料收集方法：定量调查；深度访谈与小组讨论；案例研究。

3. 定量调查

在评估中，调查的主要作用是收集评估对象的定量资料，例如参与者和地方雇主。由于人数有限，很少有针对项目执行者的调查。

任何调查，特别是针对目标人群的调查，通常都会被设计来回答有关过程与影响的问题，这种角色将很大程度上决定调查设计和样本规模。调查中有可能发生的矛盾包括：第一，对于过程评估来说，调查对象需要是目标人群的"代表"。对于影响评估来说，则更加强调调查样本与参照组的可比性。第二，对于志愿性项目来说，过程评估可能对参与者更感兴趣，而不是非参与者（尽管有些过程性问题是具体地指向非参与者）。因而在任何调查中就有可能出现过度采样参与者的论调。取决于影响评估的设计，这种过度采样有可能适合，或不适合影响评估。第三，类似地，对于过程评估而言，或许会需要进行分层抽样，从而有可能对子群体进行分析（无论是根据目标人群的特征，或者是根据项目措施的类型）。这可能会与影响评估的要求相冲突。第四，为了实现过程评估的目的，事前调查需要研究人们对项目的认知与态度。但人们过分关注项目将有可能消减影响评估。

过程评估的要求将会决定访谈长度和模式。例如，在许多情况下，短时间的电话访谈将足以搜集到影响评估所要求的有关政策成效的信息。相较而言，过程评估则更有可能要求长时间的面对面的访谈。此外，过程评估的目的是考察项目如何随时间而变迁，而这就需要多次调查而非单次调查。与此相反，影响评估则要求样本的规模一定要很大。

4. 定性研究：深度访谈和小组讨论

定性研究（特别是深度访谈和小组讨论）可以深度调查社会与组织行为的性质，以及它们如何和为何发生。它由旨在探究问题的形式、复杂性与根源的资料搜集方法所塑造。

定性方法被认为特别适合于过程评估，因为它们让研究者可以详尽地探索项目组织与运行的效果。这些方法允许评估者去评估为人赞赏的特征，这些人包括直接参与项目设计、实施和反馈的人们。此外，定性研究方法可以调查许多影响整体政策成效的因素，而且可以详细探查支撑参与者项目经验的因素。

在评估中，定性研究拥有非常不同于调查研究的作用。尽管调查能可靠地定量预测"有多少"的问题，但却无法解答诸如"为什么"和"怎么样"的问题。定性研究无法给出定量预测，但能解决这些更为深入的问题。正是由于不同的关注点，通常定性研究会与调查方法一起使用。而且，由于有少量的人员参与，定性研究是在项目执行人员中使用的主要研究工具。然而，大多数评估也包含着参与者中开展的定性研究，即使调查方法已经被用于参与者中。

定性过程评估能够包含大量不同的资料搜集方法。比较常见的工具包括个体深度访谈和小组讨论。其他有可能用到的方法包括配对深度访谈、观测方法和资料分析方法。

个人或配对深度访谈要用到一个主题指南（或访谈提纲），它列举了要被探索的关键主题和子题目。个人访谈是一个探索详细个人政策体验的理想平台，它允许受访者描述和评价个人的政策体验。它们也适于探究出私人或敏感信息。

小组讨论（也被称为焦点小组）通常包括六到八个调查对象，和一到两个调解人。小组讨论提供了一个合适的场合，以聚集调查对象开展讨论，分享和比较他们的政策经验。受访者之间的交流能够突出共同的经验和观点，确认小组中的差异，并刺激受访者中的进一步思考。小组讨论也可以提供一个刺激性环境以产生解决办法和策略。然而，这种方法并不适合于探究详细的个人信息，例如工作经历或政策执行的经验。

纵向定性研究在过程评估中的特殊作用也值得注意。纵向元素有助于确认政策执行、实践和组织管理的变化。特别是回顾先前的案例有助于确认态度、决策、行为和影响效果持续性的因素等随着时间而发生的变化。它还能提供案例中不同小组反思自身经验的视角。

应用定性研究方法的案例：

a. 年轻人新政（New Deal for Young People，NDYP）

对"年轻人新政"的评估包括在参与者中开展的六项定性研究，以回顾该项目的不同阶段。这项研究的目标是：提供在政策不同部分的参与者的经验和他们对此的评价；考察项目对参与者的愿望和职业或教育成效的影响；确认退出项目和失业注册的理由，并确认与不同路径相关联的因素；并且，确认有助于提升"年轻人新政"的因素。由于个人详细资料和参与者之间的比较都被需要，这项研究包含深度访谈和小组讨论两种方法。

b. 教育维持费（The Educational Maintenance Allowance，EMA）

"教育维持费"项目向辍学者提供了财政激励，以鼓励他们参与后义务教育。一系列延伸试点都被予以开展，旨在为有孩子的学生、残疾学生和无家可归的学生提供额外的，或不同形式的财政支持。

作为项目评估的一部分，定量调查得以开展，以确认影响年轻人在16岁时选择后义务教育的因素。紧随定量调查之后，一项定性研究也被用来更为深入地探究他们的决策、观点、经历和参与效果。定性研究的主要目的是：探索人们对后义务教育的态度；确认影响人们参与后义务教育的因素；探究对"教育维持费"的态度和经验；调查"教育维持费"对后义务教育中的参与、保持和成绩的影响；探索"教育维持费"对家庭中的经济决策、消费和转移支付的影响；比较和对比不同的"教育维持费"变体；确认对"教育维持费"的改进建议。使用定性研究方法是为了更深入地理解"教育维持费"的运行。项目研究通过运用深度访谈的方法开展，专门挑选了由一些年轻人和他们的父母组成的样本。评估设计同样包含纵向因素，以允许考察"教育维持费"的长期影响。

5. 案例研究

深度访谈和小组讨论的焦点都是个体从他们的视角所谈到的经验。与此不同，案例研究则从多个关键参与者的视角来看待个体或组织。这些视角有助于建立对具体案例中的经验和成效的详细理解，而这个案例可以是个体客户、参与者、一个场所、一个办公室等等。当评估需要对政策措施拥有深入的多视角了解时，案例研究通常被包括在评估中。

案例研究举例：

a. 残疾人新政（New Deal for Disabled People，NDDP）

在评估"残疾人新政"试点时，案例研究被用来考察在不同试点领域中的伙伴关系。每一个案例研究包括对不同组织中的关键参与者的深度访谈。

b. 教育维持费（The Educational Maintenance Allowance，EMA）

"教育维持费"项目向辍学者提供了财政激励，以鼓励他们参与后义务教育。一系列延伸试点都被予以开展，旨在为有孩子的学生、残疾学生和无家可归的学生提供额外的或不同形式的财政支持。

对"教育维持费"的评估包括对个体的案例研究。每一项案例研究通过探寻关键参与者的多重视角，调查在特定学生个案中的环境和关键问题。每一项研究包括对学生、被提名的关键支持工作者、家庭成员或其他重要人物的深度访谈。

（三）影响评估方法

1. 随机试验——试验设计

a. 随机试验的主要特征

在随机试验中，目标人群被随机分配给介入组或对照组。控制组会被尽量与项目隔离，就如项目不存在一样。对照组通常会维持现存的状态。

主要有两种类型的随机试验：将不同区域中的个体随机化；将区域随机化。在后者中，整个区域被分成介入组和对照组。

b. 设计的优势和劣势

随机试验被认为是评估的"黄金标准"。然而，但它并非总被用于实践中。这是因为实施它的现实困难，而非其他设计更为强大或可靠。

相较于准试验设计，随机试验的主要优势在于介入组和对照组之间的"随机偏差"和"项目影响"。系统性的偏差，例如介入组和对照组成员的动机偏差会被排除。

更进一步的优势是没有必要去做项目前研究，以保证介入组和对照组是相似的。

而试验设计的劣势在于，很难（有时是不可能）将特定区域中的人群随机分配给介入组或对照组。第一，它通常意味着单一地区的两套行政系统；第二，对于志愿性项目来说，告知一些人申请之后也无法加入项目将面临伦理困境。在一些情况下，例如全社区参与的政策（如健康活动区），根本无法将同一地区的人群随机分配为介入组或对照组。

将区域（而非区域内的人群）分配为介入组或控制组是基本上不可行的，因为这会需要大量不同的区域。区域的最小样本规模是 20 个介入组和 20 个对照组，尽管在有些情况下，所需要数量会更大。而且，相较于"区域内随机化"，在"区域随机化"研究中的人口规模将会更大，因为它有可能需要进行跨区域变化抽样。如果有关政策成效的资料要通过调查取得，将会意味着高昂的成本。

尽管来自随机试验的成果要比其他评估设计更具可信性，但如果以下情况出现，项目成效就有可能会出现偏差：如果对照组中的一些人确实参与了这个项目；如果测量成效的调查在两组中都没有回应；如果有些人被拒绝参与项目，对照组中的这些人的行为将会不同于完全没有参与项目的情况；如果参与项目的人影响了对照组中人的行为或态度（当两个组中的成员互相了解时很有可能发生）；如果试验本身影响了项目的执行。

如果预期项目影响很小，或者参与率很低，那么对目标人群的随机试验将会需要一个规模庞大的样本。除非对介入组和对照组的划分在参与时就已做完。

　　c. 实践问题

如果是将区域中的人口划分成介入组和对照组，而非将所有区域划分成介入组和对照组，那么许多实践问题就会在随机试验设计中出现。主要问题包括：需要安排非常好的管理系统，以保证地方官员清楚谁在介入组、谁在对照组，并监测和避免对照组的项目参与；并不是很容易区分出谁更适合被随机化、谁不是；每个区域中的对照组的规模必须保证相对较小，如果想让参与的项目介入组作为全部人口的合理近似值；如果项目已经显现出积极影响，那么还进行对照实验就有可能被视为是不道德的。

d. 随机试验的案例：成熟就业区（Fully Fledged Employment Zones）

在对成熟就业区的影响评估中，经常会使用两种方法估测反事实的情况。四个区域中的目标人群被划分成两组：介入组和对照组。

2. 匹配区域对照设计

a. 匹配区域对照设计的主要特征

在这个设计中，一个新的政策或项目会在少量的区域进行试点。这些区域会与一组"对照"区相匹配，这种匹配通常是（尽管并非总是）在一一对应的基础上。人们会精心选择对照区域（根据他们的特征），以与试点区域相匹配。

符合项目要求的人口会在被选择区域中确认——在试点区域和对照区域都有。目标人群和样本都会被追踪。在一段适当的间隔之后，成效就会被记录下来。试点区域和对照区域之间的成效差别就被归结于项目。当然，这是在控制了目标人群的主要差别之后。

b. 设计的优势与劣势

匹配区域对照设计的主要优势在于它能被较为容易地开展。它避免了将人们随机分为介入组和对照组所产生的大多数问题。在每一个区域只需要一套行政系统，而且在试点区域中没有人会被拒绝参加项目。因为这个原因，相较于区域中针对个人的随机试验，匹配区域比较被认为在伦理上更容易接受。

这种设计的主要劣势在于它的研究结果通常很难解读。这种困难的产生是由于这项设计的主要特征，即对照组成员全都生活在不同于试点小组成员的地方。这意味着试点和对照组之间的任何区别都可以被潜在地归结为三个原因：试点区域和对照区域之间的市场差异；不同区域目标人群的差异（例如不同的工作动机、搜寻工作的能力、工作资质）；项目本身。为了评估项目本身的影响，我们必须控制前两个因素。

c. 匹配区域对照设计的适用场合

匹配对照设计适用于项目预期影响相当大的情况。为了评测项目的预期影响，就需要考虑到项目参与率。对参与者有很高的影响，但是只有很低的参与率，将会导致整体上很低的项目影响。对于匹配区域对照设计而言，由于它比较的是不同区域之间的目标人群而非比较参与者，低参与率将会导致项目影响几乎检测不到。

d. 对基本匹配区域对照设计的改进

在一些情况下，基本的匹配区域对照设计可以通过以下方式改进：增加研究区域数量；在试点和对照区域开展项目前评估。

e. 匹配区域对照设计的案例：单亲新政标准（New Deal for Lone Parents prototype，NDLP prototype）

在对"单亲新政标准"的评估中，八个标准区域与六个对照区域相匹配。政策成效是根据退出福利（可以用行政资料监测所有目标人群）和进入工作（使用针对目标人群子样本的调查资料监测）测量。在标准区域与对照区域之间并没有发现重大差别，它很有可能是由于相对较低参与率（大约20%）：参与者中预期10%的增加就业，在标准区域和对照区域的目标人群中只相当于2%的差别。因而这2%的差别只是有可能归功于项目。

3. 自身前后对照研究

a. 自身前后对照研究的主要特征

项目前测量和项目后测量可以被并入在大多数评估设计中。这里所说的"自身前后对照研究"只是一种特定的情况。

在一项标准的自身前后对照研究中，目标人群的情况会在项目实施前后都得到测量。项目实施前后所产生的差别就被归功于政策影响（在这种情况下，项目前测量即发挥"基线"或"对照标准"的作用）。

通常来说，人们只会在项目前后分别测量一次。但如果测量次数增多，就可以大大强化这种设计。当政策没有试点阶段，而是直接在全国铺开时，就非常适合使用自身前后对照研究。

b. 自身前后对照研究的优势与劣势

自身前后对照研究的主要优势在于，理论上，全国性政策的影响是可以测量的。但在实践中，这种设计包含相当多的缺点，以至于对它的使用相当成问题。

这种设计的主要劣势在于由政策带来的改变无法与其他改变（例如"自然变化"或其他政策的影响）相分离。这种研究设计在政策预期影响非常小时很成问题，最坏的情况是政策产生的预期变化要比"自然变化"还小。

如果时间序列被延长成政策执行前后的好几年（或时期），这项设计就可以被大大地强化。这样就有可能探究出时间序列中的"干扰项"。然而，尽管这是一种相对强大的方法，但对资料的强大需要意味着通常只有可能使用行政资料或者其他标准数据库（例如大型重复政府调查）。这就限制了可以使用的结果变量。此外，这种方法意味着政策成功的结果只有在项目执行完以后才会得到。

c. 设计问题

项目执行前后的测量可以通过重复测量目标人群来开展。这里的重点是在政策执行时就选取一个样本，并且在之后回顾性地搜集关于该样本的资料。

尽管目标人群会随着时间一直存在，但通常更应该重复测量同样的样本，因为这样可以更为精确地测量变化。但如果这样做的话，随时间发生的变化可能不只是因为项目和"自然变化"，也有可能是因为"年龄效应"（即样本成员的年龄在测量后要比测量前更大）。

d. 自身前后对照研究的适用场合

前后对照和时间序列大多数情况下被用于补充其他更为正式的评估方法。特别是由政府部门搜集的行政资料可以用于长期的时间序列分析，从而开展起来更为容易和廉价。由这些分析得出的结果在验证和确认由独立研究者开展的短期集约评估中发挥了非常大的作用。

e. 自身前后对照研究的案例：求职者津贴（Jobseekers' Allowance，JSA）

为了评估"求职者津贴"项目的影响，两个样本的福利申请者被选择出来，一个在引进该项目之前，一个在之后。这两个样本都被挑选出来代表英国的失业申请者。所有的样本成员都被访谈两次：一次在他们被挑选出来时，另一次在六个月后搜集结果资料时。两个样本之间的成效差异被解读为项目影响。实际上，以这种方式解读差异是有问题的，因为在间隔期中宏观经济形势也会发生变化。

4. 匹配对照组设计

a. 匹配对照组设计的主要特征

在匹配对照组设计中，项目的目标人群被划分为两个自选组——项目的参与者和非参与者。之后，介入组就选自参与人群，而对照组就选自非参与人群。选择对照组是为了让他们与参与者"匹配"。

常用的方法是将每一个参与者与每一个非参与者一一对应。如果匹配良好，那么非参与者将会在其他各相关方面与匹配的参与者相同，唯一例外是参与者参与了项目，而非参与者没有。

匹配的"相关方面"是指和参与的预期成效相关的因素。例如，如果预期成效是"找到工作"，而参与者是不成比例地自我激励的高素质人群，因而他们的个人条件让工作成为可行的选择，那么非参与者对照组也应该拥有同样的特征。

一旦匹配成功，那么参与者和他们的匹配者的情况就要随着时间的变化得到跟踪和记录。参与者组和对照组之间的区别就是项目的影响或成效。

b. 匹配对照组设计的优势和劣势

匹配对照组设计拥有许多的优势：当项目在全国范围执行时，这种评估方法非常有效（如果做得很好，要比简单的自身前后对照研究更少偏见）；由于没有人被拒绝参与项目，因而伦理上的困难很少；匹配对照组设计要比匹配区域对照设计所需要的样本更小。

从不利的方面说，这种设计非常依靠对照程序。这方面的任何不足都可能将偏见带入项目影响评估中。例如，假设"残疾人新政"的参与者与非参与者在年龄、性别、残疾程度和福利持续时间等方面都匹配，但参与者有可能比非参与者更积极地寻找工作。如果这是实情，那么即使没有项目，参与者还是更可能比非参与者得到工作机会。在这种情况下，参与的影响（即项目影响）就有可能被过分夸大。

c. 实践问题

要把匹配工作做好，就意味着所有相关的匹配变量都必须得到确认，并且有关这些变量的可靠信息都必须是可获取的（即参与者和非参与者的样本规模很小）。

另外，假设相关变量有可能随着参与发生变化（例如"找到工作的信心"），而有关这些变量的信息却不能被反馈性地搜到手，那么这些信息就需要在参与前就被搜集到。对于参与率很低的项目来说，这种研究可能就包括大量的资料工作。

实际上的匹配程序都相当具有技术性。当前最有可能被采纳的方法是"倾向得分匹配"。这种方法建立了一种有关参与概率的逻辑回归模型，将被认为影响参与和成效的因素当作预测变量。之后基于这种模型化的概率或倾向得分，将参与者和非参与者相匹配。这种方法是模仿参与前的"随机化"的尝试，原则是参与者和非参与者在各方面都非常相似以至于可以互换。在每一对匹配中，对于哪一个人被当作参与者，这是一个随机的过程。

匹配对照组设计只有在项目拥有很低的参与率时才有可能，因为只有在这种情况下，才会有足够的非参与者来与参与者相匹配。

d. 匹配对照组设计案例：全国性的单亲新政

对"全国性的单亲新政"政策的评估使用了一种相当复杂的版本的匹配对照设计。大规模（65000）的合格的、没有参与项目的单亲样本被邮寄了一张问卷，从而收集他们的信息，例如他们的特征、工作经验、资质和工作态度。而短期参与政策的成员样本就被作为"介入组"，每一个参与政策的成员就与未参与政策的成员相匹配，这种匹配则是根据对问卷答案信息模型化得出的倾向分数作出的。在一段时间之后，再访谈参与者与他们的匹配对照组以确定他们是否已经工作。

5. 倍差法

a. 倍差法的主要特征

倍差法更应被视为一种评测方法，而非一种单独的设计选择。这种方法可以与以上讨论过的设计相结合，除了简单的自身前后对照设计。在倍差法中，项目开展前后都会比较两个组的情况。一般来说，这两组都是来自于同样的目标人群中的参与者和非参与者。就一切情况而论，一组为"介入组"，另一组为"对照组"。这种方法背后的想法是，计算随着时间变化所作的两次测量。对照组自身的差别可以用来估测没有项目介入时所发生的变化（即它衡量"自然"变化）。介入组的前后差别则衡量了"自然"变化加上项目介入带来的变化。用介入组的前后差别减去对照组的前后差别，就可以评测出由项目带来的变化。这里的潜在假设是，对照组和介入组的"自然变化"幅度是一致的。

b. 对倍差法的阐述

假设有这样一个志愿性项目，其主要目标是帮助人们找到工作。成功的潜在标准将是，有项目时的工作时间要比没项目时的普通工作时间多。

倍差法或许就是将目标人群划分为两组：参与者和非参与者。一个样本可以从这两组中都选取（可能匹配一些行政资料变量，例如年龄、性别、福利时间等等）。

有关工作经历的资料将会在两个样本和两个时期（项目开始前的固定时期，项目开始后的固定时期）都被搜集（这种资料可能是通过行政记录或者调查汇集）。

对于所有的样本成员来说，有两个数字将会得到估测：在项目开始前的一段时期，他们花在工作上的时间比例；在项目开始后的一段时期，他们花在工作上的时间比例。这两个数字的差别将会被计算出，以估测每个人发生的变化。

在每一个小组中，将会计算出这种个人差别的平均数。两组的平均数差别将是对项目影响的估测。

当然，实践中的分析将比以上阐述要复杂得多（可能通过模型来解决），但原则还是一样。

c. 相对于其他设计的优势与劣势

在大多数情况下，这种倍差法要比简单的自身前后对照研究能更好地估测政策影响，因为它作出了一些减去随时间发生的"自然"变化的尝试。

这种倍差法能轻易地与随机试验相结合，尽管通常没必要这么做。这是因为从代数上说，倍差法就是将介入组与对照组在政策执行之后的差别减去它们在政策执行之前的差别。换句话说，政策开始前的两组差异被作为了对照组。而在随机试验中是没有这种差别的，因此额外对照是没必要的。

倍差法设计能够非常自然地与匹配区域对照设计结合起来，并在一定程度上改善它。在这种情况下，介入组将是试点区域的目标人群，而对照组将是匹配对照区域的目标人群。在两个区域，对前后变化的估测（使用行政性或调查资料）将被作出，并进行倍差估测。

当对照组是选取自合格的非参与者时，评估设计通常是在倍差法与匹配对照设计之间选择。在二者之间作出的选择取决于人们预期设计要避免多大程度的自选择偏差。在这两种评估设计中，简单的倍差法或许更弱一些。因为假如存在自选择偏差的话，参与者与非参与者的"随着时间发生的自然变化"将会存在很大差别（因为不管有没有这个项目，参与者都要比非参与者更可能经历更大的变化）。然而，如果匹配对照设计只能使用行政变量，那么使用匹配倍差法将是对简单的匹配对照组方法的提升。换句话说，这两种方法更应该被结合起来。当更为详细的匹配可行时，倍差法将会变得没有必要，因为对照组与介入组之间的基线差异应该会很小。

d. 倍差法的另一种用法

倍差法的一种变体为将整个目标人群作为介入组，而非目标人群作为对照组。例如，单亲新政的介入组将是得到收入支持的单亲，而对照组就是同一区域中没有孩子的失业妇女。这里的潜在假设是两个组的成员都在寻找同样的工作，并经历同样的区域经济变迁。

在实践中，这种方法通常会被认为是不可行的，因为身处与介入组完全一样的劳动力市场的对照组是不可能找到的。

e. 倍差法案例：年轻人新政

"年轻人新政"对年轻人失业的影响，是先比较项目实施前后的年轻人失业率变化，以及同一时期稍大一些的人们的就业率（假设他们不受"年轻人新政"的影响）变化，然后通过二者的差异进行估测。

6. 成本收益分析

成本收益分析方法（Cost-benefit analysis，简称 CBA），是经济学界用到社会学界的经典分析方法。许多经济学家都宣称通过比较成本与收益之间的差别所得到的经济效率应该成为评估环境、卫生和安全政策的最重要的标准之一。因为整个社会花费在政策上的资源是有限的，成本收益分析能够帮助权衡不同种类的社会投资。就这一点而言，忽视这种分析是不负责任的，因为它能帮助决策者用最少的资源获得最大的社会福利。成本收益分析也能够帮助回答多少政策才是刚好足够的。从效率的角度来说，回答这个问题的答案很简单：直到政策所带来的收益被它引发的成本所抵消时。然而事实上问题要复杂得多，这很大程度上是由于衡量边际成本与收益中潜藏的问题。而且，对公平和过程的关注也是值得考虑的重要的非经济因素。政策，尤其是规制性政策通常都不可避免地造成获利者和失利者，即使是当社会总收益高于总成本时。

尽管近年的评估都是通过在经济目标之外增加其他目标，以尽力克服简单地成本收益分析所带来的缺陷，从而使评估做得完善。然而，使用经济效率作为目标所存在的问题不是简单地因为还存在其他许多目标；很多时候，它更是因为"经济效率"并不是那么容易定义，因为评估偏好中潜藏着许多道德和伦理问题。因此，在这种情况下，政策评估无法通过提高考虑的目标数量而被轻易地提升，而应是通过哲学性的思辨，以阐明为什么有些偏好可以被考虑，而另一些偏好却被忽视。另外，分析家们可以选择避开这种哲学思辨，但至少应该弄清楚站在不同道德和伦理立场的后果①。

尽管其本身并非一种设计方法，但开展成本收益分析的能力在众多影响评估设计中非常重要。成本收益分析试图确认项目引起的所有成本与收益，从而对其影响进行总体性评估。对方案的评估可以是，通过对收益与成本进行比较，并确认净收益是否超过其他方案。因而，成本收益分析能有助于决定是否启动或持续某一项政策，以及在备选方案之间作抉择。

评估成本收益需要首先确认政策或项目的影响，并在之后对这些影响估值。其结果一般会以货币价值的方式书写。将政策效果赋值是很容易出问题的：特别是由于作成本收益分析的人员的视角的不同，赋值将会完全不同。而且，一次彻底的成本收益分析将会需要确认由于接受人的不同而产生的不同效用。然而，达到这种敏感层次的资料需要将会被证明是不可能得到满足的。

过去这些年，政策制定者们已经对在政策评估中应用成本收益分析发出了复杂的信号。美国国会已经通过了一些法令来保护卫生、安全和环境，而这些

---

① Duncan MacRae. Jr. , Dale Whittington. Assessing Preferences in Cost – Benefit Analysis: Reflections on Rural Water Supply Evaluationin Haiti. Journal of Policy Analysis and Management, Vol. 7, No. 2 (Winter, 1988), pp. 246 – 263.

法规杜绝了对收益与成本的考虑，即使有些法令是需要应用成本收益分析的。与此同时，前任总统卡特、里根、布什和克林顿都曾颁布过评估主要的环境、卫生和安全政策的正式流程。很明显，负责制订和执行法令的行政机构已经意识到发展出衡量政策建议的效率标准的需要。成本收益分析已经成为重要的选择标准。

许多著名经济学家都提倡将成本收益分析应用于政策制定的过程，并认为这种方法能发挥极大的作用，尽管它不应是政策制定的唯一基础。他们建议以下八个原则，以正确运用成本收益分析方法[①]：成本收益分析有助于比较政策影响的利弊；决策者不应被阻止考虑不同政策的成本与收益，机构应被允许使用经济分析方法来帮助确定优先政策；成本收益分析应该被应用于所有主要的规制性决策；尽管很多机构应该被要求在作出重大决策时进行成本收益分析，并在可靠证据表明政策预期收益要大幅度低于预期成本时解释他们作出选择的原因，此时它们可以不被严格拘束于成本收益分析；被建议政策的成本与收益应该被尽可能量化，最好的预测应该伴有对不确定性的精确描述；政策分析得到的外部评估越多，分析将会越好；一整套核心的经济假设应被应用于计算成本与收益，主要变量包括社会贴现率，减少早逝或事故风险的价值，以及其他与健康相关的价值；尽管成本收益分析应主要聚焦于成本和收益之间的完整关系，一个好的分析也应该确认政策所带来的重要的分配性结果。

结论是，成本收益分析在卫生、安全和自然环境等政策的制订和辩论上能够发挥重要的作用。尽管正式的成本收益分析既不应被视为必要，也不应被视为足以制订明智的公共政策，但它能提供一个极为有用的框架，从而一致地组织零散信息。在这种情况下，它能极大地提升流程，从而提升政策分析的结果。如果正确地进行，成本收益分析对参与环境、卫生和安全的机构能带来极大的帮助，而且在评估机构决策和重塑法令上也同样有效。

下面对成本收益分析方法操作过程进行简单的介绍。

我们以一个直觉性的假设开始：一项投资只有在预期收益超过预期成本时才会发生；用于投资的钱所带来的收益至少应比把钱借出去换得的利率高。

因而，设 k 是一项投资，那么：

$$B(K) - C(K) \geqslant 0$$

[①] Kenneth J. Arrow, Maureen L. Cropper, George C. Eads, Robert W. Hahn, Lester B. Lave, Roger G. Noll, Paul R. Portney, Milton Russell, Richard Schmalensee, V. Kerry Smith, and Robert N. Stavins. Is there a role for benefit – cost analysis in environmental, health, and safety regulation? 12 April 1996, Volume 272, pp. 221 –222.

其中，$B(K)$代表投资总收益，$C(K)$代表投资总成本。设定一个时间范围T（分为i个时间段），于是我们可以得到投资的总收益能力为：

$$\sum_{i=1}^{\tau} B_i(K) - C_i(K) \geqslant 0$$

如果在第i个时间段中以r的利率借1美元，那么这段时间结束后你将不得不还$(1+r)$美元。如果你知道在这时段时间结束时能收回X美元，那么在这段时间开始时借的钱不能超过$\dfrac{x}{1+x}$元。如果时段数为n，那么你能借的钱不超过$\dfrac{x}{(1+r)^n}$元。基于此，投资的真实价值必须按借款时的利率折现。如果这个折现率是r，那么我们可以得到：

$$\sum_{i=1}^{\tau} \frac{B_i(K) - C_i(K)}{(1+r)^n} \geqslant 0$$

我们称这个公式为投资的纯现值（$net\ present\ value$，NPV），并且为了在这段时间内让这项投资变得引人注目，投资的纯现值需要是正的。

现在考虑作为一项公共政策的组成部分的一个工程。

第一个假设：存在多种不同的成本收益，而非只是单个的成本与收益。

$$B_i(K) = \sum_j b_{ij}(K)$$
$$C_i(K) = \sum_j c_{ij}(K)$$

其中，$b_{ij}(K)$是工程K在时间i取得的j种收益，而$c_{ij}(K)$是工程K在时间i付出的j种成本。

第二个假设：每一种成本与每一种收益都应是可测量的，最好是以货币的形式。

这可以通过两种方式实现：存在一个市场（直接或代理），在其中各种成本和收益都被标价；通过某种货币形式的参考，在每一种成本与收益间存在合适的替换。例如在一个高速公路的工程中，成本包括建设、维护、风景、污染和庭院干扰；收益包括可接入性、减少耗时、区域发展、更少事故、劳动力就业。为了计算出减少耗时所能带来的经济收益，我们可以参考劳动力市场上这些时间的价值。为了计算风景成本，我们可以参考为避免高速公路所造成的特定风景损坏所需要付出的额外建设成本。

于是我们可以计算出工程K的纯社会现值（$NPSV$）：

$$NPSV(K) = \sum_{i=1}^{\tau} \frac{\bar{b}_i(K) - \bar{c}_i(K)}{(1+r)^i} = \frac{\sum_K h_K b_{iK}(K) - \sum_j p_j c_{ij}(K)}{(1+r)^i}$$

其中，h_K 和 p_j 代表不同种类的成本与收益之间的替换。

事实上，这种对公共政策下属工程的成本收益分析还包含以下隐含假设：社会被看作一群消费者的集合体，他们的消费品受工程实现程度的影响；任何成本和收益都是有价的（总有一个直接或代理的市场将价格计算出来）；成本与收益可以相互抵消；未来的世代仍旧会像我们今天一样评估这个工程（在这种情况下，工程的时间跨度则为几代）；工程有关结果并不存在不确定性。

成本收益分析的程序则包括：确认该工程的一组潜在成本；确认该工程的一组潜在收益；为每一种成本和每一种收益确立合适的价格；为不同的成本与收益建立合适的替换关系；确定一个评估工程的合适的时间范围，以及分散在这个时间范围中的时间段；选择一个合适的贴现率，从而将未来的成本与收益统一转换为现价。

经过成本收益分析，如果 $NPSV(K) > 0$，那么 K 工程就是能够增进社会福利的。如果好几个工程存在竞争，那就可以根据他们的 $NPSV$ 来给它们排名。$\frac{B(K)}{C(K)}$ 是 K 工程的社会总收益与社会总成本的比例，如果它大于 1，那么这个工程就是能够增进社会福利的。如果几个工程存在竞争，那么就可以根据这个比值来给它们排名。当然，根据 $NPSV$ 和根据比值得到的排名有可能是不同的。

（四）其他评估方法

1. 多点评估与聚类评估

大多数都市项目并没有在不同的环境中得到了统一的推行，而长期以来评估总要应对项目中设计异质性的问题。多点评估的长期传统是关注研究以地域为基础的政策措施的方法论。如果评估时使用统一的标准来衡量大范围的项目成果，而没有考虑各地方的执行情况，人们就不会抓住执行实践的特质，并且，加总后的结果会掩盖住政策执行在各种环境中的重要区别。另一方面，如果他们对不同的环境作不同的评估设计，他们要冒的风险将是无法巩固调查结果，而且最终将很难汲取可转移的教训。多点评估的四种主要形式如下①。

	评估开始前	评估开始后
多点项目执行被控制（所有的地点都一样）	方格一：受控制的前瞻性评估（地点都早被选好，并统一执行）	方格二：受控制的反馈性评估（对统一执行的地点进行反馈性分析）
多点项目执行未被控制（点与点之间不同）	方格三：未受控制的前瞻性评估（地点都早被选好，执行各不相同）	方格四：未受控制的反馈性评估（对各地点不相同的执行进行反馈性分析）

图1.6 对多点评估的分类

a. 多点评估

上表中的方格一是"经典"的多点评估策略，人们在一开始就设计项目和评估，并计划统一的行动和兼容各地点的评估数据。这样的多点评估一般并非以找到地区差异性为目标，恰恰相反，在不同的地点开展评估的目的只是确认甚至于复制，在这些地点需要可控的变量。存在于各地环境和项目执行中的差异通常被视为"分析上的麻烦事"，它使通过措施和数据收集上的标准化来简化加总程序变得困难。一旦项目执行允许各地区的差异，多点评估就会被许多作者视为严重地削弱了。尽管如此，一些多点分析方法还是支持有差异的项目评估的，因为这提供了设计"自然"实验的机会——只要这种差异是可控的。

b. 元分析

方格二是一种偶然性的情况，在这种情况下不同区域的执行是统一的，因此评估时可以比较调查结果。实际上这就是"元分析"，一种依赖于资料兼容性的事后方法。元分析是这样一种形式，它从一批先前完成的评估行动中巩固知识，并在方法上有赖于结果可以加总的定量评估。

c. 批判性评估

方格四是最棘手的情况，它试图从零散的政策介入中产生有效和可信的异质性数据。这种"最坏情况"的情节是评估者分析复杂的人群服务项目时每

---

① Philip Potter. Facilitating Transferable Learning through Cluster Evaluation: New Opportunities in theDevelopment Partnerships of the EU 'EQUAL' Programme. Evaluation, April 2005; vol. 11, 2: pp. 189–205.

天都会碰到的，它通过批判性评估或综合评估这样的解释学程序，在不同的评估资源中获得定性的结论。元分析和批判评估（综合评估）都无法影响或操控项目设计和执行，从而产生增加外部有效性的知识。因为在这些情况下，当评估人员赶到时，其他参与者都已离去。

d. 聚类评估

方格三就是聚类评估：从评估一开始就对由花样繁多的执行所带来的复杂问题进行实时管理。不像其他方法，聚类评估提供了一种参与型结构，使得所有项目在它们形成概念和执行时都与评估联系了起来，而不像综合分析或元分析那样在一切结束之后进行总结。

聚类评估按主题将单个的项目聚集起来，并形成超越单个地区项目绩效的评估问题，从而提高外部有效性。聚类评估巩固了面对类似问题的来自各种情境的案例的知识，它是一种不需要依靠加总的方法。聚类评估的这些特征使它特别适合于对主题性和组织性的工程进行评估。

过去这十几年中，美国凯洛格基金会（the Kellogg Foundation）将聚类评估作为管理"同题异质"项目的评估策略大大发展。与此同时，德国也独立发展出一种类似的方法。到现在为止，还是只有很少的出版物专门论述聚类评估中的理论和方法问题。聚类评估显示出了执行中的大量区别，这很大程度上是因为凯洛格基金会的传统是将聚类评估不只是看作一种方法，更是看作一种关系。除了一些灰色文献，很少出版物能够讲述聚类评估的实践。让人困惑的是，这个术语还没有稳定下来，但聚类评估已经被作为与多点评估完全不同的方法得到应用。

凯洛格基金会负责的聚类评估坚持承认并允许一个项目中不同地区工程的差异性，同时又努力支持参与者之间的网络和互动学习，并综合评估结果。聚类评估的优点在于帮助项目参与者之间相互学习的潜力（通过主题和网络结构聚集），与此同时提高个案中知识的传播能力（通过对工程间差异的管理）。因此存在这样一种策略，在应对同样主题的项目中管理异质性工程间的评估教训。然而聚类评估人员并不在个体层次上进行评估——聚类评估并不是工程层次评估的替代品。

评估活动主要是对零散项目教训的综合，从许多案例研究的集体经验中得出结论，并将其概括为政策论述。聚类评估的任务是获得那些存在于单个案例中的知识红利。这种传播结果的过程要比复制、加总或确认更加复杂，它必须容忍单个工程间个体差异性的存在。在这样一个背景下，综合学习经验是一个复杂的任务。由于有目的地减少标准化和控制，加总调查结果是不可行的。这种概括可转移知识的策略是建立项目中行为者和项目外观众间有助于互动的环境。

　　下面就以联合国的"平等"项目在德国的实践为例具体论述聚类评估的应用。

　　"平等"项目构成了一种在欧洲层面执行项目模型的新方法。这个项目试图聚焦于在整个欧洲解决工作领域中不平等和歧视等问题的新方法。这个项目所包含的主题领域如下。

表 1.7　　　　　　　　　　　"平等"项目的主题领域

就业能力

1. 帮助那些难以进入劳动力市场的人得到重新进入对所有人都开放的市场的机会
2. 在劳动力市场中与种族主义和排外主义作斗争

企业家精神

1. 通过提供创业所需要的一些条件，以及确认和开发在城乡地区的新机会，来开启创业过程
2. 振兴社会经济（第三部门），特别是为社区的利益服务，从而提升工作质量

适应能力

1. 促进终生学习和广泛的工作实践，从而鼓励机构招募和保留那些在劳动力市场遭受歧视和不公的人们
2. 加强公司和雇员们在经济结构转变中的适应能力，以及信息技术和其他技术的使用

男女机会平等

1. 通过发展出更富有弹性和影响力的工作组织和支撑服务，协调好家庭和职业生活，并帮助到失业男女重新回到职场
2. 减少性别鸿沟和支持废除工作歧视

　　为了减少联合国介入的许多小型项目的碎片化，平等项目资助了发展合伙企业。一种发展合伙企业就是一个由众多组织集合成的网络，每一个组织都在这种联合策略中做出特定的贡献。这种合伙企业被设定为足够大，从而对广泛的就业政策问题进行复杂和整体的应对。他们被期望在单个组织或工程间保障比以前的欧盟项目有更有效的网络关系——例如就业与适应项目，这个项目在整个欧洲包含 10000 个独立工程。而在平等项目中，在 2002～2005 年间，有大约 1500 个合伙企业被资助，总预算达到 60 亿欧元（包括联合贷款）。在德国，这种伙伴关系更少，但规模更大：在这段时间内 109 个合伙企业，平均每个关系的预算达到 500 万欧元（包括联合贷款）。这种新的项目结构是由以下条件支撑。

　　对就业政策问题进行更加协调和战略性的回应（通过数额更大的预算进行更大规模的介入）；在参与组织间开展更加有效的学习（通过共同商议的目

标和协同的工作实践在正式组织中对一系列组织活动进行整合）；回归主流的更大机会（通过更强大的主导者和多样的参与者，将服务提供机会聚集起来当作操作性伙伴，将政策规划机构聚集起来作为战略伙伴）。

在德国，"平等"合伙企业的典型模型是由水平相近的操作伙伴提供一系列与主题相联的服务或工程。在其他欧盟国家，合伙企业可能形成只被用于执行单个地点的联合工程；接下来讲的就是德国的实践。

"平等"项目评估中的挑战。

由于大量受资助的工程缺乏进行工程层次评估的机会，之前的欧盟就业项目拥有一些棘手的评估能力上的问题。要在"就业与适应项目"10000个多样而分散的受资助工程中概括出经验来非常困难，因为在工程层次的学习和项目层次的教训之间有很大的鸿沟。根据之前的轶事证据，许多人一再强调单个工程中的政策制定者和实践者并没有从项目评估中得到益处。

"平等"发展合伙企业的规模已经使得合伙企业层次上建立评估能力成为可能，的确，这种地区性评估已成为参与项目的先决条件。合伙企业的规模更使得投入一定资源进行评估就能得到实质性成果成为可能，亦即拥有足够资源的评估者能够在整个项目周期与合伙企业共事。而且，评估者已有可能成为发展合伙企业中的合伙人而非承包商，从而既保持作为外部评估者的身份，同时又能在合伙企业整个生命周期中成为其中的一员。

发展合伙企业的结构使伙伴间能够开展网络和学习。在这种实践者层次的学习过程中，评估者扮演一个促进的角色。在一个发展合伙企业中，对拥有共同任务的操作伙伴进行分类，从而对超越单个合伙人特定利益的评估问题进行有效的解决。这种合伙企业分类有助于在中等层次上产生新知识，这由多位合伙人证实。这就能满足政策共同体的信息需求，并有助于水平和垂直方向的主流化（即常规化）。因此，合伙企业提供了建立政策层次学习桥梁的机会。

发展合伙企业中评估调查结果得以转移的效力部分取决于发展合伙企业评估者与项目层次评估者之间接口的性质，但实际上，评估方法与大量调查结果的聚集已经被项目评估的评估方法所限制。为了提高他们的外部效力，巩固项目中的评估方法并聚集他们的评估结果取决于发展合伙企业中评估者间的网络化程度。这种外部效力实际上更加富有成效，尽管它并非项目规划时所考虑到的，但产生于发展合伙企业评估者们的首创精神上。每个评估合伙企业中的评估能力都潜在地进行水平方向的网络化。至于项目内容，则是强化发展合伙企业中从业者间的学习过程，并独立于项目层次评估的正式评估需求。

发展合伙企业"康帕克特"。

发展合伙企业"康帕克特"的目标是推动德国中小企业中的生态产品政策和环境管理体系——特别是通过让工人们对可持续问题更加敏感，以及通过对参与机制的促进，让员工们参与到企业生态再造的过程中去。"康帕克特"是"平等"项目合伙企业中的一个主题领域"适应能力"中的一员。

这个合伙企业包含下列主要项目，它们是由代表合伙企业的个体操作合伙人提供的独立模块，并存在于一个共同的训练和信息包中：对中小企业进行最初的持续能力检查（从而选择正确介入的指导方针）；可持续发展专家的课程开发和训练（满足公司层面持续发展的需要）；通向生态产品政策的人力和组织开发（向参与的中小企业提供训练、咨询服务）；通向环境管理体系的人力和组织开发（向参与的中小企业提供团体引导、咨询服务）。

这些工程——它们中的后三个是关键模块——在品质上都是相异的，尽管它们拥有一个共同的目标。它们由不同的主体执行——教育组织、管理咨询人员、工人运动组织、独立的搜查机构——他们在营销和执行他们负责的模块时都有他们独特的利益和风险，但都平等地服务于一个主题——对中小企业可持续发展能力的推动。

"康帕克特"评估设计的层次和背景。

为了帮助它的繁多受众，需要一个多层次的设计来满足下列期望：包含多个工程的项目中的工程合伙人需要清楚他们的服务质量及在企业和员工中的认可度；作为实体的发展合伙企业需要清楚其自身作为管理工程合伙人之间协作的工具，以及作为使其提供的服务包主流化的市场力量的效力；政策分析团体需要清楚通过人力和组织发展推动环境管理体系和生态产品政策是否对企业的适应能力和竞争能力真的有所贡献。

而且，考虑到由众多工程合伙人所提供的服务的异质性，需要一个多点设计，它将每个合伙人项目的活动作为一个离散集。提供的服务范围包括：人力资源开发——获取环境管理的新技能；组织开发——开发新的工作实践，让员工参与到监督可持续能力绩效的过程中；组织间协作——沿着企业产品纵向合并生态监督。

聚类评估的方法适合于该任务的多点和多层次的部分。这也可应用于对合伙企业（多点）服务的评估和评估结果向其他受众的转移（多层次）。我们都知道对评估设计的众多要求会因为过于复杂导致评估能力的过载，并使之疲于应付相互矛盾的需求。这种评估设计包括操作性服务，通过发展合伙企业间的活动和合伙企业间的网络化，来参与全国范围的评估。聚类评估的轨迹包括：

从发展合伙企业的操作性服务中收集经验教训；从主题关联的发展合伙企业中收集经验教训；在全国项目评估中，从合伙企业收集经验教训。

当然，还有更进一步的聚类层次这里没有考虑（因为"康帕克特"工程并没有包括它），即在欧洲层次收集各个国家的项目结果。对于聚类评估来说，这当然也会成为一个富有成效的领域，因为可转移的教训很有可能只能通过沟通技巧汲取。

工程合伙人（参与的中小企业）层次。

在操作性合伙人提供服务给参与企业的层次，关键问题是工程合伙人提供的服务的特定影响，这些服务主要涉及：让企业和它的员工对可持续问题更加敏感；建立员工参与生态产品政策的论坛；推进环境管理体系；推进一种学习型组织的文化。

主要工具是情境观察，参与式言谈和以电子形式收集口头材料。由于组成工程的异质性，它们无法被根据标准化程序进行评估。

发展合伙企业层次。

对发展合伙企业的评估是聚类评估的一个平台，其中所聚集的部分包括合伙人工程中的服务。其中主要问题是个体合伙人工程对由发展合伙企业提供的"可持续能力"的贡献。在过程方面，发展合伙企业的内部工作方式是为以下内容服务：管理协作（内部沟通与决策）；信息管理（互相学习与外部传播）；主流化管理（从例外到常态化）。在结果方面，发展合伙企业的影响主要是：推动企业可持续增长（生态产品政策与环境管理体系）；推广学习型组织的原则（推广和参与新型组织文化）；面对结构性经济调整时，提高企业的适应能力。

发展合伙企业之间的层次。

与来自其他发展合伙企业的评估者协同工作的目标是，改善应用于每个发展合伙企业的评估方法，并提供一个讨论评估方法兼容性的论坛。在发展合伙企业的评估人员的倡议下，一个名叫"多层次项目和网络评估"的工作小组在德国评估协会建立了起来，这个工作小组非常活跃，并广受评估领域人士的好评，已经有大约一半的"平等"项目合伙企业参与了这个自发性活动。然而，在通往系统性整合调查结果和共同学习成果的高阶聚类评估的过程中，还是会有许多限制性因素。

聚类评估工具。

聚类评估方法依靠的是口头材料。在样本数量较小的情况下，对标准化问题的开放回答能被有效地管理，从而通过电子表格搜集口头材料。这些表格限制了输入字符的数量，从而鼓励受访者形成缜密的表述，迫使他们更加认真地思考自己的回答。少量的采访使"原始材料"得以呈现在小组会议上，从而让大家参与阐述。

正是通过这样的沟通和对话，聚类评估方法才能产生最大影响。评估者则扮演促进者和调解者的角色。除了扮演适当的角色，评估者还需要掌握适当的技巧来产生可以呈现在团体情境和让各种利益相关者（政策制定者、实践者、受益人）可以理解的信息。实际上，聚类方法的一个特别优势就是它让项目受益人有机会通过参与沟通情境来参与到评估过程中。评估人因此也需要掌握管理群体过程的技巧。在这方面，"元规划"方法寻求接近无领导沟通，这在互动方面要优于名义群体技术。它也适用于调解拥有异质参与者的各个小组，而不像聚焦点团体技巧那样更适于在同质性小组中发挥资料搜集的作用。它也在小组资料解读和小组决策的参与机制中占有优势，同时保证记录团体处理结果的透明度。

在国家项目层次的"平等"项目评估。

德国的"平等项目"被构想为一个拥有多层次评估的多层次项目。项目结构提供了项目每一层次所嵌入的评估能力：项目、发展合伙企业和发展合伙企业中的组成工程。从项目启动开始，评估者们一直参与发展评估企业的运作，而且他们在很多情况下是内部利益相关者而非外部观察者。这里的评估所使用的财政资源要比欧洲其他项目要慷慨得多——粗略地估算一下，它们可能会达到发展合伙企业预算的5%，在2002～2004年间这个项目评估的预算为278万欧元，一个绝不算小的数字。这些都是积极的初期条件。他们本有可能使聚类评估设计拨款应用于一个革新、多层、多主体的项目。在这一方面，人们可以说错失了一个大好机会。但是，实际上，这种可能性被政府部门对"评估"的定义所限制，却去委托评估。而且，由于德国劳工部在分配技术援助契约时并不规范，导致了对"平等"项目进行的全国性评估被大大延迟。因此，全国性评估并没有在理想的环境下进行。

接下来总结一下聚类评估的三大特质，这些特质都能促进在革新型多层次、多主体项目中开展的评估：及时性、参与性和沟通性。

及时性评估。

聚类评估凭借评估结果的迅速反馈实现项目的提升。这是通过间歇性汇报"非官方"评估结论的方式实现，特别是口头呈现和简短的文件。这也同样优化了评估反馈的机遇，从而在项目开展的整个过程中不断实现提升。

沟通性评估。

对于项目参与人来说，要确定项目的评估范式或策略并不是容易的事，因为评估设计并不是在评估一开始就得到了广泛传播。在项目开展的过程中，项目评估的过程还包含一定数量的评估者参与沟通性会议，但是发展合伙企业中的评估者必须在调查工具的协同发展、呈现和分享他们之间的评估结果时继续依靠他们自己。

参与性评估。

如果没有建立合适的沟通机制以求相互学习，发展合伙企业中的评估人员就不可能有机会参与到评估设计——除了最初的会议。因此，在发展合伙企业层次的评估人员就无法将他们的评估问题反馈到整个评估设计中。结果，整个项目评估只是由赞助机构的利益单独驱动。没有参与机制保障其他项目利益相关者被整合进评估设计，就不奇怪发展合伙企业评估人员"所有权"水平很低。与参与性原则相近的是授权。一个由授权原则驱动的项目评估将会看到，发展合伙企业的评估人员作为重要的利益相关者将重要的资源贡献给整个评估工程中。

总之，聚类评估能够推动不同行为主体（政策制定者、规划者、评估者、行政人员和服务使用者）在不同项目阶段的沟通和互动。它也能聚集于各评估层次间的沟通和互动：本地设置的利益相关者（在"平等"项目中，就是操作合伙人）；局部介入（在"平等"项目中，就是发展合伙企业）；整个项目。在多层次、多点的评估中，工程层次评估与项目层次评估的知识利益会存在冲突，这对在包含异质工程的革新项目中开展工程和项目两个层次间的学习是一个挑战，因为学习是一项强烈地由环境所限和利益驱动的活动。聚类评估提供了一种连接案例学习和政策层面学习，描述本地设置和整个项目评估利益的方法论。它支持使用互动与对话为焦点的技巧和受众取向的传播，促进项目参与者间的沟通性学习。聚类评估是一种适用于包含革新和异质的主题性项目的方法，这种项目包含多样的目标和广泛的参与者，并且地方工程评估与项目评估之间的接口——像德国的"平等"项目一样，需要特别和悉心的管理。聚类评估特别适用于具有高异质性和复杂性的欧洲项目。

2. 风险评估

公共政策——经济、社会、外交、管制、环境以及无数的其他政策——都会在社会中创造成功者和失败者，但是对于每个人而言，在政策条款之下，成功或失败的可能性都是不确定的。事实上，有些政策会加深个体层次的不确定性，因为他们只会导致变动而非既定的结果。例如，用以解决公共政策问题的市场导向的方案（如开放自由贸易市场、社会保障私营化或者放松企业管制）

会让民众在随机的市场冲击面前更加容易受到伤害，因此，民众的潜在收益或损失就会更有风险或不确定。而且，媒体和精英经常会对公共政策的收益或损失有不同甚至于相冲突的表述，从而放大这个不确定性。这种不确定的收益和损失即构成政策观点的核心①。所以评估风险是形成政策观点的基础。

在当代世界，风险以两种方式存在于我们的感觉和行动中。作为感觉的风险是指我们对危险的本能和直觉反应。作为分析，风险带给我们进行风险管理的逻辑、理由和科学描述②。"风险评估"中的"风险"应是指后者。

美国商务部的一本手册《信息技术系统风险管理指南》将风险定义为："一种可能性伤害行为的纯消极影响。风险管理就是确认风险，评估风险和采取措施消除风险于一个可接受的层次。组织运用风险评估来知晓潜在威胁的程度③。"

美国政府有很多机构都经常参与公众或私人的风险管理，其中最典型的是公共卫生部门和环境保护部门。而风险评估则是这些机构开展风险管理的主要活动。因为只有进行风险评估，才能确定一种药能不能面市，一个研究项目值不值得投入资金。而且风险管理人的背景也都比较多变，有的是行政人员和独立管制机构的高级职员，有的则是一些拥有科研任务的机构的高级研究员。通常进行非管制性风险评估的都是科学家④。

在许多工程组织，风险评估都不可避免地聚焦于伴随财政风险的工程/技术风险。同样地，传统的风险登记表就主要是确认技术风险，评估或预测产生预期影响的可能性。工程队经常着手做风险登记表，由一位风险管理人或风险协调人向工程管理层报告。风险注册表的一个关键功能是与高级管理层和项目团队沟通各种层次和类型的风险。即使如此，这种工作方式还是存在许多问题：第一，风险登记表变成了官僚程序，而非被视为一种有价值的练习；第二，可能正是这种行为的结果，那些被确认的风险只占所有风险的一部分。实际上，工程风险包括：技术风险；政治风险（政府、规划机制、安全机制）；顾客（战略方向的改变）；合伙人和供应商（协作困难和风险转移）；公众

---

① Sean Ehrlich, Cherie Maestas. Risk Orientation, Risk Exposure, and Policy Opinions: The Case of Free Trade. Political Psychology, Vol. 31, No. 5, 2010 doi: 10.1111/j. 1467 – 9221. 2010. 00774. x.

② Paul Slovic and Ellen Peters. Risk Perception and Affect. Current Directions in Psychological Science, Vol. 15, No. 6 (Dec. , 2006), pp. 322 – 325.

③ Gary Stoneburner, Alice Goguen, and Alexis Feringa. Risk Management Guide for Information Technology Systems. U. S. DEPARTMENT OF COMMERCE, July 2002.

④ Jack Needleman. Sources and Policy Implications of Uncertainty in Risk Assessment. Statistical Science, Vol. 3, No. 3 (Aug. , 1988), pp. 328 – 338.

（对他们的资质和技术的猜疑）；名誉（应对未预期到的利益相关者联盟）；市场（竞争者性质和顾客期望的变化）；财政（通货汇率等）。附加的风险通常并不会被考虑到风险大环境中，这部分是因为它们内在的"软性"特质——因为风险评估系统（例如风险登记表）无法将这些风险量化记录下来，而且组织文化也不会提供一个讨论这些风险的合法论坛。

然而，这些"软性"风险以及它们之间的互动通常会对工程产生非常重要的影响，至少不次于技术风险。为了确认这些风险，伴随着对风险系统性的明确注意，"风险过滤器"的想法得以产生。过滤器需要确认风险存在的关键领域，从而投入精力削减风险。它通过研究对工程的仔细分析，使用各种分析技巧来检测风险及其系统性，以提供一个有价值的起点，从而使广泛存在的风险表面化。它被应用在组织内每个工程的指定区域。为了发展出一个既严格又具有代表性的工程过滤器，这种发展应基于一种对特定组织内失败工程的新型和认真分析，从而反映出他们产品、顾客和战略意愿的特殊因素。"风险过滤器"的目标是采取一种工程过滤器的形式。通过对大范围的风险进行测试，对工程带来三种影响。第一或者说最消极的影响是，工程存在太多的风险，或者被确认的风险太过重要、相互交织，从而无法被有效减少和以合理的成本减少。这就会给未来的短期或长期收益带来过大的风险，从而让人们放弃这个工程。第二种影响是风险过滤器突出某一特定领域需要额外的监察和研究，并提供一个进一步调查的框架。这通常包括建立风险减少小组和对未来风险的进一步认真预测。第三种影响则是确认风险很少或者可控，从而着手这项工程。风险过滤器的产出要能够：发展出跨学科的行动组合，以应对有可能对工程产生系统性影响的关键风险；通过系统性分析，确认减少大量风险的关键行动；区别任意的（概率的）和知识的（缺少相关知识）风险。为了应对组织文化所造成的过程限制，设想是采用电子形式的问卷如 Excel 或 Visual Basic。这样就可以在问卷被答完时进行自动分析。运作"风险过滤器"的过程包括：第一，建立风险事件探测器；第二，将风险事件放在优先位置，并撰写情景介绍；第三，将风险事件分类；第四，保证风险的系统性得到重视；第五，分析调查问题的性质；第六，将问卷中的问题赋以权重或分数；第七，评估问卷结果①。

然而，由于分析数据的局限和方法的不同，通常不同的机构进行风险评估

---

① F. Ackermann, C. Eden, T. Williams and S. Howick. Systemic Risk Assessment: A Case Study. The Journal of the Operational Research Society, Vol. 58, No. 1 (Jan., 2007), pp. 39 – 51.

的结果大不相同。一个典型例子就是为潜在的危险设施选址，为此开展风险评估的主要目的是预测发生灾难性后果的概述和影响。1974 年美国西部液化天然气公司要在加州奥克斯纳德选址，一个风险咨询公司的风险评估结果是如果发生事故，每一位奥克斯纳德人的死亡概率是万分之一到千万分之一，而奥克斯纳德的市议会则认为这个概率在千万分之一到百亿分之一之间[1]。

3. 联合评估[2]

联合评估是发展合作中一块生机勃勃的领域。从 1990 年代初期开始，联合评估就已经登上了国际发展议程，但在近年越发突显出它的重要性。经济合作与发展组织的发展援助委员会（DAC）已经成为推动更多的联合评估的先锋，作为它改善资助者间协调与合作的广泛议程的一部分。1991 年由发展援助委员会各部部长和各援助机构首脑通过的《发展援助评估原则》就提到，"资助人联合评估应该得到推动，以加强相互理解，并减少接受方的负担。"

尽管在国际政策层次上，已经取得了推动联合评估的共识，然而在开展评估的进程中，各援助机构和评估单位并没有取得一致意见。有些机构表示不愿意参加联合评估，这可能是因为他们对投入的人力和资源比较谨慎。

有关联合评估的核心知识和经验都被渐渐吸收在援助机构和国际组织的评估单位内。而且，在 1990 年代开展的一些联合评估已经变成了讲述联合工作重要性、相关性和有效性的旗舰案例，它们很大程度上提高了人们对联合评估的真实价值的接受程度。这些旗舰案例包括加拿大、荷兰和挪威开展的世界粮食项目评估（1994），发展援助委员会对欧盟食品援助的评估（1997），以及著名的卢旺达评估《对冲突与种族灭绝的国际回应：来自卢旺达的教训》（1996）。

在 2000 年，发展援助委员会下属评估网络就专门出版了一本名为《开展多资助人联合评估的有效实践》的册子。2000 年后开展的联合评估也越来越多，如世界银行开展的对综合发展框架的评估《走向国家主导的发展》（2003），荷兰开展的《全球性挑战的地方性解决方法：走向基本教育中的有效伙伴关系》（2003）。

联合评估主要是指由多方机构一同工作，以获取有关发展合作活动的成就

---

[1]　Howard Kunreuther, Joanne Linnerooth and James W. Vaupel. A Decision – Process Perspective on Risk and Policy Analysis. Management Science, Vol. 30, No. 4, Risk Analysis（Apr. , 1984）, pp. 475 – 485.

[2]　DAC Evaluation Network Working Paper, "Joint Evaluations: Recent Experiences, Lessons Learned and Options for the Future": www. oecd. org/dac/evaluationnetwork.

与失败，以及多边机构的工作质量的证据。基于联合的程度和模式，联合评估可以划分为以下几种类型。

表1.8　　　　　　　　　　联合评估的类型

评估类型	工作模式/举例
经典多伙伴	参与向所有股东开放。所有参与者以平等身份积极参与和作出贡献。例如卢旺达评估、世界粮食项目评估、联合国人口基金项目等等
准入多伙伴	参与向符合一定标准的单位开放——例如特定组织的会员身份（如欧盟），或者与评估本身拥有重大利益关系（例如积极参与被评估的部门）。例子包括各种欧盟援助的评估、加纳公路的评估、基本教育评估等
混合多伙伴	这一类型包括更多复杂的联合工作。例如：工作和责任可能会被分配给一个或更多的机构，而其他参与者则担当"寂静的合伙人"角色；评估的一些部分被联合开展，而其他部分则被单独开展；各种层次的联系可能被建立在分隔而平行的、相互关联的评估中；联合行动聚焦于建立统一的框架，但开展评估的责任被分配到不同的合伙人手上

基于发展援助委员会各成员的评估，联合评估的优点包括以下几点。

第一，联合评估有助于分享经验和改善学习。它提供了严格分析和提升资助国评估技巧的机会。第二，联合评估对接受方或行政机构会产生更大的影响。第三，联合评估能让更多种类的才干（例如更多"眼睛和眼镜"）发挥作用。它们根据财政和人力资源，可以提供更为广泛的学习空间。第四，联合评估也能做到节约，尽管起主导作用的国家可能产生更高的费用。第五，与分隔或同时评估不同，联合评估通过缩减采访和会议时间，减少了对接受方或行政机构的负担。第六，联合评估有变得质量更高、更优秀的趋势。由于有个审查的过程，团队的组成、更大范围的政治和援助利益都会得到考虑。第七，更小的资助人会对联合评估产生特别的兴趣，因为他们很少能爬上主要国家分析项目重大影响的头条评论。第八，联合评估能够成为提升接受国稀缺援助资源间的协调性的重要手段。

联合评估的障碍包括：第一，发展出一个全面而可控的参考框架，以适应每个国家关注点是最频繁地被提到的障碍。第二，对评估问题、重要指标和最终建议等方面取得一致意见的过程，需要花费时间和团队互动，以发展出开放性和互信。第三，为了尊重既存的程序和每一个资助方的立法需要，需要作出一定的行政调适。财政管理和咨询人的选择是特别容易出问题的地方。第四，包括接受方在内的各方的政治敏感性，都非常复杂，应该从一开始就被给予仔细的研究和考虑。第五，由于分歧的观点会很多而难以作出报告，因此对报告结果的最终意见将会成为一个主要的障碍。第六，一个庞大的联合评估代表团有可能会吓到接受方，从而导致更少的预期结果。

严格地说，联合评估（joint evaluation）并不能算是一种具体的评估方法，而更应该是一种评估的组织方式。然而对它的介绍仍非常有助于我们了解国际性评估的过程与形式。

五、政策评估结果的使用

有学者指出，尽管研究资料的使用原则在表面上是如此简单，即帮助政策制定者作出更好的决策，并取得更好的成效。然而将这条相对直接的原则运用于现实中并不是没有问题①。

第一，除了研究资料外，还有许多因素在影响政策制定者。这些因素包括价值、信念和意识形态，它们是大部分政策制定过程的驱动力量，还包括政策制定者的经验、专长和判断能力。除了评估资料和分析，可利用的资源、官僚文化、游说者和压力集团，以及快速应对日常意外事件都对政策制定有影响。想要让评估资料在政策制定中发挥作用，就要想办法把这些评估资料与许多其他因素综合起来。

第二，研究资料是明显而确定的。靠资料本身并不能告诉使用者该怎么做和如何做。它只是提供了一个基础，基于此决策者能对某项活动的效果和影响，或者对取得理想成效的条件作出较为合理的判断。研究资料就像所有的科学资料是概率性的，并带有一定程度的不确定性。这种不确定性可以通过以下方式来被更好地理解，或者有时还能被减少：通过评估探索谁在何种情况下为

---

① Philip Davies. the state of evidence – based policy evaluation and its role in policy formation. National Institute Economic Review No. 219 January 2012.

什么做何种事，以及在何种条件下政府的介入措施能取得理想的效果。因此，以资料分析为基础的政策需要在实验/准实验/自然的条件下使用定性和定量等方法来评估其影响。

第三，研究者和政策制定者通常拥有不同的资料观念和不同的寻求与使用资料的吸收能力。有学者发现尽管加拿大的政策制定者将资料视若平常（只是建构事实的手段或者提供相信某事物的理由），并以其相关性来定义，但大多数研究者则以科学的观点看待资料（使用系统性、可复制的方法来生产），并以其方法论来定义。在 Whitehall，另有一项类似的对公务员的研究，它发现这些政策制定者只想要聚焦于最终结果的资料，而对信息搜集和分析的方式并不感兴趣。而且 Whitehall 的这些公务员对捕风捉影的轶闻看得很重。还有学者发现，公务员寻求和使用研究资料的"吸收能力"取决于他们与研究的物理和认知距离（他们的科学素养）、他们的教育背景和他们与专业研究者接触的机会。考虑到他们对资料拥有不同的观念、预期和经验，评估资料在政策形成和推广过程中没有直接发挥作用并不奇怪。

第四，研究、评估和分析的影响很少是直接或立即就产生的。很少有研究能直接将"答案"提供给政策制定者，从而成功解决政策问题。很多情况下，研究只提供背景资料、经验概括和思想来影响政策制定者思考问题的方式。但承认这一点并不是说研究资料对政策毫无影响。研究者的想法会通过各种方式渗透到决策者的办公室。只是在收集高质量的资料与将它应用到政策与实践中是有一定时滞的。政策制定通常会在几周或数月间发生，而高质量的资料收集则需要数月甚至数年。对研究者和分析人员的挑战是在有效的时间内确认和提供最有效的资料给政策制定过程，同时为未来中期或长期发展出一个更强大的资料库。其实许多政府中都设立了专门的战略政策制定团队，以确认他们的国家在未来五年、十年、十五年或更久的未来的需求，提供给研究者和政策团队一起工作的机会以建立中期到长期的健全而强大的资料库。

政策制定中使用研究和评估的方式主要包括三种：工具性；概念性；象征性。工具性使用方式包括"以明确直接的方式根据研究结果行事"；概念性使用方式包括"将研究结果用于一般性启蒙，结果影响行动，但没有工具使用性方式那么明确、直接"；象征性使用方式更多是关于"使用研究结果来将预设立场合法化，从而使其得以维持"。这三种方式应该看作相互补充而非相互矛盾的维度。有学者通过对加拿大联邦和省政府研究发现，对研究结果的概念性使用要比工具性使用频繁得多。更准确地说，在政府机构人员的日常活动中，对研究结果的概念性使用要比象征性使用更重要。然而，象征性使用又比工具性使用重要得多。

就如任何评估研究者都会告诉你，做一份关于政府项目或政策的有价值的评估是一回事；而让评估在政策制定者处发挥作用是另一回事①。如何将评估结果应用于实践已经成为评估研究领域中学者和实践者共同面对的重要研究课题就如一位早期调查过这个问题的分析家所评估的，"评估的基本原理是为行动提供信息……除非它在项目决定作出时被认真听取，不然它就失去了自己的主要目标。"

然而也有一些评估对后续项目形态真正造成影响的例外。那些例子强烈地表明，评估普遍未发挥实效的主要原因之一是评估者没有调整他们的成果以满足决策者的需求。

评估系统就如政策过程的其他部分一样，也具有政治涵义。对联邦的社会项目（交通、住房、福利和教育）进行广泛评估开始于 1960 年代的"伟大社会"时期。鉴于各种项目变得越发具有雄心和复杂，人们觉察到需要通过正式评估来保证高质量的国内决策。评估者们提高评估结果使用率的愿望也日渐强烈。到底评估结果要如何才能在决策中发挥实效？为了回答这个问题，我们必须先弄清楚联邦政策是如何制定的。

因为联邦政府包含复杂繁多的组织，这些组织之间、组织与环境之间以各种方式进行互动，行政人员纷纷试图框定自己组织的问题以免被他人分析。理性决策于是就因为时间、资源、分析能力和政治多元主义的现实受到限制。一个好的政策通常都是意见能达到一致的政策（即使在目标上是不一致的）。就如无数的调查者所发现的，决策者倾向于采取渐进的态度，从而导致改变只是部分和渐进的。

另一方面，评估被认为是用来通过使用专门技术评价项目效果来提高决策者理性能力的手段。项目效果的标准经常会在不同的指标上发生改变，而政治可接受性之类的标准则没有被包含在内。因此，如果这种评估意识被认真应用于渐进的政治世界，难道评估研究在政治过程中被刷掉会只是意外？

这说明，评估者必须开始在思考和行动时把政治考虑在内。这并不是说分析家们需要不再那么全心全意地相信将社会科学应用于政治制定的好处。事实上，高质量的社会研究只是来源于他们对政策过程的独特贡献。评估者就像其他团体一样，必须接受和在一个多元主义的政治系统内开展工作，努力将他们

---

① Walter J. Jones. Can Evaluations Influence Programs? The Case of Compensatory Education. Journal of Policy Analysis and Management, Vol. 2, No. 2 (Winter, 1983), pp. 174 – 184.

的影响最大化。

为此，评估过程应做以下调整：首先，从一开始建立评估队伍时就应该将意识形态和政治等因素考虑在内。拥有政治技巧的评估人的价值应该与那些掌握定量和方法才能的人一样高，因为评估研究和应用最终都是政治行为。其次，研究者必须对政治使用者的方法能力不能抱有幻想。如果政策制定者将要使用研究数据，那么这些数据应该是非常容易理解的。再者，分析人必须弄清楚他们的研究发现与决策者的知识体系中的其他部分是什么样的关系，只有这样，决策者在应用这些结论时才会感到安全。另外，分析人在评估项目影响时，除了实现正式的项目目标外，还应看到更多。政治和其他环境影响需要得到审视，而潜在使用者的社会政治利益必须得到考虑。这个过程意味着分析人与政策制定者之间还须有额外的互动和更多的信任。

分析人员必须做好走钢丝的准备。一方面，如果他们开展研究时假装跟政治没有关系，那他们就要冒产生无关或更糟的评估的风险。另一方面，只关心政治利益而没有其他，只可能导致缺乏正直和专业性的工作。政治意识必须和专业伦理基础微妙地结合在一起，以避免走任何一个极端都有可能带来的灾难。

作为这种混合技能的一部分，分析人员必须明白何种类型的信息是政治上有用的，何种备选方案是政治上可能的。这些备选方案都更可能代表在一个方向上的渐进变化，而非激进的措施，例如改变整个教育体系。即使研究者可能为了保证方案可行而限制了可选择的范围，或者研究者或许必须探究那些并非项目中心焦点的结果，他们仍然需要坚持严格的专业分析标准。有意识地扭曲或曲解资料，将仍然代表着对专业标准的恶劣侵犯。研究者必须具备敏锐的伦理和政治意识，以保证他们的双重任务即实用性和客观性之间的平衡。

Joseph S. Wholey 和 Harry P. Hatry、Kathryn E. Newcome 二人也认为，开展评估工作的目标当然是作出积极的改变。当一个人着手任何评估方面的工作时，从一开始就理解这份工作是如何帮助实现政策或项目目标就变得尤为重要。对于大多数评估人员而言，项目提升是终极目标。因此，他们应该使用一些技巧产生一些有益而有说服力的证据，以支持他们的建议在项目或政策变迁中发挥作用。两位作者将评估使用遇到的挑战和建议都专门列举了出来①。

---

① Joseph S. Wholey, Harry P. Hatry, Kathryn E. Newcomer. Handbook of Practical Program Evaluation. John Wiley& Sons, Inc. 2010（p27）.

表1.9　　　　　　　　　　　**评估使用遇到的挑战**

使用评估与绩效资料所面对的挑战

1. 领导人中缺乏明显的对评估的欣赏与支持

2. 对被测量与证明事物有不现实的预期

3. 一方面开展资料搜集和项目报告的评估人员拥有一致的合规心态，另一方面决策者对资料使用也已失去了兴趣

4. 由于将资料搜集加诸工作人员身上所产生的阻力

5. 缺乏学习和使用评估资料的积极激励

6. 缺乏引人注目的前例——评估结果或资料成功促成项目的重大改进

7. 对评估结果的糟糕展示

表1.10　　　　　　　　　　　**对评估使用的建议**

让评估结果与资料得到使用的建议

1. 理解和欣赏观众在评估结果展示上的偏好

2. 处理与顾客信息需求最相关的问题

3. 在设计阶段初期，就预想最终的评估结果会是什么模样

4. 认真设计抽样程序，以保证调查结果能够被概括成关键利益相关者所期望的样子

5. 努力工作以保证测量效度（其他效度之母！），在报告时也应将这些努力展示出来

6. 处理好对“所谓”项目结果的看似可信的替代性解释

7. 表现出评估者的实力和使用的方法，以提高评估结果的可信度

8. 当用到定量分析的技巧时，讲清楚为什么这些技巧是合适的，以及用到的足够的样本数量

9. 提出的建议中，要在保证政治上可行的前提下，规定谁应该在何地、何时采取何种行动

10. 调整报告，以应对不同目标听众的不同的沟通偏好

11. 提供一份摘要和一份书写清晰、没有专业术语的报告

12. 从一开始就同项目执行人员及其他利益相关者保持紧密联系，从而让他们将来愿意执行这些建议

第二篇 有关国家和国际组织政策评估情况及主要做法

公共政策评估作为一个专业领域和一项实际工作，是 20 世纪初随着现代科学方法的发展及其在社会研究和政策研究中的广泛运用而诞生和发展起来的。

早在第一次世界大战之前，就有少数研究人员运用社会学、统计学等学科的知识和方法对教育、卫生、就业等领域的政策和政府项目进行评估。

20 世纪 30 年代，许多社会科学家主张和倡导运用社会研究方法对政府为解决"大萧条"带来的经济社会问题而制定的政策和计划（如罗斯福总统"新政"的社会政策和计划）进行评估。

在第二次世界大战期间，出于战争的需要，美、英等国的军队专门聘请研究人员对其人事政策和宣传策略等进行评估，使政策评估得到进一步发展。

第二次世界大战结束后，西方国家在城市发展、住宅建设、科技、教育、就业、卫生等方面制定了大量的政策措施和计划。这在客观上要求开展政策评估来获知这些政策的结果。另一方面，各种社会研究方法逐步发展成熟，提高了政策评估的有效性和可靠性。

到了 60～70 年代，西方发达国家为了解决当时各种严重的经济和社会问题，实施了规模空前的政策干预，为了提高政策干预的有效性，要求对所采取的政策进行评估。另外，各种社会研究方法的完善，特别是计算机技术的应用，为政策评估提供了有力的工具。在这个时期，公共政策评估获得了最为迅速的发展。

进入 80 年代之后，西方发达国家开展了声势浩大的行政改革运动，其精髓在于注重结果和产出、追求效率、实行绩效管理、增强公共部门的责任等。这场改革进一步强化了公共政策评估工作。

20 世纪 90 年代以来，随着各国政府改革的推进，公共政策评估受到越来越多国家和国际组织的重视，一些发达国家相继开展了公共政策评估工作。同时，联合国、世界银行、OECD 等国际组织也开展了政策评估工作。

一、有关国家公共政策
评估情况及主要做法

（一）美国

1. 政策评估概况

近几十年来，联邦政府越来越注意到项目中的评估需要①。1993 年的《政府绩效与结果法案》要求联邦机构展现他们的工作成果，这一法案于 2010 年被重新授权。美国政府管理预算局于 2009 年发布了一份备忘录以支持更加重视项目评估和拓宽使用评估方法的视野。奥巴马总统 2012 年预算中的分析附件反映了评估在联邦政府决策中的作用。最近的美国国际开发署备忘录不仅鼓励创新，而且支持把非正统的方法作为特定情境下可行的评估选择，它甚至要求预先就委托好评估事宜以利于决策。

Thomas R. Dye 在其名著《理解公共政策》中是这样描述美国政策评估的②。大部分机构会在政策实施一段时间后对其进行回顾，一般的回顾方式包括：听证会与报告会；现场考察；方案评估标准；与专业性标准的比较；对民众抱怨的评估。但 Dye 认为，以上各种评估方式都没有进行认真的成本收益分析。为了理解公共政策的真实效果，需要进行系统的政策评估。而系统的政策评估需要进行比较，包括以下几种：前后比较；预测趋势与政策效果比较；有无制定政策的比较（将实施政策与未实施政策的单位进行比较）；政策实施前后实验组与对照组的比较。这就需要设立专门的政策评估机构进行评估。

---

① Nick L. Smith, Paul R. Brandon, Melanie Hwalek, Susan J. Kistler, Susan N. Labin, Jim Rugh, Veronica Thomas and Louise Yarnall. Looking Ahead: The Future of Evaluation. American Journal of Evaluation 2011 32: 565 DOI: 10. 1177/1098214011421412.

② Thomas r. dye. Understanding public policy. New Jersey: Prentice Hall, 2007 (12th edition).

由于公共政策评估脱胎于政府的绩效评估，因此很大程度上讲公共政策评估就是在讲政府绩效评估。事实上，美国自 20 世纪 50 年代实行绩效预算之后，受新公共管理运动和重塑政府运动的影响，几乎每一届政府都会在前任基础上提出新的政府绩效评估法案。如尼克松在任时实行目标管理，并于 1973 颁布《联邦政府生产率测定方案》（The Federal Productivity Measurement Program, FPMP）；卡特总统在任时则推行零基预算；里根与老布什时期倡导全面质量管理（Total quality management, TQM）。而到了 1990 年代，克林顿政府于 1993 年出台《政府绩效与结果法案》（The Government Performance and Results Act, GPRA）。2002 年小布什政府颁布《项目评估定级工具》（Program Assessment Rating Tool, PART）。2011 年 1 月 4 日奥巴马总统签署了《政府绩效与结果现代化法案》（GPRA Modernization Act of 2010, GPRAMA）。

下面对这几个法案进行简要介绍，从而让我们更清楚地了解美国政府政策评估的演进过程。

（1）1973 年《联邦政府生产率测定方案》

在 1970 年代的美国，人们对美国生产率相对于其他工业化国家的水平非常感兴趣。尽管这些讨论主要围绕着私人领域的生产率，但国会的一些成员则对联邦政府的生产率更感兴趣。为了回应人们的要求，美国政府管理预算局（OMB，下文会有介绍），文官委员会（the civil service commission，现已成为人事管理局，the office of personnel management）与政府审计办公室（GAO，下文会有介绍）共同建立了一个联合工作小组来检查这个问题。这个小组的一项任务就是确定如何测量联邦生产率，于是劳工统计局（Bureau of Labor Statistics, BLS）也加入了调查。经过一系列的国会听证会与报告，一部正式的生产率提升方案由政府管理预算局于 1973 年 7 月制订出来。在政府管理预算局的指导下，劳工统计局承担搜集资料与建立相关生产率指标的责任。当然，测量只是这个方案的一部分，这个方案还包括解决雇员培训、管理提升、资本投资和雇员工资与激励的问题。在这个方案实施的过程中，一系列的联邦组织参与其中，包括政府管理预算局、一般服务管理局、联合财政管理水平提高项目、国家工作寿命生产率与质量中心、人事管理局等机构进行管理和协调这个方案的运行。后来这个方案渐渐在各个机构停止，直到 1994 年结束。在实施方案的过程中，劳工统计局每年派出 200 多位职员向每一个联邦机构获取该机构的产出资料。劳工统计局与这些组织保持紧密联系，以确认它们的产出，并提升它们的措施，帮助它们准备资料。然而，由于这个方案是自愿选择参加与否的，有些机构选择了不参加。对于这些机构，劳工统计局从年度报告、预算和国会听证会中搜集资料以计算出它们的指标。利用搜集来的资料，劳工统计局为每个机构计算出五个指标：产出、劳工投入、每年每位职员的报酬、每年每位职员的产出和单位劳工成本。这些指标与其他资料在返回到那些参与机构前会被分析和总结。而且，这些资料会在不同的层次上计算出来，包括组织、机构、功能、部门和总体层次。然而，只有政府整体功能与总结的资料会被出版。到1994年，亦即资料搜集的最后一年，这些资料代表60个机构、255个组织和200万的联邦公务员①。

（2）1993年《政府绩效与结果法案》

根据《政府绩效与结果法案》，该法案的出台是基于以下发现：浪费与无效率侵蚀了美国人民对政府的信心，并减少了政府充分回应公众需求的能力；由于对政策目标描述不够明确和对政府绩效不够了解，联邦管理人员在提高项目效率与效果的工作中处于非常不利的地位；由于对项目绩效与结果缺乏足够的注意力，国会政策制定、支出决策和项目监督都被严重削弱。

该法案的目标是：通过系统性地让联邦机构对项目结果负责，来提高美国人民对联邦政府能力的信心；启动项目绩效改革时，通过一系列的试点工程来确定项目目标，并据此目标衡量项目绩效，而且将进程公之于众；通过推动对结果、服务质量与顾客满意度的关注，来提高联邦项目的效率和公共责任；通过要求联邦管理人员制订计划实现项目目标，并向他们提供有关项目结果与服务质量的信息，来帮助联邦管理人员提高服务供给能力；通过提供更多的有关法定目标、联邦项目的效率与效果及开支等方面的客观信息来提升国会决策的水平；提升联邦政府的内部管理水平②。

《政府绩效与结果法案》属于美国联邦政府历史上最持久的绩效测量与预算改革之一。这项法案要求联邦机构咨询议会与其他利益相关者，以发展出任务陈述和一个长期的战略规划，建立结果导向的年度绩效目标，并依据这些目标测量他们的工作成效，最后将这些结果向国会报告。它的主要目的概括起来就是，通过向国会提交可靠和有效的信息以帮助其决策，并让政府管理人员、政策制定者和美国人民思考公共服务与提供公共服务的方式作出巨大改变。无可否认，这项法案的实行并没有预期的顺利，许多联邦机构在执行法案的开始阶段由于缺乏经验、资料不全等原因吃了许多苦头。尽管如此，这项法案还是

---

① Donald Fisk and Darlene Forte. The Federal Productivity Measurement Program: final results. Monthly labor review. 1997 (5): http://www.bls.gov/mfp/mprff97.pdf.

② The white house: http://www.whitehouse.gov/omb/mgmt - gpra/gplaw2m.

持续得到国会的支持，并连续得到两任总统的支持①。

（3）2002 年《项目评估定级工具》

《项目评估定级工具》是布什在任时期为了提升由《政府绩效与结果法案》所开启的进程而作出的尝试。理论上，《政府绩效与结果法案》会创造出合适的激励以促进更高的管理水平，并且会提供评估绩效的基础。然而事实上，《政府绩效与结果法案》包含许多缺点，例如一些立法者可能会为联邦机构清晰阐述它们项目的目标以便将评估绩效作为总原则，然而这很有可能会给机构带来麻烦。联邦机构也会怀疑选择一定的指标就能让它们做得更好。结果在一些联邦机构看来，这项法案只给它们带来麻烦，而在国会，议员们也很少发现真正有用的资料。有人甚至尖锐地指出，该法案造成了"华盛顿纸张最大程度上的浪费"。当小布什竞选美国总统时，公共管理领域与保守党的智库都期望能强化该项法案在绩效管理与预算上的作用。为了解决《政府绩效与结果法案》实施后所得到的报告没有可比性与没有实质上的改进行动等问题，政府管理预算局又创立了《项目评估定级工具》。作为一项行政指令，《项目评估定级工具》可以通过行政过程强制实施。它要求战略规划更多地强调绩效测量，或许《项目评估定级工具》相对于《政府绩效与结果法案》最大的变化就是，政府管理预算局的检查者们对绩效测量的问题与答案都拥有最后的决定权。经过广泛的讨论，政府管理预算局从政府审计办公室、国家公共行政学院等处得到了许多重要的反馈，并将测量工具正式用于联邦项目的评估。到2008 年 7 月，98％的联邦项目都得到了评估。

《项目评估定级工具》的支持者相信将评估标准正式出版有助于实现评估过程的"透明化"。但对于外围人而言，政府管理预算局与联邦机构官员之间的协商过程，以及在这个过程中管理预算局的最终决定权并非公开的过程。尽管一位管理预算局官员在支持《项目评估定级工具》时写道，"你可以到网站上看到我们所看的任何东西。"但是国会的立法者或者老练的办事员没有理由相信这些只由单个检查者所作出的广泛的判断。政府审计办公室则报告说，由于政府管理预算局与国会办事员在资料使用与分析上缺乏沟通，实际上，"我们见到的大多数国会办事员并不使用实施《项目评估定级工具》所得到的

① ALFRED HO. GPRA AFTER A DECADE: LESSONS FROM THE GOVERNMENT PERFORMANCE AND RESULTS ACT AND RELATED FEDERAL REFORMS. Public Performance & Management Review, Vol. 30, No. 3, March 2007, pp. 307 – 311.

信息"①。

（4）2011年《政府绩效与结果现代化法案》

这项法案由总统奥巴马于2011年1月4日签署。它对1993年的《政府绩效与结果法案》进行了更新。更新的工作早在几年前就由几位国会议员与参议员发起。这次更新是基于15年的实践经验——无数的政府审计办公室的报告。这些经验既包括众多联邦机构的发展实践，又包括通过互联网达到的更好的协调与信息获取。原来的1993年法案需要联邦机构建立多年的战略规划、年度绩效计划和年度绩效报告。新的法案则对其进行一些重要的改变——约150项行动，并将花几年时间执行。

新法案通过定义治理结构与更好的联系方案、项目与绩效信息，建立了更加明确的绩效框架。新的法案要求更频繁地报告与评估（改以前的年度为季度），从而让绩效信息在项目决策中发挥更多的作用。新法案很可能会通过创建一个更加明晰的基于事实的决策框架来执行项目，而且更加地以结果为导向。但为了让这项法案发挥作用，国会或许也将改变它的行为。例如，新法案要求联邦机构在制定战略规划与优先目标时，国会要更多与其开展协商。但为了做到这一点，国会也将需要寻找新的方式协商其下属各委员会的管辖范围。如环境保护局与国土安全局都需要向70个委员会与子委员会报告，通常这些委员会都拥有自己独特的优先顺序，这就要求国会协商好它们之间的工作②。

2. 政策评估机构

美国政策评估机构主要有以下几种。

第一种就是国会下属的政府审计办公室（governmental accountability office）。它于1921年建立，常被称为"国会看门狗"③。政府审计办公室的工作是检查政府如何花销纳税人的钱，负责对联邦行政项目和花销进行独立的评估，是评估研究的主体④。政府审计办公室是由国会于是1921年通过预算和审计法案创立。1974年，国会又通过法案扩大了政府审计办公室进行评估研究的权力。政府审计办公室的领导人，即美国总审计长，由总统从一大群候选人

---

① White, Joseph. laying the Wrong PART: The Program Assessment Rating Tool and the Functions of the President's Budget. Public Administration Review; Jan/Feb2012, Vol. 72 Issue 1, p112－121, 10p.

② IBM center for the business of government: http://www. businessofgovernment. org/blog/business-government/gpra-modernizationvact-2010-explained-part-1.

③ U. S. governmental accountability office: http://www. gao. gov/about/index. html.

④ Hendry Dunlop. Evaluation research: an illustrative case study. Public policy and administration. Dec 1, 1993.

中选拔并任命，任期 15 年。

在政府审计办公室的网站上，它是这样界定自己的任务："我们的任务就是支持国会履行它的宪政责任，并促使联邦政府提高绩效、履行责任，从而福荫人民。我们提供给国会的信息是客观、有事实根据、无党派偏见、无意识形态、公正并均衡的。"

而政府审计办公室的核心价值是"责任、正直、工作的可靠性"。他们的工作是由国会委员会或子委员会提出，或由公共法律和委员会报告规定。他们也会在总审计长的领导下进行研究。政府审计办公室通过以下几种方式进行监督。

审计机构运作以发现联邦资金是否被有效（包括效率和效果）运用；检查对非法或不规范行为的监控；对政府项目和政策的运行情况进行报告；进行政策分析，并为国会描绘政策方案；发出法律性决策和观点，例如对政府抗议和政府机构工作报告等。

政府审计办公室的工作旨在让政府更有效率，更有实效，更有道德，更加公平和更具回应性，从而促使制定改善政府运行状况的法律和法令，节约政府和纳税人高达数百亿美元的资金。他们还专门编纂了《联邦拨款法律原则》，又被称为红皮书，对联邦各个机关项目资金的运用进行了细致的规定，并引用政府审计办公室的决定和意见、司法裁决、法规条文和其他相关资料。

政府审计办公室针对某项议题设计评估方案的流程如下①。

每年，政府审计办公室都会收到数百份关于开展调查研究的要求，从对项目活动的简单描述到对项目或政策成效的深入评估。随着时间的过去，政府审计办公室已经从它的经验中汲取了教训，发展出一套系统而基于风险的流程来为每个研究选择最合适的方法。政策与程序都已经被制定出来，以保证政府审计办公室提供保时、保质的信息，从而在成本合理的情况下满足国会的需要。这些流程被概括为四个步骤：①厘清研究目标；②获得关于议题与设计方案的背景信息；③完善和检验备选方案；④对备选方案达成一致协议。

厘清研究目标。

评估的第一步是与国会提出要求者（通常是指议员）的专职办事员进行商议，从而对提出要求者的信息需要、研究问题的性质拥有更好的理解，并讨论政府审计办公室在预定时间内予以回应的能力。这些讨论要弄清楚这些问题

---

① Joseph S. Wholey, Harry P. Hatry, Kathryn E. Newcomer. Handbook of Practical Program Evaluation. John Wiley& Sons, Inc. 2010（p19 – 21）.

是描述性的——例如某件事情多久发生一次，或者评估性的——例如根据一定标准进行评估。了解清楚使用信息的方式和时间非常重要。它只是被期望用来帮助一个特定的决策，以及探索是否一个话题确证了一个更加复杂的检查？一旦评估团队对要求者的需求有了清晰的理解，该团队就可以开始考虑是需要附加信息制定评估方案，还是已经拥有足够的信息制定评估方案。

获得关于议题与设计方案的背景信息。

政府审计办公室工作人员广泛回顾文献和其他资料以理解被评估机构的性质与背景。该咨询小组将会参考先前的政府审计办公室和监察长办公室工作，以确认先前的工作方法、建议、联系方式和立法历史。该咨询小组还会咨询外部专家和项目利益相关者以搜集关于项目以及相关议题的信息。评估者与机构官员共同讨论信息要求以了解他们对这些议题的观点。

完善和检验备选方案。

鉴于各种资料来源与设计方法的优势与局限，选择的标准是它们中的哪一个在资料和时间有限的情况下最好地回答研究问题。既存的资料来源被检验以评价出它们的信度与效度。备选的资料收集方法被设计和评价，并预先检验它们在给定条件下的可行性。评估者描绘出工作计划和分配给每个人的任务，并评估出自身为保时保质得出信息所需要的资源。其他替代性方案也会被用来比较，从而确认将采纳方案的可靠性、资料效度和答案完满性。

对备选方案达成一致意见。

最后，备选方案会被拿来与政府审计办公室的高层管理人员讨论以确认所要动用的资源，与国会要求者的专职办事人员讨论以确认将要得到的信息和时间表能否满足要求者的需要。最终的一致意见将会以承诺书的形式被正式化。

第二种就是监察长办公室（Office of Inspector General）。它是内阁部门的一部分，并且是联邦政府、其他州和地方政府的独立机构。1978 年监察长法案在美国创立了 12 个联邦监察长办公室，现在已经有 73 个联邦监察长办公室。这些办公室雇佣专门人员（刑事侦查员）和审计人员。而且，联邦监察长办公室通常还雇佣法庭审计员、评估员、检查员、行政调查员，以及许多其他方面的专家。他们的活动包括调查和阻止欺诈、浪费、滥用职权和对政府项目管理不善，以及他们主管机构的运作情况等等。这些办公室在内部将政府雇员作为目标，在外部将拨款接受者、承包商以及数千个联邦在国内与国外的援助项目所涉及的各种贷款和补助金的接受者作为目标。2008 年的监察长改革法案修改了 1978 年法案，它提高了监察长办公室的收入、权力，并创立了监察长诚实与高效委员会。尽管联邦各办公室独立办公，但它们通过监察长诚实与高效委员会共享信息和协调。到了 2010 年，监察长诚实与高效委员会包含68 个机构。这些成员除了一部分联邦监察长办公室外，还包括其他机构的代表，例如政府管理预算局、人事管理局、政府道德局、特别咨询局、联邦调查局等。监察长诚实与高效委员会还为监察人员提供培训①。

第三种就是美国政府管理预算局（Office of management and budget）。1921年颁布的《美国预算和会计法》规定美国总统应向美国国会提交美国年度预算，为此成立美国预算局以协助其工作。预算局设在美国财政部，但局长直接对总统负责。1939 年，预算局划归总统直属机构。1970 年 7 月，预算局合并到新成立的政府管理预算局。它的核心业务则是帮助总统执行它的命令，美国前总统克林顿在任时曾于 1993 年 9 月 30 日签订的第 12866 条总统令②中规定，美国政府管理预算局通过协调对各机构决策过程的评估，以保证出台的规制政策与适用的法律、政治优先顺序相一致，并保证各机构间的政策不会相互冲突。在管理预算局内，信息和规制事务办公室③（the office of information and regulatory affairs，OIRA）专门处理与规制政策有关的问题。在法律允许的范围内，美国政府管理预算局应该帮助总统、副总统和其他规制政策咨询者制定规制政策，并评估行政指令中的规制条例④。它是总统行政办公室最大的组成部分，主要负责预算发展和执行；对联邦采购、财政管理和运作状况进行监督；对行政机构的重要规定进行评估，等等⑤。该局被认为是供美国总统使用的一个最有权威的协调机构。它具有修改预算计划的权力，局长可以直接晋见总统⑥。

另外，在许多国家，特别是美国，许多政策评估都是由思想库和学者们开

---

① Wikipedia：http：//en. wikipedia. org/wiki/Inspector_ General#cite_ note – 5.

② 在这里，需要简单介绍克林顿总统在 1993 年签署的第 12866 号总统令。这项行政命令的主题是"监管计划与评估"。毫无疑问这是 90 年代"重塑政府"运动背景下的产物。它的第一句是"美国人民理应拥有一个对他们有利而非有害的监管体系：这个监管体系从中保护和提升他们的健康、安全、环境、福利，并在不向社会强加不可接受或不合理的成本的情况下提高经济绩效。"该行政命令的目标是提高监管水平，并协调好新的监管措施与现存的监管措施。这就需要对监管决策过程，监管措施的正当性与合法性进行评估与监督。而负责对监管措施进行评估的就是美国政府管理预算局。这条行政命令后来在 2011 年 1 月 18 日被奥巴马总统的 13563 号总统令（主题是"提升规制水平与规制评估"）所取代。

③ 该机构依据《1980 年文书缩减法案》建立。它的职能主要是评估联邦法规，减少文书负担，并监督有关隐私，信息质量，和统计程序的政策。

④ Executive order 12866——regulatory planning and review，September 30, 1993.

⑤ Office of management and budget：http：//www. whitehouse. gov/omb/organization_ mission/.

⑥ MBALib：http：//wiki. mbalib. com/wiki/% E7% BE% 8E% E5% 9B% BD% E8% A1% 8C% E6% 94% BF% E7% AE% A1% E7% 90% 86% E5% 92% 8C% E9% A2% 84% E7% AE% 97% E5% B1% 80.

展的（而且通常是临时在思想库工作的学者）。像布鲁金斯学会、传统基金会基本上都会参与政策分析和评估。这些机构都雇佣了大量有才干的全职研究人员（很强的专业背景，或者拥有政策制定和执行的经历）。他们会出版尝试分析他们所在专业领域的政策的报告。这些评估的质量保证了他们的成功——至少在媒体上，而不总是在政策制定上。而且，许多学者（多数是经济、规划和政府等学科背景）参与有关政策的研究并撰写成书，都对有关政策评估的讨论作出了贡献，不管是在政策本身上，还是在方法上。

需要强调的一点是，在美国的公共政策中，有开支的地方就有相应的考评机制。例如近年来监察长办公室的监督和调查力量不断增加，其原因就是2009 年由第 111 届美国国会通过总统奥巴马签署的美国恢复与再投资法案（American Recovery and Reinvestment Act of 2009，简称 ARRA，又被称为刺激法案或恢复法案）。这项法案的制定是为了回应 2008 年后半期的经济衰退，它的首要目标就是快速保持和创造工作，次要目标是为那些受到经济衰退影响最严重的人们提供临时性救济项目，并投资基础设施、教育、医疗和"绿色能源"。这项经济刺激计划在通过时预计总额为 7870 亿美元，但随后又修改为8310 亿美元，时间为 2009 年到 2019 年。这项法案包括对基础设施、教育、医疗、能源、联邦税收奖励和失业福利扩散及其他社会服务条款等方面的直接开支。这项法案也包括与经济恢复没有直接关系的许多项目，如长期花费的工程（例如对医疗效果的研究）和其他由国会提出的项目（例如对联邦救助银行管理层薪资水平的限制）。恢复法案的基本原理源于凯恩斯主义宏观经济理论，这种理论宣称在经济衰退期，政府应该弥补由私人开支递减所带来的缺口，通过扩大公共开支来保住工作并阻止进一步的经济恶化①。

这项法案导致了大量新的联邦开支，其形式大多是补助、承包和采购。如往常一样，有联邦财务的地方就有相应的监督力量。这项法案投入 2.5 亿美元用于监督资金使用和项目运转。这意味着获得刺激资金的公司会得到监察长办公室和其他机构更多的监督。然而在这里另一件值得我们关注的是，恢复法案创立了恢复责任和透明度董事会（简称恢复董事会）。恢复董事会的职责是协调和开展对资金使用的监督，以阻止浪费、欺诈和滥用。恢复董事会由十多位联邦监察长组成。奥巴马总统还任命备受尊敬和老练的前内政部监察长 Earl Devaney 为恢复董事会的主席。除了其他事情之外，恢复董事会被授权对刺激

---

① Wikipedia：http：//en. wikipedia. org/wiki/American_ Recovery_ and_ Reinvestment_ Act_ of_ 2009.

资金的使用进行审计和评估。恢复董事会不仅拥有监察长办公室传统上传讯文件的权力，还拥有强制私人提出证词的权力。当然，恢复委员会的大多数活动都需要通过众多监察长办公室来开展，让它们进行调查①。

（二）英国

1. 政策评估概况

首先简要介绍英国公共部门评估的历史。尽管英国的政策评估机构国家审计署（national audit office, NAO）从 1983 年就开始存在，但它对英国中央政府的公共审计职能所拥有的历史却更为久远②。

现存最早的对负责审计政府开支的公共官员的描述提到了 1314 年的国库审计员。在伊丽莎白一世治下于 1559 年建立预付款审计官，他们拥有审计国库支付的正式责任。这个制度后来渐渐消失，在 1780 年又依据法律创制公共账目审计委员会。从 1834 年起，公共账目审计委员会又与管理政府资金问题的官员一起工作。

议会在几个世纪以来都对征税与授权政府开支负有责任，而且整个国家还曾为此事发生过内战，然而议会对公共开支的控制与审核还是非常虚弱。直到 1860 年代，国会才在掌控财政责任的路途中迈进了一大步。这场改革的领导人就是 William Ewart Gladstone，他从 1859 年到 1866 年担任国库大臣，并对公共财政与议会审计责任作出了重大改革：他的 1866 年国库与审计部门法案要求所有部门建立年度经费账目；这项法案还建立了审计长的职位与财政和审计部以提供相关支持。审计长被授予两项职责：在议会投票的上限内，授权英格兰银行将公共款项拨给政府使用；审计政府部门的账目，并据此向议会作报告。英国从此开始真正进入议会负责审计的阶段。1866 年法案建立了公共资金的责任循环：下议院授权开支；审计长控制资金流向；各部门记录账目，并由审计长审计；审计长的调查结果由一个专职的议会委员会审查，即 Glastone 于

---

①　Akin Gump：http：//www. akingump. com/files/Publication/3de9530e－6cad－4307－857f－36d419a96c56/Presentation/PublicationAttachment/7969a620－afab－4e70－900d－071efee0eb33/090309_ Stimulus％20Bill％20and％20Strings. pdf.

②　NAO：http：//www. nao. org. uk/about_ us/history_ of_ the_ nao. aspx.

1861 年建立的公共账户委员会（the Committee of Public Accounts，PAC）。

　　从 1870 年代起，公共账户委员会从高级官员手中获取资料，这些高级官员通常是各部部长和被财政部指派在各部门的会计官员。刚开始，审计长与其下属职员被要求审查每一笔交易。然而，随着政府活动的扩展，特别在第一次世界大战时期，这样的审查变得越发不切实际。1921 年的财政与审计部法案允许审计长在一定程度上依靠部门控制系统，从所有事务中只抽取一定样本进行审查。这项法案同样也要求审计长向议会报告各部门开支的情况。

　　从 1960 年代开始，议员与专家们不断表达出这样的关心：公共审计的范围需要被"现代化"，以反映出政府角色在 20 世纪发生的重大变化。特别是有人提出审计长应有这样的自由裁量权：在向议会作报告时由他自己确定各部门钱花得如何。这些变化都在 1983 年国家审计法案中有所体现。这项法案最开始只是一位私人成员的议案，但得到了所有党派的支持。这项法案规定：审计长正式成为下议院的成员；审计长在向议会作报告时，可以根据自己意愿行使表达权力，对政府部门使用公共资金的经济、效率与效果进行评价；这项法案设立国家审计署支持审计长的工作，以代替从前的财政与审计部；这项法案建立了公共会计协会（The Public Accounts Commission，TPAC），以监督国家审计署的工作。公共会计协会对国家审计署的年度资金设置负责，任命国家审计署的外部审计官员，并作出他们的报告。

　　而在世纪之交，人们再次要求立法反映政府结构的新变化。2000 年的改革解决了审计长对非部门政府实体所发挥的作用，以及国家审计署的治理安排。根据 2000 年政府资源与账户法案的规定，部门账户"以资源为基础"的会计与预算被引进使用。而以前的账户是以现金为基础的。该法案也对整个公共部门的审计与账户整合进行了规定。

　　2001 年，沙尔曼勋爵对中央政府的审计与会计进行了评估，并予以出版。为了回应这份报告，政府接受了这项原则，审计长应该审计所有非部门公共机构。此后一旦有新的机构得以建立，就要被审计。在 2006 年公司法案中，公司化运营的公共机构也要受到审计长的监督。在 2007 年，公共会计协会启动了对国家审计署公司式治理的评估。作为评估的结果，该协会提出一系列建议，这些建议都被整合进预算责任与国家审计法案（the Budget Responsibility and National Audit Act，BRANA）。该法案将国家审计署建立为一个公司式机构，由一个董事会领导。该董事会包括 4 名行政人员（包括作为首席执行官的审计长）与 5 名非行政人员（包括一位主席）。该董事会负责确立国家审计署的战略方向，并支持审计长的工作，而审计长在法定职责与审计判断内保持他的独立性。另外，审计长在下议院是作为一个拥有十年固定任期的独立官员，而非无限期连任。

而在英格兰，1983 年审计委员会法案建立了审计委员会，以监督和审计地方政府和其他地方公共机构，包括警察、卫生和住房等部门。在 2010 年 8 月，政府宣布了其废除审计委员会的意愿。在 2011 年 3 月，又宣称对任何改变的执行都将取决于立法机关的决定。在威尔士，审计办公室由审计长领衔，并对威尔士议会政府、国民健康保障系统进行监督，指派审计人员进行财务审计和检查花钱的效率。审计长向威尔士议会报告。在苏格兰，审计长监督苏格兰政府与其他机构，包括苏格兰的国民健康保障系统。而苏格兰账目委员会则监督对地方政府的审计。二者都由苏格兰审计署（Audit Scotland）支持。自 1921 年北爱尔兰政府建立起，就开始存在独立的审计长。他领导北爱尔兰的审计办公室，对北爱尔兰的各级政府进行审计，并向北爱尔兰议会报告。

2. 政策评估机构

英国国家审计署代表议会监督公共开支。它有两大目标，第一是通过将审计结果报告给议会，使政府部门对他们用钱的方式负责，从而维护纳税人的利益；第二是帮助公共服务管理者提升他们的绩效和提供的服务[1]。

审计和监督的权力被赋予给国家审计署的领头机构审计长（the Comptroller and Auditor General, C&AG）；国家审计署的人员代表他来执行任务。现任审计长 Amyas Morse 是来自下议院的一位官员。他和他在国家审计署的下属（860 名左右）完全独立于政府，他们不是公务员，不用向任何部门报告。他们认为只有在保证自己对事物进行客观评估、对政府进行独立评价的能力时，工作才能富有成效，而且他们不能因此就扮演政府采取特定决策时的顾问。国家审计署的工作包括：告知政府，鼓励政府做更多的准备工作以保证它的决策信息更加可靠、全面和具有可比性；财务管理和报告，提高活动管理水平，并鼓励各部门充分有效地利用好财政资源；降低程序成本，鼓励各部门更好地理解行政程序的要素和成本。

在英国，对国家审计署本身也专门设有监督机构。对国家审计署的监督由议会下属的公共会计协会负责，他们对国家审计署进行外部审计，并监督其工作绩效。1983 年国家审计法案建立了公共会计协会来监督国家审计署。它的职能包括：检查由审计长提交的国家审计署预算报告，而这份预算报告也包括

---

① national audit office：http：//www. nao. org. uk/about_ us. aspx.

在国家审计署的总体战略之中；任命国家审计署的外部审计人员，并认真对待他们的报告；出版关于国家审计署总体治理安排的报告。

国家审计署并不审计地方政府开支，这一部分工作主要是由审计委员会（audit commission）完成。事实上，审计委员会主要负责对英格兰地方政府与英格兰国民健康保障系统进行审计。审计委员会安排审计人员到地方公共机关并监督他们的工作。这些审计人员要么来自审计委员会的雇员，要么来自私人审计公司。英格兰政府于 2002 年出台《综合绩效评估》，以测量地方机构提供公共服务的效果。2009 年，《综合绩效评估》被《综合领域评估》代替，规定每年需要有六个独立检查机构（审计委员会、教育标准局、医疗质量委员会、皇家警察检查员、皇家监狱检查员、皇家缓刑检查员）对英格兰地方公共服务进行联合评估。2010 年 10 月，政府宣布废除审计委员会的想法，未来对地方开支的审计工作将会由议会立法决定。

另外三个地方性的审计机构是苏格兰（audit scotland）、威尔士（wales audit office）、北爱尔兰（northern Ireland audit office）的审计署。

苏格兰的审计署审计大约 200 个组织，包括：72 个中央机关（苏格兰政府和其他）；23 个英国国民健康保险机构；32 个委员会；45 个联合董事会和委员会（包括警察和火警及其他救援机构）；38 个进修大学；苏格兰水务局。他们检查这些组织是否以最高的标准管理他们的财政，是否使用公共财物取得最高的价值。他们指导工作的三大原则是：审计人员独立于被他们审计的组织；向公众报告；检查工作不限于财务报表。苏格兰审计署的审计政策被称为《最佳价值审计》。总之，他们支持对公共机构进行合理、公平和公开的监督，从而使公共财政能花好每一分钱。苏格兰审计署还每年出版审计年报和公共报告，前者是将相关具体报告直接提交到他们审计的机构和审计长、审计委员会，后者是将涉及公共利益的情况进行汇总形成报告，给苏格兰议会和审计委员会①。

威尔士审计署是威尔士公共服务"看门狗"。它的任务是推动提高政府绩效，从而让威尔士人民从负责任的、管理良好的公共服务中获益。审计长独立于政府并领导威尔士审计署，下属 250 人左右，它的人员包括财政审计员（检查公共机构的账目）、绩效审计员（检查公共服务是如何被提供的），内勤人员（例如人力资源管理、信息技术和沟通人员等）。威尔士的公共服务评估政策为《威尔士提升项目》，于 2002 年引进，要求每年测量公共部门的战略效力、服务质

---

① audit scotland：http：//www. audit‑scotland. gov. uk/about/.

量、服务可用性、公平性、可持续性、效率、创新等方面的绩效①。

北爱尔兰审计署由审计长负责，批准中央政府转移给北爱尔兰各部门的钱，并对中央政府各部门的花费进行审计，审计对象包括：北爱尔兰各部门、行政机构、非部门化行政组织、健康和社会福利组织②。

（三）　加拿大

1. 政策评估概况

1970 年代后半期，评估被正式引进加拿大联邦政府，以帮助提升管理实践与控制水平。1977 年的评估政策强制要求评估作为每个部门与组织管理的一部分。它要求项目评估作为每个部门或机构的副总负责人管理责任的一部分。这些副总负责人利用评估资料与建议作出更好的关于管理与资源的决定，并将好的建议提供给各部部长。

1981 年，总审计长办公室（the Office of the Comptroller General, OCG）出版了《项目评估职能指南》，向各部门与机构提供帮助以建立和维持项目评估的职能。另一个相关文件《联邦部门与各局开展项目评估的原则》也被出版，以提供关于开展项目评估的指导与建议。1989 年，又连续出版联邦各部门与机构开展项目评估的工作标准。

作为持续不断向联邦管理人员提供合适的项目评估工具的结果，总审计长办公室在 1994 年创立了一项伞形评估政策，将内部审计与评估结合在同一政策之下，这项政策结合了各种财政委员会绩效测量标准与评估需求。它要求管理人员承担相应的绩效责任，并在管理人员与专业评估人员之间建立富有成效的联盟。

2000 年，一项对评估职能的研究得以开展，以重新审视在一个现代管理环境中的评估政策。这项研究确认了内部审计与评估之间的区别，以更好地满足管理人员的需要。在 2001 年 2 月，财政委员会为加拿大政府颁布了《评估政策与标准》。该政策将评估与内部审计职能分离，并将评估范围扩展到包括

---

① wales audit office：http：//www. wao. gov. uk/aboutus/aboutus. asp.

② northern Ireland audit office：http：//www. niauditoffice. gov. uk/index/about - niao. htm.

项目、政策与方案在内。这项政策关注以结果为导向的管理，并将评估这门学问结合到管理实践中。

2009 年 4 月 1 日，新的《评估政策》与《评估职能指令》和《加拿大政府评估标准》在一起，支持评估职能在开支管理系统（the Expenditure Management System，EMS）中发挥更为显著的作用。新政策将评估范围扩展到所有联邦政府有开支的项目，并保证评估在加拿大政府中的质量、中立与使用。为了满足《财务行政法案》（the Financial Administration Act）的需要，它要求每五年对进行中的补助金与捐款项目进行评估。有些部门将会需要时间来解决执行问题，并培养评估能力。因此，将会有一个四年的过渡期（从 2009 年 4 月 1 日到 2013 年 3 月 31 日），让各部门与机构有时间准备开展范围全面的评估①。

2. 政策评估机构

以上是加拿大开展项目评估的历史，需要说明的是，加拿大的常设专门评估机构审计长办公室（Office of the Audit General of Canada）的历史要比项目评估悠久得多。

1878 年，加拿大议会前议员 John Lorn McDougall 第一个担任了加拿大独立审计长的职务。之前这项工作只是作为政府官员的财政部副部长的职责之一。这时候的审计长有两项主要职能：对过去的事务进行检查与报告；批准或否决政府支票的发行。

在那个年代，审计长在众议院的年度报告属于非常笨重的文件，有时竟达到 2400 页。他们列下了每一项政府业务，从买鞋带到桥梁建设的合同。这些详细的记录揭示了那个时代与我们这个时代政府审计关注点的不同。但就像今天一样，19 世纪晚期的审计长也需要报告每一份公共财务是否都如议会所期望的那样使用。1931 年，议会将发行支票的责任移交到新创立的职位——财政部的审计长。这就将政府与审计人员完全划分开来：政府负责收集与分配公共资金；审计人员负责检查和报告这些资金的去向。

当 1950 年代审计长开始报告"非生产性开支"时，审计长办公室的工作才开始走上今天的轨道。这些"非生产性开支"是指没有明显为加拿大人提供福利的合法业务。然而这个报告极富争议，因为政府官员察觉到审计长在评估政府政策，因此似乎已经超出了他的职权范围。1977 年《审计长法案》厘清并扩大了审计长的责任。除了检查财政报告的精确性，审计长还有权检查政

---

① Treasury Board of Canada Secretariat：http：//www.tbs-sct.gc.ca/cee/fact-fiche-eng.asp.

府是否良好地完成了它的工作。新法案坚持这样一条重要原则，审计长不可评论政策方案的选择，但可以检查政策方案是否得到良好的执行。

到 1994 年 6 月，《审计长法案》得到修改，要求审计长除了年度报告以外，还提供多达 3 份的工作报告。对该法案的进一步修改是在 1995 年 12 月，在加拿大审计长办公室内建立环境与可持续发展委员会。到 2005 年 6 月，议会通过《预算执行法案》，它对《审计长法案》与《财务行政法案》都进行了修改。这就导致了对审计长职权的以下修改：审计长为了进行绩效审计，可以建立由公众出钱的基金会；七个附加的皇家公司（Crown corporations，由民间控制和部分操作的国有商行）服从《财务行政法案》要求的特殊审查。

加拿大审计长办公室的组织状况是这样的：在首都渥太华的总部，以及其他四个地区（温哥华、埃德蒙顿、蒙特利尔和哈利法克斯）雇佣了 650 人左右的职员。现任审计长 Michael Ferguson 和执行委员会为审计长办公室提供了完全的专业和行政方向，另外，审计长办公室还通过另外几个委员会得到了外部性建议。这里的专业审计人员在他们的领域都有相当的造诣，并拥有非常丰富的专业背景和工作经验。他们包括会计师、工程师、律师、管理专家、信息技术专家、环境专家、经济学家、历史学家和社会学家等。所有的审计人员都有一个硕士学位，或者一个学士学位和专业资格认证，以及其他方面的证书。审计人员并且组织成不同的队伍，这些队伍审计不同的部门、机构或皇家公司，并对加拿大的三大自治领土进行审计。他们的工作得到了多方面的专家支持，包括法律、专业实践、国际关系、信息技术、知识管理、人力资源、财务管理、沟通与议会沟通。所有的工作人员都要遵守《价值、伦理和专业行为守则》（Code of Values，Ethics and Professional Conduct），以此鼓励和维持一个专业的工作环境，并维持和提升公众的信心与政府官员的正直①。

今日的审计长办公室的主要职责有以下几点：

立法审计。在加拿大的议会系统中，立法机构负责监督政府活动，并要求政府对其使用的公共财物负责。立法审计在这个过程中发挥核心作用。它提供了客观的信息、建议和保证，立法机构可以据此监督政府开支和绩效。选上来的代表需要通过这种独立报告，来对政府行为进行有效的质询。而加拿大审计长办公室就负责对联邦政府的立法审计。它也审计三大自治领地的政府。这三

---

① Office of the Audit General of Canada：http：//www. oag - bvg. gc. ca/internet/English/au_ fs_ e_ 820. html.

种立法审计包括：财务审计；专业检查；绩效审计①。

　　向议会作报告。从 1879 年起，加拿大审计长用来报告的主要工具就是对众议院做年度报告。《审计长法案》后来得到修改，并允许提交更多的报告。而今天，加拿大审计长办公室通常向众议院提交两次绩效审计报告，分别在春季和秋季。这些审计结果一旦在众议院宣布，就会被媒体和公众知道。由于审计长的报告只有在议会人员到齐时才会宣布，所以宣布日期需要与议会日程进行协调。审计长必须在宣布日前 30 天向议长表达作报告的意愿。议长会得到每一个审计主题的摘要信息，审计摘要并不包括具体的审计数据或建议。在这个时候，审计长也要向众议会和参议会所有成员提前发出通知。一旦一项报告被最终定稿，在宣布前一周，审计长需要作简报给在报告中有所涉及的内阁部长。直到这时，审计长办公室只与公务员进行沟通，以给他们核对事实、提供附加信息和对建议进行回应的机会。到了宣布日，审计长在众议院正式宣布前先向各部部长和参议员提交一份该报告的秘密预览。在预览期间，由公共账目委员会主席主持，审计长进行一个简短的陈述，并有一个问答的环节（这个时候，众议院人员可以旁听，但在报告正式宣布前必须一直待在接待室）。在这期间还允许媒体参加关门报告，因为报告通常非常复杂，并包含众多主题，这个关门报告的时间让新闻记者有时间理解报告中的信息。记者们在关门报告的开始就得到了报告，并且安排审计人员在现场接受质询。在关门报告期间，审计长还会举办一个新闻发布会，先作简短陈述，再回答问题。该新闻发布会只有在报告于众议院正式宣布时才能被公布出来。众议院议长通常在下午两点以后代表审计长将报告宣布出来。审计长在宣布报告时也必须在场。在报告宣布之后，议会听证会就成了议会使用审计长报告来提升政府管理和会计责任的重要机会。所有的审计长报告都自动被提交到众议院公共账目委员会以进一步评估。该委员会举办听证会来讨论报告中的问题。公共账目委员会的大量工作都是基于审计长报告。在委员会听证会期间，审计长以及其他来自审计机构的高级公务员也被邀请到此作简短陈述，并接受质询。在这些听证会下结论的时候，委员会可能会在议会宣布一个包括对政府建议的报告。政府则需要在 150天内对委员会报告进行回应。这些回应需要内阁通过②。

　　国际活动。加拿大审计长办公室参与那些对立法审计员工作有影响的国际

---

　　① Office of the Audit General of Canada：http：//www. oag – bvg. gc. ca/internet/English/au_ fs_ e_ 828. html.

　　② Office of the Audit General of Canada：http：//www. oag – bvg. gc. ca/internet/English/au_ fs_ e_ 829. html.

活动、组织和事件。通过与国际组织和其他国家的审计机构相互协作，加拿大审计长办公室加强了它的立法审计实践，并为国际审计标准的发展作出贡献。它还通过以下方式承担国际责任，即与其他参与公共部门会计、审计和账目活动的国际组织分享它的专业经验。该办公室还积极参与国际最高审计机构组织（International Organization of Supreme Audit Institutions，INTOSAI），该组织由联合国各成员国的审计机构组成，由各国代表组成该组织各委员会和工作小组。加拿大审计长作为该组织会计和报告子委员会的主席。这个子委员会被建立起来，以研究有关公共部门会计和财政报告的问题。加拿大审计长办公室还与加拿大国际发展机构及两个执行机构一起，积极帮助培养法属撒哈拉以南非洲地区审计机构的审计能力。该办公室还审计国际劳工组织，并作为联合国外部审计专家组的成员①。

经营责任报告。加拿大审计长办公室追求以最高的标准要求自己，并坚持在它行动的各个领域取得不断的进展。该办公室通过各种方式来保证它的审计工作的质量。它还通过一系列的责任报告来测量自身工作的成功程度。第一，质量保证评估。审计长办公室追求自身工作高质量的独立保证。每一项审计都要经由办公室高级审计官所担任的质量评估人员进行再评估。他们要求所有的评估结果都接受常规实践评估，并进行聚焦于办公室管理与行政的内部审计。这些都是根据年度《评估与内部审计计划》开展。他们也定期要求来自外部组织的评估。第二，计划与绩效报告。他们作出各种有关计划、优先性、自身绩效评估的报告，并展示他们对雇佣公平的承诺。他们还每三年准备一份《可持续发展战略》。第三，季度财务报告。审计长办公室准备《季度财务报告》，列出各项开支。第四，客户调查。他们对议会人员和其他使用办公室报告的人进行定期调查，以保证办公室能满足他们的需要。第五，职员调查。审计长办公室每两年调查一次自己的职员，以评估办公室的工作绩效，并创造一个职员满意和尽心的工作环境。第六，信息获取和隐私。办公室根据《信息获取法案》和《隐私法案》准备这两个法案的年度报告。这些报告是让联邦机构遵守这些法案的手段②。

①　Office of the Audit General of Canada：http：//www. oag - bvg. gc. ca/internet/English/au_ fs_ e_ 830. html.

②　Office of the Audit General of Canada：http：//www. oag - bvg. gc. ca/internet/English/acc_ fs_ e_ 832. html.

（四）澳大利亚

1. 政策评估概况

由于澳大利亚的评估政策受政党更替的影响，变化幅度大，而且主要是中央政府统筹进行，很少常设专门的政策评估机构。因此，这里将跟随着政策评估的历史将澳大利亚的政策评估概况与政策评估机构一并讲述。

根据世界银行的一份调查报告①，澳大利亚的公共政策评估可以划分为三个阶段：1987 年到 1996 年；1996 年到 2007 年；2007 年到今天。

第一阶段：1987~1996 年。

1983 年，改革主义的工党政府被选了上来，Bob Hawke 成为了首相。新的一届政府面临着困难的宏观经济情况和非常紧的预算约束。衡量这个政府成功的标准是它能够减少联邦政府开支占 GDP 的比重（1984 年是 30%，1989 年是23%——用国际标准衡量，这是一个非常重大的减少）。工党政府通过减少自身开支与对各级政府的补助金来实现这个目标。与此同时，政府承诺将公共开支的方向大幅度调整为社会贫困人口，并减少"中产阶级福利"。这场经济危机提供了加强财政监管和一系列微观经济改革的强大动力。这场改革期望将澳大利亚从高度规制和受保护的市场调整为一个更加灵活、开放的经济体。澳元开始自由浮动，关税减少，财政部门放松管制，劳动力市场的灵活性得到提升。许多国有企业都被私有化，或者要与私人部门竞争。

政府支持提高公共项目效率与效果的行动。财政部秘书是众多公共改革的设计者，财政部在预算协调和监督开支上发挥重要作用。然而，财政部和其他中央机构对直线部门的绩效管理并不满意，所以在 1987 年，财政部能够争取内阁的同意，要求所有预算开支建议应该包括对于目标和绩效指标的阐述，以及对未来评估的建议性安排。各部门也被要求准备对他们的项目进行系统性监督与评估的方案，并将这些方案报告给政府。同时，财政部扩大它对其他部门提供建议的职能，并向其他部门提供指导材料与基本的评估培训课程。然而，

---

① Mackay, Keith. 2011. The Australian Government's Performance Framework. Evaluation Capacity Development Working Paper No. 25, World Bank, Washington, DC.

到 1988 年，财政部已经很清楚地知道各部门的评估方案都非常平庸，因此一个更基本的对监督与评估实践的评估成为必需。这项彻底的评估是由一位直线部门的高级官员领衔。这项评估发现：评估并没有被整合进团体和财政决策；评估倾向于关注效率和过程问题，而非关注整个项目效果的基本问题——即项目是否实现了他们的目标；评估技巧与分析能力的水平较低；中央部门特别是财政部在评估中发挥的作用并不明确。

财政部断言"让管理人自己去管（letting the managers manage）"是不够的，而应该"要求管理人去管（make the managers manage）"，并要求各部门制订计划和开展评估。因此，到 1988 年末，财政部长取得了内阁的同意，制定了正式的评估策略，该策略的潜在原则是，"决定评估优先顺序，准备评估方案与开展评估的责任都在各直线部门身上"。这项策略有三个目标：第一，也是最重要的，提供有关项目绩效的基本信息，以帮助内阁决策和排列优先顺序，特别是在年度预算过程中，此时各部部长会提出大量的竞争性建议。第二，它也鼓励各部门的项目管理人通过评估提高他们的项目绩效。第三，该策略的目标是在一个变动的环境中通过提供项目管理人员监督和项目资源管理的正式证据，来加强会计责任。这种对透明度的强调对议会有相当大的益处，特别是在预算审查和批准的过程中。直线部门对议会负责，并且在一定意义上，也对例如财政部这样的中央机构负责。由内阁首肯的这项评估策略对各部门有四项正式要求：第一，每个项目隔三到五年评估一次；第二，每一个组合（即一个直线部门加上一些局外机构）准备一份年度组合评估方案（portfolio evaluation plan，PEP），该方案要有一个三年期的前瞻性规划，并将其提交给财政部——这些方案包括拥有大量资源与政策启示的重大项目评估；第三，该部长的新的政策建议包括对未来评估的建议性安排；第四，完成的项目报告通常要被正式出版，除非存在重大的政策敏感性、国家安全或商业机密等方面的考虑，而且每个部门每年在议会上列出的预算文件应该也报告主要的评估结果。

内阁也授权财政部参与组合评估方案，以保证这些评估与整个政府范围的政策与优先顺序相一致，并且在财政部与直线部门之间作出妥协。评估主要由各部门自身开展。财政部的公务员通常会在他们参与的评估中作为指导委员会的成员，而且他们在草拟评估报告时提出意见。根据评估策略，计划与报告的流向如图 2.1 所示。

在内阁通过评估策略之后，来自议会委员会与国家审计署的两份报告（议会 1990；审计署 1991）都提到了各部门评估活动的不均衡。两份报告认为财政部应该更加积极地鼓励各部门对评估进行规划与施行。于是财政部创立了

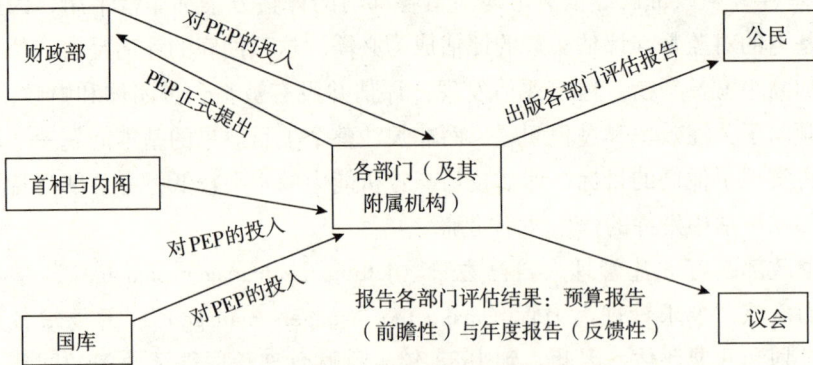

图 2.1　澳大利亚各部门的评估流向图

一个分支机构，主要负责对其他部门提供评估建议、支持、培训与鼓励。这个机构拥有 9 个能提供援助的评估人员，并且它扮演着焦点与催化剂的角色，以推动整个澳大利亚公共服务的改进。它准备详细的建议和评估方法手册，提供介绍性评估培训，确认和分离最佳的评估实践，并推动联邦公共部门评估团体的发展。必须注意到的是，澳大利亚的监督与评估制度所强调的评估，被视为提供有关政府项目效率与效果的深入而可靠的信息。人们都认为绩效信息非常重要，但又认为它只是直线部门所应掌控的事情。

澳大利亚还有一些其他监督、评估与回顾的活动。一个例子就是澳大利亚国家审计署的绩效审计。到 1990 年代中期，国家审计署每年都会产生 35 项绩效审计。其中有些关注单个部门的评估活动，有些关注政府整个评估策略。国家审计署对评估的强烈支持有助于评估获得合法性。其他的一些评估活动是由各种政府研究机构完成，例如交通经济局、产业经济局和产业委员会。他们的工作包括对微观经济问题的研究与一些政策分析和评估。

第二阶段：1996～2007 年。

在 1996 年 3 月，一个保守的联合政府被选了上来，John Howard 当选新任首相。新政府展示了对私人部门强烈的意识形态偏好，因为他们认为本质上私人部门就是比公共部门更有效率。政府对联邦公共服务部门表示非常不满意，认为它们被繁文缛节所纠缠。政府强调只要可能就进行市场测试与政府业务外包。因此政府大幅度削减了公共服务的规模，从 1996 年的 143000 人到 1999 年的 113000 人，削减幅度超过 20%。该政府在任的 11 年中对公共部门管理进行了许多的重要变革，总的来说，这些变革导致了一个完全崭新的绩效框架。表 2.1 提供了对不同时期绩效框架的分析。

表 2.1 澳大利亚不同时期的绩效框架

澳大利亚的绩效框架——关键方面

关键方面	1987~1996	1996~2007	2007~2010
澳大利亚公共服务	紧密结合的公共服务，中央规则，标准——例如工资，分级，雇佣条件	缩减和分割公共服务；个人雇佣合同；频繁使用商业顾问；各部门秘书通常签三年期的合同	更新公共服务的努力，例如有关政策技巧；将一些职能集中化，例如采购，工资等级
公共部门管理的理念	大量权力下放给部门；中央要求，例如评估，"要求管理人去管"	很高程度的权力下放——"让管理人自己去管"；减少繁文缛节；对私人部门更大的依赖	有一些重新的集权，尤其是对激励机制；"让管理人自己去管"；对繁文缛节的进一步减少
政策循环	规范化，纪律化；特别依赖对公共服务的分析；处于预算过程中心的开支评估委员会	更少的规范化；更大程度上依赖于非公共服务部门的政策建议；首相办公室采纳的许多政策/开支决策；开支评估委员会相对变弱	刚开始决策是在4位关键部长的手上；现在更多地依赖于预算/开支评估委员会的过程；加强公共服务的政策技巧
财政部的角色	强大、受尊重与高层次的政策能力；大量参与审查新的政策建议——"挑战"职能；负责预算估计；大量参与评估	严重缩减；在预算估计中的作用很少，很低的财政管理能力；很低的政策技能；很少或没有参与评估；对结果与产出框架的被动监督；财政部管理战略性评价	职员数量上升；更新财政管理能力；减少规制与繁文缛节中发挥作用；对更新的评估方法进行战略性评估与预期
评估	正式战略与要求；由财政部实施；在政策建议与开支评估委员会中大量使用；直线部门对评估的使用	解除对评估的规制；在各部门中只有很少的评估"岛屿"；少量的战略性评估；预算过程中没有对评估进行系统性的利用	2007年之后评估兴起；战略性评估的继续；在预算过程与重大投资决策中没有对评估进行系统性的利用；在未来开展机构评估；在未来可能重新开展评估
绩效信息，项目目标，经营责任	项目预算；通常将评估出版；绩效指标；联邦/州对绩效执行情况作报告；正式的报告要求（年度报告）	废除项目预算（从1999年起）；基于绩效指标，正式报告新的结果与产出框架；以原则为基础，财政部没有进行质量控制；权责发生制；很少出版评估；联邦/州对绩效执行情况作报告	基于绩效指标，制作结果与项目框架，现在它还包括项目预算；很少出版评估；联邦/州对绩效执行情况作报告；公民调查方案

　　1996 年，霍华德政府上任后，导致政策方案的竞争与辩论更加激烈。政府让它的政策方案与准备的来源多元化，包括企业顾问、智库与学者。它显示出政府对来自公共部门以外的建议的观念偏好。咨询公司不仅提供政策输入，也准备详细的政策。因此到了 2007 年，花在顾问们身上的总开支达到 4.84 亿美元，相当于整个政府 2700 位高级行政部门职员开支的总和。与此同时，越来越多的政策与预算决策被首相采纳，而对内阁与政策过程的依赖相应减少。

　　1987 年创建评估策略时，有相当一部分各直线部门的秘书对其表示反对，主要理由是他们将评估策略视为对自身权责范围的侵犯。然而，这项策略一建立，在接下来的十年里几乎没有对它的反对。1996 年 Howard 政府的到来，以及该政府对减少"繁文缛节"的推动，直线部门迫切要求减少财政部的监督与对财政部的报告。他们也利用机会强调规划与开展评估对他们造成的负担，特别是对准备组合评估方案的要求（从最开始的 20～30 页，到后来的超过120 页）。之后这些官僚机构取得了共识，尽管利用评估结果辅助项目管理决策很重要，但在实现这个目标上，详细与文字优美的方案是没有必要的。这些观点在新任政府中找到了受众，于是在 1997 年废除了评估策略，包括它在形式上的规定。

　　Howard 政府作出的与绩效有关的主要创新是结果与产出框架，于 1999 年被采用。这被认为加强了人们对从投入到结果的转变的注意力。到 2004 年，有 145 个部门与机构总共有 199 项产出。各部首长都有权将资金分配给各种产出以取得理想的效果。财政部提供有关绩效管理与绩效报告的指导。然而，财政部并没有强制实施这个框架。因此对于个人结果与产出的制作就被留给了各部门与机构自身。结果与产出框架和在该框架下的报告方向如下所示。

结果与产出框架——目标与潜在收益

该框架的主要目标反映了早期评估策略的目标：

　　1. 支持政府的政策发展

　　2. 支持与加强各部门内部管理，包括职员学习

　　3. 加强外部报告，以保证经营责任

至少在理论上，该框架有以下潜在收益：

　　4. 阐明绩效目标与期望标准——这种理解对于保证"购买者—提供者"之间的安排非常关键

　　5. 为各部门阐明他们的结果链——即存在于花费、活动、产出和对期望结果的贡献的逻辑（而且最好是基于事实的）链

　　6. 促进各部门间、公共部门与私人部门间的标杆比较。这将有助于选择成本最低的服务提供者

　　7. 促进各部门间的共同目标——"合作政府"的概念

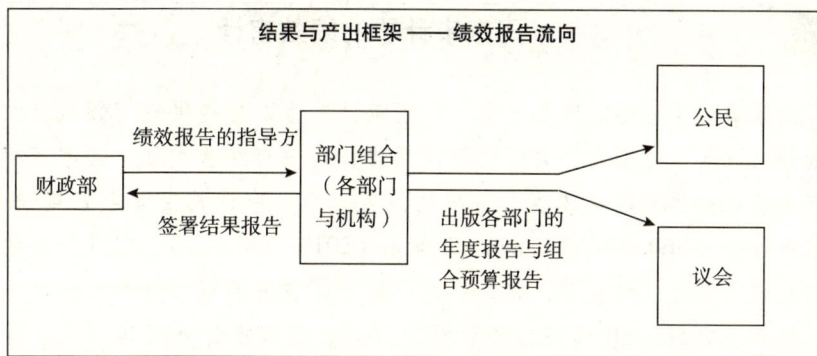

结果与产出框架 —— 绩效报告流向

政府绩效框架的核心部分就是正式的结果与产出框架。它依赖于对绩效信息的搜集与报告，帮助政策发展，各部门内部管理，以及保证经营责任的外部报告。然而为实现这些目标，对绩效信息的依赖会产生一定的局限，就是尽管它能有助于对项目进行有效的概览，但仍需要进行仔细的分析才能实现目标。对资料的简单报告是不够的，还需要加上定性信息、特别是对资料进行周密的分析与解读。当然，尽管对绩效信息的分析有助于进行跨领域的比较，但它无法实现深度的理解与对随机因素的明确解释。因此尽管绩效指标能够衡量不同阶段的项目结果链——投入、过程、产出、结果与最后影响——但它们无法揭示因果关系。这种深度理解只有评估能提供，因而在绩效信息与评估之间存在一定的互补性。

第三阶段：2007～2011 年。

2007 年 10 月，工党政府胜选，Kevin Rudd 当选新任首相。他承诺对先前政府的政策作出大量调整，而且不会那么倾向私人部门。他宣称进行"基于证据的政策制定"。在当政初的八个月中，他针对各项议题签署了 140 多项评估，从高等教育到创新政策。这种评估热的出现理由虽然没有被清晰阐明过，但却明显包括新任政府的需求——特别是对于一个 12 年没有掌权的政党而言——为了弄清楚一系列的政策议题与选择，搜集有关它们的证据。

Lindsay Tanner 在 2007 年选举后成为了工党政府的财政部长，曾经长期批评预算文件和组合预算报告的质量低下与缺乏透明度。作为财政部长，他实施了阳光行动，以提高政府预算与财政管理的透明度，并且推动良好的治理。这包括在 2009 年，用一个新的结果与项目报告框架代替之前的政府结果与产出框架。它提升了对结果的详细说明，从而让它们更加明确与具体。财政部通过与每个部门或机构协商结果与项目结构，在这个过程中扮演主导性的咨询角色。财政部会出版综合性报告，让组合绩效与它们的目标作比较。国家审计署在新的结果与项目报告框架下开展绩效审计。

| 专栏 | 国家审计署的绩效审计 |

国家审计署主要对议会负责。国家审计署为议会提供特定领域公共行政的独立评估，并审查公共部门财政报告、行政与经营责任。国家审计署也将政府与公共部门实体视为重要的服务对象。审计长由议会直接任命。国家审计署有 360 人，预算 8700 万美元（2010～2011 年），以此开展绩效审计与财政审计；绩效审计就是一种评估，并占用国家审计署三分之一资源。每年会有 50～60 项绩效审计得以开展。国家审计署明显不追求发挥"吹毛求疵"的作用，相反，它通过确认"更好的实践"与提出提升政府项目效率与效果的建议，从而达到提升公共部门管理的目标。国家审计署有大约 90% 的绩效审计建议都被政府所接受，其余的也会被部分接受。绩效审计的主题非常广泛，例如澳大利亚对高等教育的援助；澳大利亚联邦警察管理；海外租用房产管理；澳大利亚税务局对奢侈车征税的管理；联邦康复服务（针对残疾人）的服务提供；政府服务提供中的本地雇佣。

2. 一些思考

澳大利亚评估制度持续了十年——从 1987 年到 1996 年。在这段时期，澳大利亚成为了一个基于证据决策和基于绩效预算的先进典型。到了 1990 年代中期，这个制度生产的评估资料对各部门的政策建议的内容与内阁预算决策造成了重大影响。部长们频繁地强调拥有评估资料对他们做出决策的重要性。在各直线部门支持他们持续性管理的过程中，评估资料也密集地发挥作用。

想要达到这种状态，需要作出巨大的努力。这种努力包括对评估策略的不断改进，这就需要反复的试错，也就是对评估策略本身进行持续的监督、评估和调整。更重要的是，有很多因素对于这项策略的成功都至关重要。在之后的 Howard 时代（从 1996 年到 2007 年）发生的许多变革更加凸显了这些因素的重要性。改革得到了财政部最高层领导的支持，以及 Hawke/Keating 政府（从 1983 年到 1996 年）中改革派的部长们的支持，这是一个关键因素。与此相关就是财政部所扮演的重要角色。作为中央预算部门，它富有权力和影响巨大，而且它是评估策略的制订者和执行者。它对评估的支持和使用需要它的职员工作技能的大大进步。与此相反，如果财政部一直作为一个传统的预算部门，只对审查项目成本感兴趣，或者如果它对于评估所采取的措施更加被动，那它就会成为通往"绩效导向的政府"的道路上的绊脚石。

一旦财政部高层官员取得了其他关键部长的同意，在 1987 年创建评估制度就变得相对容易，并且在之后的数年中得以在微调中前行。这种灵活性源于澳大利亚政府的威斯敏斯特式制度①，政府对评估制度的需求并不需要有立法根据。这种威斯敏斯特式制度相对于拿破仑式政府制度②的一个缺点就是，政府决策很容易因为政府的变更而发生逆转。

这套评估策略并不完美。即使在它运行十年之后，超过 1/3 的评估都因为这种或那种在方法论上的缺陷，而削减了它们的可靠性和价值。与此相关，在公共服务中并没有足够的评估技巧——大多数直线部门要依托于项目所在的领域来对它们的项目进行评估，然而对许多项目的评估明显缺乏必要的技巧，因此在应对这一份额外的、并不想要的工作负担时，各部门评估开展得并不好。这种可见的负担或许也在 1996 年政府变动时，帮助扩大了各直线部门对评估中"繁文缛节"的阻力。

有些直线部门为了避免不良的项目评估，而创造了庞大而专门的评估单位。人们会发现这一点很有趣，即这些同样的部门在评估策略被废除后，组成了许多拥有良好实践的评估"岛屿"。至少，在这些部门中评估文化得以持续。作为后见之明，如果当初财政部强制要求在各个直线部门中创建这样的单位，或许就可以顺利地解决评估质量的问题。这些单位本可以开展所有主要而重大的评估，或者对它们的项目领域提供更紧密的支持和质量保证。然而，在那个时候，将这种做法作为强制命令会被认为过于干预其他部门的正常运作。

当评估策略在 1987 年被创立时，本应存在许多运行低效的项目，而之后的评估本应揭示这些项目在效率、效果和适用性上存在的问题，这样通常就可以成功促成这些项目的提升（特别是当这些项目属于政府优先考虑的事时）、削减或废除。然而事实上，到 1997 年评估策略被废除时，对监督和评估的投入并没有带来预期的收益，因为评估策略并没有得出多少有用的信息。

1997 年对评估策略的废除揭示了政府监督和评估制度所面临的许多风险性因素。其中一个风险因素是政府的变动能够导致公共部门管理的根本性变革。另外一个风险因素是监督与评估政策的关键支持者的离开以及政府中集中

---

　　①　即 Westminster system of government，源自英国的民主议会式制度，它的许多程序和特征都来源于英国早先的传统、实践和先例。例如：拥有一个名义上的君主或国家元首和一个掌握实权、过半数选举的总理；内阁中的高级官员都是立法机关的成员；拥有反对党；下议院拥有否决预算的权力；议会可以被解散，任何时候都可以进行选举。

　　②　即 Napoleonic system of government，指的是中央集权式的独裁政府，政府首脑可以无限任期。

性的绩效导向。与此相关的是监督与评估政策的反对者上台——这些官员怀疑监督与评估活动所能带来的收益，信奉"让管理者管理"的哲学和注定要失败的简单的绩效框架。Howard 时代发展出来的绩效框架以及在此之下的激励都是受意识形态驱动的，有大量证据表明它们导致公共部门管理实验的失败。当然，评估策略只是这种心态的受害者之一。财政部在传统上是财政公正的守护者，但它的预算作用与政策建议作用以至于在整个政府决策过程中的作用，在这段时期都被大大地降低。

值得讽刺的是，改变了的决策过程与澳大利亚所面对的另外一个风险因素相联，就是经济繁荣与庞大的预算结余。相反地，大量的财政赤字与一个宏观经济危机已经扮演了一个非常强大的推动者，使得政府通过确认无效率和无效果的花费来削减开支，同时在既有开支中让钱发挥出更好的作用。这种状况提供了通过监督与评估以发现哪些项目划算、哪些项目不划算的绝佳土壤。澳大利亚从 1998 年到 1999 年所享有的大量预算剩余暗地里破坏了预算监管的优先性，并且消除了政府以绩效为导向的一个主要驱动力。

伴随着消除评估策略的是，各部门和机构中开展的评估在质量与数量上都大幅度减少。财政部曾希望在为期十年强制要求进行评估规划与执行之后，评估文化会在公共服务机构中生根发芽，而且这会持续很长的时间。但由于一系列的原因，这并没有发生。其中一个原因是 1996 年政府变更之后，各部门大量的秘书都被替换掉了。另一个原因是公共服务的大量削减，这就使得一些"自由决定的"活动（例如评估与研究）更难得到资金支持。还有一个原因可能是，许多部门秘书与他们的部长都很自然地不想开展评估——虽然揭示良好绩效的积极的评估结果一直都会受到欢迎，相反的结果却会造成重大的政治和声誉风险。各部门不愿意出版他们的评估结果，还有他们对信息自由立法的阻挠都可以视为是与这种解读相一致的。另外一方面，有些部门秘书仍旧是监督与评估活动的强烈支持者，他们明显视监督与评估为帮助他们内部管理与政策发展的重要工具——他们对评估"岛屿"的支持证明了这一点。

存在于 1987 年到 1997 年的评估策略可以被认为是一种相对成功的评估制度。这是因为由于普遍合理的评估质量，使得评估取得了很高程度的应用。然而，由于一些重要且负面的风险因素，它并不是一个可持续的制度。这套制度花费了巨大的努力和时间来培养专业技能，却在很短的时间内贬低了这些职能。当前更新政府评估的努力可以料想将需要许多的努力和时间。

澳大利亚的经验之所以值得注意，也是因为在 1997 年到 2007 年间它对于绩效框架的依赖，而这个绩效框架又是基于一整套的绩效指标。绩效指标所带来的好处在于它们比评估更加便宜、简单和快速。然而尽管它们能被用于强调一些好的绩效案例或坏的绩效案例，它们的主要限制在于没有解释绩效产生的原因，因此也就很难将绩效教训用于别处。在这一时期，澳大利亚的绩效框架为人们提供了有力的案例，即不要去建什么绩效指标。该框架遭受了许多概念和资料性的困难。影响它的因素还包括各部门与机构严重的执行问题，财政部缺乏有效的监督。

任何想要更加"基于证据的决策"的政府会面对一些有趣的选择——值得讽刺的是，澳大利亚及其财政部又遇到了这些同样的选择。其中一个选择是集权还是放权，这个问题的答案当然取决于监督与评估信息的使用目的。如果使用目的是帮助内部管理与直线部门或机构的决策，这就更倾向于用一种放权的方法——除非有明确证据表明，如果由各机构自己开展评估，这些机构倾向于对监督与评估活动投入过低。然而，众多部门和机构当前只参与极少评估活动的现实表明，通过放权的方法进行评估对于良好的项目管理来说是不够的。

如果需要所有政府项目定期的绩效监督与评估的信息，并在各级政府的基础上帮助政府决策——即帮助决定哪些新项目或现有项目需要被砍掉——或者是为了审计的目的，这就需要来自中央预算部门（财政部）的领导采用集权主义的方法。只有集权主义的方法能够使监督与评估信息取得足够的覆盖面和质量。澳大利亚的经验表明，没有中央强制监督与保证各部门的遵从，评估活动很难展开。

诚然，1987 年到 1997 年间澳大利亚的评估制度只有几个方面是集中化的：评估政策本身、财政部的中央监督和参与评估。评估活动本身是由各直线部门所规划和开展的，而且财政部与其他中央机构也花费了大量精力来尝试影响各部门的评估日程、单项评估的关注点和开展。评估因而是一种协作性的努力。

因此财政部作为评估制度的设计者，曾经试图在两方面都取得最佳效果——一方面，要用上财政部对其他中央机构的客观监督和询问棘手问题的欲望；另一方面，要用上各部门和机构在项目上的专业技能。这种方法有潜力既满足预算决策的证据性需要，又能最大限度地让直线部门与机构自主开展评估活动。这些需求曾经在很大程度上被满足了，即使是以评估质量下降为代价。如果财政部曾强制要求各部门创建一个庞大而专业的评估单位，这种评估质量的下降本是可以避免的。当然，这样就必须承担一定的预算成本。

有些观察者（例如财政部的现任秘书）曾提到过评估制度的另一个缺陷是对财政部与其他部门的沉重负担。这种观点是有争议的，然而，它并没有在国家审计署于 1997 年对评估策略的绩效审计中得到确认。而且，在 1987 ～

1997 年间，这种部分集中化的评估方法被作为将公共部门改革权力下放的一种补偿，因为大部分直线部门与机构并不愿意将太多精力用在测量他们的绩效上。这种现象至今依然如此。

这种集中化或部分集中化的监督与评估制度并不只是包括强制直线部门遵从的措施。的确，有诸多理由可以解释为何威权式的方法在某些方面甚至是适得其反的：它有可能会削弱直线部门的合作，而这些直线部门的项目特长在对它们的评估中非常重要；它也有可能会削弱直线部门开展"评估"的所有权意识，从而减少它们使用评估结果的意愿。围绕评估策略，财政部试图通过劝说和提供一系列的积极支持与援助，而不是使用更多的强制方法以减少这些缺点。财政部采用的评估激励是包含"胡萝卜、大棒、布道"的混合体，而非简单地依赖"大棒"。胡萝卜包括财政部提供的咨询支持，也提供机会让直线部门接触这些评估信息。大棒是有关财政部与直线部门的关系和财政部影响他们预算分配的能力。财政部还有机会通过发布评估方案与执行效果的机构排名来让一些部门尴尬。布道包括财政部长及其高级官员、其他有权力的部长对评估的持续性拥护。

当然，澳大利亚政府现在所面对的问题并不是简单地如何更新监督与评估，以及更加宽广的绩效框架。尽管它们很重要，但都只是技术性或供给方的问题。更为重要的挑战是更新整个政策建议与政府决策过程（其中预算是占中心位置），这个决策过程组成了使用监督与评估信息的主要需求方。似乎整个过程中许多阶段都有问题：获得可靠的监督信息与评估证据（这需要足够的资料，在公共机构内外需要熟练的评估人员，以及开展可靠的监督与评估的承诺）；充分使用财政部、其他中央部门、直线部门、外部评估者与其他人的咨询信息（这也需要足够的、技艺精湛的政策分析家）；预算过程允许和需要来自所有关键利益相关者的高质量的政策建议（特别是各部部长）；政府对于决策中可利用的证据非常重视。

澳大利亚政府中正在发生的变化提供了革新这些阶段的希望。这些阶段可被看成"结果链"——类似于每个政府项目中的结果链，把它的开支、过程、产出、结果、影响都联系了起来。危险在于在这个政策结果链中任何一个点出现持续性的弱点，都有可能削弱"基于证据的决策过程"。换句话说，如果一个政府很少注意监督与评估信息，那么建立监督与评估制度的大量努力就有可能部分或很大程度被浪费掉。当然，监督与评估信息还有其他用处——如项目管理、部门决策和经营责任——这些其他的用处可能会使监督与评估制度显得更有价值。

澳大利亚正处在一个有趣的十字路口。它曾经拥有世上最好的评估制度，但现在已经明显落后于一些发达国家或发展中国家，如加拿大、智利、哥伦比亚、墨西哥和美国。只有时间能告诉我们澳大利亚政府现在更新监督与评估的努力是否能取得成功。

（五）法国

1. 政策评估概况[①]

公共政策评估如公共政策一般悠久，但它长期处于非正式和胚胎状态，这至少是因为以下三个原因。第一，政策评估的发展被这样的观念所拖曳，政策决定总是为"公共利益"服务。尽管人们都知道情况并不总是这样，但直到公共选择学派的出现才证明了这一点。我们现在都知道政客和官员如所有人一样，他们主要关注自身的利益，而他们所制定和实施的公共政策并不总是圆满地为公众服务，因而需要得到监督和评估。第二，公共部门原来规模很小（在 20 世纪初为国内生产总值的 10% 到 20%），政府的失败可以被容忍。而如今公共部门要大许多（在许多国家占 40% 的国内生产总值，而在法国则超过50%），效率提升机制已经变得十分必要。现在人们广泛意识到，政策评估在公共部门扮演的角色就如同市场在私人部门扮演的角色。第三，在很长一段时间里，公共政策都是相对简单的，它们只拥有有限的目标和工具。很大程度上，评估在当时只是一个常识性的问题（或者，至少是被如此看待的）。如今情况已绝非如此，公共政策已经变得非常复杂，拥有众多利益相关者、间接与直接（而且常常是反直觉的）结果、长期和短期影响。将政策工具与政策目标联系起来——政策评估的基本组成部分——已经成为一种技巧，有些人称之为艺术，这些并非普通的记者或政客所能掌握。

考察这些变化对法国政策评估实践的影响变得非常有趣。在法国，如在其他地方一样，政策评估采取多种形式，而且变化迅速。作出两种区分是必要的。第一，区分事前与事后评估。第二，区分一般政策评估与投资工程评估。公共投资评估，又被称为成本收益分析，已经历史性地成为公共政策评估中最

① Rémy Prud'homme. POLICY EVALUATION IN FRANCE : A TENTATIVE EVALUATION. July 27, 2008: http://www.rprudhomme.com/resources/2008 + Policy + Evaluation + France.pdf.

发达和精致的维度，而且仍旧是其中的关键部分。

法国公共投资长期以来与两大重要而有名的全国性工程师团体相联系：桥梁道路工程师和采矿工程师。前者在法国大革命之前就已创立，后者则在法国大革命的过程中建立。它们吸引了这个国家最好的学生，而且基本上垄断了公务员、国有企业、私营企业（至少在基础设施、能源和工业）中的高级职位。他们负责交通、城市化、住房、能源和工业中的重大决策，那时选举上来的政客并没有现在如此重要。他们发展了评估技巧，以帮助他们站在公共利益的立场选择出"好的投资"。可以毫不夸张地说，是他们发明了工程评估。在1948年，Jules Dupuis（一位桥梁道路工程师）面对着一个棘手的问题，即比较建造一个桥梁的成本和非收费桥梁带来的收益，最终他发明出的消费者剩余的概念在标准交通工程成本收益分析中处于核心地位。二战中及之后，Maurice Allais（一位采矿工程师），在能源和其他经济问题的公共投资上作出了重要贡献，他也因此在多年后获得了诺贝尔经济学奖。不久后，Marcel Boiteux（一位数学家），当时是法国一家电力垄断公司的首席执行官，发展出了对于一个边际成本递减、预算均衡约束的垄断组织的最优定价理论。重新发现了Ramsey在最优征税上的有力洞见（因而形成了Ramsey – Boiteuxp定价的概念）。所有这些工程经济学家都非常喜爱工程评估，他们都在法国实践它或推行它。

那么我们的立场在哪儿？看起来成本收益分析的规划与方法已经被正式化和优化，但成本收益分析的影响却严重下降。

原则上，成本收益分析为所有重大公共投资工程所需要。对于交通工程（公共基础设施投资的很大组成部分）尤为如此。1982年的交通立法明确规定了这一点。强大的设备部（现在被称为可持续发展部）作为桥梁道路工程师的大本营，发布了许多手册或指令，以解释这些事前评估是如何开展的。一个关键点是这些指令预示了被使用参数的价值：时间的多重价值，生命的价值（当衡量事故的社会成本时被考虑进去），当地污染的价值，二氧化碳排放的价值，社会贴现率。确定这些价值是必要而富有争议的。为了进行选择，类似的衡量必须被用于所有工程和不同的部门（长期来看，财政部所使用的价值标准与设备部所使用的价值标准并不相同）。在2000年，由Marcel Boiteux主持的一个委员会被委以重任，制作出合理和可接受的衡量标准。这些标准后来被参与进来的各部纷纷采纳。之后，其他委员会也被创立以讨论和修正一些参数的标准。到2005年，一个委员会修正了被使用的社会贴现率（从8%～4%），而到2008年，另一个委员会修正了二氧化碳排放的价值。这些都齐备后，工程评估在法国才广泛得到使用。

　　然而，有理由相信在过去二十年，工程评估在法国发挥的作用已经减少。

　　第一个理由就是分权化。许多以前由中央政府决定的工程现在都由地区性或地方性政府决定。工程评估只是在中央层次由立法强制推行，但在地区或地方层次却并非如此。在地区或地方层次，常常缺乏开展投资评估的技术技巧和政治意愿。总体上，法国工程评估的领域在过去几十年都在缩减。

　　第二个理由与许多评估的"乐观偏见"有关。无可否认，事前评估是一项困难的技艺：当今事业的复杂性导致其成本存在极大的不确定性。然而这些不确定性并不能解释成本通常被低估、收益通常被高估的事实。这种"乐观偏见"并不仅限于法国，而且可能在其他国家更严重。但它确实在法国存在，或许还在上升。这就引起了一个问题：谁是评估者？在法国，工程评估由促进这些工程的实体所开展。在许多情况下，这些实体尽管是100%国有，却享有庞大的自治权。它们拥有自己的议程、公关机构和游说集团。它们天然地相信它们活动的社会有效性。它们经常被资助，而且知道一项错误投资的结果将会由纳税人承担，而对机构本身只产生很小的成本。因而它们拥有很大"改善"评估结果的冲动。原则上，工程推动者所开展的评估会被公务员所监督，这就一定程度上限制了过分的扭曲。但是这里存在的信息不对称是极为明显的。一方面，这些庞大、人员充足的工程的推动者对他们"工程"的背景和细节了解得非常清楚，而且可以花钱请最好的咨询公司来"证明"一个"积极"的评估结果。另一方面，许多公务员虽有能力但缺乏时间和资料。

　　第三个理由是政治化。无论是好是坏，在法国，公共投资决策主要由技术人员作出的时代已经一去不复返。如今，被选上来的政客们拥有关于什么对国家（或者他们下一次选举）好的想法，他们不再倾向于听从工程评估的结果。原则上，合理而民主的情况应该是，被选上的政客在考虑工程评估的结果后，对重大公共投资拥有最后的决定权。然而实际上，当评估结果系统性地被政治考虑压垮后，它们变得毫无用处。2002年，新政府掌权，有23个重大交通管道投资工程被提上议程（超过财政能力）。新任首相要求6位高层公务员（3个来自财政部，3个来自设备部）对这些工程进行评估。他们努力工作，应用和更新了既存的评估，并出色地完成了任务。他们表明了有些工程拥有很高的内部收益率，有些工程则非常低。2003年12月，首相召集部长级会议，会上22个工程得到通过（它们的资金情况现在还不清楚）。

　　总之，尽管事前工程评估在法国拥有很长的历史和统一的规则，但是它的重要性在最近几十年很可能减少了许多。

　　而事后工程评估则相反。尽管法国公务员是未来导向的，他们为了决策会欢迎事前评估提供的帮助，特别是行政控制的评估。但他们对回溯性评估并不感兴趣，而且不愿意把时间和资源投入到里边。对于他们而言，事后评估要么显示出他们做出了正确决策（这种情况下评估没什么意义），或者表明他们做错了什么（这种情况下评估会伤害到他们）。

部分借助于立法，这种情况已经开始得到改观。1982 年交通立法既让事前评估成为了重大工程的必须品，又让事后评估得到同样待遇，尽管并没有具体规定何时（例如工程完成后多少年）开展事后评估。在二十年的时间里，这种指示被大大地忽视，只有屈指可数的事后评估得到了开展。之后桥梁公路总理事会设备部的监督机构决定法律必须得到执行，并开始着手事后评估。现在，每年会有四到五项事后评估得到开展，评估结果会在设备部的网站上得到公布。这些事后评估有两个重要特征。

第一个特征是，它们由负责工程的机构开展，并受桥梁公路总理事会的监督和控制。这些机构明显会倾向于粉饰它们的纪录。事后评估不应是自我评估。尽管桥梁公路总理事会的监督是有效的，并起到了一定程度的纠正作用。但人们可以想象，在评估方与被评估方之间作出明显区分会更好。例如在世界银行，事后评估是专门的部门进行系统性地开展。

第二个特征是，这些评估主要关注找出事前评估中的差错。是否成本预测正确？是否交通预测正确？不正确是为什么？是因为国内生产总值增速并不如预期所想，还是预期弹性被结果证明是错误的？这些事后评估的目标或用处并非证实该工程是否是好的，而是事前评估是否做得很好。这当然会有助于提升事前评估的实践水平。

工程只是政策的一部分（虽然是重要的一部分）。简单地说，政策拥有四个主要工具，这四个"I"是：投资（investments），即工程投资；禁令（interdictions），禁止或限制经济体的行为与决策的法律和规定；激励（incentives），提升或降低各种商品成本的税收或补助；咒语（incantations），表明方向和创造一致意见的宣言。在许多情况下，分析和研究也被混进事后与事前评估中：它们以评估过去政策始，以评估未来政策终。

2. 政策评估机构

如同其他地方一样，许多的实体和机构参与了法国公共政策的事前和事后评估。6 种机构的贡献将在下面得到呈现和讨论。根据这些机构相对于公共行政的独立性，下面的介绍将以每个部中的内部机构开始，以思想库和大学结束。

部内检查机构。

大多数法国部门都已经发展出部内评估的能力，采取的形式则是计划部门和部内检查机构。计划部门通常是在部长的要求下，但也经常是在它们自己的要求下，针对当时的政策和建议的、预想的、计划的政策开展研究。这些评估得出的结果通常并不公开。部内检查机构则相对更独立一些，它们的职能包括评估过往的政策，偶尔评估未来的政策。

不同部门内部的评估机构的重要性、复杂性和独立性并不相同。它们在经济与财政部和设备部特别强大。然而近些年来，教育部或社会事务部等部门已经大大地发展了它们的分析技能。在许多情况下，每个部门相关政策领域的资料库和统计数据已经在评估实践的发展过程中发挥了关键作用。尽管存在不包含评估的统计资料，但并不存在不包括统计资料的评估。在这里国家统计局发挥了关键的作用：每个部门的主要统计官员一直都由国家统计局安排，以保证统计资料的质量和一致性。

计划委员会、临时委员会和评估委员会。

总体计划委员会曾经在近半个世纪的时间里，主要开展事后与事前评估。当时发布的五年计划对社会并没有约束力，甚至于对政府也没有约束力。它们只是为政策评估和达成一致意见提供支持甚至于托辞。计划委员会本身职员稀少（50 名左右的专业人员）。每五年，它会创立出 20 个左右的委员会，覆盖当时最重要的政策话题（从能源到地区政策到劳工问题）。每个委员会包含来自各部、行业、商会、议会、学界的 30 名左右的人，配备一个主席和一到两个记录员。这些成员都是由首相亲自指定，根据的是他们的实力而非对利益集团的代表性（尽管每个委员会的组成尽量是对各种观点的均衡代表）。他们并没有被支付工资。在两年中，每个委员会大约每月见一次面，而且记录员要制作一份评估过去政策和未来可能政策的报告。这是一个达成一致意见的过程。各种委员会报告会被出版，并赋有一定权重。它们也会被合并到一个文件上，这就是计划。1990 年之后，计划委员会停止制订计划，但是它仍然会创制一些临时性的委员会来调查和评估各种政策。

随着时间的演变，计划委员会的声名渐衰，2005 年时它被废止，但随即被战略分析委员会所替代。战略分析委员会同样创立了各种委员会，以准备有关各种议题的报告，评估当时和潜在的政策。

法国政府同其他政府一样，经常会创立一些临时委员会以评估政策和提出建议。这些委员会一般包括高级公务员、商人、商会领袖、政客（通常包括市长）、学者和记者。他们都是非党派的。他们的报告被正式出版，提出的建议对政府并没有约束力，但拥有一定的社会和政治影响，因而无法被完全忽视。

1990 年，政府创立了一个部际评估委员会，由一个科学委员会协助。它可以被放在法国计划委员会之下讨论，因为它隶属于这个机构，而且功能相似，都是通过创立具体的专门委员会来评估特定的政策。它没有职员（它的人员来自于计划委员会的职员）和多少钱。它的部际特征是为了保证政策议题的选择和机构的权威性都不会受具体某个部门约束，而它的科学委员是为了保证正确而可靠的方法得到应用。然而这是一次失败的尝试。该部际委员会只碰了三次面，之后政策议题都是由首相办公室选择。在八年中只有十二个评估被完成。它们从来没有取得计划委员会报告所具有的知名度和权威性。这个过程被看作是行政至上的和累赘的。而且事实确实是它由政府控制，作出的报告关注的都是各部门而非公众，而创立出来的临时委员会都由各部代表所主导，因而并没有比标准临时委员会多创造附加值。这个失败是如此明显，以至于在1998 年部际委员会被废黜。

之后它就被全国评估委员会所代替。全国评估委员会同样被设置在计划委员会内部，没有全职的工作人员，向首相办公室报告，并且在各部的要求下创立委员会来调查政策。它的工作是零散的，或许提升了各部的工作情况，但它并没有取得知名度和权威性。

经济分析委员会。

1997 年，首相下属的经济分析委员会得以创立。它不同于美国经济分析委员会。它包括大约 30 个成员，都是经济学家，由首相根据他们的实力（这都是公认的）而非党派指定。他们中的半数是大学教授，其余都是来自于银行和企业的首席经济学家，只有很少数的人来自于各部。他们中的大部分人是宏观经济学家，因他们在金融、国际贸易或劳工等方面的工作而著名。主席由首相任命（政治上不能与首相太远），他从成员或非成员中挑选政策议题和委员会报告。该委员会同样会指定一位裁判人来阅读和评论报告草案。最终的草案也会同裁判人的意见一起被呈送给首相并出版。这些报告被以它们的作者而非委员会的名义出版，尽管它们是"委员会的报告"（这意味着它们的严肃性和质量由委员会保证）。委员会成员和报告作者都不会得到报酬。

该委员会非常活跃。到 2008 年，它提出了 75 份像书一样长的报告。其中的许多报告可以被看作政策评估，即回顾过去政策和讨论未来政策。这些报告得到了广泛认可，即被媒体广泛引用，并且被相关部门认真阅读。由于这些报告的作者通常是一个人（最多三个人），因而它们要比一个委员会作出来的报告要清晰、坦诚而具有可读性。由于报告的作者都是长期研究该政策话题所在领域的公认专家，因而它要比单纯的评估人员所作的报告更有深度和广度。由于有备受尊敬的经济分析委员会把关，这些报告对于媒体和公众而言拥有先验的可信性和权威性。

议会。

组成议会的两院，参议院和众议院原则上一直参与评估。在针对一项法律投票前，人们会期待他们先评估法律中包含的政策所带来的后果。然而事实上，议会在评估领域的活动一直收效甚微。这部分是因为法国法律向来都是由行政机构而非立法机构发起和准备。这也同样是因为议会的众多成员缺乏开展有效评估所必要的技能和时间。只是在最近十年，情况才得到改观。无论是参议院还是众议院，议员都想要更多地参与政策形成，并对行政机构进行更大的控制和影响。在 1982 年，他们创立了一个科技选择立法评估办公室。在 1986年，又创立了一个公共政策评估办公室。这些办公室从来没有繁荣过，这很可能是因为它们的资金不够充足，或者是因为它们没有成功吸引到拥有足够才干的职员。法国并没有类似于美国预算管理局的机构，即一个非党派、人员精良、为议会服务的机构。

真正作为有效的评估工具，并得到很大发展的是由议会委员会准备的覆盖众多议题的特别报告。在两院中，议会（就如大多数国家那样）成员都被组成委员会（如财政委员会、家庭和社会事务委员会等等），以检查立法草案，包括预算立法。为了达到这种效果，这些委员会通常会委托一个到几个议员或代理人来准备有关特定议题的报告。他们有权并经常召开听证会。他们会得到议会工作人员的协助（事实上，这些报告通常是由那些精干的工作人员在负责议员的指导和控制下撰写的）。这些议会报告进而会被出版并放到网上。它们可以被视作政策评估。这些报告通常以批判的眼光，来仔细审视政策的历史和现状，并讨论未来的政策走向应是怎样。报告所表达的观点不会有政治倾向或偏见：因为它们的作者们知道这是供议会成员使用的报告。

审计法院。

审计法院是一个重要而备受尊敬的机构。该机构是由拿破仑一世为了审计国家账目所创，以保证公共财物没有被浪费。审计法院人员配备优良，并吸引了一些法国专业系统培养出来的最聪明的人。该法院完全独立于政府，而且它的成员拥有地方法官的地位，并终身任职。审计法院中的许多人后来会去各部或公共企业中担任高级职位，或者去参与政治；当他们想要或者是没有被重新选上时，他们总能回到审计法院。200 多年来，审计法院一直在审计公共行政机构的账目，包括地方政府和公共企业的账目。审计法院每年公布的有关公共账目的报告会公开抨击政府的错误和管理不当，这会得到媒体的广泛评论，但也深为政府所惧。

很长一段时间，审计法院限制自身参与政策评估。它视自身为一名会计人员，而非咨询人员。这部分是出于对选举政客优先性的尊重：由于他们的胜选，他们的决策就是正确的，因而不会受到批评。因为只要一切按照法律来办，审计法院并不会反对。

在近些年，审计法院已经开始审慎地进入政策评估的领域。它并不确定这是否越权，而且它并没有做足准备。审计法院的成员更多的是律师或会计，而非经济学家或社会科学家。审计法院的有些评估报告看起来非常浅薄。

现在就来"评估"审计法院对法国政策评估作出的贡献还为时过早，因为该法院有机会作出重要的贡献。它独立而严谨的声誉、好奇而有才干的职员是其重要优势。另一方面，审计法院似乎乐意评估任何政策（从最近的报告来看，包括铁路政策、癌症政策和大学图书馆政策等等），这样就很难保证它具备足够的专业能力对如此广泛的主题进行深入评估。

思想库与大学。

在法国，这类机构还并不多见，几乎是没有多少拥有正式资金来源的思想库。就算有，也主要关注短期的宏观经济预测（这确实是一个重要领域，但毕竟与政策评估不同）。其他倾向于自称思想库的机构一般都资金不足，而且通常只包含一到两名分析家（通常精明而能干），他们会委托机构外的专家写报告。而大学中的境况也并没有好多少。大多数学者都希望与现实世界的政策保持距离。他们把应用经济学（或者社会学、政府学）当作次等的经济学，而更钟情于理论经济学，认为它更加抽象、精致而富有价值。结果，很少有专业人员参与现实的政策评估。然而这种情况已经开始改变，一些大学的经济系开始更加关注现实政策。他们开始对法国的政策评估作出贡献，而且他们无疑会在将来作出更多贡献。

（六）德国①

德国的政策评估可以被认为是非常强大和完善的。德国的政策评估方式基

---

① Laura Polverari and John Bachtler：《assessing the evidence：the evaluation of regional policy in europe》，http：//www. eprc. strath. ac. uk/eprc/documents/PDF ＿ files/EPRP ＿ 56 ＿ Assessing％ 20the％ 20Evidence％ 20－％ 20The％ 20Evaluation％ 20of％ 20Regional％ 20Policy％ 20in％ 20Europe. pdf.

本上可以被归为三大类：由联邦审计法院和私人审计机构开展的监督与检查活动；由研究机构开展的对地区政策实施成效的评估，由劳工市场与就业研究院（institute for labour marketand employment research）开展的商业调查、劳动力市场研究及其他类似研究；由公共行政机关外部的专门经济机构对经济影响进行研究，这些机构包括德累斯顿研究所等单位。

在德国，有立法要求联邦和地方层次的政策都需要被审计法院所审计。审计的内容主要包括经济开支和目标实现的程度。联邦和地方拥有许多提出、组织和承担政策评估责任的机构，包括各部门、审计法院和承担特殊任务的组织，如联邦经济与出口管理局、联邦劳工市场与就业研究院、联邦建设与空间研究局和联邦劳工研究院等等。联邦经济与劳工部已经建立了一个评估小组，从而为部内职员之间交流评估经验提供了一个平台，它也为从事与评估有关的主题的工作人员组织详细的培训。

德国政策评估的主要目标是研究清楚政策的效力和影响，研究方法则主要是定量的，而且主要是事后评估。

在德国，政策评估主要是关于特定的政策工具，而非整个政策，而且主要是被当作事后效力与影响力评估。一般来说，评估只有在被看起来有利时才会得到资助，并没有严格的立法要求评估必须在何时开展。德国政策评估在方法上非常严格，拥有持续而一致的资料收集（地方政府针对来自中央的资助，必须每月向联邦经济与出口管理局提交有关财政和其他客观指标的报告。这些经济信息自 1972 年就开始得到收集，其他客观情况则从 1991 年开始得到收集。而且，自 1997 年以来，劳工市场与就业研究院对 8000 多家企业的公共援助计划的情况进行定期调查，包括对利润、商业预期、营业额、投资、经济部门、员工数量、雇佣方案变化和工资的资料搜集）和加工方法，借助定量方法来分析相对长期的时间序列资料（有关公司与团体的代表样本）。近年来在联邦层次开展了大量的研究，以确定政策目标是否得到实现。这些研究主要是由劳工市场与就业研究院和联邦建设与空间研究局开展。这些评估的议题主要包括：是否得到资助的对象要比没有得到资助的对象发展得更好；是否德国各地区的相对排名发生改变；特定地区是否需要进一步的援助。这些研究中的一个典型代表就是劳工市场与就业研究院定期开展的"商业面板调查"，它根据每个工人的私人投资水平，企业对未来就业趋势的预期，未来投资货币和营业额指标的发展，商业与工资的规模，来探究受援地区与非受援地区的区别。作为这项研究一部分的一项计量经济分析表明，地区援助、投资率和就业增长之间存在重要的关系。

德国还有一类政策评估借助计量经济模型，非常强调对广泛的经济影响进行宏观——区域或部门层次的研究。这些研究主要由研究机构开展，如德累斯顿学院、劳工市场与就业研究院，它们旨在理解存在于政策工具和地区发展目标之间的因果联系。

一项有关地方激励影响研究的有趣案例提示了政策影响是如何被确定的。该研究处理的是德国国内地区政策的两个核心工具——为商业投资提供援助和为商业投资提供免税额，而且它分析了一些核心指标，即私人投资规模、就业和生产率。这项研究的基本假设是，地区性的政策开支很可能会导致减少就业的替代效应（在这里资本替代了劳动力）和增加就业的产出效应（通过吸引未来的生产能力和产量）。基于这样的前提假设，即不存在组合资本与劳动力的最优方式，但不同的组合适合于不同的地区（取决于地区发展的水平），该研究发展出一个模型，并基于此模型提出结论，即短期来看，替代效应会超过产出效应，但这种情况会在长期得到扭转，因此德国地方政府对投资的援助被发现对就业具有积极效应。

总体上，德国人并不是在不知道该方法复杂性的情况下使用影响研究。但对影响地区经济发展的各种因素和收集合适、即时与不同区域资料的困难性的承认，意味着政策评估研究通常会根据时间、部门、地区、工具和公司规模等因素，而仅仅关注和局限于一定范围。

（七）日本

1. 政策评估概况[①]

在 2001 年 1 月，日本重新组织中央政府，并在新公共管理运动的影响下，在整个政府中引进政策评估制度。改革措施是前首相桥本主持的改革委员会的成果（1996～1997 年）。为了结束官僚式治理，改革委员会建议了一系列改革措施，如重组中央各部，创建内阁办公室，通过建立独立行政机构来分开计划与执行的职能。改革委员会也建议在政府中心加强政策协调，因为重组将会在内阁中建立"大"部。然而，它对政策评估的讨论很少，规划新的政策评估

---

① KOIKE Osamu, HORI Masaharu, KABASHIMA Hiromi. The Japanese Government Reform of 2001 and Policy Evaluation System：Efforts，Results and Limitations. Ritsumeikan Law Review. No. 24，2007.

制度的任务被交给了管理与协调局。2001 年 1 月，内阁将政府政策评估议案提交给国会，6 月 22 日正式起草《政府政策评估法案》并于 2002 年 4 月份生效。新创立的内务与通信省（Ministry of Internal affairs and Communications）①负责政策评估。到 2005 年 6 月，内务与通信省根据《政府政策评估法案》第三附加条款出版了第一份政策评估执行情况报告。该报告指出了《法案》起草后三年来的进程与问题。报告中的调查数据表明有些部通过政策评估进行"结果导向型管理"，而另一些部门则没有。政府办公室中广泛存在由"交易成本"引起的"评估疲劳"。每年各部都需要准备大量的评估报告给中央管理机构，但是这些努力中的大部分并没有得到补偿。

表 2.2　　　　　　　　　　　　日本政策评估年表

年度	事件	内阁
1996.11	建立行政改革委员会（ARC）	桥本
1997.12	行政改革委员会发布最终报告	桥本
1998.6	国会通过中央机构改革议案	桥本
1999.5	国会通过政府信息披露法案	大渊
2001.1	建立新的中央机构，管理与协调局发布政策评估标准指导方针	森喜朗
2001.3	提交政府政策评估议案	小泉纯一郎
2001.6	国会通过政府政策评估议案	小泉纯一郎
2001.12	内阁对政策评估的基本政策作出决定	小泉纯一郎
2002.4	政府政策评估法案生效	小泉纯一郎
2005.6	评估政府政策评估法案	小泉纯一郎
2005.12	修改政策评估的基本政策	小泉纯一郎

2. 作为行政改革工具的政策评估

1997 年 12 月 3 日，行政改革委员会向首相桥本提交最终报告。这份最终报告突出了四项改革议程：整合中央各省；加强内阁职能；外包与效率；透明度与责任感。改革委员会从效率的角度建议减少中央各部的数量。然后，它建

---

①　内务与沟通部包括部长秘书处，人事与养老金局，行政管理局，行政评估局，地方行政局，地方公共财政局，地税局等部门。其中行政评估局（Administrative Evaluation Bureau, AEB）组建了一个全国性的调查网络，包括地方行政评估局和行政评估办公室等。行政评估局开展的任务包括：政策评估；评估被合并的行政机构；调查；行政咨询。来源：http://www.soumu.go.jp/english/。

议创立内阁办公室以加强首相的领导。此外，它建议建立评估公共机构透明度与责任感的制度。最终报告宣称中央各省以前把过多的精力放在计划立法与提高预算上，却很少把注意力放在评估公共政策的社会经济影响上。基于这些假设，改革委员会强调了"结果导向型管理"的重要性。

在最终报告中，政策评估被设计成了分权化的结构。在第一层面，每个政府办公室对政策与项目开展评估。在第二层面，内务与通信省对各省政策评估制度的执行情况开展监督。这种在整个政府开展双层政策评估的建议是由改革委员会提出：①每个政府办公室负责设计与执行它的评估制度，每个省会专门设立一个机构从事政策评估；②内务与沟通省将会负责管理整个政策评估制度，并对政府中跨部门问题进行临时性的政策评估。

为了执行改革委员会的建议，政府于1999年5月建立了政策评估大臣间筹备委员会，以准备政策评估指导方针。2000年4月管理与协调局主持了会议，并向筹备委员会提交了一份监临时性指导方针。该指导方针界定了评估的目标与基本框架。而且，它在补充注释中规定"财政部门将有权在编制预算的过程中应用到政策评估的结果"。在2000年7月官方通过该临时协议之后，财政省要求各政府办公室提交一定的"政策评估记录"，以帮助2000年8月的预算预测。2001年1月，"政策评估标准指导方针"由内阁与各省新建立的政策评估联席会议正式通过。标准指导方针要求各政府办公室将政策计划与政策评估结果联系起来，要求如下：①政府办公室必须建立一些机制，以保证政策评估结果及时和准确地反映真实工作情况。②内务与沟通省公布各有关政府办公室的评估结果，而且，如果必要的话也会提出一些建议。紧随建议之后，内务与沟通省要求有关政府办公室在规定时间提交一份报告，这份报告反映相应政策中的评估结果。而且如果其中有一些建议需要被传达给首相，内务与沟通省会提供观点给首相。③依照需要将评估结果反映在预算上的规定，每个政府办公室要正确地将其检查结果反映在预算要求上。财政部门必须在编制预算的过程中发挥好政策评估结果的作用。

根据指导方针，财政省曾经寻求将评估结果反映在预算编制的措施中。然而，对于他们而言，将评估记录用到预算建议评价中并不是一件容易的事，这部分是因为政府传统的预算评价制度。评价者预测各省提交的工程的成本，但评估记录却是项目评估结果的集合体。一位财政省预算局的官员承认"提交上来的政策评估结果对于预算评价而言基本上是没用的……我们曾期待或许记录中会有一些东西帮助我们削减预算"。在2006年的一份文件中，财政省曾重申他们对政策评估的兴趣："我们曾试图通过修改政策评估记录中的单位与条目，以加强政策评估与预算之间的联系。然而，由各省提交的政策评估记录拥有更大的提升空间。第一，对预定目标的描述还是过于抽象和定性，尽管已经增加了一些定量的描述。第二，大多数政策评估记录在一定程度上都是对预算要求的自我评估。因此，评估记录并不总是保持评估本身所应有的客观性与中立性。基于以上观察，我们似乎有必要继续将政策制度清晰化，将政策目标定量化，并且出版评估资料等等。"

2004年10月5日，经济与财政政策委员会的成员提交了一份名为"进一步提升政策评估"的文件。它要求财政省将评估与预算捆绑得更加紧密。经济与财政政策委员会与财政部的态度显示了政府仍旧坚持传统的集权式管理方法，这正与《政府政策评估法案》所强调的分权式评估管理相悖。这种对政策评估原则的扭曲很有可能会扩大政府官员中对评估的怀疑。财政省的干预大幅度提高了各职能部门的"交易成本"，因为各职能部门必须向财政部单独准备"政策评估记录"。事实上，这对各职能部门的评估者而言，确实是一份艰难的工作，因为制作记录将会很大程度上决定和影响各部门所得到的预算份额。

3. 官僚政治博弈中的政策评估

就像在其他许多国家，日本的政策评估对于公共官员而言也不是一件轻松的任务，这不仅仅是因为技术性困难，也因为在将评估结果用于提升组织绩效的过程中，需要很高的道德觉悟。它提升了评估者与被评估者间、各省与中央管理机构间的"交易成本"。

尽管内务与沟通省负责操作政策评估制度，但是财政省却存在于幕后。图2.2显示了政策评估制度中内务与沟通省和其他政府机构的角色。

政府政策评估法案规定了政策评估的目标：①让公共机构完全负责向公众解释它的行动；②让公共机构提供的服务更有效率与高质量，把人民幸福排在第一位；③建立反映人民观点的以结果为导向的公共行政。

为了开展整个政府范围的政策评估，《政府政策评估法案》引进了一个分权化的结构，其中各省大臣制定政策计划和建议，并执行他们。内务与通信省的作用是在每个部开展统一而全面的政策评估或者开展评估，以保证政策评估执行情况的客观性与严格性。此外，内务与通信省总结和出版了政府评估的结果，以及这些结果是如何反映在政策和其他行政事务上的，包括组织一次"政策评估组织联席会议"的活动。《政府政策评估法案》界定了三种标准的评估方法：①工程评估，即通过进行事前、事中与事后评估，提供采纳、拒绝和选择行政活动的有用信息；②绩效评估，提供政策取得成功程度的信息——

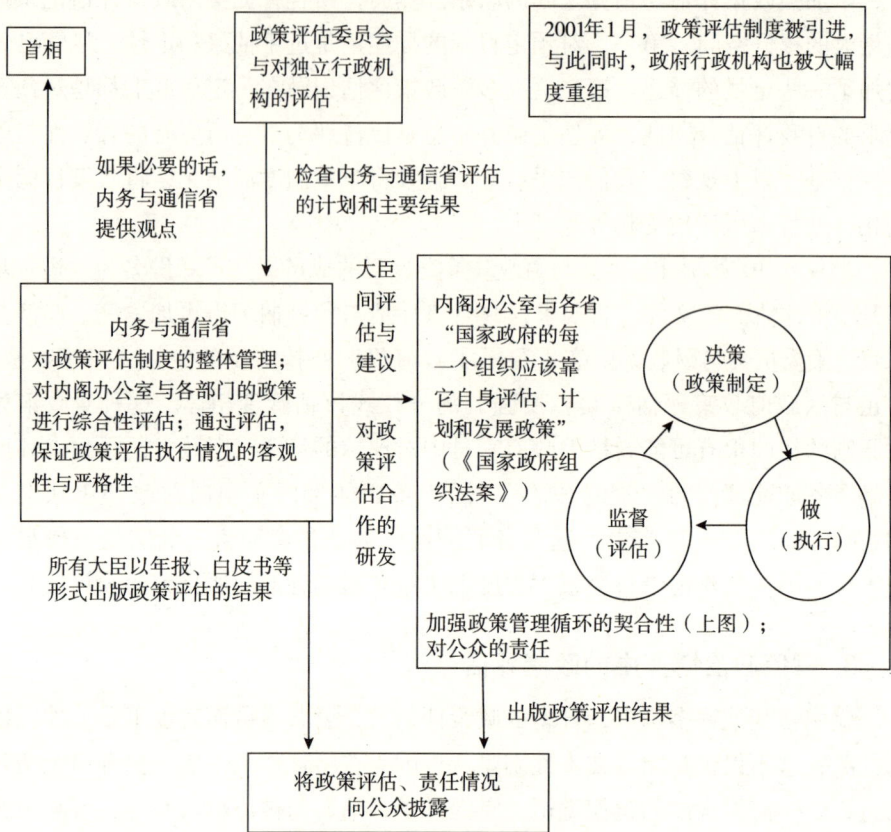

图 2.2　政策评估制度的功能

这是通过事前设置目标，测量绩效，并评估目标达到的程度实现的；③综合评估，通过确定一个具体的主题，并从各个角度深入评估该主题，找出政策影响，从而提供各种各样有助于解决问题的信息。每个部门选择一个合适的评估方法，并根据它们自身所在领域的政策特征与政策评估需要开展评估。

　　在 2005 年 6 月，内务与通信省出版了它对《政府政策评估法案》三年来执行情况的第一份评估报告，它报告道，大多数部门在评估自身政策与项目时都做得很好。政府组织总共开展了 8549 份政策评估，其中 80% 的评估报告是有关公共工程。各省也被强制要求开展有关公共工程的事前与事后评估。

　　绩效评估是政策评估的必要部分，因为它评估了政策与项目的目标，从而可以测量政策结果。在绩效评估中包含一些数值性目标的政策在 2002 年为 34%，2003 年为 50%，2004 年为 56%。它表明《政府政策评估法案》的思想并没有完全被各部所理解。当然，各部之间会有一些间隔，可以把它们划分为三种——"快速跑步者"、"中速跑步者"、"慢速跑步者"。

"快速跑步者"（超过80%）：国土、基础设施和交通省；农业、林业与渔业省。

"中速跑步者"（超过50%，少于80%）：教育、体育、文化科学和技术省；环境省；内务与沟通省；司法省。

"慢速跑步者"（少于50%）内阁办公室；财政省；卫生、劳工和福利省；财政局。

"快速跑步者"是那些在《政府政策评估法案》起草之前就已开展政策评估的部门。例如，国土、基础设施和交通省在它还是建筑省时就已经建立了它自身的政策评估制度。在那时，该省引进评估制度以回应人们对不必要的公共工程（如建设水坝）的批评。

然而，总体上我们可以说，大部分部门发展政策评估制度并将其应用到绩效管理的进展都很缓慢。这份报告承认公共官员对政策评估的意识正在发生改变，提到更多的职员意识对评估与"结果导向型管理"的重要性。但是，这项观察是有问题的。报告中的资料表明真正将评估结果应用于政策制定的部门非常少。在"工程评估"中，只有很少的部门将评估结果与提升或修改目标工程联系起来。

这些问题都是由改革委员会的相互矛盾的策略引起的。一方面，日本政府坚持它传统的中央集权式管理制度；另一方面，它尝试引进弹性与分权化的政策评估制度。这些弹性在《标准指导方针》中得到了很好的阐述，它宣称职能部门可以通过自主选择评估类型（即工程评估、绩效评估与综合评估）以采纳评估标准。内务与通信省将仅仅通过分析来自职能部门的评估报告，检查评估政策中一些措施的效果与效力。毕竟，内务与通信省只能在非强制的基础上，提出建议和鼓励各部门采取正确的措施。更重要的是，是否将评估结果应用于政策制定过程也取决于各职能部门。因此，换句话说，"他们需要就用它，不需要就不用它"。这也适用于职能部门的预算编制。那么，为什么大多数部门在开展政策评估的过程中显得如此被动？这只是因为评估所带来的"交易成本"吗？

前面我们曾分析过，公共官员对评估的被动态度是由于财政部门将评估与国家预算编制联系起来。即使财政部解释道，它无心直接将评估用于预算评价中，职能部门却不这么想。最终，各部门提交的评估报告中都显示他们拥有良好的绩效。

尽管如此，内阁办公室和经济与财政政策委员会也从不放弃他们将预算与评估联系起来的尝试。毕竟，各部门还是要听从中央管理机构。然而，它有可能会鼓励中央各省之间更激烈的竞争，而非协作。理论上，组织会尽量寻求协作，因为它明显能带来更好的回报。在发达国家以结果为导向的管理实践中，都曾寻求过这种横向的协作。在日本，政府政策评估法案已经将跨部门评估问题交给了内务与通信省。然而，内务与通信省没有权力强制要求相关部门进行横向协作。在内阁制度下，各个部门的政府职员只对部长有责任。因此，每个部门单位独立开展预算与会计，他们不可能为其他部门工作。在这样的制度背景下，"横向协作"与部长责任相违背。

（八）韩国

韩国的公共政策评估包含在在它的绩效管理制度之中的。想要了解这个国家的政策评估，需要我们从整体上了解它的绩效管理制度。

1. 早期挑战[①]

20 世纪 50 年代，韩国在朝鲜战争中被摧毁得体无完肤，但是一个新生的国家从灰烬中走了出来。有许多理由可以解释韩国在经济上的奇迹，其中最重要的理由或许是，整个国家将所有的资源与努力都投入到经济重建：也就是，一种愿景驱动和结果导向的管理。当时的政策制定者、官员与民众都能够看到五年后会发生什么。

归功于这个国家愿景驱动和结果导向的管理，韩国到 1990 年代末从发展中国家的行列成功跃升为新兴发达国家。但这个国家必须面对有关民主化、全球化和增长的不确定性等更为复杂和多边的问题。

快速变化的信息社会和竞争更加激烈的知识经济促使韩国政府重新界定政府的角色、再造政府流程以建设一个更有实力和有效的政府。与此同时，减税与刺激需求这对孪生兄弟变成了现实，不断侵蚀着政府高效、高质满足民众需求和提供公共服务的能力。

但不幸的是，政策制定者并不清楚哪个项目取得了成功，哪个项目失败了。这导致了政府普遍性的浪费和无效率。

---

① http：//www. google. com. hk/url？ sa = t&rct = j&q = &esrc = s&source = web&cd = 1&cad = rja&ved = 0CDYQFjAA&url = http% 3A% 2F% 2Fumdcipe. org% 2Fconferences% 2FMoscow% 2Fpapers% 2FO − Taeg% 2520Shim_ present% 2520paper. doc&ei = reO0UMHMLOmviQeb8YDAAw&usg = AFQjCNETzizkuawx7rwGCI0 n8kA4_ POdHw.

2. 最初的回应

作为对这些问题的回应，韩国踏上了"再造政府"之旅，并通过综合他国的经验（例如1993年美国政府绩效和结果法案、总统管理议程，英国公共服务协议，澳大利亚预算表方案，丹麦的绩效协议等等）塑造以结果为导向的绩效管理制度。

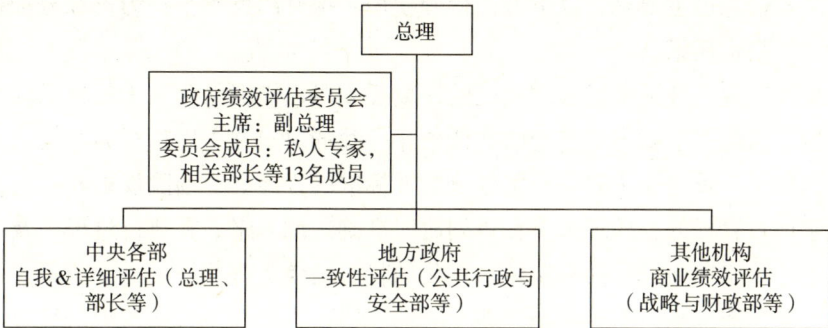

```
                        ┌──────────┐
                        │   总理    │
                        └────┬─────┘
          ┌──────────────────┤
  ┌───────────────────┐      │
  │  政府绩效评估委员会   │      │
  │   主席：副总理       │      │
  │ 委员会成员：私人专家， │      │
  │ 相关部长等13名成员     │      │
  └───────────────────┘      │
    ┌───────────┬─────────────┼──────────────┐
┌─────────┐ ┌──────────┐ ┌──────────────┐
│ 中央各部  │ │ 地方政府   │ │   其他机构     │
│自我&详细评估│ │一致性评估   │ │ 商业绩效评估    │
│（总理、    │ │（公共行政与  │ │（战略与财政部等）│
│部长等）    │ │安全部等）   │ │               │
└─────────┘ └──────────┘ └──────────────┘
```

图2.3　韩国的绩效管理组织结构

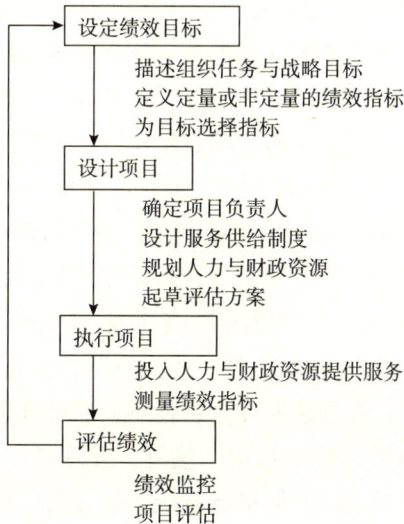

```
  ┌──────────────┐
┌→│  设定绩效目标   │
│ └──────┬───────┘
│        │  描述组织任务与战略目标
│        │  定义定量或非定量的绩效指标
│        │  为目标选择指标
│ ┌──────┴───────┐
│ │   设计项目     │
│ └──────┬───────┘
│        │  确定项目负责人
│        │  设计服务供给制度
│        │  规划人力与财政资源
│        │  起草评估方案
│ ┌──────┴───────┐
│ │   执行项目     │
│ └──────┬───────┘
│        │  投入人力与财政资源提供服务
│        │  测量绩效指标
│ ┌──────┴───────┐
└─│   评估绩效     │
  └──────────────┘
           绩效监控
           项目评估
```

图2.4　韩国的绩效管理步骤（项目绩效评估制度就嵌入其中）[①]

---

① http：//www. google. com. hk/url? sa = t&rct = j&q = &esrc = s&source = web&cd = 2&ved = 0CD0QFjAB&url = http％3A％2F％2Fwww1. worldbank. org％2Fpublicsector％2Fpe％2Fturkeysymposium％2F12％2520HS％2520Yun－PM％2520in％2520Korea. ppt&ei = reO0UMHMLOmviQeb8YDAAw&usg = AFQjC-NGllHuHpNFI1X＿ Ig1uFa－JqpzsUoQ.

其中绩效评估的工具包括：

①绩效监督：依据一系列预定指标测量项目绩效；这能以相对较低的成本及时得到关于政策产出与成效的信息；当然，单靠绩效监督很难解释投入与产出间的因果关系。

②项目评估：弄清楚项目为何和如何得到产出的；使用各种分析工具；通常需要大量的时间与金钱，无法在所有的项目上都使用。

绩效信息也主要是在以下方面得到使用：提升决策水平；为资源分配提供参考；提高责任感。

总体来说，韩国绩效管理制度的初期版本可以被概括为：①任务驱动型战略治理，这是一个做出与整个政府任务相一致的决策并予以执行的过程。这种方法提供了一种建立优先顺序并划分绩效标准的程序。②前瞻规划和执行，这有助于项目管理的机构和人员在规划阶段准确预测未来，在执行过程中及时察觉问题，并定期通过评估与反馈来优化项目。绩效管理制度应该让项目管理机构与人员预测未来，阻止问题，并及时纠正错误。这在短视的政治与行政环境中变得极为困难。③结果导向型责任，帮助项目管理机构与人员清晰描述所期望的结果，定期搜集和报告的资料，以及机构与项目是如何被评估的。建立结果导向型绩效管理制度与任务驱动型治理、战略规划与绩效测量的过程是相一致的。绩效评估的基本分析单位被称为"单位任务"。单位任务是连接两个不同类型管理结构的桥梁：职能结构与项目结构。④整合型管理与执行。各种绩效管理制度被一个叫作"On-nara BPS"（On-nara Business process system）的业务流程体系联结起来。On-nara BPS 不仅进行文件处理，还处理在线任务与项目管理。它就像一个支柱制度帮助其他管理制度，如绩效管理、项目评估、知识管理、记录管理、审计、人力资源管理等等。On-nara BPS 的主要目标是：①创新官方业务流程。这包括通过"在线执行"提升业务流程效率；通过对政策执行的记录与管理，提升透明度与责任感；通过基于制度的平缓交接，保证行政连续性；通过积累与分享知识和信息，实现"以知识为基础的信息"。②创新公共服务。基于对政府职能进行系统性地分类，在执行中提供无缝隙的服务；通过业务流程标准化与实时分享知识与信息，减少预算和提高服务速度；保存和使用政府文件与信息，将其作为全国纪录；通过提高行政生产力，提升国家竞争力①。

最重要的是，整合各种绩效管理和评估制度的立法基础是 2006 年的《政府绩效评估法案》。该法案旨在提升决策质量和效率；加强业务效率和效果；让政府对人民负责；提高政府公信力；减少准备各项评估的行政成本。

到 2007 年，韩国政府又启动电子整合公共服务评估制度（electronic-Integrated Public Service Evaluation System，e-IPSES）以进行绩效评估。电子整合公共服务评估制度有助于每个机构实时整合来自于各种管理评估制度（例如 On－nara BPS、电子人力资源管理、数字预算与会计、电子审计等等）的各种类型的绩效评估信息。

3. 新的挑战与问题

韩国的绩效管理与评估制度被装配了各种看起来先进而有效的政府工具。然而，许多政府官员尽管承认以绩效为基础的管理在原则上是必要的，但他们对制度与实践并不满意。

许多专家也对早期版本的绩效管理制度的效力持非常怀疑的态度，因为早期的绩效管理制度最终沦为了分数管理制度，在这个制度中，职员们更有动力去提高他们的分数而非政府绩效。早期的设计者如果不是不明白的话，那就肯定是忘了一项最基本的原则：绩效管理是一项创造理想工作场所的技术，在其中每个成员都会将其最好的一面展现出来，从而为组织创造最高的价值。

新出现的挑战与问题是多方面的，主要有以下几方面：①在韩国，动力来自于行政积极性与立法授权，而非每个机构追求更好绩效的需要。这就导致早期的设计者更关注技术层面而非一些基本的问题，例如"为什么要一个新的管理制度？""新的管理制度对于组织有什么价值？"②似乎概念设计者们并没有注意到绩效在公共部门中的意义到底为何。绩效的意义可以被多样化定义。公共部门的必要价值不仅包括经济价值，而且包括更多的基本价值，例如正当程序与公共利益。然而，通过关注经济绩效，早期的改革者过度简化和降低了政府的公共价值。③早期的韩国设计者们主要将绩效管理视为绩效评估，以为评估绩效将会促进职员之间的竞争，从而最终为职员带来效率。或许早期设计者的目的是在管理过程中建立一个激励机制。结果政府管理的主要焦点是评估

---

① http：//www. google. com. hk/url？ sa = t&rct = j&q = &esrc = s&source = web&cd = 1&cad = rja&ved =0CDEQFjAA&url = http% 3A% 2F% 2Funpan1. un. org% 2Fintradoc% 2Fgroups% 2Fpublic% 2Fdocuments% 2Fungc% 2Funpan037947. pdf&ei = c2m1 UMrgCliDiQfn04H4 Ag&usg = AFQjCNGLbT5yb2cQZ463b88LgOE1＿WoCLw.

政府官员与机构的绩效。这种方法导致在一些领域产生了非生产性竞争，以及对于评估结果所含有的不舒服的感情。在这种文化之下，大多数职员相信他们的上级是在试图使用这种管理方式裁人，结果他们拒绝提供对于制度执行的支持。④尽管韩国已经作出了最大努力，职员们还是开始问道：绩效管理制度本身的绩效到底如何？于是管理层和职员都渐渐失去了最初的活力。这主要是因为早期的设计者更关注绩效测量，而非战略管理。新的设计者应该注意到绩效管理制度是一个帮助执行战略的工具，而非制定新战略的工具。⑤在执行绩效管理制度的过程中，出现了许多让人沮丧的行为问题，职员之间为了取得更高的绩效分数而进行的博弈行为导致了许多不良的后果。例如，刻意选择容易测量或量化的绩效指标，特别是短期性指标；设定过低的绩效目标；对不予评估的工作缺少关注；人为删减资料中可能导致不良评估结果的部分；选择慷慨的评估者；在报告中使用华丽的词藻。

韩国的这些经验告诉我们：①当任务与执行有关，并很好地代表一个人的工作，这个工作很少重复且容易量化，那么绩效测量就能更好地发挥作用。②当任务与计划或行政支持相关，绩效测量就可能行不通。③由于在一个以绩效作为支付基础的组织中，绩效测量中的博弈会发生得更多，因而有可能导致预期的激励机制并不能顺利发挥作用。

4. 最近的回应

为了回应这些新的挑战与问题，李明博政府已经不断与专家、利益相关者进行交流，以试图控制好制度中的冲突与困境。结果，当今的制度只是更简单地关注国家议程，并且在博弈更少的情况下发挥出更好的作用。与此同时，这个制度的成本效益也变得更好，并更为政府职员与公民所接受。特别是在2011 年，总理办公室采用了更为大胆的措施，让这个制度运行得更好。这些措施包括更为分权化，更少的冗员，更多地关注长期愿景和中期的战略目标，对政府所有的项目进行更有深度的分析。

提升绩效管理制度是一个永不停息的任务，从韩国最近的应对措施中我们可以汲取以下经验：①及时监控而非定期评估更应该被强调，从而尽早发现问题，并以最为有效的方式予以解决。②管理层应该让其职员相信，绩效管理制度对于他们来说不是威胁，与此相反，从长期来看能够支持提高他们的能力。与此同时，最高层管理人也应该清楚地知道，尽管绩效信息是做出更好决定的重要资源，但单靠绩效信息是不足以作出周全决策的。③管理层应该鼓励职员重新评估组织的战略，从而通过绩效管理提升组织的战略能力。同时，最高层管理人应该意识到，可以在个人绩效打分卡上加分的不仅是过去表现好的职员，也应是那些能面对未来提出良好问题的职员。④绩效管理制度应该被重新设计，以促进部门内或部门间的合作而非竞争。同时，以绩效为基础的工资制度也应被重新设计。⑤这是最重要的一点，即一个新的制度应该把更多的注意力放在"做正确的事情"上，而非"正确地做事情"。然而，许多绩效管理制度都几乎不太考虑"做正确的事情"，尽管这相对于"正确地做既定事情"，需要更多的努力与领导力。

（九）南非

1. 背景

南非宪法（第195节）规定公共行政的原则为：推动效率、经济、有效地使用资源；公共行政必须是发展导向的；公共行政必须是负有责任的；通过向公众提供及时、精确和易理解的信息，以保证透明度。此外，公共财政管理法案（1999）、公共服务法案（1994，2007年修改）、城市财政管理法案等为高效管理公共政策和项目提供了立法基础。这些法案也为开展不同类型评估提供了立法基础。

2005年南非政府内阁出台了《政府监督与评估制度的政策框架》，该《框架》描述了奠定监督与评估制度的三种资料基础，即项目绩效信息；社会、经济和人口等方面的统计；评估。在这个制度中，总统对整个《政府监督与评估制度的政策框架》负责，财政部已公布《项目绩效信息框架》，南非统计局则出版了《南非统计质量框架》，绩效监督、评估与行政部则最后于2011年11月出版了《国家评估政策框架》，从而集成了《政府监督与评估制度的政策框架》所要求的政策。

这里重点介绍《国家评估政策框架》①。该框架旨在突出评估在政策制定与管理中的重要性，并且将评估和计划与预算过程联系起来。它要求提升评估质量，保证评估结果被用来提升绩效。该文件的主要目标读者是政府中的政治

---

① NATIONAL EVALUATION POLICY FRAMEWORK：http：//www. thepresidency. gov. za/MediaLib/Downloads/Home/Ministries/National_ Evaluation_ Policy_ Framework. pdf.

领袖、管理人员和职员。该文件是广泛调研各国政府评估制度的结果。考察团去过的国家包括加拿大、英国、哥伦比亚、墨西哥、美国、印度尼西亚、马来西亚、新加坡和澳大利亚。同时也搜集了巴西、印度、智利等国的信息。

这项研究调查与该框架的起草等都是由许多官员组成的一个团队完成。该团队官员包括来自绩效监督与评估部、基础教育部、社会发展部、公共服务委员会等处的官员和来自总理办公室的代表。国家财政部也帮助促成和参与其中的一些考察团。该框架的草案曾在政府各部门与所有省政府传阅，并为此举行了研讨会，这份最终稿吸收了来自各方面的许多意见。

2. 为什么要进行评估

《国家评估政策框架》中提出了开展评估的四个主要目的。

提升绩效（为学习而评估）：这是旨在向项目管理者提供反馈。问题可以是：这是实现宣称目标的恰当措施吗？投入产出比合理吗？这是实现目标最有效率和效果的方法吗？

完善问责制：公共开支去向如何？这项开支产生影响了吗？支出的钱实现应有的价值了吗？

获得关于政策发挥作用的知识：提供关于什么发挥作用、什么没有发挥作用的知识，从而建立一个资料库，为政府未来的政策发展作准备。

提升决策水平：政策制定者、规划者与财政部门需要借此判断措施成效。这项措施（政策、方案、项目、工程）成功了吗？它实现目标了吗？它影响预期收益人的生活了吗？这项措施是否对不同人群产生了不同的效果？有没有预料外的影响？应该推广还是停止它？

3. 政策评估制度化

根据《框架》，到2012～2013年间，绩效监督与评估部将发展出具体的年度全国评估方案，并由内阁通过，评估范围包括各部门推荐的大型、战略性和创新性的项目与政策。到2013～2014年间，总理办公室将会针对各省起草类似的评估方案。各部门可以选择增加其他的评估。

各部门有责任将评估合并进他们的管理职能中，从而作为一种持续提升他们绩效的方法。他们需要：保证所有项目中都包含评估预算和一个超过三年的评估方案；保证组织中特定的一些人被委托开展评估工作，并拥有必要的技能；保证评估的结果被用于计划和预算，以及一般性的决策过程中。对于评估《框架》建设起作用的机构有很多，依据支持评估制度的专门职能，关键参与者包括绩效监督与评估部、财政部、公共服务与行政部、公共行政领导和管理学院、审计长。

绩效监督与评估部是政府整个监督与评估职能的守护者，而且已经建立起一个"结果评估与研究单位"专门开展评估工作。它的作用包括：领导和推动政府评估，包括政策、愿景的发展和对纪律的维持；标准设定，发展和出版合适的标准与指导方针；收集知识，通过评估与出版评估结果实现；保证评估过程与结果的质量；在国家评估计划中，共同资助一些评估；能力建设与技术支持，保证建设适当的培训课程，提供技术支持给各部门；依据国家评估计划监督评估进程；对评估过程本身进行评估，保证它所带来的收益要高于它自身的成本；向内阁报告评估进程。总理办公室最终也会在各省评估中发挥类似的作用。

国家财政部在分配预算时必须保证物有所值。为达此目的，它需要做到：计划和预算都是有据而行，包括来自评估的证据；使用成本效应与成本收益分析，各项措施要物有所值。省财政部在各省也要发挥类似的作用。公共服务与行政部必须保证，评估结果对公共部门绩效与结构所提出的问题得到妥善解决。公共服务委员会在评估过程中扮演独特而独立的角色，直接向议会报告，但也是一股建设政府评估事业、提升政府绩效水平的专业力量。审计长同样是一个独立的机构，通过确保资料的可靠性在绩效审计中发挥非常重要的作用。公共行政领导和管理学院负责在整个政府中发展监督与评估能力建设项目。大学同样也可以在开展评估研究与培训中发挥作用。南非监督与评估协会是参与监督和评估的人员与组织所组成的全国性的协会。他们需要支持制度完善和能力建设，而且也是一个重要的学习与信息交流论坛。

没有预算，评估将无法实现。通常而言，评估成本占一项政府措施总预算的 0.1%～5%，这取决于政府措施的规模（越大的项目，所占的比例通常越小）。评估成本需要被分解成年度预算和中期支出。特别是在对重大措施进行影响评估时，这一点尤为重要。预算的成本取决于它的复杂性。那种即时从执行中反馈的小评估或许要比大型评估更为有效。

在评估能力有限的情况下，要保证评估质量的方式之一，就是避免重复发明评估工具。绩效监督与评估部将会发布具体指导性说明和标准化指导方针来补充本《框架》。其具体内容包括：将不同类型评估的调查范围标准化；当由外部评估者评估时，签订格式统一的评估合同；建立项目设计模型，以帮助评估；项目操作规则标准化；评估过程标准化；提升方案的指导方针；建立一个全国性评估专家组；将评估中得到的资料存储起来。

4. 评估政策、制度与执行的时间表

表 2.3 　　　　　　　　　　评估政策制度与执行的时间表

时间	政策与制度	执行
2011/2012	内阁采纳政策评估框架； 制定出年度评估方案与三年期的评估方案； 对关键要素制作实践备忘录，包括职权范围，缔约，和不同的评估类型； 绩效监督与评估部创立的评估单位； 公共行政领导和管理学院设计培训课程； 制定评估能力时间表； 绩效监督与评估部创立评估专家组； 接受国际伙伴的支持； 内阁批准项目与工程方案的最低标准	启动 4 项评估来检验这些评估制度； 审计 2006 年以来公共部门所有的评估活动； 将所有评估活动呈现在绩效监督与评估部的网站上； 评估技术工作小组（相应部门联合组成）开始运行； 宣传评估政策框架； 设计评估能力建设进程
2012/2013	基于经验，修改评估制度； 发展出评估人员标准制度； 与大学研究商讨，让其承担一定的评估职能	10 项评估采用标准程序，其中至少有 2 项为影响力评估； 评估得出的建议有 60% 得到执行； 公共行政领导和管理学院至少培训 200 人； 调整大学中的监督与评估课程
2013/2014	基于经验，修改评估制度	15 项评估采用标准程序，其中至少有 4 项为影响力评估； 评估得出的建议至少有 70% 得到执行； 公共行政领导和管理学院至少培训 500 人
2014/2015	基于经验，修改评估制度	20 项评估采用标准程序，其中至少有 5 项为影响力评估； 评估得出的建议至少有 75% 得到执行； 公共行政领导和管理学院至少培训 500 人； 所有的大学公共行政课程使用调整后的教材； 其他的大学课程使用调整后的教材（例如发展学）； 对评估活动的影响进行评估

（十）其他国家①

根据 Laura Polverari 和 John Bachtler 这两位学者对欧洲一些国家区域政策评估的研究整理，我们可以依据下图了解其他欧洲国家政策评估的概况。

表 2.4　　　　参与各国区域政策评估的关键参与者

国家	负责国内区域政策的参与者	负责协调和监督国内区域政策的参与者	其他参与国内区域政策评估的关键参与者
奥地利	联邦大臣，奥地利地区规划会议		联邦交通、创新和技术部，和技术促进局，联邦经济与劳工部
芬兰	内政部（与其他部门和地区委员会合作），地区管理委员会	内政部，贸易与产业部，技术与经济中心	由内政部建立工作小组，每年对地区政策预算的影响进行评估
德国	联邦政府与地方政府	联邦与地方的次级评估委员会	联邦经济与出口管理局，劳工市场与就业研究学院
爱尔兰	企业、贸易与产业部	财政部内部的评估单位	各局（例如爱尔兰企业局）
意大利	经济与财政部，发展与凝聚政策部	发展与凝聚政策部	地区评估单位，评估单位网络
荷兰	经济事务部，各地方政府	经济事务部	设立评估委员会，以协调评估进程和接受评估报告
瑞典	产业、就业与通信部，商业发展局	产业、就业与通信部	瑞典增长政策研究院，责任委员会
英国	贸易与产业部，英格兰、北爱尔兰、英格兰与威尔士等政府的机构	在贸易与产业部内部设立的战略单位与绩效评估小组	内阁办公室下设的管理与政策研究中心，各下级政府的评估单位

在奥地利，联邦大臣（federal chancellery）是推动区域政策评估文化发展的主要力量。它的活动始于 1980 年代为加入欧盟所做的准备。尽管联邦大臣并不负责区域政策的执行，奥地利的区域发展单位仍旧会专门委托开展评估研

---

① Laura Polverari and John Bachtler：《assessing the evidence：the evaluation of regional policy in europe》，http：//www. eprc. strath. ac. uk/eprc/documents/PDF ＿ files/EPRP ＿ 56 ＿ Assessing% 20the% 20Evidence% 20 – % 20The% 20Evaluation% 20of% 20Regional% 20Policy% 20in% 20Europe. pdf.

究。这些研究被结集出版成《区域政策与空间规划作品集》。奥地利国内区域政策的关键参与者是联邦交通、创新和技术部，联邦经济与劳工部。这些部门分别管理了两项主要的地区发展政策工具，即地区发展规划与地区发展基金，并针对这些项目开展了评估。交通、创新与技术部还得到了技术促进局的协助。这些评估既包括事前、事中评估，也包括事后评估。

在芬兰，由内政部决定大多数区域政策的时间安排与性质。内政部直接负责专家项目中心与地区中心发展项目的运作与评估。该部同样建立了战略性区域项目的评估框架，而这些项目则是由 19 个芬兰地方委员会负责。而对商业援助的评估则由技术与经济中心负责，依托贸易与产业部在地方的分支机构运作。该部已经发展出一个详细的监督制度，以评估有关商业援助的工作进程。

在德国，联邦和地方拥有许多提出、组织和承担政策评估责任的机构，包括各部门、审计法院和承担特殊任务的组织，包括联邦经济与出口管理局，联邦劳工市场与就业研究院，联邦建设与空间研究局和联邦劳工研究院等等。联邦经济与劳工部已经建立了一个评估小组，从而为部内职员之间交流评估经验提供了一个平台，它也为从事与评估有关的主题的工作人员组织详细的培训。

在爱尔兰，各政府部门早就培养了自身的评估能力。最近几年，一项决策已经被作出，即在新的项目运作时期不再继续维持以部门为基础的独立评估单位，与此相反，中央评估单位则得到扩展，并被更名为"国家发展规划/社区支持框架评估单位"。该单位是评估国家发展规划和社区支持框架的核心机构。它是由财政部支持的独立单位，并开展或委托针对"国家发展规划/社区支持框架评估单位"操作项目的评估。该单位同样向其他政府部门、地方议会和其他机构提供建议与援助。

在意大利，由经济与财政部和发展与凝聚政策部负责区域政策和对该政策的评估。在部门内部，由评估单位向公共行政机关的公共投资评估提供技术支持。该评估单位精心策划评估方法并将其扩散，委托评估工作，建议政府协调好项目、工程与经济政策以及一些倡议在经济上的可行性。除了经济与财政部，生产活动部是评估商业援助的关键参与者，它负责监督和评估主要的激励机制、立法和其他事务。

在荷兰，负责区域政策评估的关键参与者是经济事务部，它决定评估框架和要提出的关键问题。外部专家则帮助确认每一种具体评估的问题如何被回答——通过发展出方法框架，确认评估工具，以及案头研究与访谈之间的平衡。之后，一个独立的评估委员会通过该评估方案（之前已经由部门内部的相关委员会作审查，以保证评估框架与财政部的规定相一致），选择外部评审咨询专家，以监督评估方案的实施和获取评估结果。这个外部专家委员会通常是由与政策本身没有直接联系的专家和学者组成，有时也会包含一名政策制定者。

在瑞典，负责区域政策及其评估的主要是产业、就业与通信部。国家层次评估活动的协调主要由商业发展局和增长政策研究院负责。增长政策研究院由瑞典议会与政府于2001年1月设立，以支持产业、就业与通信部在区域政策上作出"正确的决定"。它的职员只有55人左右，责任包括：分析经济发展，特别是在产业、区域与创新政策等领域；研究其他国家的增长政策，并将瑞典同美国、日本及欧洲国家作对比；为地区增长协议的发展作出贡献；分析瑞典结构基金项目执行的情况；评估产业、区域与创新政策工具；收集和分析增长统计资料。

在英国，近年在内阁办公室创立的管理与政策研究中心表明了政府内部拥有发展评估专长的需要。该中心的创立是为了"在政府心脏提供一扇窗"（研究与评估）。在区域政策领域，贸易与产业部拥有主要的评估责任。贸易与产业部的评估方式是基于财政部的绿皮书和其他更详细的条例。贸易与产业部拥有一个成熟的评估项目，它已经被扩展到行政性与规制性活动，以及项目开支。该评估项目必须将评估结果公布到网站上，而且也已经设立了一个内部评估数据库以帮助传播评估结果。英国的政策评估责任也随着财政与政治能力的不同而被下放到苏格兰、威尔士、北爱尔兰与英格兰的被选举出来的机构。

对于要应对多重目标的评估，不同的评估实践侧重点会大不相同。它们包括：责任；决策支持，特别是有关资源分配；政策工具；对政策需要的评估；确认影响（工程，项目与政策层次）；评估资金的效力；学习与教训汲取（特别是在程序上）。所有这些目标都在不同程度上支撑了欧洲各国国内区域政策的评估。

资金发挥的效力是爱尔兰与英国评估哲学的核心元素。在这里，政策监督的关键因素是资金是否被以最好的方式取得理想的结果。另一方面，在北欧国家（特别是瑞典）与荷兰，评估似乎更倾向于前瞻性的政策评价。在德国，评估倾向于处理影响与效力评估。这种对行政机构政策执行的评价倾向于通过持续性的监督而非评估开展。而在奥地利与意大利，则更关注评估中的教训汲取部分。

表 2.5 各国区域政策评估：不同的方法

国家	首要目标	方式、方法	时间安排	范围
奥地利	强调软性影响，与国内区域政策特征相关联	定性的，以过程为导向，但也有工程层次的影响与对本土发展的贡献	事前、事中与事后，以及专门研究	工具
芬兰	资金效力与前瞻性政策评价。强调竞争性	根据具体追求不同而不同：最好的实践，过程导向；工程层次的影响（援助商业）；未来需要与竞争性影响	事前、事中与事后，以及持续性和专门性研究	项目，工程
德国	效力与影响	主要是定量的：目标的实现情况；影响的量化；理解区域需要	视具体情况而定：主要是事后评估；对地区性支持需要的持续性评估	工具
爱尔兰	资金效力，基本原理	包括定性与定量。国家发展规划评估：基本原理，效力，相关性，效率，影响	事前、事中与事后。也有专门性研究与对政策开支的定期回顾	政策，项目，工程
意大利	教训汲取，对决策与资源分配的支持作用	包括定性与定量。各种方法：案例研究，效力与过程导向（对地区的影响）；对企业影响；宏观经济影响	事前、事中与事后评估，以及对法律法规进行每年一次的回顾。试图将一般资源分配与评估证据联系起来	工具，工程，与不断增多的项目
荷兰	资金效力，前瞻性政策建议，未来的政策需求	各种方法：增加的效力与价值（区域合作关系）；工程、角色与程序的影响；效率、效力与持续性相关影响；效力与全国性影响	事前、事中与事后评估，主要是事后评估	工具，逐渐是作为整体的政策
瑞典	前瞻性政策评估，强调增长	议会委员会强调定性与过程导向。未来的趋势更多的强调影响研究	大多是事前、事中与事后评估，但也有由专门委员会开展的定期政策回顾	政策，项目
英国	资金效力，对接受者的影响，用于决策的证据	视情况而定	整合进政策循环（绿皮书）	工具，工程

同时，这里还需简要分析的一项制度是丹麦①的公共部门绩效管理制度。丹麦的公共部门的绩效管理之所以值得一提，就在于它独特的目标协议——之后就正式起草成合同。首先，每一个母权威（如财政部）都要与其下属机构签订绩效协议·（例如政府雇员局）。依据权威的不同，下属机构会有 10～15 个目标签订在这个协议书中。这些目标于是就成了下属机构管理人员的目标任务，并在互联网与内联网上得到公布，从而给职员们熟悉与确认所在单位目标的机会。在此之后，机构管理人员需要与下属机构和职员再签订更细的目标协议。然而协议书中的要求并不会很具体，因此可能仍旧比较概括。然而，丹麦政府还是鼓励这些协议书包含具体、可测量的目标。

在丹麦的绩效管理制度中，许多绩效协议都会在每一个部门内部得到出版。因此许多职员就有机会与同事进行比较，当然也就发现了他们同事的绩效工资是多少（丹麦公务员的工资很大程度上与绩效相关）。然而，这种形式的透明只存在于政府部门内部。

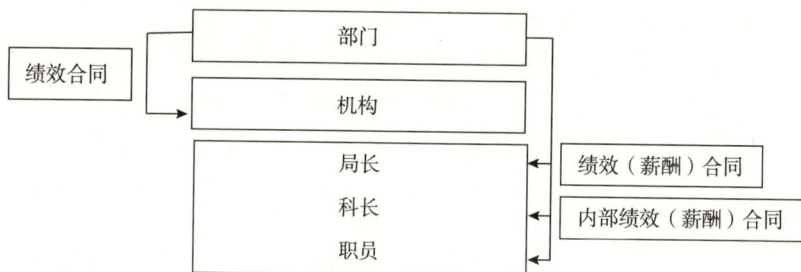

图 2.5　合同链

基于自愿原则，丹麦政府中上级与下级签订协议中的目标都是由下级自愿决定的。对于整个评估过程，也主要由下级自主完成。这种典型的新公共管理式的政府管理制度，其优点在于充分尊重下级意愿，防止不合理的评估制度所导致的负面激励，但这也容易导致效果不够显著。

我们可以做什么？

通过对国外政策评估的研究，我们可以从中汲取许多优秀的经验。首先必须指出的一点是，我们要认识到公共政策评估与政府日常绩效评估的重合性。公共政策评估的概念从最宽泛的意义讲，主要包括对专门政策或项目的评估与对政府日常运行情况的评估。然而专门的政策与项目是在日常的政府运行中开

---

① Performance Assessment in the Public Services of the EU Member States: Procedure for Performance Appraisal, for Employee Interviews and Target Agreements: European Communities (April 2008)

展的。因此，无法明晰地将公共政策评估与政府日常绩效评估完全区分开来。事实上，国外许多公共政策评估活动都被寓于专门项目评估与政府机构日常运行绩效评估之中。

基于这样的认识，在公共政策评估方面，我们可以学习到的国外先进经验，以及在此基础可以选择尝试的措施包括以下几点。

第一，机构设置。加强财政部门与审计部门的综合能力，通过财政部与审计部的协力合作对各部门、各机构进行监督评估。从上文对各国公共政策评估的具体分析中，我们可以看到，尽管有的国家设有专门的评估机构，或者由各职能部门自身开展评估，但财政部与审计部在这个过程中都是发挥重要作用的。一方面许多项目的执行需要财政部的资金投入和审计部门的监督评估，另一方面各个职能部门的评估指标、评估培训往往都是在财政部门的指导下进行。

第二，加强立法。通过立法确立政策评估的重要地位，树立政策评估机构的权威，对其权限作出明晰的规定。并对政策评估的中立性、客观性与公开性作出严格要求。政策评估结果要向立法机关作出报告。在评估范围上，不仅包括有财政支出的政策，还包括没有财政支出的政策，例如规制性政策。评估指标既包括经济方面的，也包括社会、文化、生态等方面指标。政府制定新的行政法规要以人大立法为依据，并随着时代的变化（尤其是科学技术的变化）而不断更新。

第三，调整管理。在人员管理上，首先实施行政首长责任制，在日常机构评估与专门项目评估上都要落实主要负责人的责任。其次，将评估的指标进行分解，落实到每一个人的身上。并通过对职员的宣传与培训，让他们明白落在自己肩上的责任，提升他们的绩效意识。负责宣传与培训的机构可以是大学，也可以是研究机构，从而让政府职员有效掌握最新的评估理论与实践技巧。

对公共政策本身的要求：在制定公共政策时，尽量避免定性的描述，让公共政策的目标、措施尽可能定量化，这样做一方面可以让政策执行官员有明确的目标与方向，另一方面也为政策评估提供了客观与缺少争议的测量指标。当然，在制定公共政策各项指标的过程中可以与各执行部门进行广泛沟通，吸收他们的意见，以保证评估标准客观、可行、有效。

在资源投入上，通常存在两种方式开展评估，一种是编制项目预算时安排一部分资金专门用于开展评估，另一种是鼓励政策或项目的执行机构进行自我评估。很明显，前者的优点是客观、公开、专业性强，但缺点是成本高；后者的优点是成本低，但却无法做到客观和公正，而且会增加执行人员的工作负担。

在时间安排上，将评估落实到政策制定、执行、结束的每一个阶段，即前期评估、中期评估、反馈评估。并可以依据评估时间的长短，将其分为短期评估、中期评估和长期评估。我国的政策评估实践重执行后评估，而在制定公共政策时并没有进行认真的评估设计，从而浪费了许多更为丰富而细腻的评估资料。

在方法采用上，要敢于并善于运用多样化的评估技巧与手段，不能僵化刻板。强制性、自愿性方法，政府内、外的评估力量都可以得到运用。

加强决策人员与评估人员的互动。特别是评估机构要善于与立法人员、行政人员进行广泛而有效的沟通。这样做既可以让决策人员充分认识和利用评估资料，也可以让评估人员对于政策、项目和机构的情况更加了解，作出更有价值的评估。毕竟评估的目的不是为了得到一堆没有生气的资料，而是为了有效地使用这些资料，进而提高公共服务的水平。

另外，国外政策评估的实践表明，分权式评估更有利于提升公共服务的水平，因此，在建立政策评估制度时，要适当发挥职能部门的积极性。尤其要尊重职能部门的意愿，可尝试让他们根据自身业务内容的特点制定考核指标，并定期进行自我评估，然后把评估结果公布出来。

第四，加强对外交流。首先是加强与国际组织的联系，充分借助国际组织的力量（包括先进的技术、制度）和国际组织在其他国家开展项目时已经取得成功的做法。其次是保持与其他国家政策评估机构的联系。通过建立一些定期开会的交流平台，紧跟国际最先进国家的步伐，不断学习、融合和创造最先进、最实用的评估方法与制度设计。

第五，加强与民间组织（特别是思想库）的联系。通过捐助民间机构或给民间机构下订单支持民间机构的发展，特别是专门的评估机构、咨询公司以及思想库。这样做是因为：一是民间专门机构开展的评估可以作为官方机构评估的补充，覆盖官方未评估到的地方；二是民间机构的评估工作在中立性、客观性及效率上相对于官方机构通常更有优势；三是安排民间机构对官方评估机构进行评估。尽管官方评估机构本身的职能是监督与评估，但也必须安排适应的机制对这些评估机构进行监督与评估，以防止其滥用职权或者不作为。当然，政府在加强与民间组织合作的同时，也要鼓励其发展，特别是建立一个全国性的评估协会（这在其他国家很常见，但中国还没有）作为研究与交流的平台。

第六，重视评估结果的使用。评估人员在评估时要保证自己的专业性、中立性，但在评估结果的使用上则需要考虑到政治的现实。如第三条经验所言，通过加强决策人员与评估人员的互动等方式让评估结果更具有政治上的可行性和价值上的可接受性。

第七，政策评估体制的建设放在整个行政体制改革的大背景下考虑。评估之前应先明晰部门、机构之间的职能范围和奖励惩罚机制。如果各部门职权划分不清晰，就无法对政策进行有效的评估，总结出切实可行的经验教训，进而有效地改进决策机制和实施机制。政策评估还应与政府公开、打击腐败结合起来，因为唯有政策评估的结果公开，才能有效地保证政策的科学性、民主性，从而防止违背科学规律的暗箱操作。

当然，对于以上经验的总结，其最重要的意义不在于提出放之四海而皆准的"真理"。在这里，这些经验总结的意义更大程度上在于给予我们一些启示：一方面让我们知道自身与世界水平的差距，另一方面是在知道这些差距的情况下，明白学习其他国家经验的紧迫性。

二、有关国际组织开展政策评估的情况及主要做法

（一）经济合作与发展组织（OECD）

经济合作与发展组织开展的政策评估主要是对"发展项目"的评估。对发展项目进行坚实而独立的评估可以提供信息以说明是什么发挥了作用，什么没有发挥作用，以及为什么。这样的评估也有助于改善援助项目的发展效果，并帮助捐赠国和合伙国的政府对结果负责①。

---

① OECD：http：//www. oecd. org/dac/evaluationofdevelopmentprogrammes/understandingtheroleofevaluationindevelopmentprogrammes. htm.

发展评估网络（Network on Development Evaluation）是发展援助委员会的辅助机构。它的目的是通过支持稳健、公开而独立的评估，以提升国际发展项目的效力。该网络是一个独立的机构，聚集了 30 个双边捐助者和多边发展机构：澳大利亚、奥地利、比利时、加拿大、丹麦、欧洲委员会、芬兰、法国、德国、希腊、爱尔兰、意大利、日本、卢森堡、荷兰、新西兰、挪威、葡萄牙、西班牙、瑞典、瑞士、英国、美国、世界银行、亚洲开发银行、非洲开发银行、美洲发展银行、欧洲重建与发展银行、联合国发展项目以及国际货币基金组织。发展评估网络作为领导者，推动了发展机构和伙伴国家之间的协同评估。

发展评估网络的工作项目是通过与成员的协商而发展出来的，并且每两年由发展援助委员会同意形成。当前的优先工作领域包括巴黎评估宣言、预算支持、多边有效性、消除争端和建设和平、影响评估、联合评估、治理、扶助贸易、海地评估任务小组、能力发展。

作为一个评估学习与合作的平台，发展援助委员会的发展评估网络开发出了共享标准，加上巴黎提效宣言（Paris declaration on aid effectiveness）的指导，非常有助于发展中国家的评估实施与合作。通过发展评估委员会评估资料中心，这个网络从其成员国的分支机构收集报告。鉴于每周有 2000 多份新报告，发展评估委员会评估资料中心是一个广泛而独特的资料中心，十分有助于发现什么发挥了作用，什么没有发挥作用。

经济合作与发展组织在政策评估的历史上影响重大的两件事是 2005 年的巴黎宣言和 2008 年的阿克拉行动日程（Accra Agenda for Action），它们通过对几十年发展经验的总结，建立在五项核心原则基础上。这些原则已经取得了许多国家的支持，并取得了许多实效①。这些原则包括如下几个方面。

所有权原则：由受援国的议会和选民自行选择他们的发展战略。

结盟原则：支援国支持这些战略的实施。

和谐原则：支援国帮助这些发展工作更加顺畅。

结果导向原则：发展政策必须有明确的目标，通往这些目标的进程必须得到监控。

共同责任原则：支援国和受援国应共同负责实现这些目标。

其中第四条原则明确推动了发展项目评估。除了这五条基本原则，巴黎宣言还制定了实际的、以行动为取向的路线图以提高援助质量和发展影响。它落

---

① OECD：http：//www.oecd.org/dac/aideffectiveness/parisdeclarationandaccraagendaforaction.htm.

实了一系列明确的执行措施，并建立了一套监控体系来评估政策进程，从而保证支援国和受援国共同履行他们的责任。

为了加强和深化巴黎宣言的实施，阿克拉行动日程估计了已有行动进程并为实现巴黎目标建立了加速前进的日程。它提出在以下三大领域重点发展。

所有权原则：各国通过在制定发展政策中更加广泛的合作，在援助合作中更加强有力的领导，在援助交付过程中更多地利用国家系统，对他们各自的发展过程拥有更多的话语权。

包容性伙伴关系：所有合作伙伴包括 OECD 发展援助委员会中的支援国和发展中国家以及基金会、市民社会等都全面参与。

交付结果：援助集中于真实和可测量的发展影响。

（二）世界银行（WB）

世界银行评估部（IEG）作为一个独立的评估组织，承担着评估国际复兴开发银行（IBRD）和国际开发协会（IDA）活动，国际金融公司（IFC）在私人领域的发展工作，多边投资担保机构（MIGA）的项目与服务。世界银行评估部主任直接向世界银行董事会报告。评估的目的是为了提供对世界银行工作的客观评价，并鉴定和传播经验教训①。

世界银行评估部的评估系统的目标保持了40多年不变：评估世界银行政策、项目、工程和过程（责任）的绩效，并学习到何种因素在何种情境下发挥了作用。鉴于世界银行的行动范围和投资产品一直在增长，世界银行评估部也一直在发展并调整它的评估方法。

世界银行用来支持公共或私人发展的项目与工程的多样性决定了世界银行评估部也要使用种类繁多的评估方法。这些方法包括将评估结果与宣称目标进行比较，标杆管理，预期评估，或者评价在项目、工程和政策缺失的情况下本来会发生什么（反事实分析）。例如，评估私人领域投资工程和咨询服务，与绝对的经济或财政绩效指标进行对比，以及何种程度上他们对私人领域发展作出贡献；评估公共领域工程在取得发展目标上的相关性、绩效和效率。

为了判断世界银行的绩效和确认提高世界银行运转水平的经验教训，世界

---

① IEG：http://ieg.worldbankgroup.org/content/ieg/en/home.html.

银行评估部不仅进行"基于世界银行职员的"自我评价报告和"独立项目层次的评估"，也进行文献、分析工作和项目文件的回顾，投资评价，国家案例研究，结构化访谈，员工和股东调查以及影响评估等。

以下是根据评估部对世界银行支持的公共部门改革所开展的评估①而编写的案例。

1. 目标和框架

这次评估的预期受众也包括政府官员和其他想要看到提高项目设计的教训、更好使用银行对公共部门改革支持的利益相关者。换句话说，这次评估是想基于 1999~2006 年的经验，寻求向国家领导人或财政部长们提供这样的知识，即什么样的公共部门改革项目有可能在他们的国家发挥作用。

首先，这次评估考虑了国家公共部门改革项目的设计——不仅是关键主题领域的改革内容和排列，还有整个项目的协调和排列。基于对银行管理人的采访和在一些样本国家的经验，这次评估也考虑世界银行是如何组织它的"公共部门改革"的工作和资源。

提高政府运行水平的努力，早就是银行在许多国家开展工作的一部分。这项工作的基本原理已经得到发展，而且它的中心地位已经得到增强。从 1980 年代后期起，它就已经成为改革议程上最突出的条目之一。对公共部门改革的注意是出于两方面的考虑。第一，公共部门的质量——提供服务的责任、效率和透明度等都与长期增长和消除贫困有很强的因果联系。第二，世界银行主要与政府部门、中介机构开展工作。提高它们的效率和公共支持有助于实现银行支持它们发展的目标。因为世界银行在 1999~2006 年间总借款（620 亿美元）的 38% 的直接去向是没有指定工程用途的预算，而且投资借款的主要部分被核心的政府机构所支配。

在 2000 年，世界银行与它的执行委员会共同讨论和制定了一份战略性文件——"改革公共机构和加强治理：一项世界银行战略"。这项战略的目标是除了提供一些零散的政策建议之外，还要帮助建立有效率和负责任的公共部门机构。这项战略注意到了从 1990 年代的经验中汲取的主要教训："在一个机构功能失调和治理较为恶劣的环境中，好的政策和好的投资既不可能产生，也不会持久。"

---

① World bank. Independent evaluation group: Public sector reform: what works and why? An IEG evaluation of world band support, 2008.

公共管理改革战略主要聚焦于公共部门的核心机构和其他部门机构的接口。它只是轻微地涉及到特定部门内的制度性问题，这样做是为了力图解决与许多部门都相关的一般性问题。这项战略确认了世界银行活动有助于改善的"公共部门改革"的八个领域：公共开支分析与管理；行政和公务员体制改革；税收政策和管理；反腐败；分权化；立法和司法改革；部门机构的建设；公共企业改革。就这些领域的工作策略而言，这项策略同样提到，公共部门改革应该避免"一刀切"，而且目标是在试图进行更深层次改革前，把基本改革首先做完。

2. 范围

"公共部门改革"是提高治理水平的议程的一部分，它包括三个广泛的领域：以规则为基础的政府运作，提高对公民提供公共产品、话语和责任的水平，以及对私人部门进行更有效率和效果的管理，从而提高其竞争能力。这次评估所指的公共部门改革主要指第一个领域和第二个领域中与"透明度和信息公开"相关的某些方面。它与对私人部门的管制无关。

为了准确地评价"公共部门改革"战略的相关性和有效性，这项评估主要关注从1999年到2006年间的"年度财政"的工程，而且它也会回顾之前的十年，从而以长期的眼光看各国的公共部门改革项目。这项评估聚焦于2000年世界银行在公共部门战略中所描绘的四个领域，它们都与核心政府部门的组织方式相关。

公共财政管理。它与整个预算循环中的财务管理相关。这包括预算编制和执行，特别是财务管理信息系统和中期开支框架、采购、审计、监督和评估。它也包括源于国家财政责任评估和国家采购评估复核的改革的执行，以及对主要预算会计机构的加强，例如立法机关所属的公共会计委员会和最高审计机构。

公务员体制和行政改革。它涉及对人员组织和管理的所有方面。它还包括这样一些项目：裁减文职人员和改革人事信息系统（包括公务员调查），职业路径，薪酬等级（解压），激励系统的其他方面和各部门的组织。

税收管理改革。它包括税收管理的关键方面，特别是制度设置和操作流程的发展，例如与纳税人（实际的和潜在的）互动的自动化。

反腐败和透明度改革。它在以上三个领域都有所涉及，进一步说，许多最近的行动都支持在公共部门打击腐败和提高透明度的具体活动。下面的描述解释了这里所评估的银行支持与反腐败的方方面面是如何相关的。

世界银行评估部开展的这项评估只对世界银行反腐败的部分工作进行了评价，处理跨领域的系统（世界银行评估部在 2004 年时对整个世界银行的反腐败工作进行了评估）。这个由董事会于 1997 年签署的世界银行反腐败战略包含四个支柱性原则。

一是让国家分析、国家战略和贷款决策中的反腐败回归主流。这包括对国际开发协会向各国提供援助战略中的资源分配和反腐败进行国家政策和制度评估（例如印度尼西亚、孟加拉国和阿尔巴尼亚）。

二是帮助需要援助的国家遏制腐败。这包括对跨领域的公共管理系统和透明度改革的支持，还有反腐败的关键部门，例如采掘垦殖工业、卫生、教育和交通等。

三是杜绝世界银行工程和项目中的欺诈和腐败。这包括信托控制（财政管理、采购、风险映射和减轻）和由世界银行的廉政部门负责调查欺诈和腐败。

四是通过国际合作行动打击腐败。这包括联合捐赠人、经济合作与发展组织的发展援助委员会和支持地区性和全球性的公约，例如打击贿赂国外官员的经济合作与发展组织公约。

这项评估主要涉及第二项支柱性原则中的反腐败方面，重点是跨领域公共管理系统，但不是私人部门中的反腐败改革。

2007 年的治理与反腐败战略包括三个广泛的层次。

国家层次：帮助各国建立更有能力和负责的系统（包括核心公共管理系统、需求方机构和部门机构）。

工程层次：打击银行运作中的腐败。

全球层次：全球性的伙伴关系和联合行动。

这次由世界银行评估部开展的评估主要关注国家层次的治理与反腐败战略，加强核心公共管理系统，但也覆盖了 2007 年实施这项战略之前所从事的工程和活动。世界银行评估部也打算在今后选择一个恰当的时候对治理与反腐败战略进行评估。

这项评估意识到了公共部门改革中各个组成部分的互倚性，并知晓世界银行的公共部门改革项目有时是跨部门的运作。这项评估并不深究具体部门的问题或者国有企业改革等虽然重要但应该分别对待的问题。

这项评估包括各种类型的世界银行支持各国公共部门改革的活动，包括发展政策和投资/技术援助贷款、制度发展基金和其他补助金，以及各种类型的分析和咨询活动中的制度部分，例如公共开支评估、制度和治理评估及其他。

对分析和咨询活动的考虑已经被融合进世界银行评估部对经济和部门工作的不间断评估中。

这项评估活动跨越的财政时段是从 1999~2006 年。因此，它并不评估 2007 年的治理与反腐败战略，尽管它也应对一些这项评估所关注的问题。

3. 评估标准

根据世界银行评估部的三大标准评估关注点——相关性、效果、效率——这项评估主要是关于效果，即考察这些世界银行所支持项目空间做了什么，并弄清楚什么措施是有效的和为什么有效。

这项评估与公共部门战略相一致：本质上所有借款国，亦即公共部门改革的目标都是与这项评估所关注的四个领域相关的。对那些资源的正确管理一定是发展的关键决定性因素，因为核心公共部门的花费占了借款国的国内生产总值的 15%~30%。从另一个角度看，1999~2006 年间银行总借款的 38% 的直接去向是没有指定工程用途的预算（发展政策贷款、预算支持、债务免除等等）。而且投资贷款的主要部分都是由核心政府机构所支配。因此，提升核心公共部门的运作水平，对于世界银行支持发展的工作发挥实效是必不可少的。

世界银行公共部门改革的成果框架如下图所示。它展示了公共预算改革是如何帮助实现诸如消减贫困、经济增长、提高政府对公民责任等目标。这项评估将潜在关系作为既定条件，并审视这些项目实现公共部门改革目标的程度。

很明显，项目只有在有效果的情况下才会有效率。对银行职员和损赠者之间的协调，或者这种协调的缺失，都可以算作效率问题。职员技能、内部组织、激励和与外部伙伴的关系在何种程度上有助于实现对一个国家的有效支持。然而，总体来说，世界银行和其他人仍旧在试图弄清楚到底什么发挥作用；至于对效率的微调可以之后再说。

银行战略在国家层次是如何有效地执行这个问题意味着几个更具体的问题。

银行在国家层次的支持是基于全面的分析和对制度和政治现实的足够了解吗？银行支持的项目是在何种程度上得到调整以满足各国的需要，并顾及到了制度和政治现实？银行在何种程度上使用了优先和分阶段的方法？项目是最先解决基本问题吗？公共管理改革议程中的切入点发挥的作用是否最好？银行使用的贷款和分析与咨询活动工具在何种程度上适用于各国条件，在何种程度上实现了改革的预期目标？

表 2.6　　　　　　　　　公共部门改革的成果框架

最终的理想目标	公共部门改革领域和成果	各国的产出	世界银行在各国项目中的投入
经济增长 减少贫困 生命和财产安全 人民参与和享受权利 提升公共服务的质量和准入机会（水，卫生等等）	公共开支和财政管理 财政纪律，与两大政策偏好一致的资源分配，良好的运作管理 公务员体制和行政改革 能够吸引、保留和动员有能力的职员的高绩效的公共服务，适于地区劳动力市场的透明、非自由裁量的薪酬制度，在预算约束下发放工资 税务管理 提高税务绩效；更加公平和有效率的税收系统，减少漏税；对公民反馈更加开放 反腐败和透明度 行政机构和人员要对资金使用和其他行动负责。通过审计机关和公众对信息的准入机会来提高会计责任；会计责任和透明度有助于阻止人们为私人目的使用公共资源的行动	全面的预算；透明的预算编制，批准和实行；强大、即时的会计和审计；划算和透明的采购 足够的人事信息系统；减少工资压制和人员流动；足够的培训；有效的业务流程和部门间协作 更完善的信息系统；待遇优厚的员工；减少拖欠；减少纳税人服从的成本；减少征税成本 除了以上三个领域的反腐败措施，利益冲突的明确规则，通过有效的法律进行制裁，审计，起诉和司法裁决；公众拥有对信息的准入机会，并保护告密者	发展政策贷款 技术援助/投资借贷 制度发展资金和其他补助金 分析和咨询活动（公共开支评估；消除贫困战略文件；制度和治理评估）

　　在评估结果中，这项评估通过以下方式汲取教训：研究银行是否在某些领域取得的效果比其他领域取得得更多，或者它是否在一些类型的国家情况要比其他类型的国家情况产生更好的效果。这个关于银行对各国"公共部门改革"所作贡献程度的问题，它可以分为两部分：在世界银行提供支持的国家中，公共部门改革在何种程度上取得了成功？世界银行支持的哪些方面有助于成功？

　　对"将公共部门改革"的成效归功于银行支持提出了挑战。取得最后成功的证据一般都得从长期中看出来，而且也只是初步的结论。除了世界银行项目的影响，这项评估还考虑了国家条件和其他行为体的项目影响，例如国际金融机构（国际货币基金组织和地区性的发展银行）和双边援助国。重要的国家条件包括：宏观经济条件，它与政府的财政状况相联系（这种因果联系是双向的），因此与政府解决长期优先问题的能力相联系；劳动力市场条件，它面临公共部门人事改革的挑战；政治条件和事件，因为这次评估的许多作者都确认，政治支持是公共部门改革取得成功的必要条件。

4. 方法

这项评估以三种方式回答上述问题：对所有可获取资料的国家的公共部门改革模式及其成效进行统计分析；国家案例分析；对四个被选出来的主题维度进行主题性分析。这项评估也汲取世界银行评估部之前开展评估的经验教训，例如公共支出评估（1998）、公务员体制改革（1999）、反腐败活动（2004）、非洲能力建设（2005）、对承受压力的低薪国家进行支持（2006）和信托工具——国家财政责任评估和国家采购评估报告（2007），以及相关的国家援助评估和工程绩效审计报告。这项评估的所有方面都是通过以下方式进行：对任务管理者和其他相关人员进行采访、实地访问，以及与开展国家援助评估和相关工程绩效审计报告的世界银行评估部的团队进行交流。

分析的主要单位是国家项目，就如人们所知晓的，公共部门改革的成功取决于各种支持工具的综合，因为这些工具无法在被隔离状态下进行充分的评估。

（1）统计分析

对于所有借款国家来说，对公共部门问题、介入和成效有三种类型的分析模式。第一，审视公共部门改革介入措施的选择模式，特别是它们与一个国家中国际复兴开发银行或国际开发协会的地位相关性如何，与这个国家中公共部门的最初质量有什么关系。第二，考察世界银行开展公共部门改革的国家中公共部门质量指标的中长期变化。第三，检查资源，探究是什么因素与工程的成功有联系。

（2）国家分析

对于像公共部门改革这样微妙而具体到与各国相关的话题，国家案例是对统计分析的重要补充。这种国家评估有助于理解不同的介入措施的组合如何在各种国家环境中发挥作用。评估队伍对实施了世界银行支持项目的 19 个国家进行了案头审查，从国家援助评估的资料和工程绩效审计报告中吸收相关资料。评估队伍对其中的六个国家还进行了实地调查。

各国分别代表不同的地区、子区域和收入群体，而且所有的国家在公共部门改革中都获得了世界银行大量的支持。对于国家的选择也与去中心化和立法/司法评估相协调，以减少评估对客户的负担和银行职员的时间。

每一项国家层次的评估都审视公共部门改革在国家援助战略中发挥的作用。每一项评估也探究战略是如何实施和银行支持是如何对取得公共部门改革目标作出贡献的。每个国家不断发展的经济、政治和制度能力等条件也会影响成效，而且这项评估也调查银行是否在支持项目的设计和执行阶段中充分考虑了这些条件。

（3）主题分析

这主要是比较四个主题领域中世界银行实践的发展。他们对描述国际经验的文献进行了回顾，并提出一些国家研究的问题。然后在统计分析结果和国家研究的基础上，他们描述出每个主题领域中的成功模式和最常见的导致失败的方法。

（三）联合国 (UN)

联合国评估小组是一个专业性网络，它聚集着联合国系统中所有负责评估的单位，包括专门机构、基金、项目和附属组织。联合国评估小组现在有 43 个这样的成员和 3 个观察者。

联合国评估小组致力于强化联合国系统中评估功能的客观性、有效性和可见性，并倡导评估对于学习、决策和会计的重要性。联合国评估小组提供了一个让成员们建立共同的评估规则和标准的论坛；发展解决联合国问题的方法论；加强同行评审和信息交流中的评估功能，并在更广泛的评估社区中建立伙伴关系。

联合国评估小组已经选举出一位主席和副主席，并设置一位行政协调人和联合国评估小组秘书处。联合国评估小组的治理和工作方式在联合国评估小组的工作原则（2007 年采纳，最近一次修改是 2012 年）中得到概括①。

作为联合国评估小组的一员，联合国发展项目评估办公室的主要活动是开展独立评估：主题性和项目性评估。评估办公室负责年度评估报告，为发展结果的计划、监督和评估手册制定评估标准和指导方针，帮助强化评估文化，分

---

① UNEG：http：//www.uneval.org/.

享经验以提高项目水平，并积极参加联合国评估小组（UNEG）①。

第一个联合国发展项目的评估政策由执行委员会于 2006 年 6 月的年会期间批准。这个项目政策计划为联合国发展项目的评估职能建立了一个普遍性的制度基础，并寻求提高产生和使用用于组织学习的评估知识的透明度、连贯性和效率。联合国发展项目的评估包括两种：由评估办公室开展的独立评估和由项目单位委托的分权化评估。评估办公室开展的评估应该独立于管理部门。它的主管通过联合国发展项目执行官向其执行委员会报告。评估办公室承担双重责任：向执行委员会提供关于法人会计责任、决策和提升的有效而可信的信息；既提高评估职能的独立性、可信度和实用性，也提高支持联合国改革和国家所有制的协调性和一致性。而项目单位们则负责分权化评估，从而保证这些评估充足地提供关于联合国发展项目的信息，这在他们各自的评估计划中有所概括。2009 年，应执行委员会的要求，并根据 2006 年的评估政策，2009 年开始对这项评估政策进行评估。它的主要目的是着眼于最新的经验和绩效，并为将来的政策调整提供前瞻性建议②。

这次评估被分为三个主要部分：评估政策的相关性。它是通过探询这项政策是否做了正确的事，因为这项政策的目的是"为联合国发展项目的评估职能建立一个普遍性的制度基础"；在执行独立评估的过程中，这项政策在评估办公室绩效中的影响。这是通过对比其他国际组织中的政策和实践经验来检查的；查检这项政策对分权化评估系统的绩效的影响。

2010 年 1 月这份关于评估政策的评估报告正式发布，该报告对以上评估政策的三部分进行了严格的审查，并作出了一些批评，这也促成了新的评估政策的出台。

联合国发展项目现行的评估政策于 2011 年 1 月由执行委员会通过。这一政策反映了执行委员会对第一个评估政策中（2006 年）关于独立检查的决定。对第一个评估政策的修改厘清了联合国发展项目中的角色和责任，并提高了评估实践的水平。很明显，评估中的国家所有制、国家评估能力发展、组织学习和责任中评估的作用被给予了很大的重视。一种新的分权化评估的需要也被引入这项政策。这项政策适用于联合国发展项目（全球的、地区的、国家的、南南项目，以及所有其他项目活动），也适用于它的联合基金和项目（联合国发展项目基金和联合国志愿者项目），并接受定期的独立检查③。

---

① UNDP：http：//web. undp. org/evaluation/about – eo. htm.

② UNDP：Independent review of the UNDP evaluation policy, January 2010.

③ UNDP：http：//web. undp. org/evaluation/.

（四）国际评估合作组织（IOCE）[①]

从国际上说，评估处于现代治理与民主的发展的核心地位。我们生存的世界需要对政府的绩效进行持续的改进；为了公民和政策制定者的利益，政府应该承担更大的责任和更高的透明度；不管是在公共部门、私人部门还是公民社会，都应该有效地提供服务。评估通过提供有关工作的反馈来满足这些要求，加深了我们对政策执行过程的理解，设计允许机构和制度学习的知识制度；发展出有效管理和创新的能力。在许多国家和每一座大陆，评估者们都会汇聚在一起建立专业性的评估协会或学会。国际评估合作组织由亚洲、非洲、拉丁美洲、北美洲、欧洲和大洋洲的学会所组成。评估协会和学会等组织的数量在近几十年飞速增长。在 1980 年代，只有三个国家性或地区性的评估学会；到 1990 年代末，则存在 9 个评估组织，而到 21 世纪的开端，这个数字增长到 50。这些评估组织旨在提升方法与实践，提高评估工作的标准与质量，发展技巧，促进道德行为与标准，加强专业独立性，并提供一个交流、辩论和学习的平台。国际评估合作组织建立的目的就是增加这些国家性或地区性努力的价值，从而鼓励合作并加强国际性评估。当代的一项运动就是将评估既视为一项职业，又视为能够促进与提升社会性、政策性与制度性问题解决和发展的实践。国际评估合作组织就是这项运动的一部分。该组织在 2012 年 12 月的报告中总结了这一年的活动，其中包括与联合国儿童基金会建立伙伴关系，加强与联合国评估小组的关系，以及国际评估合作组织董事会成员在加纳首都阿克拉参加第六届非洲评估联盟的评估大会等等。

国际评估合作组织作为全世界地区性和国家性评估组织（协会、学会和网络）的松散联盟，它致力于：在发展中国家建立评估领导阶层和培养能力；促进全世界范围内的评估理论与实践共同发展；解决评估领域的国际性挑战；帮助评估领域以更为全球化的方法来确认世界性的问题并提出解决方案。他们邀请所有地区性或国家性的专业评估协会、学会或网络参加国际评估合作组织，他们也欢迎对评估感兴趣的人们使用他们的资源，参加他们的活动。国际评估合作组织还提供其他评估组织的联系方式，相关新闻和重要活动，交流思

[①] IOCE：http：//www.ioce.net/.

想、实践与洞见的机会，以及如何发展评估协会、论坛和网络的材料等等。就如国际评估合作组织在他们的宪章中所言："我们的任务是帮助合法地评估和支持评估学会、协会和网络，从而让他们更好地服务于良好的治理、有效的决策，并加强公民社会的作用。"

作为一个国际性组织，国际评估合作组织支持文化的差异性、包容性，并且为了把不同的评估传统汇聚在一起而尊重这种差异性。2003 年 3 月，在秘鲁的利马，来自全世界 24 个评估协会和网络的代表共同建立了国际评估合作组织。他们相信评估组织间的合作将会加强世界范围内的评估。

国际评估合作组织全体大会是成员们确定该组织优先方向和主题、选举董事会成员的主要平台，它向全体国际合作评估组织的成员开放。许多国际评估合作组织的活动都是"虚拟"的，尽可能利用基于网络的资源，从而尽量降低组织的运营成本。国际评估合作组织计划与世界各地的国家性和地区性评估组织共同举办一些定向的专家活动。该组织以英语、法语和西班牙语的形式接受、散布和发展各种资源和文件，并鼓励地区性和国家性组织将这些资源转译成其他语言。国际评估合作组织是以"非营利组织"的形式在加拿大注册，并拥有一个内容包括章程、程序规则和运作政策在内的宪章。

参加国际评估合作组织的中国成员只有一个名字叫作"中国评估网络"（Chinese Evaluation Network）的非正式评估组织，根据 2012 年 3 月的数据，该组织只有 25 个成员，没有自己的独立网站和有影响力的活动。

（五）美国评估协会（AEA）[①]

美国评估协会是由评估者组成的一个国际性专业评估组织，它致力于项目评估、人力评估、技术以及许多其他形式评估的应用和探索。评估包括评价项目、政策、人员、产品和组织的优势和缺点以提升他们的效力。美国评估协会拥有 7700 个成员，代表美国 50 个州和超过 60 个其他国家。

美国评估协会的任务是改善评估实践与方法，提升评估作用，促进评估行业，支持通过评估产生关于有效的人类行为的理论和知识。它的愿景是培育出一个包容、多样和国际性的社区，并作为受尊敬的信息来源和评估组织。

①　AEA：http：//www. eval. org.

美国评估协会最重视评估实践、评估资料的利用、评估社区中的包容性和多样化等中涌现的卓越：第一，他们重视高质量、道德上可行和文化回应性的评估实践，有助于形成有效和人道的组织，而且最终提升公共产品的水平；第二，他们重视高质量、道德上可行和文化回应性的评估实践，对决策过程、项目提升和政策形成都有帮助；第三，他们重视全球性的评估社区和人们对评估社区的理解；第四，他们重视评估专业人员的持续发展和来自代表性低的团体的评估人员的发展；第五，他们重视有效率、有效果、回应性、透明和对社会负责的组织运作。

在组织上，美国评估协会的关键成员包括：董事会，由 13 个选举成员组成，他们共同制定所有战略、政策和大规模的项目决策；专题兴趣小组，美国评估协会有超过 40 个专题兴趣小组，它们在拥有类似兴趣的成员中提供网络和会议项目；地方隶属机构，美国评估协会的地方性或地区性隶属机构是独立、按地域区分的专业组织，与美国评估协会承担共同的任务。

美国评估协会同样拥有自己的章程，该章程描绘了协会的基本法律义务，于 2010 年 8 月由全体会员通过，2011 年 1 月生效。它包括十个部分，主要内容涉及机构名称、目标、成员资格、业务会议、治理结构、官员、财务管理、董事会和其他成员参与、专题兴趣小组、章程修订等方面内容。

美国评估协会还下属一些出版物。如《美国评估杂志》，该杂志的影响因子为 1.157，主要出版有关评估方法、理论、实践和发现的原创作品。《评估新方向》则是一个按季出版的资料读物，该杂志出版有关评估的所有方向的作品，主要强调对评估理论、实践、方法、专业，以及评估发生的组织、文化和社会环境等方面的前沿问题进行及时和有深度的反思。

（六）国际影响评估基金（3IE）[①]

国际影响评估基金是一个美国的非营利组织，总部设在华盛顿。在全球发展网络（Global Development Network）和伦敦国际发展中心（London International Development Centre）的赞助下，国际影响评估基金分别在德里和伦敦开展项目运作。国际影响评估基金的职员是按以下几个团队组织的：进步与影响

---

① 3ie：http://www.3ieimpact.org.

评估服务团队；评估团队；财务、报告和行政团队；政策、倡议与沟通团队；项目团队与系统评价团队。国际影响评估基金由一个理事会监督，这个理事会由全体成员选举出来。理事会包括 11 个成员，代表不同的背景，包括来自发展中国家的政策制定者和支持推广国际影响评估基金的德高望重的代表。国际影响评估基金的成员中，有 18% 为非政府组织，46% 为双边机构，27% 为发展中国家的政府机构，9% 为基金会。

国际影响评估基金的出现，是回应公众日益要求看到公共开支效果的压力。由全球发展中心（Center for Global Development）发起，国际影响评估基金最初于 2006 年 6 月以工作小组的形式出现。这个新兴机构的目的是引导资金流向影响评估研究，从而解决政策制定者所面对的关键问题。这个小组后来正式成立为国际影响评估基金，由国际政府官员和来自双边援助机构、多边机构、非政府组织及基金会的代表组成。国际影响评估基金资助了对非洲、亚洲、拉丁美洲的创新工程的影响评估。资助影响评估研究的钱与资助这些工程的钱往往来自同样的机构——如盖茨与梅林达基金会（the Bill and Melinda Gates Foundation）、修列特基金会（the Hewlett Foundation）、谷歌慈善组织（Google.org）、非洲发展银行（the African Development Bank）等等 ①。

国际影响评估基金的愿景是通过影响评估来改善生活，任务是通过在发展中国家更充分地利用证据，以提升发展效力。他们的策略是旨在实现以下目标：产生新证据，发现是什么发挥了作用；总结并传播这些证据；培育一种文化，即基于证据制定政策；发展能力，以产生和使用影响评估。

国际影响评估基金扮演资助机构与知识经纪人的双重角色。他们开展各种活动，并提供多种服务，主要包括影响评估项目（向国际发展研究者提供支持与资源）、系统评价项目（向国际发展研究者提供支持与资源）、质量保证服务（提供一系列的服务，从对建议的协调与管理，到对最终结果的同行评审）和政策影响活动（帮助研究者更好地传播他们的研究结果，以影响政策）。

---

① Institute of Business& Economic Research：http：//iber. berkeley. edu/iberbulletinonline/facultyfeatures/2009fall_ iber_ hosts3ie. html.

（七）各国思想库[①]

当今公共政策研究与评估的一支重要力量就是思想库。由于它的专业性、相对独立性往往能取得体制内政策评估机构所达不到的效果。这里根据美国宾夕法尼亚大学"2012 年全球思想库报告"，对各国思想库概况进行介绍。

正如美国宾夕法尼亚大学"思想库与公民社会"项目负责人 James Mc-Gann 所言："思想库支持与维持民主政府和公民社会的潜力还远没有被开发完。在今天，无论是发达世界还是发展中世界的政策制定者与公民社会都面临同样的问题：如何将专业知识引进政府决策。这项挑战意味着驾驭好存在于全世界公共政策研究组织中的各种门类的知识、信息与资源，以实现公共福利。"

思想库是指分析与参与公共政策的机构，它们以政策为导向开展研究、分析，并对国内与国际问题提出政策建议，从而帮助政策制定者与公众作出有关公共政策议题的更为明智的决定。思想库既可以是依附性机构，又可以是独立性机构，是常设机构而非临时性机构。这些机构通常会在学术圈与政策制定圈之间、政府与公民社会之间发挥着桥梁的作用，通过将应用性与基本性研究转译为政策制定者与公众能看懂的形式，从而作为独立的声音服务于公共利益。通常可以分为官方思想库、半官方思想库、民间思想库与大学中的思想库。

思想库在近二十年的国内与国际政策领域越发活跃，并已经存在于 182 个国家和地区。尽管思想库继续聚焦于美国与其他西欧国家（60% 的思想库位于这两个区域），但是还有几个因素推动了世界其他地区思想库的增长，这些因素包括：全球化；国际行为体的增长；权力的民主化与分权化；对独立信息与分析的需求；政策议题复杂性的上升；新技术革命与技术变革的频率；对政府决策的不断开放的争论；全球性的"黑客主义"、无政府主义与平民主义运动；全球性的结构调整；经济危机与政治无力；政策海啸；影响超强的个人与社会网络。而思想库正面临的问题与趋势包括：资助模式的剧烈变化；专业化的提升；竞争更加激烈；处理好影响力与独立性的关系；处理好产出与影响间的关系；伪造的非政府思想库；组织的混杂性；网络、新媒体、社会网络与云

[①]　James G. McGann. 2012 Global Go To Think Tanks Report And Policy Advice（1. 28. 2013）. University of Pennsylvania. http://www.gotothinktank.com.

的影响；处理好行动与思想之间的关系；更加强调外部关系与市场运营策略；走向全球化；领导力与管理问题。

对思想库而言，持续性的挑战将是产生及时与可接受的政策导向研究，并有效地将政策制定者、媒体与公众整合到这个国家面对的问题上。"研究它，写作它，之后它们自然会发现它"的时代对思想库而言已经是一去不复返。今天，思想库必须是精简而精明的政策机器。《经济学人》杂志将"好的思想库"描述为：能够将"智力深度、政治影响、公众鉴别力、舒适的环境和一系列怪人"结合起来的组织。新技术每天都在以更快的节奏被发明，从而持续地要求思想库确认新的与更快的方式来收集、排列和分析资料，并使用各种沟通工具将它们的发现传播到相互分离的目标群众。那些没有成功将这些品质组织与整合进自身的思想库将会被称为"迂腐、无关、晦涩、无能与俗套"。许多思想库已经成功地应对了这个挑战，而且已经在学术圈与政策圈、政策制定者与公众之间发挥了重要的连接作用。

在美国宾夕法尼亚大学 2012 年的思想库报告中（2013 年 1 月发布），总共有来自 182 个国家的 6603 个思想库参与进这个过程。

表 2.7   各地区思想库分布情况

地区	思想库数量	所占比重（%）
非洲	554	8.4
亚洲	1194	18
欧洲	1836	27.8
拉丁美洲与加勒比地区	721	11
中东与北非	339	5.1
北美	1919	29.1
大洋洲	40	6
全部	6603	100

表 2.8   G20 国家的思想库概况

成员	国内生产总值（亿美元）	人口数量	思想库数量
阿根廷	5960	41769726	137
澳大利亚	8824	21766711	30
巴西	21720	203766711	82
加拿大	13300	34030589	96
中国	100900	1336718015	429
欧盟	148000	492387344	1457
法国	21450	65312249	177

续表

成员	国内生产总值（亿美元）	人口数量	思想库数量
德国	29400	81471834	194
印度	40600	1189172906	269
印度尼西亚	10300	245613043	21
意大利	17740	61016804	107
日本	43100	126475664	108
墨西哥	15670	113724226	60
韩国	14590	48754657	35
俄罗斯	22230	138739892	122
沙特阿拉伯	6220	26131703	4
南非	5240	40004031	86
土耳其	9605	78785548	27
英国	21730	62698362	288
美国	146600	313232044	1823

表9　　　　　　　　思想库最多的国家和地区排名

1	美国	1823
2	中国	429
3	英国	288
4	印度	269
5	德国	194
6	法国	177
7	阿根廷	137
8	俄罗斯	122
9	日本	108
10	意大利	107
11	加拿大	96
12	南非	86
13	巴西	82
14	瑞典	77
15	瑞士	71
16	墨西哥	60
17	荷兰	57
18	西班牙	55
19	罗马尼亚	54
20	以色列	54
21	肯尼亚	53

22	比利时	53
23	台湾	52
24	玻利维亚	51
25	乌克兰	47

从上表可以看出，思想库的发展情况与各个国家和地区的经济情况呈现很强的相关性，当今思想库发展的最为成熟的地区还主要是北美与西欧发达国家。也正因为如此，发达国家的决策过程往往更为科学，我国的决策科学化程度与之还有很大差距。

另外，尽管中国思想库数量（包括官方、半官方与民间，主要是前二者）排名第二，但与我国的经济规模和人口数量是非常不相符的。而在世界顶级思想库前150名的排名中，主要来自美英等发达国家，中国只有6家思想库，分别为中国社会科学院（排名17），中国国际问题研究所（排名38），中国现代国际关系研究院（排名48），北京大学国际战略研究中心（排名63），上海国际问题研究院（排名73），国务院发展研究中心（排名100）。尽管这项排名不一定完全客观，但也一定程度上反映了中国思想库不仅在数量上与发达国家有差距，而且在质量上的差距或许更大。

三、对我国的启示与借鉴

近年来，我国有些部门和地方开展了一些公共政策评估工作，对本部门本地区制定实施的公共政策项目进行了自我评估或委托第三方进行评估。总体上讲，这些评估不是法定的，是部门自己组织的，是随意的、零散的，并且缺少独立的第三方评估，透明度和公信力不足。造成这种状况的主要原因是我国政策评估工作起步较晚，政策评估理论方法研究滞后，实践经验不足。由于没有专门的法律和完善的评估制度，导致政策评估工作的客观性、独立性不强，政策评估职责和目的不明确，组织建设和机制建设难以落实，评估经费无法有效保障，严重制约了政策评估工作的规范发展，影响了公共政策质量的提高。

国外公共政策评估的实践，为我国提供了有益的启示和借鉴。

一是确立公共政策评估的法律地位。公共政策评估比较规范的国家，均制定和出台了相关的法律、规章和制度，这些法规和制度尽管立法机关和制定部门不同，效力也各异，但都对公共政策评估的主体、内容、标准、方式和程序等进行规定，从法律上保证了公共政策评估的地位，有力地推动了公共政策绩效评估在国内的开展和推行。政策评估工作具有独立性、规范性和法制化的特点。

二是加强评估机构和人才队伍建设。从各国的实践看，独立的政策评估组织既是保证评估结论客观、公正的前提，也是政策评估体系趋于成熟的重要标志之一。在许多发达国家，公共政策评估的组织化和专业化已成为一种主要发展趋势。国外从中央政府各部门到地方政府的各个部门都有专门的评估机构，建立了各自的评估专家队伍，而且有许多大学、研究机构和社会中介机构进行评估研究，并作为第三方承担政府委托的评估工作。与此同时，各国都注意加大对政策评估专业人才的培养，充分发挥外部专家、专业咨询机构和技术支持部门在评估中的作用。

三是强化财政、审计部门的监督。尽管许多国家设有专门的政策评估机构，或者由各职能部门自身开展评估，但财政、审计部门都是发挥重要作用的。一方面许多政策的执行需要财政部门的资金投入和审计部门的监督评估，另一方面各个职能部门的评估指标、评估项目往往都是在财政部门的指导下进行。

四是探索科学的评估理论和方法。各国结合国情和实际，加强评估理论和方法体系建设，拥有先进、实用的评估方法与制度设计，比如内部评估与外部评估相结合、定量分析与定性分析相结合、专家评估与民众参与相结合、事前评估与事中事后评估相结合、中央部门和地方政府相区别等，不断提高政策评估的针对性、有效性。

五是提高公共政策评估的透明度。建立政策评估信息系统，完善政府信息公开制度。在评估过程中，要扩大公众参与面。这样不仅可以保证评估的客观公正，提高评估的质量，同时有利于真正实现政策制定过程和执行过程的责、权、利相统一。根据不同情况，把可公开的政策评估信息对公众发布，接受公众监督和评议。

六是重视评估结果的应用。作为政府绩效管理的重要组成部分，政策评估主要是通过发现政策在设计和执行中存在的问题，对不合理或不适当的政策目标加以修改，最终改善政策结构。通过政策评估，不断地改进、修订和补充公共政策的内容，使整个政策形成"制定——执行——评估——完善"的良性循环。

第三篇 | 公共政策评估在中国

一、我国公共政策评估现状与问题

我国的公共政策评估起步于 20 世纪 80 年代，目前在很多政府部门已经有了评估意识和评估制度，开始自行或者委托其他机构进行公共政策评估；一些社会机构、咨询公司、研究院所和专家学者自发地对政策评估进行研究，且成果也较多。目前我国开展的公共政策评估涉及到公共产品价费、社保政策、就业政策、环境经济政策和科技政策等；政府评估机构进行的评估中有一些使用了系统的评估方法，但更多的评估方法并不系统；而极具中国特色的万人评议、行风评议、网上评议等评估方法也发挥了重要的作用。目前我国公共政策评估还以绩效评估为主，预评估和政策执行评估还较少。

总体来看，我国公共政策评估在学习西方先进经验的基础上，结合我国实际情况作出了有益的尝试，形成了一些有中国特色的公共政策评估方式。但存在的问题还较多，如没有成文的法律法规支持，尚未形成系统化、规范化、制度化的体系，评估方法较落后、评估人才有缺口。

（一）我国公共政策评估现状

公共政策评估是在一定的政策领域内，由评估主体通过评估方法对评估对象作出的评价和判断，因此本部分分别从我国公共政策评估的领域、方法、主体、类型四个方面分析。

1. 公共政策评估领域

我国公共政策评估开展的时间虽然并不长，但是涉及的公共政策领域已经较广。目前，我国的科技政策、公共产品价费政策、经济政策、就业政策、养老保险和环境经济政策等等领域都展开了政策评估。如果按照由非政府机构，尤其是专家学者自发进行的公共政策评估计算，覆盖的领域还要广得多。

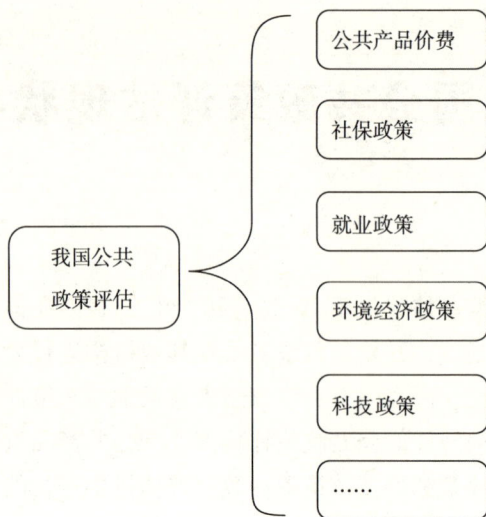

图 3.1 我国公共政策评估

（1）科技政策

科技创新是实现我国经济发展和产业升级的核心途径，为促进科技创新，实现创新驱动发展，近些年来科技主管部门及各级地方政府不断出台政策促进科技发展。随着国家及省市各级高新技术开发区的设立、战略性新兴产业的出台，各类促进创新的政策越来越多。与此同时，对于科技政策，尤其是高技术产业政策的评估也较多的出现。

科技部设有科技评估中心，在各省市区的科委和科技厅中也分别设有相应的评估机构，这些机构对各项科技政策进行评估。此外，也有很多学者或社会机构对科技政策进行评估。南京师范大学的肖泽磊和韩顺法对江苏省的高技术产业政策群做了评估，通过总结高技术产业政策的目标，建立了分析其实施效果的指标体系，采用"投射—实施"对比分析法分析了江苏省高技术产业政策群的实施效果，指出其在技术市场和高层次人才建设方面成效不足，并提出了一些改进建议。他们通过时间序列的方法，在同一时间轴上对江苏省的高技术政策和科技企业数量、科技产品出口数、科技合同成交量、专利申请量和研发人员比例等指标进行对比分析，并得出结论，即江苏省的政策在短期内实现了对高技术产业的促进，但后来由于其他省市给出了更为优惠的条件，导致了政策的长期效果并不明显。

（2）公共产品价费政策

价费政策是指政府价格主管部门依照法定权限制定和调整的，涉及本地区经济社会发展大局、社会涉及面广、与人民群众切身利益密切相关的相关商品和服务的价格和收费政策。对生活用水、燃气和电等重大物品的价费制定上，我国一直采用预评估政策，即在这些物品的价格变动之前会进行听证会以听取群众对变化的意见并作为参考。水、燃气和电灯公共物品价费政策评估的以物价部门主要负责。

近几年，我国一些地方物价部门的重大价费评估愈发得制度化。如 2012 年底，南京市物价局发文称价费政策跟踪评估是指价格主管部门在重大价费政策实施后，对价费政策的执行情况、产生的经济效益、社会影响等进行调查分析并作出客观评价的活动。南京市物价局的重大价费政策跟踪评估采取先行试点、逐步推进的方式，对下列价费政策应开展跟踪评估自来水、天然气等资源类，民办中小学、幼儿园等教育类，重要旅游景点、公共交通、物业服务、停车服务等服务类，中药饮片及制剂等药品类的价费制定和调整进行评估。该评估实施后即开展跟踪调查，半年后进行一次全面情况汇总；必要时按月、按季调查汇总。

同样的重大价费评估，安徽省物价局则提高了科学性和针对性，完善价格决策制度，并印发了专门的《安徽省物价局重大价格政策后评估试行办法》。该办法规定，重大价格政策后评估的内容包括：价格政策是否得到普遍遵守和执行，重点是下级政府价格主管部门、经营者的执行情况，存在问题及其影响因素分析；价格政策是否具有可操作性，重点是评价各项措施能否有针对性地解决问题，是否引发新的问题及其影响因素分析；分析价格政策制定依据的变化情况，包括法规政策依据变化情况、经营状况、成本、劳动生产率和市场变化情况，相关商品或服务的市场供求状况和价格变化情况；价格政策实施绩效，重点评价是否达到预期目的和效果，对价格总水平、居民生活、经营者和相关行业发展产生的实际效益，以及消费者、经营者、新闻舆论的客观反映。省物价局制定关系人民群众切身利益的重大价格政策，相关处室单位应在政策实施 1 周年后组织实施评估工作。对在全省范围内实施超过半年的价格干预措施，局相关处室单位应当在执行期满前 2 个月组织评估工作。重大价费评估需成立评估工作组，形成的评估报告，报物价局审议，经审议通过的重大价格政策评估报告，作为完善配套相关制度、改进价格工作的重要依据。

同一年，河北省也展开政府价格决策跟踪调查和评估，以根据跟踪调查和评估结论调整政策。为此，河北省物价局印发了《河北省价格政策跟踪评估办法（试行）》通知。根据该办法，河北省在制定、调整价费政策和标准时，明确规定了试行期限的，物价部门应当在规定期限届满前进行政策跟踪评估；

涉及重要民生和公共利益，且关系人民群众基本生活需求、涉及领域较广、金额较大，或者社会反映强烈的价费政策和措施，正式实施超过3年的，进行政策跟踪评估。已实施超过一年的价格干预措施，以及政府价格主管部门认为有必要进行跟踪评估的其他价格和收费政策等，都是政策跟踪评估的范围。该《办法》还说明，价格政策跟踪评估工作应当在启动后60日内完成，其中对价格干预措施的跟踪评估工作应当在30日内完成。政府价格主管部门相关业务机构将根据价格政策跟踪评估结论调整政策，未采纳的则应当在提请集体审议时说明理由。需要废止相关价格政策的，政府价格主管部门应当在作出废止决定后向社会公布。

（3）经济政策

改革开放以来，我国一直处于经济高速增长的阶段，一方面，在每年出台的政策中很大一部分是经济政策。同时，国内生产总值（GDP）是考察地方干部政绩的重要因素和核心内容。因此，在我国政府干部长期以GDP为首要工作目标的同时，政策评估中有相当部分涉及到经济政策。实际上，一些地方政府将经济政策评估作为政府绩效的主要考察部分。

我国政府财政收入近些年来增长速度一直高于GDP，其中税收是财政收入主要的组成部分；而同时税负过重成为一些企业，尤其是中小型企业面临的重大困难。2011年以来，受欧债危机影响，世界经济持续低迷，我国GDP增长速度也减速进入了"8时代"，相当数量的企业，尤其是中小企业在外需锐减、内需不振的情况下经营陷入困境。为此财政部、税务总局和工业和信息化部等部门联合出台了结构性减税政策，该政策包括个人所得税、服务业营业税改为增值税等一系列政策组合，目的则是调节收入分配、支持小微企业发展、调整产业结构、扩大进口以及稳定物价等。其中，小型微利企业减半征收所得税，实施物流企业大宗商品仓储设施用地的城镇土地使用税减免政策，对蔬菜的批发、零售免征增值税，减轻物流企业和农产品生产流通环节的税收负担，免征金融机构对小微企业贷款印花税，并将符合条件的国家中小企业公共服务示范平台中的技术类服务平台纳入现行的科技开发用品进口税收优惠政策范围，对符合条件的家政服务企业取得的收入免征营业税，并进一步扩大了享受企业所得税优惠的农产品初加工范围。

从政策效果上看，结构性减税政策激励了企业投资、拉动了消费、促进了出口，帮助宏观经济复苏。具体来看，消费开始增加，车辆购置税调整降低了消费者的购买成本，拉动了汽车消费。个人所得税调整提高了居民的可支配收入。2012年上半年一般性消费增长与消费税、营业税减免有重要关系。结构性减税政策还刺激企业投资，以房地产投资为例，在包括降低住房交易税费在内的结构性减税政策之外，配合改革城镇土地使用税和耕地占用税，促使房地产行业投资增加。结构性减税政策降低了出口下落的影响，多次提高纺织品、服装、玩具等商品出口退税率，使出口商品以较低的价格进入国际市场，减少了出口下落的影响。以个人所得税为例，受提高个人所得税起征点和个体工商户经营所得税率结构调整的影响，2012 年上半年我国个人所得税征收额为3272 亿元，同比减少 283 亿元，下降 8%。其中薪酬所得税同比减少 278 亿元，下降 11.8%；个体工商户生产经营所得税同比减少 53 亿元，下降14.6%。结构性减税支持了企业发展，提高增值税和营业税的起征点，减轻小微企业税费负担，减税实施后全国 924 万余户个体工商户免缴增值税和营业税，占全部个体工商户的 63% 以上。

对结构性减税政策，专家学者也给出了不同的评估。财政部财科所副所长白景明认为结构性减税是一种税制改革性的减税，不是短期政策减税，个人所得税改革、营业税改征增值税等都将为居民和企业带来长期的减税效果，他认为，"保持经济平稳增长，需要落实并不断完善结构性减税政策，切实减轻企业和居民负担。"中国社会科学院财经战略研究院《中国宏观经济运行报告2012》认为，中国政府主导需求管理政策，在保持经济快速增长的同时也在不断加剧经济结构失衡程度；因此应提供稳定需求与供给相结合的总量政策，抑制中央和地方政府投资，促进民间投资，减轻企业负担，激发经济内生增长。何正华和侯石安对 2012 年上半年我国的结构性减税政策进行了评估。他们认为2012 年结构性减税的"重头戏"是 1 月在上海部分行业率先启动的营业税改征增值税试点。"营改增"试点运行平稳有序，改革成果初步显现。浙江省某税务官员则认为结构性减税力度不足，缺乏对小微企业的实质性作用。如果在减税同时强制企业缴纳"四险一金"会在一定程度上抵消对小微企业的政策效果。

另外，结构性减税政策通过激励效应、成本效应和跨期效应促进了制造业转型升级。首先，结构性减税政策对制造业转型升级的激励作用主要通过增值税转型与出口退税政策调整实现。增值税转型既促进企业由劳动力密集型向资本密集型、技术密集型转变，还加速资本密集型、技术密集型企业进一步升级。其次，经济萧条时期对有市场前景当状况恶化的行业加大减税力度能够降低其进入壁垒，而对受冲击不大但市场前景较差的行业保持原来的税收政策，能够加速淘汰落后的行业和促进对有潜力行业的投资。最后，减税政策在短期内带来税收降低，但在长期内将会拉动经济增长、改善经济结构和增加财政收入。短期来看，结构性减税减少了 2012 年上半年某些税种的税收收入；长期来看，经济结构调整和升级带来了更强的经济增长动力，消费增加、出口提升为未来财政收入可持续增长提供支撑。

邱峰仅以小微企业作为结构性减税政策的目标进行了分析。他认为在国内外复杂的经济形势下，小微企业面临困难的生存环境，尤其是融资困难和税负压力大给企业造成了极大困难。因此应提高小微企业增值税营业税起征点、减半征收小微企业所得税、增值税"扩围"改革试点，以减少小微企业的税负。结构性减税降低了小微企业需要交纳的税金额，相当于为其"减压"，而得以保留在企业的收入可以投入投资再生产的过程当中，有助于减轻税收负担，稳健经营、扩大盈利空间以及增强发展后劲。另外，减税后为小微企业留下的资金能够投入产业结构和转型升级中，从而帮助增强企业竞争效率和竞争力。当然，如果成为劳动者收入，则增加居民的可支配收入，拉动内需。无论转化为哪种收入，都可以扩大我国整个宏观经济和税基，创造更加深厚的财政基础。

社科院财贸所税收研究室张斌认为结构性减税政策有利于调整经济结构，并有助于保持物价平稳。第三产业作为"三农"和工厂企业、产业资本投资者、甚至现代金融产业和服务产业的连接体，地位重要但却很弱势。过去的营业税征收政策在全部流转环节征税，分工越细重复征税越严重，阻碍了分工细化。营业税改增值税在一定范围内避免了重复征税，减轻了中小微企业的税负，促进了服务业发展。高培勇认为，将征收营业税的中小企业改征增值税，减轻了企业税收负担，避免了重复征税，如果配合以差别化税率将变成一种制度化的力量。

（4）社保政策

民生在我国中央和地方政府工作的重要性不断上升，社会保险关系人民的养老、工伤和医疗等，是民生政策的重要组成部分。根据全国第六次人口普查统计，我国总人口达 13.39 亿，其中居住在城镇的人口总数为 6.6557 亿，占总人口比重为 49.68%；60 岁及以上人口约 1.7 亿，占总人口比重为 13.26%。我国人口机构变化最为显著的是人口年龄结构，青少年人口比重较以前下降了 6.29 个百分点，60 岁及以上人口上升了 2.39 个百分点，65 岁及以上人口比重上升了 1.91 个百分点。表明我国人口红利期衰退、老龄化加重。城镇居民养老保险将参保对象锁定在既没有参加城镇职工养老保险，也不在"新农保"保障范围之内的群体，有利于逐步将养老保险覆盖面扩展至全体居民，实现"老有所养"的发展目标。2011 年国务院发布《关于开展城镇居民养老保险试点的指导意见》，全国范围逐步开展城镇居民社会养老保险试点推广工作。而在养老资金保障上，根据社科院发布的《中国养老金发展报告2011》，自 1997

年各级财政开始对养老保险转移支付起，补贴规模一直在扩大。2000 年各级财政补贴金额为 338 亿元，2006 年为 971 亿元，2010 年 1954 亿元，2011 年新增补贴高达 2272 亿元，财政累计补贴金额达 1.2526 万亿元。近三分之二的养老保险累计结余（1.9 万亿元），来自于财政转移支付。而 2012 年 6 月中银和德意志银行联合发布的研究报告《化解国家资产负债中长期风险》预测 2013 年，我国养老金的缺口将达到 18.3 万亿元。

随着近几年来我国社保政策体系的不断改进和经常出现的关于养老基金缺口的争议，社保政策受到了越来越多的关注，也有许多研究机构和学者用不同的标准对我国的社保政策进行评估。如按照周小川与王林提出的社会保险政策评价标准，评估主要考虑社会安全感、社会公平、个人激励①等。而按照葛延风的标准，评价某项政策成功与否，则要考虑政策目标是否合理、财务上是否可持续、目标人群的覆盖面是否大、管理是否简便易行②。

柴文莉在借鉴以上评价体系的基础上，利用不完全信息理论建立社会基本养老保险政策的评价指标体系，对城镇居民养老保险政策进行了评估。她认为我国的城镇居民养老保险政策体现了兼顾效率与公平的思想，社会保险保障基本生活，适当拉开档次，更高档次的保险则由商业保险提供；覆盖面广体现为每个险种都有特定的参保群体，但各险种构成的社会保险体系可以覆盖到全体居民；持续性则是考虑社保基金的合理有效运营，确保其持续长远发展。从参保条件看"年满 16 周岁不符合职工基本养老保险条件的城镇非从业居民"；从社会保险体系看，社保覆盖面将扩展至全体居民，基金管理采取县级甚至省级统筹，并入"金保工程"体系，并建立专门的经办管理机构，以降低社会养老保险的管理成本。分析之后，柴文莉建议逐步完善相关的政策机制，废除"捆绑机制"，吸纳社会闲散资金，构建多支柱养老保险基金体系；加强基金

---

① 社会安全感：一个好的政策安排会使社会成员产生安全的预期，使人的心态比较平稳。社会公平：收入分配，特别是社会保障政策，应该关注全体社会成员的基本保障，因此要特别强调全体社会成员的公平性，社会保障覆盖面的大小和受益程度的大小是公平的重要体现。个人激励：即能否为个人努力工作提供恰当的动力。

② 政策目标是否合理：合理的政策是能体现建立社会保险政策的实质，也能体现是否尊重健康与生命等社会伦理道德的要求。财务上是否可持续：社会保障政策尤其是各种社会保险政策是以直接的资金筹集与支出为基础的分配政策，其发挥作用的前提是长期资金收支平衡，即财务上必须可持续。目标人群的覆盖面是否大：能体现社会公平程度，也是保证财务收支长期平衡的需要。管理是否简便易行：不仅决定管理成本的高低，而且决定是否能够最大限度地避免各种违规行为。一个复杂、难以调整的政策，必然难以实施有效管理，政策漏洞很多，如逃避参保、弄虚作假、资金被贪污挪用等等，参加社会保险的各方主体对基金的投机侵蚀行为可能会花样繁多。我国人口众多、经济与社会运行的政策化水平较低、管理水平和管理能力有待完善，这些更要求实行简便易行的管理政策。

管理，逐步提高统筹管理层次，统一养老保险格局；加大参保宣传，逐步提高养老保险的替代水平；注意养老保险体系的一致性与统一性。

而吴湘玲则对我国的养老保险政策作出了不同的评价，认为其中的缺失较多，需要进行改进。她认为基本养老保险政策是由政府部门参与并承担重要责任的一种养老保障制度，而目前我国基本养老保险政策是地方统筹的"统账结合"的保险模式。吴湘玲对目前世界上常用的三种养老保险模式与目前我国城镇基本养老保险模式进行了功能评价。分析结果表明，我国基本养老保险政策具有目标覆盖率较窄、财务可持续性较差、管理的简便程度差、管理成本高、社会再分配功能弱、个人权益的便携性差、个人激励功能弱等缺陷，同时全国统筹的随收即付制度是最适合我国国情的基本养老保险模式。她还指出，我国养老保险政策没有缩小区域差距与社会公平功能。从而得出结论，我国目前地方统筹的统账结合的社会养老保险模式没有实现制度设计的基本功能，由于养老保险政策运行的环境变数不确定，也使它的运行管理功能与附属功能难以完全实现。

（5）就业政策

失业率是衡量社会稳定的重要因素，促进就业是政府的一项重要工作。近几年，大学生和农民工成为就业政策的重点对象。

我国大学生就业政策可以分为三个阶段。第一阶段：建国初期至1985年。在这段计划时代，大学生按计划"统包统分"由国家安排就业。1977年全国大学统一招生考试恢复后，大学毕业生就业仍沿袭由政府"统包统分"的做法。第二阶段：1985年至1998年，大学生就业制度改革过渡期。在社会主义市场经济体制建立的同时，大学生就业以国家计划分配为主体，但出现了根据市场就业的现象。根据《中共中央关于教育体制改革的决定》，对国家计划内的学生毕业分配"实行在国家计划指导下，由本人选报志愿、学校推荐、用人单位择优录用的制度"，基本还是按照"计划"就业。第三阶段：1998年后，大学生就业市场化。1998年自费大学生首批毕业，并开始市场化自主就业。根据《国务院关于做好1998年普通高等学校毕业生就业工作的通知》，"积极支持和鼓励集体企业、私营企业、联营企业和股份制企业等单位接收毕业生"。而2002年教育部在《教育部、公安部、人事部、劳动保障部要求切实做好普通高等学校毕业生就业工作的通知》中明确提出取消限制高校毕业生包括专科（高职）毕业生合理流动的政策规定，允许高校毕业生跨省（自治区、直辖市）、跨地（市）就业。允许和鼓励毕业生到非国有单位就业和跨地区就业是大学生市场化就业的标志性进步。

1997 年之前，大学生就业在计划分配体制下，国家统包统分，就业率几乎为 100%。然而随着市场化就业政策的改革，国家对毕业生不再包分配，以往固有的稳定和平衡被打破了，出现了大学生就业难的现象，此后大学生就业率明显低于以往。以教育部所属院校为例，到 2001 年为止本、专科生最低就业率分别为 85% 和 42%。

由于大学生市场化就业政策的变化带来就业率的巨大波动，因此非常有必要对其进行评估。李从容、刘晓燕通过对大学生市场化就业政策变革过程的归纳总结，用多个标准对大学生市场化就业政策进行了评估。

以生产力标准评估，"统包统分"的就业制度是与我国当时高度集中的计划经济体制相一致的，该制度给政府带来了巨大的分配压力，也导致大学毕业生就业路径狭窄。20 世纪 70 年代末期，就业问题愈发严重，每年有 600 万～700 万青年等待就业，统包统配难以维持。此外，人才在生产力发展中的作用越来越重要，大学毕业生已经成为重要的生产要素，而大学生市场化就业政策改善了人才环境。以公平性标准评估：人才劳动力是私有产权，也是社会条件的产物，因此劳动力资源不可避免地要由社会制度安排。当大学生就业政策倾向于私人产权属性时，便有利于在劳动力市场上自由交易，选择自己的职业；当大学生就业政策强调其是社会条件产物时，则按国家分配就业。

他们认为现行大学生就业政策存在一些问题。首先，供求不匹配，导致大学生就业供需矛盾突出。在需求端，研究生供不应求，本科生基本供求平衡，专科生则供过于求；专业结构上，计算机、电子、机械、外语、会计等专业毕业生供不应求，而地理、人类学、考古学等专业毕业生供过于求。但市场状况对高校招生规模和专业结构的调整缺乏足够影响。尤其是 1999 年高校扩招以来，大学生就业的总量并未改善，结构上存在的问题还在扩大。其次，人事、户籍制度制约大学生自主择业。在市场化就业制度下，大学生和用人单位间的就业意向会因人事和户籍的制约收到影响，导致本来有意向的大学生和用人单位间难以达成契约关系。最后，大学生市场化就业主要依靠国家和学校，国家教育发展研究中心课题组对 20 世纪 90 年代毕业的大学生进行了问卷调查，发现 45.4% 的毕业生就业依然依靠国家分配和学校推荐，27.5% 依靠自荐和亲友介绍，19.5% 是依靠各种招聘会。可见大学生就业的主要渠道仍不是人才市场。最后，他们认为大学生市场化就业政策推动了生产力的发展，有利于人才的合理使用，成功地解决了计划就业产生的一系列问题。但由于教育体制、人事体制以及户籍制度的限制，大学生市场化就业政策还无法完全发挥作用。并建议加强市场化就业外部配套政策的改革，建立和完善专业化的大学生就业人才市场，以解决目前大学生就业困难。

（6）环境经济政策

随着近年一些环境事件的频繁发生，环境保护受到政府和公众越来越多的关注，我国政府也开始更多地出台一些政策对环境进行保护。在哥本哈根国际气候大会后，经济手段开始成为我国最基本的环境政策。环境经济政策是指按照价值规律的要求，运用价格、税收、信贷、收费、保险等经济手段，调节或影响市场主体的行为，以实现经济建设与环境保护的协调发展。20世纪80年代初，OECD就开始倡导使用环境经济政策并取得成功经验。联合国《里约环境与发展宣言》中明确要求各国重视环境经济政策，把环境费用纳入生产和消费决策过程。在市场经济体制下，环境经济政策往往具有优于直接行政干涉的效果，是实施可持续发展战略的关键措施。随着社会主义市场经济体制的完善和国家碳排放的压力，我国环境经济政策也在不断发展、完善。

我国的环境经济政策种类较多，但同发达国家相比还存在很大的差距。一方面，经济手段的筹资机制过重，而环境经济政策的首要功能本来是对市场经济主体保护环境的行为施加一定的经济刺激。另一方面，经济手段运用宽度和深度都不够，我国一部分环境经济政策覆盖范围和执行力度都不足。环境税费是我国环境经济政策的重要组成部分，约占我国环境经济政策的一半。发达国家的环境税收大体可分为三类：专门为保护环境筹集资金的税收、对特种污染物或污染行为征收的税收以及税收上的其他环保措施。我国目前的环境税费政策分为两类：一是环保方面的收费制度，包括征收排污费、污染处理费（污水处理费和垃圾处理费）、生态环境补偿费、水资源费、矿区使用费、矿产资源补偿费、土地使用费（或场地占用费）等。二是环保方面的税收制度和政策，包括消费税、车船使用税、城市维护建设税、固定资产投资方向调节税（现已暂停征收）、资源税、城镇土地使用税、耕地占用税以及其他促进环保的税收措施等。

王海勇、冉晓晞对中国环保收费制度和政策进行了具体分析。排污收费制度中，1982年国务院颁布的《征收排污费暂行办法》对征收排污费的目的、对象、收费标准、收费政策以及排污费的管理和使用作了详细规定，标志着我国排污收费制度的正式确立。他们总结发现，限制排污收费制度建立23年来，全国31个省、市、区已全面开征了排污费，县级开征率超过了90%。经验表明，排污收费制度是一项有效的环境经济手段，对促进企业的污染治理、筹集污染治理资金、加强环境保护等都起到了十分重要的作用。但我国环境经济政策仍然存在很多问题，主要表现在征收面窄，征收标准仍偏低，征收力度不足，征收效率低，缺乏必要的强制手段；排污费未能按照法定的用途使用。

根据《排污费征收使用管理条例》规定，"直接向环境排放污染物的单位和个体工商户，应当依照本条例的规定缴纳排污费。排污者向城市污水集中处理设施排放污水、缴纳污水处理费的，不再缴纳排污费。"排污者可以选择缴纳排污费或污染处理费。通常，污染处理费有污水处理费和垃圾处理费两种。第一，污水处理费。污水处理费包括企事业单位污水处理费和城市生活用水处理费两种。我国城市污水处理收费覆盖面小、收费标准低，一方面污染者没有对污染进行负担，另一方面也难以弥补污水处理成本，对城市污水处理厂的运营造成了负面的影响。他们得出结论，肯定了我国环境经济政策的合理性。但从具体的环境税费种类来看，税费种类过多、标准过低、立法层次不够，导致税费征收和使用过程中的随意性太大，满足不了环境保护的资金需要，也大大降低了对生态调节的作用力度。因此应该合并现在的环保税费，提升立法层次，开征统一规范的环境保护税，就成了实现我国全面、协调、可持续发展的必由之路。

学术界的一些科研院所和学者将公共政策评估作为科研的一个重要领域，其政策评估的范围要广得多，涉及了人才、扶贫、公共物品、财政、选举等多个方面。

总体来看，我国公共政策评估的领域已经比较大，涉及了较多的公共政策领域。

2. 公共政策评估方法

依据政策评估的主体不同，通常将公共政策评估可分为内部评估和外部评估。目前我国的公共政策评估主要以内部评估为主，即由政府部门内部进行评估。根据总体安排，通过自下而上的总结报告等形式对本部门或本系统工作进行汇总。内部评估的主要优点是评估人员比较了解情况，信息资料容易获取，评估的结果也容易被采用。但是，政策评估必然要涉及到有关事实的描述、是非得失的评判、责任利益的分配，因此，由政策的制定者和执行者进行的内部评估在真实性、可靠性、全面性和客观性等方面难以保证。外部评估由非政府机构进行，例如研究机构、专业评估机构、民间团体和社会公众等，在进行政策评估时，他们往往缺乏足够的获取信息的手段。信息是政策评估的依据，没有真实、详尽的资料，政策评估的全面性、客观性将无从谈起。而且由于不熟悉政府部门的内部管理，其评估结果很难被政府采纳。

在本书的研究中，按照评估活动的组织形式将我国现有的公共政策评估方法分为正式的和非正式的。正式评估方法指有明确的评估目标，评估前制定完整的评估方案，严格按规定的程序和内容执行，并由确定的评估者进行的评估。正式评估是政策评估中占主导地位的一种评估方式，其评估结果往往可以作为政府部门执行或修订政策的重要依据。非正式方法指对评估者、评估形式、评估内容没有严格规定，对评估结论也不做严格要求的方法。非正式评估大多具有非官方的性质，但在针对政策某一方面的评价中却能起到不错的效果。我们进一步将正式评估方法分为系统性的和非系统性的。系统性的评估方法是指正式评估中综合运用多种手段，对某项政策的多个方面进行全方位、综合性的评估。而非系统性的评估方法是指利用单一的评估手段进行的评估，往往是针对政策的某一方面。

（1）系统性评估方法

正式的评估方法往往是在政府部门委托一些机构进行评估时使用，这样的评估通常是由政府部门提供评估经费，并为评估获取必要的信息提供帮助。而评估主体则需要在评估之前就按照评估委托部门的要求，在明确的评估目的下，制定评估计划，在获得评估委托部门同意的前提下，按照既定计划进行评估。部分具有评估功能的政府部门，以及政府附属的专门评估机构在对公共政策进行评估时往往能够采取系统性的评估方法，对政策进行全面、系统和理论性的评估。

国家科技规划纲要评估。

作为我国的科技主管部门，科技部通过科技规划纲要来对未来几年全国的科技工作作出计划，同时为对该计划进行评估以根据实际情况进行调整。以《国家中长期科学和技术发展规划纲要》"十一五"实施情况初步评估为例，为对该规划进行初步评估。之所以是初步评估，因为该规划纲要的实施时间为2006~2020年，在执行一半的时候，即2012年时进行了一次相当于中期的初步评估，称为初步评估。虽然是初步评估，但该评估由专门的评估机构采用了系统的评估方法，较为全面地对该纲要实施7年以来的情况作出了评价。

该评估最终形成超过3万字的报告，评估报告从规划纲要实施基本情况、国家创新体系建设、科技战略布局、创新政策、创新生态环境和创新型国家等多个方面进行了翔实的研究和评估。

（2）非系统性评估方法

在非政府部门下属的机构、院校以及政府部门下属的非专门机构中开展的公共政策评估中，评估方法往往不系统，但却极具实用性，评估有时也不需要专门聘请专业评估机构，应用范围也较广。目前较为常用的一些非系统性评估方法包括万人评议、行风评议、网上评议和政府听证等。

万人评议。

20 世纪 90 年代后期以来，我国各地开展的各种万人评议活动甚多，诸如"万人评行风"、"万人评医院"、"万人评警"、"万人评计生"、"万人评工商"、"万人评公交"、"万人评学校"、"万人评环保"、"万人评窗口"等多种形式。万人评议仅指参与人数众多的对政府部门的评议。目前来看，万人评议较多在基层政府中开展。

2012 年南通市开展"万人评议"，对南通市机关作风进行评估。其实从 2001 年起，南通市就开始创新探索符合当地的公共政策评估方法，以推动南通市科学发展和提高政府绩效。在南通市每年市级机关年终综合绩效考核评比中，社会评议都被作为一个重要环节，且形成市级机关作风建设有效的激励、约束、监督机制，发挥了重要的导向作用。2011 年底，南通市委、市政府在规划年度市级机关作风建设社会评议工作时，决定在原来千人评议机关的基础上，启动万人评议机关活动，以进一步促进群众参与。"组织万人评议，是贯彻落实市党代会精神的重要举措，是提升机关服务水平的有效途径，是完善机关作风建设评价机制的内在要求。"在南通市此次"万人评议"中，接受评议的市级机关共 95 个。评议代表则涵盖南通市党代表、人大代表、政协委员、企业管理人员、老干部、特邀监察员、省级新闻媒体、市民巡访团、县（市）区和街道、乡镇、社区群众代表等 18 个界别组。"万人评议"评议表的发放方式包括现场发放、委托组织、点对点邮寄等三种，同时通过报纸、网络广泛征求社会各界意见。据统计，参与南通市万人评议活动的各界代表和群众多达 16550 人次。共计回收纸质评议表 9049 份，回收率超过 90%；另外还有 4550 人次参与了报纸、网络评议。

南通市的万人评议工作总体评价佳，机关工作的评价模式得到进一步完善。除组织对市级机关作风建设总体满意度测评外，还首次对权益保障、民生改善、廉洁从政、服务水平、行政效率等五个方面进行满意度测评，社会各界的满意率均超过了 88%，分别为 89.37%、89.43%、88.27%、88.86% 和 88.16%。此次万人评议不仅取得了评估效果，而且通过评估为南通市政府绩效和服务的提高发挥了作用。通过宣传发动、发布评议公告、媒体推动等，南通市级机关各部门以接受评议为契机，公开部门职责，展示机关工作实绩，开展自查自评，整改问题。

评议代表认为，万人评议使更多的基层群众参与，"政府了解群众对机关工作满意度会更准确一些，机关各部门服务基层、服务群众、服务经济发展的工作会更细致一些";"拉近了老百姓与政府机关的距离,有利于加强机关与老百姓的沟通联系、相互理解和支持,对机关作风建设也是一种监督"。

而评估对象南通市政府则认为这次万人评议覆盖面广、与群众沟通良好,起到了应有的评估作用。首先,评议对象范围广,覆盖了南通市全部市级机关部门、部分条管部门及部分与经济社会发展和群众生活关联度较高的市直企事业单位;评议代表构成有针对性,涵盖了各个层次的群众,较好地保证了评议的客观性、真实性和全面性;评议方式系统,既保证对各参评机关作出相对客观的评判,又在更大范围内征求了基层群众的意见。

政府与群众间沟通良好。不少评议代表在提出意见建议的同时,留下了姓名和联系方式,还有些不是评议代表的群众也积极参与,把向周围老百姓调查、征集到的意见建议整理后亲自送到南通市作风办。评估发现了南通市政府在公共政策上的一些不足,特别是求医问药、上学就业、食品安全、住房物价、城建规划、交通出行等问题仍未得到群众满意。

通过这一次"万人评议活动"的成果,南通市决定将"万人评议"作为一个重要内容予以部署,并将进一步完善活动制度设计,包括设定重点评议指标、方便评议代表评议、分类设置评议权重、不断提高针对性和公正性、优化多元评议体系、不断提高活动权威性等,以此"激发机关干部服务基层、服务群众、服务企业的积极性、创造性"。

可以发现,万人评议作为一种公共政策评估方法,具有其相当突出的优势,总结起来,有如下几点。第一,群众参与度高,从评估方法本身的名字就可以看出,其群众参与度动辄数以千计,因此动员的人员数量本身很大,同时界别也多,覆盖面广,更能够通过带动大批群众参与对政策的评议,拉进政府与群众间的距离,增加群众对政府的信任度。第二,万人评估能够广泛获得社会各界的意见,从而可以对政策对不同利益群体的影响作出较准确的判断。

当然,万人评议也有其不足。首先是针对的公共政策以区域性的基层政策为主,在实际操作中还鲜有省级以上政府开展万人评议的情况。其次是信息量大,处理较为繁琐,由于评议人数众多,因此需要大量的甄别和信息处理工作。

行风评议。

公共政策的绩效,除与政策本身的设计有关之外,还与政策执行有很大关系。一项设计得非常严密合理的政策,如果执行过程中出现问题,则很可能无法实现施政者的目的;反之,好的执行能起到事半功倍的作用。因此对政策执行的评估也是政策评估很重要的一部分。行风评议就是主要针对政策执行的一种非系统评估方式。

　　行风评议，或称民主评议行风，是指依靠社会各界众多代表对与人民群众生活关系密切的行政执法、经济管理和公共服务等部门和行业风气，在全面深入的调查、分析、归纳的基础上，进行公开评议，作出评价。虽然行风评议最初的目的是对政策的具体执行进行评议，但实际也可以作为对政策本身进行评估的一种方法。在实际应用中，行风评议更多的是被用于促进被评议部门纠正部门和行业不正之风，推动行业作风建设。行风评议可以由评议部门聘任评议员，也可以由其他部门聘任或选任评议员等。评议的对象主要是公共政策的具体实施执行部门，评议内容主要有行政执法、作风建设、办事效率和服务态度等，但更为常见的是对多项政策或一系列相关政策的执行进行评议；且政策多为直接与人民群众接触或相关的。

　　不同于万人评议，行风评议的参与人数明显较少。因此在评议人群的选择上往往是有的放矢，聘任与政策相关、具有参政议政经验或者具备评价能力的评议员。以南安市行政执法局行风评议的人选为例，其聘任的八名评议代表主要包括该市人大、政协等机构的代表、委员、部分党纪部门领导干部以及基础党政工作人员和企业家等。

关于聘请南安市行政执法局政风行风评议代表的决定

各科室、中队、服务中心、执法组：

　　为进一步完善市行政执法局内外监督机制，提高执法水平，推动队伍正规化、管理规范化、执法程序化、处罚法定化的进程，真正做到勤政廉政，依法行政，严格执法，文明执法。经研究，决定聘请李茂全等八位同志为南安市行政执法局政风行风评议代表。

　　具体人员名单如下：

　　李茂全（市纪委副书记、市监察局局长）

　　蔡瑞进（市委宣传部副部长、市文明办主任）

　　曾仁造（市人大常委、法制委主任）

　　黄印棉（市政协办公室副主任）

　　陈秀玉（省人大代表、福建天广消防科技股份有限公司董事长）

　　林舒坦（泉州市人大法制委委员、南安市政协委员、宏发（中国）集团副董事长）

　　庄瑞远（市政协委员、民建溪美支部副主任）

　　黄远足（市第十一届党代表、美林街道办事处洋美村书记、主任）

　　　　　　　　　　　　　　　　　　　　　　　　二〇〇八年九月一日

下面以 2011 年广西壮族自治区环境保护厅的行风评议活动为例对行风评议进行说明。

2011 年广西环保厅对厅直机关和下属单位进行了一次行风评议。评议内容包括六个方面。第一，评议依法履职方面：是否依法审批，是否存在利用"环保六项权利"谋取私利，损害群众环境权益、与民争利的行为。第二，评议文明执法方面：是否认真贯彻落实《行政许可法》和环境保护法律法规；是否依法行政、公正执法、文明执法。第三，评议政务公开方面：是否及时公开行政事务信息；行政审批、行政许可流程是否规范；首问负责制、限时办结制、责任追究制、服务承诺制、工作目标责任制等具体制度是否执行到位，行政权力运行是否公开透明。第四，评议办事效率方面：行政服务是否便捷、高效、优质，是否存在敷衍塞责、推诿扯皮、效率低下的问题。第五，评议服务态度方面：工作纪律是否松弛，服务态度是否生硬，有无门难进、脸难看、事难办、话难听现象。第六，评议廉洁自律方面：在执法和行政过程中是否存在"权钱交易"、"不给好处不办事"、违反工作纪律等问题，有无吃拿卡要、收受贿赂行为。

评议过程分了以下五个阶段。

第一，宣传动员部署阶段。建立健全评议工作领导小组和办公室，制订实施意见，召开评议工作动员大会，安排部署年度评议工作。广泛宣传评议活动。环保厅机关各处室、各直属单位要积极行动，采取多种形式宣传。在单位窗口开展民主评议宣传工作。聘请政风行风监督员。聘请与环保工作联系密切、具有高度责任心的非环保厅工作人员担任政风行风监督员。同时规范政风行风监督员工作，充分发挥其督导作用。开展政风行风承诺活动。针对工作情况和行风建设向社会做出公开承诺，承诺内容突出政风行风建设目标、便民利民措施及要解决的重点问题。政风行风承诺进行公示，主动接受群众监督。

第二，征集意见和建议阶段。通过各种形式征集群众特别是服务对象的意见建议，查找各处室、各直属单位在政风行风建设方面存在的问题和不足。开展政风行风问题调查。各处室、各直属单位通过走访服务对象、召开评议代表座谈会、设立评议意见箱，公布举报电话、设立电子邮箱、发放问卷调查表等形式，多方收集群众的具体意见和建议；开展专项调查，找准最突出的问题认真分析，提出切实有效的整改措施，进行自查自纠，并写出政风行风问题调查报告。组织召开民主听证对话会。对调查中发现的问题和群众反映的具体问题，确定评议主题，邀请社会各界评议代表、服务对象和政风行风监督员进行现场面对面评议。问题要集中、准备要充分、有针对性地解决实际问题。严格按照"宣读注意事项、告知评议主题、介绍参会人员、进行对话交流、总结表态承诺"五个程序。进行明察暗访。由环保厅纠风办对各单位进行明察暗访，每季度至少暗访一次，及时发现和纠正存在的政风行风问题。

第三，落实整改阶段。①整改反馈：要针对评议代表提出的问题进行认真梳理归类，对能及时解决或通过努力能解决的问题要限时解决；对暂时难以解决的，要做出说明。坚持把"事实调查清楚、问题处理到位、整改措施落实、群众真正满意"作为整改反馈的标准。对"阳光在线"、"政风行风监督"栏目、纠风网站及日常热线电话等反映的问题，要随时填写"政风行风问题解决落实督办卡"，报请领导批转有关单位落实解决，并进行反馈。②建章立制：要通过民主评议，进一步加强内部管理，提高队伍素质，建立和完善各项内部监管制度，形成有效的内部监管机制，促使评议由解决具体问题向注重解决苗头性、倾向性问题，建立预防机制转变，由外部推动向自我行动转变，逐步建立依制度管权、按制度办事、用制度管人的纠风长效机制。

第四，民主测评阶段。通过现场发放测评表、网络投票、召开民主评议会等形式，进行群众满意度测评，收集整理群众反映的意见和建议。

第五，综合评价阶段。由广西自治区纠风办根据民主测评、明察暗访、公开评议、日常工作考核等情况进行汇总，对环保厅进行综合评议，最终评议结果包含群众测评满意率、被评部门最终排名顺序以及群众反映的主要问题三个方面。

广西自治区环保厅的此次行风评议设计和准备具有系统性和完备性，从前期组织到后期的反馈评议、汇总都很完整，其中还包括根据评估内容对工作作风等方面进行改进和修正。另外，行风评议的内容是以具体的政策执行和机关工作内容为主，较少涉及政策本身。

作为一种公共政策评估方法，行风评议的优点首先是目的性十分明确，即针对公共政策的执行情况进行评估，而且侧重点是在政策执行过程的作风上。但其评估范围也因此被限制在作风评估上，有其局限性。

网上评议。

随着信息化在经济生活中越来越广泛地渗透和应用，网络不仅是信息传递的途径，而且已经成为社会舆论的重要载体。网上评议这种政策评估方式也随之产生。作为公共政策评估手段，网上评议更重要的是作为一种新的评估意见获取途径，并没有特定的政策内容要求。既可以通过网上评议对即将出台的政策征求意见，也可以通过网上评议对已经施行的政策效果进行评估，还可以将其作为其他评估手段的一种补充。相对于其他评估手段，网上评议的一个突出优势就是可以获得大量其他评估方式难以获取的负面评估意见。相对于其他传统评估渠道，网上评议的评议意见可能来自于任何个人或群体，会有相当一批在传统评估方式中无法获得的评估意见。当然，这些负面评估意见的真实性也有待考察。

以 2010 年顺德区的网上评议为例，该市发布顺德区直机关展开网上绩效评议的通知，在为期 10 天的评议期内，市民可登陆网上评议系统进行网上评议活动。但需要用手机号码进行注册，从而避免重复评议和恶意中伤等。同时为提高评议的可靠性，顺德区政府还专门在评议区内设立了评议对象单位介绍，市民可以借此了解评议对象单位的职能与自评。市民可根据自己的判断作出评价。根据 36 个被评议单位的依法行政、优化服务和民生建设情况按"优、良、合格、差"四个等次逐一进行评议。

作为公共政策评估方法，网上评议的特殊之处在于其获得评估意见的渠道具有时代性和特殊性，这也赋予了其不同于其他评估方法的特点。但就本质而言，网上评议并没有很强的特殊性。

政府听证。

听证制度是我国从西方国家借鉴所来，实行不过 20 年的历史。1993 年深圳在全国率先实行的价格审查制度可以说是价格听证制度的雏形。此后，其他省市相继建立了价格听证制度。1996 年《行政处罚法》，首次从国家层面对听证制度做了规定。1997 年的《价格法》和 2000 年的《立法法》，又对价格决策和地方立法听证做了规定。现在中央和很多地方政府部门都制定了专门的听证程序或规则、办法。听证在价格决策、地方立法、行政处罚、国家赔偿等诸多领域被广泛采用。公共政策施行前的听证也成为了对其进行事前评估的一种重要手段。

听证制度的类型分为立法听证、行政决策听证及具体行政行为听证三类。其中的行政决策听证和具体行政行为听证都可作为政策评估的一种手段。以湖南省岳阳市人民政府关于铁山水库外引水源工程项目建设听证会进行分析。

铁山供水工程是岳阳市最大的集城市供水与农业灌溉于一体的基础建设工程，主要承担岳阳近 100 万城乡居民生产生活用水和 5 个县（市、区）85.41 万亩农田的灌溉任务，是岳阳市事关民生的重大战略基础设施。近年来，随着岳阳经济社会事业的不断发展，岳阳城市建设规模日益扩大，人口迅速增加，城市用水需求逐增。同时，由于气候环境变化等原因，铁山库区降水量逐年减少，水量供需矛盾日益凸现，出现了农业灌溉与城市供水难以统筹的局面。为了解决铁山水库水资源短缺问题，满足岳阳经济社会可持续发展的需要，岳阳市委、市政府进行了前期可研和论证。为了吸纳民智、采纳民意，广泛听取和征求社会各界的意见，使工程建设更加科学合理，市人民政府决定，就铁山水库外引水源工程项目召开听证会，进行评估。

2011年6月5日，岳阳市人民政府委托市铁山供水工程管理局在《岳阳晚报》、市政府门户网站上发布了铁山水库外引水源工程项目建设的听证会公告。向社会公告了举行听证会的时间、地点、听证事项以及公众参加听证会的报名时间、报名方式等。

随后根据报名和推荐情况，岳阳市政府确定了53名代表，分别来自人大代表、政协委员、相关部门工作人员、乡镇村组代表、企业代表、居民代表等六个层面。在确定代表后，岳阳市政府将听证会相关材料送给了听证代表。

按照规定的步骤，2011年6月21日，岳阳市人民政府关于铁山水库外引水源工程项目建设听证会在市中达大酒店举行。会议的议程包括岳阳市铁山供水工程管理局介绍情况；听证会代表依次发言、陈述意见；岳阳市政府有关部门对代表提出的问题进行解答、说明等。

根据听证情况，大家一致认为要进一步做好铁山水库外引水源工程方案的论证工作，重点论证工程的必要性、可行性及对流域的影响，尽快启动铁山水库外引水源工程建设。

根据听证会情况，代表们普遍认为：铁山水库外引水源工程是一个经济效益与社会效益双赢的项目；要按照法定程序加快推进项目进程，尽快启动铁山水库外引水源工程建设。

针对代表们提出的引水下限流量、拦河坝坝型、隧洞出口河段防洪和针对水质保护等问题，市铁山局在设计方案中给予了充分的考虑。

听证制度的最大优点在于政策的目标对象和施政者可以直接对话，施政者可以接触第一手的资料，对政策的优缺点能够得到最明确的评价。但听证制度作为政策评估的一种手段也有其局限性。首先，具体行政行为听证的适用范围过窄，抽象行政行为的听证范围不全面；其次，我国听证主持人员没有资格认证，不够专业化，地位也不够独立；再次，听证代表选择不够公开透明，有可能会出现真正的利益相关人没有参加听证的现象；最后，行政听证程序中举证责任不明确，听证程序与行政决定权力的抗衡机制无法保障。

（3）非正式评估方法

大学、研究院所及其他研究机构受政府委托或自行对政策进行的评估报告近些年频频出现在学术期刊和各类媒体上。与前面两种评估方法不同，大学等研究机构的政策评估方法明显更具有学术性。同时这些机构的评估往往不是在详细论证的基础上进行的，也没有在事前设立详细的计划，更多的是凭借对已有数据和资料的分析研究而获得结论。甚至在部分研究机构进行的政策评估当中，研究方法的重要性甚于评估结论的重要性。

在前面论述我国的公共政策评估领域中，环境经济政策、就业政策和社保政策等已经设计了非正式的评估，在此不再对非正式评估方法赘述。

3. 公共政策评估主体

公共政策执行的主体肯定是政府机构，但进行评估的主体却不一定。根据公共政策评估主体的性质可将其分为两类，一类是政府评估机构，二类是非政府机构或个人。

（1）政府评估机构

政府的评估机构多数以各种形式隶属于政府部门，同时还包括一部分本身就具有评估职能或能力的政府部门。从事公共政策评估的政府部门包括一些非行政机关和部分行政机关。

我国政府的政策，包括一般公共政策和具体政策，如科技、教育、产业政策，普遍实行内部评估方式。中央政府和地方政府一般都有专门的部门负责政策评估，如中央政府的法制局、地方政府的法规处，专门负责政府政策与部门政策的评估。同时 政府各部门也都在每年年底对自己的政策进行评估。但地方党组织制定的政策很少评估。内部评估是由行政机关内部的工作人员进行的评估。

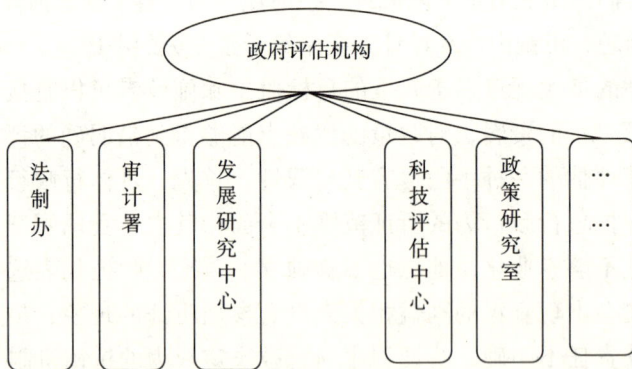

图 3.2　政府评估机构

政府机关中具有评估功能的有各级法制办公室、各级审计机构、各类发展研究中心、科技评估中心及政策研究室等。

①法制办。

法制办的职能。法制办公室是一个完整的政府职能机构，从中央政府到县区级地方政府均设有该机构。国务院法制办是根据《国务院关于机构设置的通知》（国发〔2008〕11号）设立的正部级单位，为国务院办事机构。国务院法制办的主要职责包括调查研究依法行政和政府法制建设中出现的新情况、新问题，提出推进依法行政的具体措施和工作建议。协助总理办理法制工作事项。负责从法律角度审查部门报送国务院审核的我国缔结或者参加的国际条约等。也有部分职责是与政策评估相关的，如"研究行政诉讼、行政复议、行政赔偿、行政处罚、行政许可、行政收费、行政执行等法律、行政法规实施以及行政执法中带有普遍性的问题，向国务院提出完善制度和解决问题的意见，拟订有关配套的行政法规、文件和答复意见"。该职责中的"实施以及行政执法中的普遍性问题"很大一部分是通过立法后评估进行的，换言之，法制办的公共政策评估职能主要针对立法后评估。同时法制办也是我国立法后评估的主要执行部门。

法制办与立法后评估。我国的立法后评估正在实践中探索完善，还需要进一步制度化、程序化，实现规范化运作；需要建立立法后评估的评价指标体系，为立法后评估提供系统、可靠标准；做好评估后工作，对存在问题的法律法规及时修改。

立法后评估作为立法体系中的重要环节，可以评估立法质量和绩效。随着我国立法后评估工作的进展和效果的体现，立法后评估制度将得到越来越多的重视，也会在政府立法领域得到更多应用。可以说，立法后评估对于完善民主法治，构建和谐的社会主义法律体系具有重要意义。

法制办作为立法后评估的主持部门，在一些地方政府法制办的职责定位文件中更为明显，也有一些地方法制办更早开展了立法后评估。如山东省自2000年以来对多部地方性法规的实施情况进行了评估，在我国较早开展了立法后评估工作。济南市法制办就展开过立法后评估工作。甘肃、云南、重庆、北京、上海、福建、海南、黑龙江、淮南、太原、大连等省市也先后开展了立法后评估，其中，淮南市于2001年发布实施了《淮南市政府立法跟踪问效试行办法》（淮府办〔2001〕26号），对建立立法后评估制度进行了有益探索。2006年，财政部对《政府采购法》及相关规章的实施情况进行了评估。自2006年以来，国务院法制办先后启动了15个评估项目，受到广泛的关注，取得了宝贵的经验。现阶段立法后评估作为一项由地方探索实践的制度创新，已经得到国家有关机关的充分肯定，形成了国家和地方的良性互动，在可预见的未来一定时期内，立法后评估必将发挥更加重要的作用。2006 年国务院法制办在评估试点工作的基础上又选择了《地方志工作条例》、《民用爆炸物品安全管理条例》、《血吸虫病防治条例》、《储蓄管理条例》、《铁路运输安全保护条例》、《放射性同位素与射线装置安全和防护条例》6 个条例，以及相对集中行政处罚权制度实施情况、行政复议审理制度建设情况 8 个对象进行立法后评估。

长期以来我国政府立法工作缺乏"自我纠错"的机制，立法后评估可以根据实际情况对立法再次校正。2006 年，立法后评估出现在公共政策评估领域。2006 年，上海市人大常委会完成了对实施 3 年多的《上海市历史文化风貌区和优秀历史建筑保护条例》的绩效评估。此外，山东、北京、甘肃、云南、福建、浙江、海南、四川等省市人大，也都陆续开展了地方性法规立法后评估。河北省还推出政府立法后评估制度，并明确"对不解决实际问题、得不到人民群众拥护的政府规章和规范性文件，要进行修改或废止。"

《艾滋病防止条例》立法后评估。以国务院法制办和卫生部主导，委托中国疾控中心性病艾滋病预防控制中心完成的《艾滋病防治条例》评估报告为例，对立法后评估进行分析。

《艾滋病防治条例》的制定与颁布，是社会关注的焦点，它所确立的一些制度，比如建立美沙酮维持治疗门诊、安全套推广等，都在社会上引起争议。因此 2006 年 11 月国务院法制办、卫生部、中国疾病预防控制中心性病艾滋病预防控制中心以及部分统计学、社会学、人类学专家共同组成的评估领导小组，对《艾滋病防治条例》进行评估，评估组在几十项制度中抽取 5 项进行定性、定量和网上搜索相结合的科学评估。

5 项列入评估的制度是：政府主导、各部门各司其责和全社会参与的通力防治制度；宣传教育制度；发挥非政府组织作用的制度；积极稳妥开展对吸毒成瘾者的美沙酮维持治疗制度；安全套推广制度。定性调查选取地区为云南、山西和宁夏。评估工作组成员在进行 33 次共涉及 204 人的专题小组调研后，又面对面、一对一地与 87 人进行了深入访谈。纳入定性调查的 8 类目标人群是：县级以上各级人民政府防艾办负责人；卫生、公安、药监、计生、工商、教育、农业等相关部门负责人；企事业单位负责人；专业技术人员；有关社团组织和个人；公共场所经营者；接受美沙酮维持治疗的人员；公共场所服务人员。定量调查涉及的 9 个地区为新疆、河南、广东、重庆、内蒙古、海南、陕西、浙江、山东，调查对象与定性调查一致，对重点人群还采取面对面填表调查的方式进行，回收卷达 1800 份左右。此后，评估工作组还广泛收集媒体、国际组织和各路专家对条例的看法 85 万多条。

评估工作组对收集到的 5 项制度的信息、数据，分别从对制度的理解、执行及其影响 3 个方面进行描述性分析，并同时征求专家意见和吸取社会公众评论，形成了一个总评估报告和定性、定量、媒体评价 3 个分报告。为保证调查客观性，评估工作组通过多种方法进行质量控制，并采用多种统计分析方法，以减少系统误差带来的影响；同时严格数据审查，防止录入错误。

此次评估从法律、卫生等多个角度地对条例绩效进行调查，结果显示，条例获得了社会的普遍理解与认同，有着广泛实施基础，执行情况也较好。但部分条款在社会上也存在不同认识，比如，有 10% ~ 20% 的人不接受对采用美沙酮维持治疗。条例实施也带来一些定性的效果，比如社会组织的艾滋病防治宣传被城管允许了；艾滋病防治讲座、宣传开始被社区接受了。

但该评估还存在一定局限性，包括：评估内容不够全面，仅在条例的十几项制度中选取了 5 项，也未涉及条例的社会效益、经济成本以及与其他立法的协调性等。通过评估也发现了条例中的问题。比如，执法过程中贯彻执行条例与打击卖淫嫖娼、执行禁毒法的协调执行不到位。

②审计署。

审计署的职能。在一些西方国家，审计部门是公共政策评估，尤其是绩效评估和政策成本效益分析的主要部门。我国的审计部门在公共政策评估中也发挥了重要作用。

中华人民共和国审计署是根据五届全国人民代表大会第四次会议通过的《中华人民共和国宪法》第 91 条的规定，于 1983 年正式成立的。审计署是国务院各组成部门之一，在国务院总理领导下，主管全国的审计工作。审计署的主要职责包括主管全国审计工作[①]、起草审计法律法规草案，拟订审计政策，制定审计规章、审计准则和指南并监督执行、向国务院总理提出年度中央预算执行和其他财政收支情况的审计结果报告、依法向社会公布审计结果。向国务院有关部门和省级人民政府通报审计情况和审计结果。直接审计并出具审计报告，

---

① 负责对国家财政收支和法律法规规定属于审计监督范围的财务收支的真实、合法和效益进行审计监督，维护国家财政经济秩序，提高财政资金使用效益，促进廉政建设，保障国民经济和社会健康发展。对审计、专项审计调查和核查社会审计机构相关审计报告的结果承担责任，并负有督促被审计单位整改的责任。

在法定职权范围内做出审计决定或向有关主管机关提出处理处罚的建议①、按规定对省部级领导干部及依法属于审计署审计监督对象的其他单位主要负责人实施经济责任审计、组织实施对国家财经法律、法规、规章、政策和宏观调控措施执行情况、财政预算管理或国有资产管理使用等与国家财政收支有关的特定事项进行专项审计调查。依法检查审计决定执行情况，督促纠正和处理审计发现的问题，依法办理被审计单位对审计决定提请行政复议、行政诉讼或国务院裁决中的有关事项等。

审计署下设经济责任审计司、法规司、财政审计司、行政事业审计司、农业与资源环保审计司、固定资产投资审计司、金融审计司、企业审计司、社会保障审计司、外资运用审计司、境外审计司、国际合作司、人事教育司等13个内设机构。

评估项目和时点的选择。受人员等限制，审计部门难以对所有经济相关政策项目都进行评估，也不可能对某政策不间断跟踪评估，只能选择合适的评估项目和评估时点。国家审计部门选择合适的评估项目主要考虑两个方面的因素：首先是项目本身，即评估对象有价值且能通过评估产生较大的社会影响，发挥较大的作用；其次是审计机关自身能力的因素，即审计机关在时间、人力、物力、财力等方面具备实施该评估的条件。结合我国政策评估的实际和国家审计机关的特点，当前只能选择与日常审计业务密切相关的、影响深远的、经济性较强的、评价标准易于确定的政策项目来进行评估，包括法定评估项目、应政府有关部门要求进行评估的项目、带有示范性和试验性质的新政策、执行中出现较大问题的政策项目、公众反响强烈的重大经济政策、经济效益明显且效果显著的政策项目。至于评估时点的选择，国家审计机关作为经济监督机构是政策出台后对政策执行过程和执行效果的评估。政策出台后的起效周期内往往不能立即产生经济效应，而是需要一个过程。

因此，评估时点要根据政策的生效时间来确定，即应在该项政策执行一段时间后，已经产生了一定的影响，效果和问题都已显现的情况下再进行评估。

---

① （1）中央预算执行情况和其他财政收支，中央各部门（含直属单位）预算的执行情况、决算和其他财政收支。（2）省级人民政府预算的执行情况、决算和其他财政收支，中央财政转移支付资金。（3）使用中央财政资金的事业单位和社会团体的财务收支。（4）中央投资和以中央投资为主的建设项目的预算执行情况和决算。（5）中国人民银行、国家外汇管理局的财务收支，中央国有企业和金融机构、国务院规定的中央国有资本占控股或主导地位的企业和金融机构的资产、负债和损益。（6）国务院部门、省级人民政府管理和其他单位受国务院及其部门委托管理的社会保障基金、社会捐赠资金及其他有关基金、资金的财务收支。（7）国际组织和外国政府援助、贷款项目的财务收支。（8）法律、行政法规规定应由审计署审计的其他事项。

对起效时间短、政策目标明确、利益人群关系密切的政策，通常在政策出台的较短时间内进行政策评估，以尽快发现问题、总结经验并根据评估进行调整。有些政策在出台前就可能产生影响，如近期非常敏感的房地产交易税等，需要在公布后尽快开展评估；而一些中长期政策，特别是事关国家建设发展全局的重大经济政策，则需要经过较长时间才能显现政策效应，这就应选择恰当的评估时点。同时由于这类政策生效时间较长，在其实施周期内政策环境很有可能会发生变化，因此应该综合考虑各方面因素，分阶段、分时期选取多个时间点评估或者进行跟踪评估。

审计机关进行公共政策评估的优势。审计机关开展公共政策评估有两个先天的优势，即独立性和反馈性。

审计机关作为政府评估机构进行公共政策评估，区别于其他多数政府评估机构的一个重要特点就是其具有较高的独立性。首先，审计机关并不附属于任何政府机构，有极为完整的结构体系，因此也与需要进行评估的公共政策执行部门利益纠葛较少。其次，审计机关进行公共政策评估很多时候并不是受其他政府机构的委托，这就进一步增强了其独立性。

审计机关进行公共政策评估能够使评估结果得到更好的反馈。公共政策评估是一个出台执行到政策评估，再到反馈和修改完善的动态过程。如果只有评估没有反馈，没有调整完善政策，那么公共政策评估就不完整，也就失去了公共政策评估应有的意义。审计机关是政府机构，有较为通畅的信息反馈机制，可以及时地向政府高层决策部门报告评估结果，也可以较为及时地得到反馈，以促进评估结果的应用。除了审计报告、专项审计调查报告形式外，审计部门还可以利用各种审计信息、审计专报等形式向各级政府部门及时反映情况。这是其他评估机构所不能企及的。审计机关本身的工作程序就要求关注被审单位采纳审计意见情况，与公共政策评估的反馈调整是天然统一的，虽然公共政策评估的反馈与完善工作要更加严密些。

审计机关关注政策效率。公共政策评估中，审计机关主要进行政策效率的评估。这是因为审计机关的职能设置和人员配置都是以对资金的分析和审查为主，在此基础上最合适的就是根据政策支出和收入进行政策效率评估了。

审计机关在对政策的投入与产出进行对比分析的基础上，考察是否以小政策成本产生大政策效益。此外，审计机关在公共政策评估中还考虑机会成本和间接效益。公共政策的执行效率关注的是政策产出与政策投入的比率关系。政策执行高效率不一定能实现理想的政策效果，同时实现预定目标的政策执行也不一定是高效率的。或者说政策执行的效率应当建立在保证政策执行效果的基础之上。此外，公共政策效率还必须注意政策的外部效应。公共政策执行的外部效应是指政策实施后所产生的政策制定者预期目标和期望之外的影响结果。无论合理与否，政策执行中都会受环境等影响产生外部效应。

审计机关进行公共政策评估的优势。审计机关公共政策评估，既可以克服多数政府机构进行评估的不足，也有超过其他普通的独立评估机构的长处。首先，审计机关并不是政策制定和执行者，它具有相对独立的地位，容易摆脱各种利益关系的干扰，保证公共政策评估客观公正、可信可靠。其次，与非政府评估机关相比，审计机关既具有体制内的优势，可以较方便地获取大量评估数据，同时也有通畅的信息反馈渠道可以将评估结果反映到高层，以促进评估结果的应用。由于审计机关开展政策评估的先天优势，多数国家将审计机关作为公共政策评估的重要部门。

根据我国《审计法》第二十七条的规定，我国审计机关"有权对与国家财政收支有关的特定事项，向有关地方、部门、单位进行专项审计调查"。

审计机关开展公共政策评估应注意的几个问题。公共政策评估是我国审计机关的新业务领域，在开展过程中应当注意两个问题。

第一，审计机关开展的公共政策评估不同于审计机关日常的常规审计和专项审计。常规审计只关注政策执行情况和目标实现程度，而公共政策评估有时会通过研究质疑政策目标本身。一般审计机关不对既定的政策目标本身的优劣进行评判；但是，如果发现政策目标存在严重问题，审计机关也可发表意见、提出质疑。但这需要建立在广泛、深入的调查基础之上。常规审计存在调查程序和内容、范围等方面的限制，而专项审计相对灵活、覆盖面较广。专项审计调查是审计机关针对经济、社会领域中的"重点"、"难点"、"热点"问题进行的审计，用以反映情况和提供决策信息。专项审计调查用于政策评估时指以评估某一项具体政策或政策目标为主线，对于与该项政策密切相关的事物与事件的运行状况进行调查研究，并且相应地提出解决问题的意见或建议。所以，专项审计调查更适合于开展政策评估。但公共政策评估与其他专项审计调查也有区别。在制定公共政策评估的专项审计调查方案时，在明确公共政策的内容、背景、目标之外，还必须明确政策发生作用的原理。所以，公共政策评估对审计人员的理论素养要求比较高，仅仅具备审计专业背景往往不够，还需要具备与评估政策相关的知识，必要时还需要咨询相关专家。

第二，选择合适的公共政策和评估方法。审计机关并不是适合对所有公共政策进行评估。评估政策和评估时点的选择对公共政策评估结果的影响很大。审计机关的职责和人员结构决定了它不适合对实施时间较短的政策和效果未显现的政策进行评估。审计机关应特别注意公共政策评估方法的选择。近些年来，我国从西方引进的公共政策评估方法不少，在西方国家使用的方法数量更多。例如，对政策执行过程中不同阶段的效果进行比较的"对比评估法"；对政策效果进行评估的目标达成模型、副作用模型、自由目标评估模型等，但结合审计机关人员构成，应选择具有较高适用性和可操作性的方法。在需要对一些不完全是公共政策进行评估或者使用具有较大难度的评估方法时，审计机关可以选择与其他政府部门或者组织机构开展联合评估。这样既可以发挥国家审计的优势，又可以集众家专业知识之长，弥补国家审计某些专业知识的缺乏，使得整个政策评估的过程更科学、严谨、有效果。

审计机关进行公共政策评估是世界范围的大趋势，公共政策评估也很可能成为我国审计转型的一个重要关注和发展方向。

审计署驻长沙特派办的项目后评估制度。审计部门结合自身职责，在公共政策评估中主要是对涉及公共利益的重大项目进行项目后评估。审计署长沙办为实现好项目后评估建立了专门制度。

审计署驻长沙特派办 2010 年推出项目后评估制度，对已经完成的审计项目和审计调查项目进行全面评议审查并做出合理的综合评价。该评估制度适应项目后评估实际情况和全面客观评价的要求，规定在每年的 6、7 月对上年度已完成项目进行集中评估。同时还进一步完善后评估指标体系，增加审计成果类指标和细化审计规范化类指标，调整审计规范化和审计成果等指标的分值，降低审计成果类分值。为更好地保证项目后评估质量，还提高了参评人员的资格门槛。为了在最大程度上保证后评估结果的公平公正，要求参评人员不仅有良好的业务素质，还必须是审计业务骨干人才、高级审计师和"四手"人才等，在职业道德等其他方面也需要有良好表现。

③政府政策研究咨询机构。

各级政府政策研究咨询机构也是开展公共政策评估的重要政府机构。发展研究中心本职工作是为国家或地区的经济发展等出谋划策，其人员多数具有较强的专业素养和文化知识，因此也具备进行公共政策评估的能力。发展研究中心包括国务院发展研究中心、各部委办的发展研究中心和各级地方政府的发展研究中心。

国务院发展研究中心。国务院发展研究中心是直属国务院的政策研究和咨询机构。主要职责是研究国民经济、社会发展和改革开放中的全局性、综合性、战略性、长期性、前瞻性以及热点、难点问题，为党中央、国务院提供政策建议和咨询意见。重点围绕国民经济、社会发展和改革开放中的全局性、综合性、战略性、长期性问题开展跟踪研究和超前研究，为党中央、国务院提供政策建议和咨询意见，为制定国家中长期发展规划和区域发展政策提出建议；接受委托参与或组织对有关部门和地区拟定的发展规划进行研究和论证，提出意见和建议；研究国民经济的发展动态，分析宏观经济形势，对宏观经济政策的综合运用提出意见和建议；研究产业经济发展和产业政策，对产业结构、投资结构、企业组织结构、所有制结构的调整方向，对国民经济发展的技术选择、技术创新和高新技术发展政策提供咨询意见和建议；研究我国对外开放的新情况、新问题；研究对外贸易政策以及利用外资政策，提出对策建议；研究世界经济发展的趋势及其经验教训，为我国改革和发展提供借鉴；研究国民经济和社会发展中的人力资源开发、收入分配与社会保障政策和自然资源的合理开发与利用、生态平衡与环境保护政策；开展国际合作研究以及与有关国际组织和研究机构的交流，向党中央、国务院和有关部门提供涉外参考资料和政策建议等。由国务院发展研究中心的职责定位可以看出，其主要职能是提供政策上的建议，也曾主持和参与过多项公共政策评估。

部委办、各级地方政府发展研究中心。除国务院外，许多地方政府和一些部委办也设有自己的发展研究中心，这些发展研究中心有很大一部分也参与到政策评估当中。

例如，卫生部下设卫生发展研究中心，其前身是卫生部卫生经济研究所，于1991年经国家编委批准成立，作为卫生部的技术咨询和智囊机构。本世纪初卫生发展研究中心就有82名在册研究人员，25名聘用和借调特邀研究员，8名国际知名专家分别任首席专家和客座研究员，在岗职工中博士16人，硕士63人，党员42人，高级职称22人，中级职称32人。2010年经中央机构编制委员会批准，更名为卫生部卫生发展研究中心。

卫生发展研究中心主要职责是开展国家卫生改革与发展战略研究，参与卫生改革发展实践工作；开展与国民健康相关的公共卫生政策研究，为国家制定卫生政策提供咨询与建议；开展卫生管理领域的研究与实践；开展卫生政策与技术评估的研究与实践工作；开展卫生经济与卫生管理基础理论与方法学研究及其实践工作。卫生发展研究中心下设多个研究室，其中的卫生政策与技术评估研究室，主要职能为开展卫生政策效果评价研究，为决策者提供相关政策效果的科学依据；开展卫生技术适宜性的评价研究，为适宜医药技术的决策提供指导意见；开展公共卫生项目效果评价，为利益相关者提供项目实施结果的有效证据；开展卫生政策和技术评价培训及提供咨询等，是行使卫生领域政策评估的部门。

④科技评估中心。

科技部科技评估中心，也称国家科技评估中心（National Center for Science&Technology Evaluation，NCSTE），是经中编办和国家科技部批准成立、具有独立法人资格的国家级专业化科技评估机构。科技评估中心自 1997 年成立以来，在中国科技政策、科技计划、科研机构和科技项目方面成功地进行了一系列重大科技评估活动，研究起草了科技评估规范，推动了科技评估和全国科技评估体系的建设；已与许多国家和国际组织开展了多项卓有成效的合作，成为科技评估国际交流窗口；建立了一套较成熟的科技评估理论、方法、程序和针对各类任务而设计的指标体系。目前，科技评估中心已经形成了一支具有较高素质的专业化科技评估队伍和专家网络，建立了现代化的组织管理制度、运行机制、评估技术规范和质量控制体系，在科技评估理论与实务方面进行了系统的研究、积累和实践，为服务于决策部门和全社会奠定了坚实基础。

与国家科技评估中心相对应，在一些省、市、区科学技术厅（科学技术委员会），以及部分市级的科技主管部门下也设有科技评估中心，或者在生产力评估中心或生产力研究所内设有科技评估中心。这些科技评估中心作为政策评估部门对科技主管部门的科技计划、基金支持、高技术产业发展等政策作出评估。

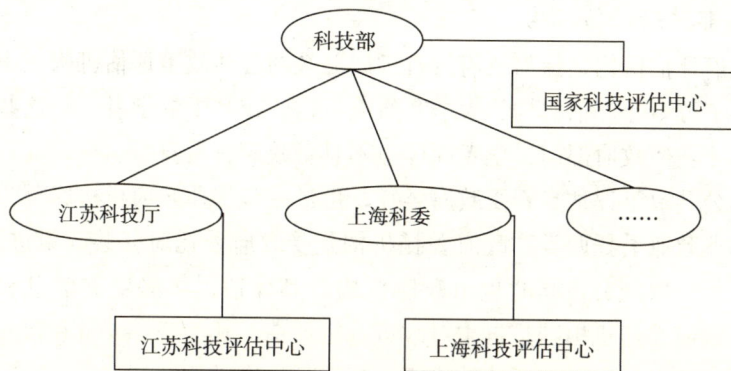

图 3.3 评估中心分布

其他部委也开始建立自己的专业评估机构，如由教育部教育发展研究中心与首都师范大学联合建立了中国教育政策评估研究中心。中国教育政策评估研究中心的任务是对我国教育政策热点问题开展评估与舆情分析，为推进全国教育改革提供决策参考。该中心的成立，可以发挥教育部教育发展研究中心长期从事宏观教育政策研究与首都师范大学丰富的教学科研资源的优势，推动我国教育政策评估分析工作的深入，创新教育政策研究方法，营建教育政策研究学科高地，努力为提高我国教育决策的科学化民主化水平、营造教育改革发展的良好环境服务。

工业和信息化部及各省市经信委也设有一些政策评估机构，如上海市产业发展研究和评估中心是上海市经济和信息化委员会成立的从事产业规划、土地利用规划和城市规划的政策评估机构。其基本职能是参与产业发展规划与产业导向政策研究，负责上海市市、区工业项目准入标准的制定及其评估，参与上海市土地利用总体规划及其专项规划的编制，并从事城市空间规划。上海市产业发展研究和评估中心拥有专业技术人员近50人，均为硕士以上学历，专业涵盖产业经济、城市规划、国土资源管理、技术经济、环境工程等专业；与此同时还聘请全职或兼职的专家、教授组成专家顾问委员会，参与国家与市级课题研究。在此基础上，上海市产业发展研究和评估中心整合全市工业行业协会、大学、科研院所的有关专家建立了专家库，专家库拥有产业经济、土地利用、城市规划、建筑学、机械制造、电子信息、轻化工等相关行业的专家500多位。成立以后，该中心参与了编制《上海工业产业导向及布局指南》、《上海产业用地指南》、《上海产业能效指南》、《上海工业发展报告》、《上海产业用地指南》、《上海信息化发展报告》等导向性文件；并负责上海市产业评估体系的建立。

（2）非政府评估机构

非政府评估机构是指与政府没有隶属关系的公共政策评估机构或个人，主要包括第三方专业评估机构、大学和研究机构，或其中的学者等。这些机构本身不隶属于任何政府部门，学者同样也不具备政府官员身份。

根据公共政策评估是否受政府委托，可进一步将非政府机构区分为政府委托机构和非政府委托两类。政府委托机构是受政府委托对公共政策进行评估，并从政府处获取酬劳，同时也由政府机构对其评估提供必要的信息和人力帮助；而非政府委托机构则是自主对政策进行评估，其经费、人员和信息完全依靠评估机构自身获取，其评估结果不一定得到政府承认。

也有观点认为，未受政府委托的非政府评估机构才是真正独立的第三方评估机构。在我国，这种第三方评估主要是由学术机构、行业协会、中介组织等通过研究项目的形式进行。由于多种因素的制约，非政府委托的公共政策评估应用及效果不太明显，在涉及国家政治经济发展的重要政策领域应用方面还有很大局限性。

中国国际工程咨询公司。

2011年中国国际工程咨询公司曾受国家发改委委托对西部大开发政策落实情况进行评估。

为进行该项评估，中咨公司副总经理带领 13 人的专家组到陕西就西部大开发政策落实情况进行调研，以了解和掌握实施 10 年的西部大开发政策措施落实情况。专家组兵分两路，一路进行集中座谈，一路多处走访，同时开展工作，着重就国办发〔2001〕73 号文件中提出的 70 条西部大开发政策在实施执行过程中的实际效果、存在的问题，分别征求了我省省级有关部门和相关企业的意见和建议，并深入西安未央、蓝田等地开展实地问卷调查。

通过调研分析，中咨公司得出评估结论认为实施西部大开发战略以来，通过国家一系列政策的逐步落实，陕西的经济社会发展取得了明显成效，西部大开发有了良好开局。但也面临着一些困难和问题：基础设施和生态环境建设任务依然繁重、资金投入缺口较大、产业发展后劲不足、人才匮乏等等。对照国家在前 10 年西部大开发有关财税、土地、金融、项目、产业和区域经济发展等方面的政策措施，还有待于在今后的西部大开发中进行进一步的修改、完善。

（3）不同评估主体的差异

作为公共政策评估主体，政府机构和非政府机构由于自身属性和与评估方关系的不同，在评估目标、评估期望和评估结论上都有所不同。

首先，不同行为主体的目标差异。作为非政府评估主体，研究院所、学者的目标是在公共政策评估中运用知识和方法，社会公众的目标是参与政策评估、获取评估信息，对公共政策产生有利于自己的影响。而由于受政治体制的制约，我国由政府评估机构进行的公共政策评估更多的是对政绩进行评估，相比对制度运行的绩效进行评估具有更高的可操作性、更低的交易成本，更适于作为对官员个人的考核工具和官员晋升选拔工具。我国对一级政府绩效的评估往往由上一级政府进行，政绩也往往取决主要领导动员、分配所掌握资源的能力和方法。因此地方政府的目标很大程度上转化为主要领导个人目标。其次，不同行为主体的动机差异。我国公共政策评估目标设定和合同签订过程中协商较少，上下级间以命令机制为主。导致下级政府对上级政府制定的绩效目标缺乏认识，只能由两条基本途径实现绩效目标。一是通过制度外途径获取资源，一是改变绩效评估指标。

其次，学者和公众对公共政策评估的期望则不同，学者其评估方案、指标体系等得到政府承认，能够参与到政策评估过程之中，从而学以致用，并提高学术声誉。学者为了使自己的评估方案被采纳，往往注重评估模式的统一，容易忽视不同评估对象之间的差异；或者因特定评估主体的需求而忽视构建评估指标体系的一般模式，刻意迎合特定评估主体的需求。公众则希望借助各种间接环节参与政府绩效评估，期望能够以此了解政府工作的不足，尤其是了解同级别政府、政府部门之间的业绩排序，从而形成对政府管理的舆论压力。

最后，政府评估机构和非政府评估机构的结论往往不同。二者结论不同很大的一个原因是立场差异。政府机构与作为公共政策执行者或者制定者的政府部门之间总是存在千丝万缕的联系，这种联系导致政府评估机构难以在评估结论中给出完全否定的结果。而非政府评估机构则顾虑和影响都较小，除非是受政府机构所委托进行的评估，多数情况下都可以自由地表达评估结果。也正因为如此，非政府评估机构更容易得出一些批评性的评估结论。

4. 公共政策评估类型

广义的政策评估包括政策方案执行前、执行中和执行后的评估，即事前、事中和事后的评估，而狭义的政策评估则是专指执行后的评估，即事后评估。政策评估的目的主要在于通过将这些信息直接或间接地反馈给政策的制定者、执行者和监控者等相关人员，促进他们适时做出政策反应、选择好的政策方案、及时调整不当的政策、废除无效的政策、改善政策执行行为。

按照评估进行的时间，可以把公共政策评估区分为实施前评估、实施期间评估和实施后评估，即公共政策预评估、公共政策执行评估和公共政策绩效评估。广义的"政策评估"包括政策的事前评估、执行评估、事后评估三种类型，但目前国外一些学者将政策的事前评估归入"政策分析"范畴，而狭义的"政策评估"则专指事后评估。目前我们所指的"政策评估"主要侧重于事后评估，国家审计在事后评估中能起的作用最大。

以我国的"限塑令"政策为例，分别对我国现有的公共政策预评估、执行评估和绩效评估进行分析。鉴于20世纪90年代开始我国塑料袋使用量巨大，造成较严重环境污染的情况，有关部门出台了一系列的限塑令，形成了限制塑料购物袋使用的政策组合，对我国塑料袋使用进行限制。

2007年，国务院办公厅发布《国务院办公厅关于限制生产销售使用塑料购物袋的通知》，国家标准委则公布三个国家标准，商务部、发展改革委和工商总局等部门联合发布了《商品零售场所塑料购物袋有偿使用管理办法》和《关于商品零售场所塑料袋有偿使用办法有关问题的处理意见》。这些规定要求从2008年6月1日起，全国范围内禁止生产、销售、使用厚度小于0.025毫米的塑料购物袋，在所有超市、商场、集贸市场等商品零售场所施行塑料购物袋有偿使用制度，不得免费提供塑料购物袋。并且特别说明，塑料购物袋要单独列价收费，商家使用违规塑料购物袋要罚款2万元人民币。2008年2月，国家标准委和中国轻工业联合会联合发布《塑料购物袋的环境、安全和标识通用技术要求》、《塑料购物袋》和《塑料购物袋的快速检测方法与评价》等三项命令，对塑料购物袋的各项指标作出了要求，范围涵盖了塑料购物袋的定义、试验方法、检测标准、包装运输等。2008 年 5 月商务部、发展改革委和工商总局又联合发布《商品零售场所塑料购物袋有偿使用管理办法》，要求商品零售场所不得销售不符合国家标准的塑料购物袋，商品零售场所可提供有偿购物袋。2008 年 7 月，商务部、发展改革委和工商总局又公布了《关于〈商品零售场所塑料购物袋有偿使用管理办法〉有关问题的处理意见》，将所有提供商品零售服务的企业和个体工商经营户经营场所纳入到限塑令的范围之内，并且要求用于装盛生鲜等食品的塑料预包装袋不得具有提携功能，且须符合食品包装相关标准。商品零售场所向消费者提供的各种材质的袋制品应向依法设立的生产厂家、批发商或进口商采购，并索取相关证件。

这一系列的法规和指令构成了 2008 年我国限塑令政策系统，从塑料袋的生产、制造，到流通、使用和销售都进行了规定和要求。对我国的"限塑令"，我们借鉴一些政策评估报告从事前、事中和事后三个时间段分析我国的政策评估类型。

（1）公共政策预评估

公共政策预评估是在政策执行前就进行的评估，目的是为了使即将出台的政策避免出现不合理或偏差，尽量提前进行修正。

在我国一系列"限塑令"组合拳出台之前，韩丹就先进行了政策预评估。

由于我国商家有"上有政策、下有对策"传统，韩丹认为精明的商家们针对政府的限塑令其实早就想好了应对方式。也有一些颇有远见的商家如今已经开始了试运行阶段，以便到时能够更好地跨越过渡期。她分析限塑令政策对不同商家会产生不同的影响，其中对综合性商城影响甚微，零散商户成为监控难点，而超市将成为主要受影响者。因为综合性商城以出售衣服鞋帽及较高档商品为主，这些商品不会以超薄塑料购物袋承装，而零散商户本身就具有难以有效监管的特点，作为大量使用塑料购物袋的商户，超市也就不可避免地成为受影响最严重的。

在消费者端则存在矛盾心理，韩丹在街头随机采访了 20 名路人，其中只有 3 名路人觉得这种做法有待观察，其余人员都表示支持。由此得出限塑令将得到多数人理解和拥护的结论。同时大多消费者认为限塑令会影响自身，而且消费者会存在低价供给塑料袋的期望。

韩丹从消费者和商家两方的应对和偏好角度来衡量限塑令的环保效应，并较之进行分析认为，消费者和商家只有通过相互配合、提高环保认识才可能真正达到某种共识，利用市场来进行环保行动。而环保的消费者更需要立竿见影的好处，所以，如果有奖励措施他们会更愿意去行动起来。比如超市可以考虑消费满一定金额便免费赠送一个购物袋，这也算回馈消费者的一种方式。此外如果商家真是为了相应环保行动，其目的就应该是减少塑料袋使用量，而非收费，所以做好相应的配套措施是很为关键的。

（2）公共政策执行评估

公共政策执行评估是在政策开始执行之后，尚未结束时进行的评估。执行评估可以在政策执行期间发现可能存在的问题并及时进行纠正。

窦薇、杨雅棋和韩学平等人则在"限塑令"执行一年之后进行了执行评估。总体上"限塑令"执行情况良好，大中城市的超市、商场等零售场所执行限塑令情况普遍较好，零售商按照规定提供有偿塑料购物袋，消费者也不在索取免费购物袋，塑料购物袋使用量减少明显。与政策出台前相比，商场和超市的塑料购物袋使用量减少了75%，农贸批发市场减少了50%，全国总体减少了2/3，平均每年节约7亿个塑料袋。据统计，外资超市每百元销售额使用的塑料购物袋数量从限塑令出台前的3个下降到0.6个，而内资超市的使用量则是从1.4个下降为0.56个。全国零售行业塑料袋使用率下降66%，塑料袋减少使用量达到近400亿。

在对"限塑令"相关利益方的分析中，窦薇等人认为，"限塑令"的存在推动了塑料袋生产商的转型升级。由于一系列规定中对购物塑料袋的各种限制，尤其是禁止使用超薄塑料袋，使原来生产超薄塑料袋的大量小型企业不得不做出生产调整。同时，原来零售商对超薄塑料袋的需求在政策影响下被挤入到耐用塑料袋，因此原有生产超薄塑料袋的厂商需转型生产耐用塑料袋。商场和超市在限塑后既没有因为不再免费提供塑料购物袋而失去顾客，还通过销售有偿的塑料购物袋而获得了收益。对于消费者而言，消费者由原来的索取免费购物袋转为了两类选择，一类是自带购物袋，一类是购买耐用塑料购物袋。对消费者而言，这种转变带来了不便。

在"限塑令"实施取得效果的同时也存在问题，窦薇等人认为其中主要包括封闭决策多、互动参与少、发号施令和被动执行较多、制度资源保护较少等缺陷，从而影响了限塑令的效果和实施。比如我国限塑令的实施虽然有效降低了塑料购物袋的使用，但由于是通过经济手段推动的，因此并没有广泛唤起群众的环保意识，而据国外的先进经验来看，"限塑令"是能提高公民的社会责任感和环保意识的，并借此推动资源综合利用和保护生态环境。此外，"限塑令"的配套措施和政策不够完善，在限塑的各项政策预料之外，虽然塑料购物袋的使用量在商场和超市出现了明显的下降，但是同时手撕袋等预包装袋的使用量迅速上升，成为了免费塑料购物袋的"替代品"，而在农贸市场和流动摊贩等零售场所，限塑的执行力并不像商场和超市等大型场所那么有效，这点在最初的政策设计上就有所不足。最后，作为限塑的最大初衷，限塑配套的环保政策和措施不足，限塑并没有完全禁止塑料袋的使用，因此大量的塑料购物袋回收再利用仍然是一个重要的问题，但我国在这一点上目前还欠缺相关的回收再利用制度，回收再利用企业较少，工艺也落后；对塑料购物袋的替代物品没有全面的考虑，竹篮、布袋、纸袋等替代物品都有各自的不足之处。

针对这些评估结果，窦薇等提出了对限塑令进行修订改进的建议。包括从源头上控制不可降解塑料袋的生产，通过市场引导逐步降低消费者对塑料购物袋的使用；尽快寻找塑料购物袋的替代品和建立塑料购物袋的回收再利用制度等。

(3) 公共政策绩效评估

公共政策绩效评估是最常见的政策评估，是对政策执行结果的评估。其中，公共政策绩效评估是政策实施后所产生的各种结果与影响，对政策执行效果的评估首先应考察政策是否实现了预期的目标，是否达到了预期的效果。政策目标是制定政策的起点，也是政策制定所要实现的终点，在政策执行中具有指导、约束、激励等作用。评价一项政策成功与否的重要标准就是政策执行效果与政策预期目标的符合程度。如果一项政策在实施后的合理时期内没有实现预定的目标、达到预期的效果，就说明该项政策是不成功的。当然，一项政策能否达到预期目标，既有政策本身的因素，也有政策执行的因素，甚至还包括政策目标设定的因素，对政策执行效率的评估是指政策投入与产出之间的比例关系，即取得预定的政策效果所耗费的政策资源的数量。政策的投入即政策成本，一项政策从列入议事日程到制定、执行等各个环节都需要投入大量的人力、物力、财力和信息等资源，包括政策出台前的调研、方案提出与论证、征求意见、试行等各个阶段所需要的人员、机构、工作时间的数量与质量，为保证政策的顺利实施所应当支付的保障资金和补偿费用，要是指政策目标的实现程度，即政策实施的结果满足人们需要的程度以及解决社会问题的深度和广度。此外，政策的产出还应当包括政策执行所带来的不利影响，因为虽然政策目标一般都是正面的和积极的，但是在实际运行中可能会偏离其既定的轨道，甚至出现完全相反的结果，也就是说，政策的产出还应当扣除其所带来的不利影响和损失。

限塑令的绩效评估并不是绝对意义上的绩效评估，因为在绩效评估的时候限塑令仍在执行。根据调查和数据分析，限塑令实施取得一定成效。

第一，限塑令宣传效果突出，大部分居民通过电视新闻和日常语言交流这两种途径知晓这一政策。第二，限塑令政策认同度高。调查显示，39.4%的居民对限塑令支持，45.7%的居民比较支持或能接受，仅15.1%的居民表示难以接受或无所谓。其中大部分居民认为至今为止限塑令已经发挥了一定的作用，塑料袋的使用量较以前也有所减少。统计表明，有19.5%的居民认为限塑令作用十分明显，塑料袋的使用情况大有改善；有47.8%的居民认为作用一般，塑料袋使用情况较以前有所改善；仅有25.8%认为作用很小或一点作用也没有；另有6.9%表示不知道相关情况。第三，不同场所政策执行力度差异大。大型超市、正规商场、小超市和药店等场所执行力度较高，能够很好地做到向顾客有偿提供塑料袋，并且所提供的塑料袋符合质量要求。而在到了农贸市场、个体经营商及流动摊贩等小型、零散和流动性的购物场所，限塑令执行力度很差，免费提供塑料袋和提供质量不达标塑料袋的现象比较明显。

虽然限塑令取得了不错的绩效，但在执行中也有问题。首先，公众对政策的了解程度低。虽然限塑令在群众中的普及程度较高，但多数人对限塑令的具体内容没有详细了解。数据显示，61.9％的居民不知道限塑令中有关"加强对限产限售塑料袋的监督检查"的政策内容，67.5％的居民对"提高废塑料的回收利用水平"政策一无所知，69.4％的居民不知道要"大力营造限产限售限用塑料袋的良好氛围"，83.1％的居民不了解限塑令中关于"强化地方人民政府和国务院有关部门的责任"的规定。其次，存在一些政策执行力度差的场所，尤其是农贸市场和流动摊贩。这也得到了调查数据的印证，68.6%的居民认为限塑令在农贸市场中的执行程度最弱，其次是小型零售场所。同时，超市限塑后"手撕袋"用量激增的现状也不容忽视。最后，政策执行力度不够。在一些地区的农贸市场，市场管理人员对摊主免费提供塑料袋的行为并未严格管理禁止。同时政策还缺乏对消费者的约束机制。而调查数据显示28.5%的居民认为目前政府对限塑令的执行监管力度不够。

（二）我国公共政策评估存在的主要问题

经过多年的发展，我国公共政策评估实践有了一些进步，取得了一定的成绩，但必须注意到，在我国公共政策评估中，还存在问题。

1. 公共政策评估体系不健全

我国政策评估存在的最大问题就是缺乏健全的评估体系。具体而言，最重要的是两个方面，首先是政策评估没有统一的法律基础，各政府部门的评估几乎都是各自为战，没有系统联系；其次，对执行公共政策评估的机构没有一个严格良好的管理制度和行业标准。

第一，我国没有对公共政策评估进行规范的法律法规，公共政策评估还不是政策过程的强制性环节，公共政策评估开展的范围还不够广。缺乏强制评估机制降低了政府将资源投向公共政策评估活动的医院。评估缺乏法制化和规范化环境。由于我国公共政策评估起步晚，发展时间短，与之相关的法律制度还不健全，这样，政府实施的政策评估仍然由领导者凭个人价值偏好在一组备选方案中择一而评估，很少主动思考其效果和目标。评估中的"形象工程"、"面子工程"一旦出现问题，没人承担责任和风险。缺乏法制化和规范化的政策评估环境也使评估过于随意，评估方案的采纳完全取决于政府政策的制定者个人或团体，无法形成法制化和规范化的评估方法，影响了公众和社会组织对政府评估的接受程度。

第二，公共政策评估机构的资格审核制度欠缺。在公共政策评估以外的多数评估领域，包括资产评估、风险评估等，评估机构都需要通过一定的资格认证才能够进入评估行业。这同样应该适用于公共政策评估。除此之外，还应该对政策评估组织的资格认定有法律规定，应该遵循市场准则，培育评估组织的竞争机制。

2. 评估主体的局限性

我国公共政策评估中，被政府承认的主要还是政府评估机构。而政府评估机构由于大多数都与施政部门存在隶属关系或利益关系，因此评估结果的独立性难以得到保障；而非官方机构的评估既收到资金和信息的限制，其评估报告也有不被官方认可的可能性。

（1）评估主体相对单一

我国公共政策评估主要由各政府评估机构进行，是政府了解公共政策效果的过程，并依据一定标准判断这些效果是不是预期的效果。他们以自身合法性和权威性制定政策而很少关注社会环境的变化及其他社会组织和公民的需要，造成其他公共组织和公民被动、消极地应付政策规定，而参与、协助政府搞评估的积极性、主动性不强，难以体现评估的客观公正原则。原则上，不同的公共管理主体都可以参与公共政策评估，主体不同，对同一公共政策的评估也会形成不同的结论，而评估主体只局限于政府，难免会使结论显得过于单调。

公共政策评估主体相对单一使得公共政策的评估往往带有严重的片面性。而且由于评估主体自身知识水平的限制，这种评估也带有很大的不可靠性。虽然今年来一些非政府评估机构进入到了公共政策评估的领域，但首先这些非政府机构很多是受政府部门的委托进行评估的，这样的评估就难以保持很高的独立性，从而与政府评估机构有一样的局限性。当这些非政府评估机构进行不受政府部门委托的公共政策评估时，又受到资金、人员，尤其是评估所需信息的制约，即使克服了种种困难完成了评估，其报告也难以得到政府部门的承认和重视。

(2) 政府评估机构与施政部门具有隶属或利益关系，难以做到客观独立

政府评估主体大多缺乏独立性，从中央到地方各级政府内部都设有相关的政策评估组织，最高的国务院研究室和国务院发展研究中心都有进行政策评估的职能，地方政府则设有政策研究室；在具体的行政部门，从科技部、发改委、国家知识产权局到各级地方局办委，也多设有评估机构。在中央政府层面，评估还较为系统研究，但在地方政府层面，研究机构和评估机构水平、人员、经费等各方面则参差不齐。

更为重要的是，这些评估机构在具体执行评估任务的时候几乎都无法摆脱对上层或地方政府的依赖性。这种依赖性既来源于评估机构和政府部门之间的上下级关系，同样还来源于这些机构在人员、资金及其他资源上对政府部门的需求。

(3) 评估机构的评估得不到政府部门重视，且资金和人力得不到保障

非官方主体存在几个主要的局限性，第一是其资料获取路径极为有限，保有量也很小；第二是其评估成果很难得到施政部门的承认和重视。

非官方的评估机构在主要包括民间的政策研究组织、社会中介评估组织以及独立的学者等，他们相比官方的评估组织具有更高的独立性。但在我国政策评估实际情况当中，非官方的评估机构数量较少，而独立学者则受到研究领域的限制，难以在多个领域对政府政策作出评估。如果是非官方机构是受政府部门委托进行评估，那么其独立性则肯定受到影响。如果并非受政府部门委托进行评估，则其存在两个方面的局限性，首先是资金来源，其次是信息来源。

公共政策评估中第三方机制所面临的另一个困难是政策评估中的内外有别阻碍了第三方力量的发挥。正是因为政府自利性，政策评估是否有效往往会被是否进行了政策评估所替代。当政策的制定者或者执行者将政策评估仅仅看成

是政策过程回避不了的环节，而不是检验政策的必要手段时，这种替代更容易发生。最为典型的是很多政策评估往往由政府内部机构完成，或者由政府指定的外部机构完成，但仅仅是走过场，政策评估以给政策贴标签为终结点。如果说政府的自闭性给第三方评估设置的障碍是行政系统的系统偏见，那么内外有别的潜规则则是政治操作的典型表现。这样的政治操作带来的直接利益切合了威尔逊第一法则，即如果研究是由那些执行政策的人主持或者由他们的朋友主持，那么结论是：对社会问题的所有政策干预都会产生预期的效果。官僚机构为内外有别的规则找到一个非常正当的理由，这就是政策评估的专业化。他们努力使公众相信，官僚制的魅力在于专业化，只有官僚机构的局内人才能深刻了解管理实践的真实需要和政策制定、实施的各个细节，因而也只有他们在政策评估中才最具有发言权。由于官僚机构对自身专业化的过度自信，不仅滋生了公共行政中的专家主义，而且导致了政策评估中内部评估和外部评估极不均衡的局面。

另外，第三方评估机构缺乏行业规范和管理制度。行业规范的缺乏降低了第三方评估的约束，使一些第三方评估机构在评估报告中给出了可能不是很符合实际的结论。同时也导致第三方评估权威性下降和社会认可度降低。据了解，在我国政策评估中，行业机构为了获得评估项目和评估经费而向委托机构让步、遵从委托机构意愿的现象时有发生，严重影响了第三方的独立性。

3. 多种评估要素发展滞后

公共政策评估是一项复杂的、系统的活动，其开展有赖于多种要素的提供，包括信息、资金、评估方法等。但在我国目前的公共政策评估中，多种要素都存在问题。

（1）评估资金、信息不足

首先是评估所需的信息和资金不足。充足的政策相关信息是开展公共政策评估的基础，没有足够的信息，即使评估资金再丰富、方法再多样、人员再充足也无法进行评估。目前造成我国公共政策评估所需信息不足的原因包括政府对公共政策信息的重视程度不够、我国统计制度的变动等。此外，由于重视程度低，以及很多地方政府"吃饭财政"，一些政府部门，尤其是地方政府为公共政策评估提供资金、办公设施以及人力资源等资金的意愿并不高。公共政策评估所需的经费严重不足也对评估活动造成不利影响。

（2）评估标准不统一

在我国，具体公共政策及评估多是由各部门或地方政府自行进行。由于部门和地区差异的存在，以及评估方式的多样，政策评估结果差异性也比较大。同时我国还缺少统一的公共政策评估标准，又造成某些政府在评估中按照本级政府的利益提供有利于自身发展的信息，或者有意识地夸大、缩小、掩盖和扭曲政策运行中的事实以求政策的稳定，使评估结果有利于本部门或本级政府，更使我国的公共政策评估结果千差万别。

（3）评估方法不足

公共政策评估与其他任何评估一样，必须选择一个方法才行。

首先，公共政策评估方法应该是合适的。由于不同政策所处环境不同，需要评估的内容也不同。因此进行政策评估时应该选择合适的目的、指标、体系以及评估方法。其中政策环境、政策目的、政策成本和政策绩效等在选择政策评估方法时都是不可获取的考虑因素。

其次，评估方法多数情况下应该是系统的。政策具有复杂性，尤其是在我国现行的行政体制之下，一些政策的出台和执行会涉及到多个相关部门，这就导致了政策本身就具有较复杂的背景。为此，在政策评估中，尤其是我国的政策评估中，评估方法应该具有系统性。不能将某项政策仅仅视为出台部门的独立个体，应该放在整个政策背景和环境下，运用可以全面反应和支持该政策的方法，从多个角度进行相互联系、有机结合的评估方式。在对政策的绩效进行评估时，同样如此，要考虑到政策目标群体和非目标群体的影响。

最后，政策评估是有效的。政策评估的目的是对政策作出评价，以有利于下一步政策的出台或对现行政策的修订，因此政策评估的方法必须是有效的。做到这一点就需要明确，评估方法的选择是为获得有效的评估结果，而不是为了完成评估。这就要求评估方法是能够在政策评估中与实际相结合的，并且是能够对政策作出合理分析的。同样，有效性还要求政策评估方法必须是切实可行的，这就是在综合考虑评估所能获得的资金、资源和人力等条件下，做出成功。

公共政策评估在我国是一个新兴领域，其理论和方法正在发展，还未形成规范化、制度化的评估体系，这就给开展具体评估工作带来了许多技术上的困难。首先，由于对公共政策评估的概念认识不一，对政策评估的内容范围界定不清，评估理论很难得到全面系统的发展，也无法建立起一套完善的公共政策评估的指标体系与方法。不同部门采用不同的评估形式和规范，从各自的角度审视、评估公共政策，造成了实际评估过程的千差万别，同一公共政策有着不同的评估结论，则大大削弱了评估的地位与作用。其次，评估方法单一。目前我国公共政策评估所采用的评估手段和方法基本上没有超过经济学的范围。成本效益分析是最广泛采用的评估方法，评估者所关心的只是公共政策的直接投入和产出；对比分析偶尔也用来评估公共政策的社会效果，但却很少深入到社会效果与影响的因果推定；逻辑框架分析和成本效益评估方法或是太复杂，或是实践机会太少而难以在我国得到推广应用，而对于伦理道德、价值理性和个人偏好等因素的评价，则更是无能为力，至今未开发出有效的评估方法。第三，评估指标难以摆脱主观判断的片面性。公共政策评估是依据一定的标准进行的价值判断活动，评估指标的选择是公共政策评估的基本前提和有效评估的保证。由于公共政策产生的效果与影响既有长期的，又有短期的，有些是有形的，有些是无形的，甚至有些可能是相互矛盾和冲突的，很难找到一种社会全体成员都认同的准确的计算方法。选择和采用何种指标来衡量这些效果与影响不可避免地要受到评估者的主观判断的影响，特别是那些明确以价值为取向的社会发展指标和政治性指标的影响。这些因素都是造成评估工作困难、评估实践不足的重要原因。

4. 缺乏对评估结果的足够重视

由于我国尚没有建立公共政策评估制度，对政府部门和各级地方政府没有强制性的评估要求，因此在官方的政府评估中，缺乏对公共政策评估的足够重视。一些政府部门将政策评估作为一项走过场的流程执行，既没有对评估工作本身的重视，更没有从评估报告中吸取教训和汲取经验。

对评估结果的忽视很大程度上是由于缺乏对公共政策评估的科学认识。作为公共政策评估的委托机构，政府很多官员对公共政策评估的意义认识不到位，也不了解评估的作用。很多官员更注重政策制定的科学和政策执行的正确，认为在这种情况下就不需要进行公共政策评估，如果一定要进行评估，也只是应付上级任务的手段。由于不少政府往往缺乏对评估的足够认识，对政策评估工作难以给予有力的支持。

另外，政府机构虽然设有或附属一些可以进行公共政策评估的机构，但真正专业进行政策评估的人员很少，绝大多数评估人员是研究人员、行政人员等。同时我国还没有形成科学的政策评估机制，评估者委托方往往视政策评估为可有可无的工作，能免则免；不得不进行评估时，往往也不能提供足够的支持，或者有意识对评估施加影响，以求评估结果较符合其需要。这样的行为包括把政策评估作为炫耀业绩的工具，对政策评估的负面结论遮掩；以及通过评估说明客观资源的不足，以要求获取更多的政策资源。

5. 评估理论研究有待加强

公共政策评估实务的开展必须要有相应的理论做基础。目前国内理论界对公共政策评估，特别是对政策评估基础理论与方法模型的研究还相对滞后。

西方政策学理论于 20 世纪 40 年代作为一门相对独立的学科出现并得以迅速发展，而在 70 年代末方开始传入我国。当前我国的政策学研究还处在"引进"阶段，相应的我国对政策评估的研究也相当滞后，在我国政策学研究中更是最薄弱的环节，急需补课；其次，缺乏完善的操作性较强的政策评估理论的指导，也是屡屡出现政策失败的原因之一，需要对政策失误进行深入系统的反思；再者，从我国特殊的行政管理体制看，更应该重视公共政策评估。在我国现行的行政管理体制下，缺乏有效的对公共政策制定和执行的监督，而加强公共政策评估不仅可以及时纠正政策失误和总结经验教训，而且还能对公共政策过程的参与人员起到重要的间接监督作用，增强政策相关人员的责任心，从而有助于提高公共政策的有效性。

对共政策评估理论研究的滞后制约了公共政策评估实践的发展，而且在也影响了我国政府政策制定的科学化和规范化。所以，建立规范系统并适合我国国情的公共政策评估理论体系是必要的。目前我国政策评论存在三点问题。首先，缺乏设计评估指标体系的基本技术、理论和目的。由于缺乏基础的理论做指导，没有清晰的评估目的，容易导致评估指标体系的混乱。其次，上下级指标体系之间关系欠严谨，如将政府管理的投入指标当作产出指标，或者构建效度和可操作性极低的二级指标。最后，政策评价指标体系较少围绕系统、严谨的逻辑思路构建，很多学者与实践者对"投入—运作—产出—效果"的政府管理逻辑认识不清楚，没有辨别投入、产出和效果之间的区别，而这些正是评估政府绩效的关键指标。

我国 20 世纪 80 年代从西方引进了公共政策评估理论，现在我国仍然还处于引进和介绍阶段，没有建立起系统的理论指导。由于没有系统的、符合我国国情的理论指导，造成了我国的公共政策评估具有较大盲目性——评估目的不明确、评估标准模糊、评估不科学、评估方法落后、评估结论应用性差等。我国公共政策评估在很多情况下还是单纯的经验总结、工作汇报和座谈会，距离真正意义上的公共政策评估还有较大差距。现在国内的大学和科研院所中，设有公共政策科学研究机构的还很少，很多大学和科研机构只是将公共政策评估作为行政管理学院的一个分支，缺少专业领域里的研究人才和专家。本专科教育的公共政策科学或政策分析进展缓慢，没有形成相应的教育培训基地，既没有设置本科专业，也没有独立的硕士学位点专业；公共政策科学基金来源渠道较少，而且受资助的课题数量也较少，出版渠道也很狭窄，目前还没有全国性的公共政策科学或政策分析的专门学术期刊。

在我国有限的公共政策评估研究中也存在问题。首先是过于重视政策制定和执行的研究，特别是强调公共政策制定的科学化、民主化，及相关理论、模型、规范等。根据我国公共政策现状，政策制定和执行的研究确实十分必要，但对公共政策失序、失范、腐败、政策扭曲、变形等问题的研究同样重要，公共政策评估在其中的重要作用同样不可替代。

我国公共政策评估理论落后带来的一个不良后果就是专业政策评估研究人才的缺乏。我国现有公共政策评估人员的知识结构配置不合理。首先是知识水平配置失衡，上高下低，中央和省级政策研究人员的知识水平较高，如国务院发展研究中心和各部委的发展研究中心，聚集了大量的博士、研究员等高学历、高职称人才；而市县一级的公共政策评估人员则以本科为主，一些年龄较大的评估人员学历甚至更低。其次是知识结构不合理，这在从上至下的各级评估机构中普遍存在。目前我国公共政策评估人员专业单一化的问题较很突出，相当一部分政策研究人员是经济学、管理学和法学等专业的，其他专业的相对较少。专业构成单一很大程度上限制了对政策问题评估的思路和全面性，在遇到较复杂的政策评估时很多情况下需要大量咨询专家和专业人士。最后，公共政策评估组织人员年龄构成偏老。在很多评估机构中50岁以上的人员比重较高。这些人员虽然具有丰富的经验，但在新知识的摄入上略有不足，对新政策、新环境的理解和消化也较慢。

二、建立和完善我国公共政策评估制度

公共政策评估是政策合理化的有效保障，是检验政策效果、效率和公平性的基本途径，也是决定政策去留的重要依据。随着我国公共政策决策的科学化、民主化，以及人民群众参政议政意识和能力的增强，建立我国公共政策评估制度已经成为我国政府的必须选择。

（一）　建立和完善我国公共政策评估制度的必要性和紧迫性

建立公共政策评估制度可以提高我国公共政策的透明度，提高政策制定、执行的科学性、有效性和合理性；而人民群众日益提高的参政意识和信息化的发展也要求尽快建立公共政策评估制度。

1. 建立我国公共政策评估制度具有重要意义

建立制度化的公共政策评估体系是西方发达国家的普遍做法，国外的经验验证了公共政策评估的重要作用，我国应该建立符合中国国情的公共政策评估制度。

（1）建立公共政策评估制度是发达国家的普遍做法

20 世纪五六十年代以来，政策科学和公共政策评估在世界范围内，特别是在西方国家得到了较为充分的发展。发达国家纷纷将政策评估作为政府的一项重要职能，一些国家还通过法律的形式将政策评估变成施政部门的义务。西方一些发达国家有比较健全的政策评估制度。如美国 2003 年颁布《政策规定绩效分析》文件，对实施公共政策绩效评估作了系统、全面的规定。法国 1989 年成立国家研究评估委员会，有 16 个法律法规条款对该机构从职能机构、人员组成、评估费用等作了明确的规定。日本于 20 世纪 90 年代引入政策评价制度，2002 年实施《关于行政机关实施政策评价的法律（评价法）》，要求内阁和政府的各个部门在其权限范围内都要实行政策评价。韩国 2006 年实施《政府业务评价基本法》，把原先依据不同法令进行的片面的或重复的各种评价制度综合为一体，确立了系统化、一体化的绩效评估制度。

美国公共政策评估制度。

2003 年美国政府颁布《政策规定绩效分析》，作为指导政府绩效预算工作文献中的一个子文件，以预测和评价公共政策实施效果。根据第 12866 号总统令，美国政府部门在对政策进行任何修订，包括废除或修改已有政策，或者制定新政策时，都需要进行政策绩效分析，尤其需要分析政策所带来的经济效益。可见美国政府十分重视政策绩效分析。为提高政府出台公共政策的绩效，各公共政策制定部门都需要进行绩效分析。这样做的好处包括了解提案的收支平衡性、比较备选方案的效率。政策评估向公众和政府部门提供各项方案的效果，以指出某些方案的不足，或证明另一些方案的全面、合理和公正。

《政策规定绩效分析》在三方面作出了规定——对制定公共政策必要性的评估；对公共政策选择的评估；对公共政策效绩的分析。第一，制定公共政策必要性的评估。新的公共政策的制定必须明确其针对的社会问题、政府制定公共政策的预期结果。可见，美国政府将准确提出政策的目标作为公共政策评估的第一步。公共政策出台必要性可以这样理解，即在不出台新的政策的情况下，可能会产生各种经济、社会问题，而该公共政策的出台可以避免这些问题的出现或解决这些问题。美国政府还有一套专门的指标来测量公共政策必要性，包括项目的清晰度，项目的设计针对的事件、问题、需求、项目等。

第二，对公共政策选择的评估。为提高公共政策绩效，美国政府在出台公共政策时从多个方面权衡。比如公共政策生效日期的选择。公共政策时间对政策其绩效有重要的影响，如果公共政策推出过晚可能会带来政策损失，过早则增加政策成本。不同生效日期也会影响政策对象的成本，其中有缓冲期的政策比立即生效的政策成本低。还有就是公共政策对象的差异性。根据公共政策成本与收益的不同，会对不同作用对象提出不同要求。企业规模不同，损益的标准也不同，小企业难以承受大量的固定成本，而对行业龙头企业强行摊派则会降低总体效率。对象的差异性要求在制定公共政策时需要注意其执行严格程度。通常公共政策执行严格程度同执行成本正相关，与效益间的正向关系则不那么严格。根据公共政策对象的不同，执行严格程度应该有所区别。

第三，对公共政策绩效的分析政府绩效评估的方法主要有"成本—收益分析法"和"成本—效果分析法"两种。"成本—收益分析法"适用于收益可以用货币单位来计量的公共政策，如政府的公共资本投资项目。收益和成本差额即为净收益，它反映了公共政策的效率，一般来说，净收益越大越好。"成本—效果分析法"主要应用于收益无法货币化的公共政策分析。由于公共政策作用效果的多样性和复杂性，相对适用面更广一些，使用难度也更大一些。

法国的公共政策评估机构和方法。

法国的公共政策评估，并不是由某一职能部门单独承担，而是由某些公共机构共同承担的。在法国承担公共政策评估的机构包括国会、中央和地方行政机关、国家审计法院和地方审计法庭，以及专门的公共评估机构等。

法国计划总署是第二次世界大战结束后成立的，负责对经济发展的全面规划。1996 年后开始承担公共政策的评估工作。而在法国中央政府所设的监察等公共评估机构，主要是对企业进行评估，对地方政府只作间接评估。财政部审计法院对地方政府行政行为的有效性进行评估。为加大审计力度，法国审计法院在原本承担的合法性监督和公诉人两项传统职能上增加了公共政策评估和预算审计两项新职能。国家审计法院可与大区审计法庭联合对地方公共政策进行评估，并专门设立由公务员、民选议员和评估专家组成的大区评估委员会。评估专家在评估后拟出评估报告并送大区评估委员会审核，得到中央政府批准后公布。

与我国的科技评估中心类似，法国也有负责科技公共政策评估的机构，及国会所属科技选择评估局。评估局由国民议会和参议院中部分议员组成专门委员会，其多数成员在科技领域具有从业经验，部分人员还长期在政府科技部门任职甚至担任高层管理职务。科技评估局视情况每年组织与评估报告或与某些科技主题相关的研讨会。科技评估中心的全部经费完全由国家财政支出，以保证其评估的独立性。在法国还有其他的评估委员会，例如在 2002 年成立的全国评估委员会，负责领导跨部门的评估工作。在公共机构承担公共政策评估外，也有私人机构从事公共政策评估。

法国的公共政策评估主要是以在定性分析基础上的定量分析。如法国国家审计法院的公共政策进行评估主要考虑五个方面：是否设定工作目标、是否有达到目标的具体指标、是否有一个计算机信息系统、行政行为是否合法又有一定的灵活性、是否合理使用达到目标的资源条件。

法国有明确的法律保障评估机构开展公共政策评估。1985 年法国政府颁布法令，从法律上确立了科技评估的地位。根据法国《研究政策与技术开发的评估》规定，"法国研究与技术开发计划根据各自的指标受到评估。评估的指标和评估方法在计划实施之前就已确定，公共研究机构按照定期评估的程序开展评估"。此外，政策评估是法国研究与技术开发计划开展的必须前提。法国不仅通过法律保障公共政策评估的展开，而且还用法律对公共政策评估进行规范和管理。例如，对隶属于政府研究与新技术部的法国国家研究评估委员会，适用的法律法规达 16 个条款。这些条款对职能机构、人员组成、评估费用都作了明确的规定。法国还通过授予评估机构部分特权，支持其获得评估所需的必要信息，从而保障公共政策评估的有效性。例如，科技选择评估局评估报告人可以对不涉及国家安全的任何地方进行检查，还可以接触所有行政部门的资料；必要时，还可以享有议会调查委员会的特殊权力。

法国对公共政策评估人员有严格的标准要求，所有评估人员都必须接受资格认定并承担评估法律责任。为培养符合标准的评估人才，法国有专门的评估师培训学校，大学毕业生要经过专门培训和通过严格的考核才能成为评估师。

同时评估机构和评估行为的规范一样，法国有专门的法律规范评估师的行为，评估师必须对其所作评估负法律责任。也正是由于对公共政策评估师如此严格的管理和要求度，法国的公共政策评估受到政府和社会的广泛承认。

日本通过法律体系保障公共政策评估制度。

日本的公共政策评估主要是通过发现项目、计划和政策在设计和执行中存在的问题，以修改和完善政策，并通过出台一系列的法律法规保障了公共政策评估的顺利执行。

2001年，日本专门颁布《政府政策评估法案》（Government Policy Evaluation Act），并于2002年开始实施。该法案涉及了各行政主体承担的政策评估内容并明确规定，包括日本内阁办公室、各部在内的行政主体必须展开政策评估，目的是提升管理效果和效率，以确保政府行为能够对公众负责。该法案还要求各行政主体制定针对本部门的政策评估计划，各行政主体需要向国会汇报评估结果，并通过媒体至少每年一次公开政策评估有关信息。此外，《执行政府政策评估法案的内阁命令》、《执行政府政策评估法案条例》、《实施政策评估的基本指南》、《政策评估的信息公开指南》等一系列法规共同构筑了日本的政策评估法律体系。

有了法律保障，日本的政策评估得以广泛地在各级政府中开展。从中央政府的各个部门，到县、都市和市町村中，都开展了政策评估。日本的政府政策评估系统是在总务省指导下的各部门自评估。各部门按照法案要求构建自己的评估体系，总务省则在各部门完成自评估后进行分析，最后各部门自评估报告和总务省的评价一同递交国会。日本的政策评估得到高度的重视，超过95%的评估结果会反映在第二年的财政预算中。

（2）公共政策评估制度具有重要作用

公共政策的重要性无可置疑，甚至可以说公共政策的成败直接影响着一个国家的发展和稳定。政府的作用要在其具体的政策框架内进行发挥，而公共政策评估则可以为政府提供关于政策各方面的重要信息。政策评估是对国家资源分配的有效监督方式。政策多数都具有资源分配的效果，尤其是对国家财政资源的分配。作为一种分配方式，政策对资源的支配难以令所有人都满意，但是应在其中选择一种能使更多的人得到满意，或者是帕累托最优的方案。而政策评估是可以对这种分配方案作出评价的一种有效方式。可见，公共政策评估对政府更好地实现功能具有重要意义。

①公共政策评估可以提高政策制定和执行的准确性。

制定和执行公共政策是政府部门的重要职责和任务之一。任何一项公共政策在研究制定、组织实施一段时间以后，其运行质量和效果如何，都需要进行评估，以便对政策进行调整、完善或者终止。通过公共政策评估可以决定是否需要对政策进行调整、完善或终止，更好地配置政策资源，提高政策的准确性，实现政策制定和执行的准确性，提高政府正确履行职责的能力和水平。

首先，公共政策评估可以提供政策运行信息，从而帮助对公共政策作出准确和科学的评价。利用公共政策评估的结果，可以获得对公共政策运行的大量数据、经验和判断。从而可以进行调整，提高政策运行的科学性和准确性。一项公共政策颁行后，其运行效果如何，很难一目了然地得出结论。而必须利用一切可行的技术和手段收集政策效果信息，并在此基础上加以分析和科学地阐释，以确知公共政策在运行过程中的优点和缺陷，从而帮助进一步制定更有利于既定目标实现的公共政策。

其次，公共政策评估能有效地检测公共政策效率和效益，为提高公共政策的准确性奠定基础。公共政策的实施都有所投入和产出，但效率却各不相同。公共政策评估可以借助大量的投入产出信息，检测公共政策的实际效益和效率。同时，根据不同的政策效益和效率，合理配置政策资源，既可以帮助公共政策制定者把政策资源发挥出最大的效益，又可以防止政策执行人员出于局部利益的考虑采取不适当的投入。只有通过公共政策评估，才能清楚分析各政策的价值和效益，从而为权衡投入各项政策的资源的优先顺序和比例提供依据，获得最佳的整体效果，避免劳而无功或事倍功半，有助于提高公共政策的实效，有效地推动各项工作的开展。

②公共政策评估是政府决策科学化和民主化的必然要求。

公共政策是我国政府决策的重要组成部分，也是联系政府与人民群众的重要纽带。随着我国政治民主化的不断进步，政府决策科学化和民主化的要求也越来越高，公共政策评估则是迈向政策科学化和民主化的必由之路。中国共产党十六届四中全会《决定》提出，"改革和完善决策机制，推进决策的科学化、民主化。完善重大决策的规则和程序，通过多种渠道和形式广泛集中民智，使决策真正建立在科学、民主的基础之上。"十六届四中全会的《决定》从加强党的执政能力的高度，把政府决策的民主和科学置于事关国家兴亡的重要地位。决策的科学化、民主化，反映了党和政府对科学和民主本质的深刻理解和准确把握。

政策评估是公共政策过程的重要环节。公共政策的运行是一个动态过程，政策制定、政策执行、政策监控等环节，都需要进行政策评估以获得判断依据。没有政策评估的支持，公共政策系统难以健康地运行。

公共政策科学化和民主化同时是政治体制和行政体制现代化的必然要求。现代社会是信息社会，政府决策信息以极快的速度被群众获得，公众对政府决策的意见和建议也会以很快的速度，通过各种新兴网络传媒传播，迫切要求传统的经验型政策决策向科学化、民主化决策转变，以此满足人民群众的要求和实现对公共事务的有效管理。通过公共政策评估，既可以有效地判明每项政策的价值、效益和效率，决定投入各项政策的资源的优先顺序和比例，了解政策存在问题，改进政策，又可以大大提高政策的效益。当然，公共政策评估也有助于政策的民主化，因为公共政策评估可以超越少数政策制定者的有限见识，独立地、宏观地进行评价和鉴定；还可以集中和综合来自各个方面的基本态度、倾向和褒贬；而政策实施对象可以根据自己感受积极参与公共政策评估活动，从而使政策过程走上民主化轨道，而政策的民主化同时也有助于政策的科学化。总之，公共政策评估不仅是迈向科学决策的重要一环，也是提高政策效益，实现政策优化的关键。

决策的科学化、民主化与政府首先制定的政策有关。很多情况下，人们认为政府决策就是政策制定。其"政府决策"与"政策制定"虽然相互联系，但也有一些区别。一般情况下，"决策"是一种选择过程，一切行为都包含着在各种备选方案中对特殊方案的选择。"政策制定"包括发现问题、设计方案、预测结果、比较和选择方案，以及使方案合法化等环节。可见，"政策制定"过程中包含有"决策"，例如，对各种政策方案的选择。但是，"决策"又不同于"政策制定"，"决策"并不仅存于公共政策过程的"政策制定"环节，在公共政策过程中，每一个环节都包含"决策"因素，例如，在政策执行过程中，政策宣传、组织、指挥和协调都离不开决策。因此，政府决策的科学化和民主化不仅体现在政策制定环节，而且还体现在公共政策过程的所有环节，当然也就包括公共政策评估环节。

公共政策评估有助于政府决策的科学化和民主化。政府决策的科学化和民主化首先要求政府决策必须从客观事实出发，其次必须反映民意。公共政策评估既为政府决策提供以事实为依据的大量信息，又是了解民意的重要渠道。所以，通过政策评估，不仅能够对公共政策的各个方面进行科学地考查分析，发现问题，提供建议，为公共政策的运行提供客观的事实依据，从而有助于政府决策的科学化，而且能够广泛动员人民群众参与政策制定和执行的积极性，从而使公共政策的运行真正地反映民意，集中民智，保障人民当家做主，从而有助于政府决策的民主化。鉴于政策评估可以对公共政策过程的各个环节进行评估，因而，无论政府决策发生在哪一个政策环节，也都可以通过政策评估促进政府决策的科学化和民主化。

③公共政策评估可以为政策提升和资源配置提供依据和建议。

通过公共政策评估可以获得关于政策本身和政府对其他资源配置的信息，并根据这些信息对政策和资源配置作出更好的选择。

公共政策评估，尤其是事后评估，多数是对政策绩效进行系统评价，以判断政策目标达成情况。政策的好坏最终还是由其绩效决定的，好政策如果执行过程出现问题也可能导致不好的绩效；而有问题的政策在执行过程中注意及时纠正修改也可能会有较好的绩效产出。总之，政策评估可以有效地对施政者在制定政策时没有考虑到，或政策出台后才产生的地方的一些新问题作出标记，对提高施政者政策制定和执行的水平多有裨益。

政策是政府资源，尤其是财政资源的一种配置方式。在实际施政过程中，总会有对现行政策的不满存在，对政策的有效评估可以成为现行政策合理性的有力佐证。在这种情况下，政策评估可以发现现有政策对资源配置的不足与瑕疵，从而提供下一步调整资源配置的依据。

2. 尽快建立和完善我国公共政策评估制度

随着人民群众对公共政策评估的要求越来越迫切，在我国建立公共政策评估制度非常必要和紧迫。

（1）人民群众对公共政策评估的要求逐渐提高

近些年来，我国人民群众对政府和公共政策的理解越来越深刻，要求也越来越严格。

①信息化发展要求政府政策的透明性增加。

以中央政府"三公经费"[①] 支出为例，2010 年以来我国政府力求使政府在财政拨款的出国出境经费、车辆购置及运行经费和公务接待经费中尽量透明。2010 年全国人大常委会通过了关于批准 2010 年中央决算的决议，经财政部汇总，2010 年中央行政单位、事业单位和其他单位的"三公"经费支出合计 94.7 亿元，这也是首次公开中央单位"三公"经费。"三公"经费中，出国（境）经费 17.73 亿元，车辆购置及运行费 61.69 亿元，公务接待费 15.28 亿元。此外，经汇总，2010 年中央行政单位履行行政管理职责、维持机关运行开支的行政经费合计 887.1 亿元。这是我国第一次公开中央单位"三公"经费，引起了社会各界的广泛关注。

---

① "三公"经费是指财政拨款开支的出国（境）经费、车辆购置及运行费、公务接待费。

自 2009 年起，我国中央财政预算公开的逐渐加快，各主流媒体上频频出现"晒国家账单"、"中央部门账单"、"晒基层专项支出账单"等。群众对政府晒账单十分赞赏，良好氛围也已经开始在全社会形成。财政部财科所副所长白景明表示："从政府一系列力度空前的推进预算公开的举措来看，我国推进预算公开是大势所趋，向全社会公开预算，告诉老百姓钱究竟是怎么花的，并让老百姓参与到预算的监督中，这是提高财政资金使用效率最有效的方法。"

除少数特殊部门因其业务没有公开三公经费之外，多数中央部委办都加入到了政策透明化的进程之中。在"晒账单"的部门中，全国人大、全国政协、司法部、中国侨联等部门陆续公开"三公经费"，非独立预算部门的国家煤监局和国家预防腐败局则因"三公经费"分别包含在国家安全监督管理总局和监察部预算中而没有公开。外交部未公布的原因则是《保密法》要求，一些信息不能公开。

从"三公经费"总额来说，国税、海关、质检总局位列前茅，而处在最后位置的是国家信访局、红十字总会与国务院扶贫办。公车消费处在前列的是国税、海关和质检总局，而最后的则是红十字总会、中国记协与国务院参事室；公务接待费用排在前面的是国税、质检与中科院，而在最后的是国家机关工委与国务院发展研究中心，都没过十万元；出国经费最多的是国家体育总局、中科院与商务部，后面的是国务院信访办、国务院扶贫办与国家机关工委。

专栏

2011 年 6 月 30 日，财政部向全国人大常委会说明中央公共财政支出决算情况，公布了 2010 年中央单位三公经费为 94.7 亿元。被称为"申请预算公开第一人"的深圳市民吴君亮如此感慨。

2006 年，吴君亮创办了公益性网站"中国预算网"，组织志愿者团队，推动各级政府财政预算公开。但即便是在 2007 年《政府信息公开条例》实施后，他们发给财政部、卫生部、中国人民银行等十多个部委的公开预算申请，也全都无果而终。只有 2008 年 11 月，卫生部、民政部和环保总局向他们提供了部门预算信息。

不过，吴君亮依然能明显感到政府财政预算公开的步伐在逐年加快。

在吴君亮团队的努力下，2009 年 10 月，广州市财政局公开了市本级的部门预算，公众可以上网查阅 114 个政府单位 2009 年的收支计划。这是广州市首次在网上公开年度"账本"，开了全国先河。

2009 年，我国首次公开了经全国人大审查批准的中央财政收入、中央财政支出、中央本级支出、中央对地方税收返还和转移支付等 4 张预算表。当年年底，国务院首次为公开部门预算列出时间表，争取 3 年内实现向社会公开全部部门预算。

2010 年，经全国人大审查批准的中央财政预算 12 张表格全部公开，内容涵盖公共财政预算、政府性基金预算和国有资本经营预算。在报送全国人大审查部门预算的 98 个中央部门中，有 75 个公开了部门预算，有 18 个省（区、市）财政公开了本地区公共财政预算和政府性基金预算，

2011 年，27 个省（区、市）财政进行了公开，20 个省（区、市）公开了省直部门的部门预算。

2011 年 5 月 4 日，国务院总理温家宝主持召开国务院常务会议，要求中央各部门公开 2010 年度"三公"经费决算数和 2011 年"三公"经费预算情况，地方政府及其有关部门要比照中央财政做法，并做好部门预算、"三公"经费等公开工作。

"但由于信息不全，好不容易公开的政府财政预算老百姓却常常看不懂。"吴君亮说。

河南南阳人王清对此也深有同感。

从 2008 年开始，王清向南阳市 181 个政府部门提出信息公开申请，主要是想获得公款招待、公车消费和公费出国的信息。起初，他没有获得一个部门的"有效答复"，甚至一度被当成了间谍。直到 2009 年，国务院首次为公开部门预算列出时间表后，他软磨硬泡才拿到了南阳市物价局、药监局、卧龙区财政局等共 12 套 2010 年预算报表。然而，报表中的款项笼统、模糊，大多只有收入和支出的总数，很少有详细列项，让人想看明白都难。

《南阳市卧龙区统计局 2010 年综合财政收支计划表》列明该局年度收入计划合计 117.6 万元，支出计划合计也是 117.6 万元，收支完全相等。支出里包括在职人员经费 94.2 万元，公用经费 3.4 万元，然后是专项经费 20 万元。"收入和支出怎么一分钱都不差？关键支出在哪儿，公职人员经费 90 多万元，工资占多少，福利占多少，20 万元的专项经费是什么事项，都没说呀！"王清说。

王清又要来 2010 年《卧龙区统计局收入支出决算总表》仔细分析。在支出项里，按功能分类，有 18 项支出，"一般公共服务"里支出占了绝大多数，其次是"社会保障和就业"，其他项目均为 0。按经济分类，总支

出 59 万多元里，工资福利近 40 万元，商品和服务支出 6 万多元，对个人和家庭补助 18 万多元。从这张表里，王清看不出统计局人均工资到底有多少，又有哪些商品和服务支出，"对个人和家庭补助"又是补助了谁，补助的标准是多少。

在《南阳市药监局 2009 年部门收入支出决算总表》中，"其他收入" 50 多万元，注明是"非本级财政拨款"（即单位的应缴未缴的行政事业性收费、罚没收入、用单位资产从事的经营服务性收入、上级主管部门直接下拨的款项、下属单位上缴收入等——记者注），但报表没有列出这 50 多万元有多少是罚没收入，有多少是上级拨款。

除了提供的信息不详细外，还存在关键款项不填写的现象。在《南阳市国资委 2010 年部门预算（录入报表）》之"机动车情况表"中，详细地写明了车牌号、型号、车辆类型、排气量、购买时间和资金来源，独独缺少"购买金额"一项。

当然，也有例外。王清拿到的南阳市药监局 2009 年的《支出决算明细表》，详细列了各项支出的项目，记录的正是没有向公众公布的具体数字，如工资福利支出 2823485.59 元，差旅费 254692.43 元，会议费 274552.3 元，招待费 159443.7 元等。

"这说明政府是有详细的、百姓能看明白的报表的。"吴君亮因此认为，公开的预算里看不懂的内容背后，其实隐含着政府部门不少不被社会公众了解的问题。

据了解，国外一些政府部门的财政预算公开得非常详细，财政报表会具体到以月为单位发布，仅伦敦市政府 2010 年 11 月的预算报表就有 50 多页，并附有清晰的目录，哪个职位、哪些工作花了多少钱都能清楚地查到。吴君亮和王清都认为，我国政府的公开预算的账单应该更细更全面更有针对性，不要停留在只公开"类"、"款"层面，应向"项"、"目"方向"进化"。只有不断增加政府账单的透明度，真正做到保障了公民的知情权，才能将行政官员置于人民的监督之中，减少贪污腐败的机会。

——本专栏摘自人民网

②快速变化的国内外形势迫切需要加强公共政策评估工作。

改革开放以来，我国从中央到地方都制定、出台实施了许多公共政策。从总体上讲，这些政策是对推动改革开放和经济社会发展发挥了重要作用。但同时，也确实存在一些政策执行效果不理想，没有达到预期目标。其原因也于国际国内环境形势迅速变化有关，多变的形式给我国公共政策的出台决策带来较大难度，政策出台时机和力度难以把握；此外，部分政策出台缺少必要的研究和预评估，导致政策质量不高。

近一段时间，我国经济社会发展依然面临着一些风险和不确定因素，决策难度更大。经济社会发展要求提高公共政策的针对性和有效性，保证公共政策的质量和执行效果。这就迫切需要加强公共政策评估工作，尤其是对一些重大经济社会政策进行定期评估，并根据评估结果，及时调整和完善政策。

（2）公共政策出台缺乏制度化保障

前面已经论述过，我国的公共政策评估缺乏制度体系，没有法律保障，也没有对政府部门的强制性要求。由于缺乏强制性要求，我国的一些公共政策在需要的时候却并没有进行必要的评估。尤其是在一些比较敏感的政策出台前，缺少评估会带来较大的影响。

公安部政令实施不到一周即作出修改。

公安部 2013 年初出台的新交规就是一个由于缺乏事前评估而导致政策出台后执行困难并被迫修改的例子。2012 年底，公安部发布了《中华人民共和国公安部令第 123 号》和《中华人民共和国公安部令第 124 号》，该部令的依据是《中华人民共和国道路交通安全法》及其实施条例、《中华人民共和国行政许可法》，在出台理论上是没有问题的。这两项新命令中，出现了一些新的规定，如"驾驶中型以上载客载货汽车、危险物品运输车辆以外的其他机动车行驶超过规定时速未达 20% 的"。

自 2013 年 1 月 1 日实施以来，两条新部令就受到社会广泛关注。具体效果上，新规在规范驾驶行为、减少交通违法、预防重大交通事故等方面的积极作用已初步显现。但是，也有部分条令在具体执行中出现了问题，并引起社会的广泛关注和反响。目前，一些群众比较集中地对"闯黄灯"的相关处罚规定提出了意见和建议。对此，公安部交管局专门下发通知，要求各地交管部门对目前违反黄灯信号的，以教育警示为主，暂不予以处罚。公安部将深入听取各方面意见，科学论证，根据我国道路交通管理的实际，进一步细化、明确对违反交通信号灯违法行为的查处情形和处罚规定，更好地维护道路交通秩序和人民群众生命财产安全。

"史上最严交规"快速修改的分析。

在不到一周的短短时间内，公安部的政策就发生了重大的变化，这与其没有进行必要的政策前评估有着不可分割的关系。本书将通过对这个案例的分析说明我国公共政策出台前评估的缺乏。

　　自 2013 年 1 月 1 日起，也就是新交规实施的第一天，就有许多媒体开始关注起带来的影响和存在的不合理之处。新华网、凤凰网等多家门户网站对其进行了报道。

　　新华网报道：被称为"史上最严交规"的修订版《机动车驾驶证申领和使用规定》（公安部令第 123 号）和《机动车登记规定》（公安部令第 124 号），自 1 月 1 日正式实施以来引发社会各界热议。其中关于"闯黄灯"的判罚规则引起不少争议，网友甚至"吐槽"其违背了牛顿定律。

　　许多网友针对新交规，提出的黄灯亮时紧急制动造成的车辆惯性前行等问题，由于对此持疑问的驾驶员数量众多，公安部交管局有关负责人作出回应，黄灯亮时，只要机动车车身任何一部分已越过停止线的，车辆可继续通行，不认定为闯黄灯。已越过停止线的车辆可继续通行，未越过停止线的车辆要停止通行。在车辆正常行驶过程中，只要驾驶人注意力集中、与前车保持安全车距，行经交叉路口时减速慢行、谨慎驾驶，"抢黄灯"和追尾事故是可以避免的。

　　之所以会有如此多的人对此交规极度关注，与其带来的重大影响密不可分。"红灯停，绿灯行"在我国是人尽皆知的交通规则。但其中黄灯的具体含义一直没有得到特别明确的说明。公安部交管局解释说，根据《道路交通安全法》及其实施条例的规定，黄灯信号的作用是净空交叉路口，使已经越过停止线的车辆在黄灯期间快速通过。黄灯亮时，已越过停止线的车辆可以继续通行，未越过停止线的车辆不得通行。因此，抢黄灯同样属于不按交通信号灯指示通行的违法行为。按照新实施的 123 号令，这种行为将被依法罚扣 6 分。考虑到车辆制动距离、安全车距等因素，当黄灯亮起时，只要机动车车身任何一部分已经越过停止线的，车辆可以继续通行，不应当认定为抢黄灯。此外，《道路交通安全法实施条例》规定，持续闪烁的黄灯属于闪光警示信号灯，提示车辆、行人通行时注意瞭望，确认安全后通过。此类信号灯主要目的是提醒和警示车辆和行人，不具有控制交通先行和让行的作用。

　　黄灯本来是一种提示车辆减速的信号，在国际上，黄灯警示的作用非常明显，看见黄灯，车辆到路口就会自然减速，保障行人的绝对路权。但在我国，司机在看到黄灯之后往往采取加速以在黄灯变成红灯之前迅速通过路口。新交规实施后，在因不按交通信号灯指示通行违法行为导致的交通事故中，相当一部分是由于黄灯信号期间抢行、且未能及时通过路口导致的。

　　新交规的实施中遇到了相对严重的问题。据媒体报道，在"闯黄灯罚 6 分"的影响下，多个地方追尾事故频频发生。

专栏 网络上对新交规的一些评价

　　有一位网友就在微博上讲述了他的亲身经历，他说："我成了第一拨吃螃蟹的人，正常行驶，前车见黄灯一脚急刹，我给他撞出去一个车身，对方后保险杠及尾门报废，我车没事，人也都无碍。请各位在看见信号灯1公里的时候就开始减速吧……祝各位好运。"

　　另一位网友说：新交规实行第一天上路，试验几十次黄灯问题，很难掌控，要么灯前50米左右就把车速降至极低，要么随时准备灯前急刹，这必将造成更多追尾事故。

　　"新交规实行第一天上路，试验几十次黄灯问题，很难掌控。要么灯前50米左右就把车速降至极低——这必将给本就拥堵不堪的交通造成更大灾难；要么随时准备灯前急刹——这必将造成更多追尾事故。"作家杨葵2013年1月1日在他实名认证的微博上写道。"我积极赞成交规从严，但这一条确实极不合理，民意反对声音也极大，郑重呼吁北京交通修订此条。同意者请转发。"

　　山西省临汾市政协委员古长宏在微博上表示："当绿灯转黄瞬间，接近停止线的车立即停车违背自然规律：人眼收信→大脑反应→指挥脚踏→刹车板降至制动点，需0.7秒，即使时速20公里，这也浪费了3.9米，即使此后5米能刹住，总计约需9米。就是说，在停止线9米内的车，绿转黄想立刹停，违背客观规律！

　　而此前，新华社微博"新华视点"发表"新华微评"，对抢黄灯新规提出了同样的质疑：绿灯变黄灯时，若车轮距停止线很近，刹车距离不够时，司机该怎么办呢？整治交通违法行为是尊重生命的具体措施，但因规则漏洞而导致的处罚，着实让交通参与者伤不起！随后，"新华微评"还表示，规则的出台，应反复论证并广泛听取意见。黄灯亮时未越过停止线车辆应停车这项规定，在目前信号设施及道路设计标准不一的情况下，实际操作难度巨大。希望相关部门认真考虑，营造更安全、更具人性化的道路交通环境。"违背牛顿第一定律而制定的这条规定实在不合理，郑重呼吁修订！"

　　不过也有部分网友支持"闯黄灯罚6分"。这种观点认为，现实中司机看到黄灯第一反应是加速，交通事故常常就是这样发生的。而新交规能产生强大威慑力，让更多司机在黄灯闪烁时踩刹车，会大大提高道路交通安全。

　　在2013年1月1日，也就是公安部新交规实施首日，虽然新交规在很多地方立刻得到了执行，但也有许多地方的政策执行被延迟。

上海是按照公安部规定执行新交规的直辖市，当日上海交警部门根据公安部要求，以新规作为执法依据，当黄灯亮起时，只要车身任何一部分已越过停止线的，将不会被认定为抢黄灯。由于元旦道路上车辆不多，违法行为也相对较少，一天的数据尚未被统计。在上海市内，一些大路口的交通信号灯设置有倒计时功能，会在绿灯剩十几秒时开始提示，这样能有效避免驾驶员无意地"抢黄灯"；不过，一些小路口的信号灯则无此项功能。警方表示，闯黄灯肯定属于交通违法行为，但警方在执法处罚过程中，会结合实际情况进行判断，而并非"铁板一块"。警方希望驾驶员自觉遵守交通法规，将确保安全作为通行第一原则。

延迟施行新交规的地区也不在少数，例如深圳就暂缓执行。2013 年 1 月 1 日 10 点 55 分，深圳市公安局交警支队官方微博表示，深圳暂不对闯黄灯处罚。1 个小时后，深圳交警再发微博称，暂未处罚的原因有三：一是系统暂不支持抓拍闯黄灯；二是需对信号灯的配时进一步排查；三是黄灯需制定严格的查处程序和科学的处罚标准。济南、南昌等省会城市也都表示由于取证难、不好界定等因素，暂不对闯黄灯进行处罚。

新华社报道称，公安部统计从新交规实施首日的情况，发现因违反交通信号导致的交通事故大幅下降。其中北京、天津、南京、杭州、济南等城市，新交规实施首日接报的交通事故起数分别比前日下降了 9.3%、23%、26.7%、18.4%、29.8%，未发生因违反交通信号指示造成的恶性交通事故。也正是基于此统计，公安部要求各地公安交管部门严格落实新交规要求，维护法律的统一性、严肃性。

对于引起众多争议的新交规，有部分人士认为应作政策前评估。北京市惠诚律师事务所上海分所的马文斌律师认为，"新的规定一开始确实给一些人带来不便，但严格执行下去会给社会带来更多的安全，我们很欣慰地看到，立法机关和公安部门在效率和公平安全之间选择了后者。不过立法机关也应该倾听民意，这个法律出台前似乎缺乏必要的调研和公开论证。"作为法律界人士，他还认为以前由于对闯黄灯无处罚，所以驾驶员习惯无视黄灯，现在强调处罚确实开始不适应，但确是如交通部门所说，对该规定对于良好交通习惯的养成有良好推动作用，中国的道交事故率在国际上是偏高的，我们相信该法律对于保障公众安全有好处。至于各个地方执行标准不同，这个需要在执法过程中累积经验，通过行政执法，乃至行政诉讼的司法判决在全国逐步统一，不能因为目前各地执法标准有差异就以此来拒绝法律的推行。

虽然由于缺少政策预评估，新交规的执行收到了众多质疑。但可喜的是公安部迅速作出了回应。公安部交管局发出通知，首先肯定新交规的作用，"从实施一周的效果来看，新规在规范驾驶行为、减少交通违法、预防重大交通事故等方面的积极作用已初步显现。"但对一些群众比较集中地对"闯黄灯"的相关处罚规定提出的意见和建议公安部高度重视，并下发通知要求各地交管部门对目前违反黄灯信号的，以教育警示为主，暂不予以处罚。公安部将深入听取各方面意见，科学论证，根据我国道路交通管理的实际，进一步细化、明确对违反交通信号灯违法行为的查处情形和处罚规定，更好地维护道路交通秩序和人民群众生命财产安全。

公安部这次没有预评估的公共政策出台带来了一些不利影响，使其认识到公共政策评估的必要性，并作出进行科学论证和评估的声明。作为部委级的政府机构，公安部应该说是具备公共政策评估的条件和能力的，可仍然出现了这样的案例，可见我国的公共政策预评估的确缺乏。

3. 我国公共政策评估制度方面的一些探索

虽然我国公共政策评估制度尚未建立，但还是在一些方面开展了起来。尤其近一段时间，我国在公共政策制度评估上有了新的探索。比较典型的是重大项目的社会风险稳定评估。

重大项目社会稳定风险评估，是指政府与人民群众利益密切相关的重大决策、重要政策、重大改革措施、重大工程建设项目、与社会公共秩序相关的重大活动等重大事项在制定出台、组织实施或审批审核前，对可能存在的影响社会稳定的因素开展评估分析，并根据评估结果做出应对。

（1）风险形成原因

改革开放以来，中国经济持续快速发展，政治体系运行平稳有序，社会整体发展保持着良好态势。但与此同时，发展中的一些问题和社会矛盾开始凸显，一些影响社会稳定的事件也时有出现。比如，农村征地问题、拆迁补偿问题、房屋征收、国有资产流失、贫富悬殊问题、就业问题和安全生产问题都有可能带来影响社会稳定的风险。其中，一些重大项目同样很有可能带来社会稳定风险。

以 2012 年的镇海"PX"项目为例，说明重大项目可能带来的社会稳定风险。

根据宁波市镇海区政府《关于镇海炼化一体化项目有关情况的说明》，镇海炼化年产 1500 万吨炼油、120 万吨乙烯扩建工程（简称炼化一体化项目），主要由炼油工程、乙烯工程和公用辅助设施三部分组成。项目总投资估算约558.73亿元，选址位于宁波石化经济技术开发区内，占地面积约422公顷。炼化一体化项目是由国家化工产业振兴计划所确立的国家生产力布局重点战略项目。项目的建设对国家海洋经济发展战略的实施和区域经济的发展具有重要的意义，完全可以称得上是"重大项目"。炼化一体化项目按照环保部和省、市、区环保部门的要求，执行最严格的排放标准，采用先进的清洁生产工艺和技术，对工艺产品方案和主体装置组成进行优化，其中环保总投入约36亿元。目前该项目已完成部分前期工作。

据中国经营网报道，2012年10月初开始，陆续PX项目附近的村民镇海区政府上访，原因是该项目落户后的相关环保及村庄搬迁。10月22日，湾塘等村近200名村民以居住点距离化工企业过近为由到镇海区政府上访，要求尽早将村庄拆迁纳入新农村改造计划。此前，镇海区政府曾约访村民，并对环保部的有关规定作出说明。但是部分村民情绪激动，甚至围堵城区的一个交通路口，一定程度上影响了本已紧张的路面交通秩序。后经镇海区政府劝导，村民全部散去。

在出现了可能影响社会稳定的"堵路事件"后，镇海区委、区政府立刻着手应对工作。首先，镇海区委、区政府积极与村民沟通并做出了书面答复，积极创造条件解决群众问题。同时晓之以理，要求村民理性表达诉求，并警告对极少数别有用心的将依法惩处。其次，抓紧优化完善村庄布局规划，争取以宜居宜业为标准，促进群众生活品质提升。最后，加大环境整治力度，提升生态环境质量。镇海区委、区政府把生态环境整治和创建生态文明示范区列为实施"六大战略"和建设"六个示范区"之首，下一步将继续在优化规划、严把项目引进关、推进环境整治、加强环保执法、推进森林城市建设等方面加大投入和工作力度。目前镇海炼化一体化项目还处在前期阶段，下一步将进行环境影响评价、能源评审等相关报批程序，环评阶段项目的相关信息将在媒体公示公告，充分听取与吸纳网民和广大群众对项目建设的意见建议。

近年来，我国因有污染的重大项目选址问题已经出现了多次可能的社会稳定风险问题。仅以PX项目为例，就有2011年大连市民游行反对PX项目，2007年厦门市民为反对PX项目自发"散步"。此外，成都、南京、青岛、漳州也发生反对PX项目的案例。其中，厦门市民以"集体散步"成功抵制的PX项目最终落户漳州。

仅仅是PX项目，就引发了如此之多的社会稳定风险事件，我国其他类型的重大项目数量众多，如果都如PX项目一样引起风险，无疑将对我国整个社会稳定带来不利影响。可见，进行重大项目的社会风险稳定评估的确有其必要性。

（2）评估主体

在最近开始的重大项目社会稳定风险评估中，一般采取"谁负责、谁评估"的原则。即重大项目的决策、起草、报批、改革等有关部门也负责组织社会稳定风险评估工作。如果涉及到多个部门的，则由牵头部门为评估工作的主体，其他相关部门协助办理。

（3）评估内容

我国目前的重大项目社会稳定风险评估主要从合法性、合理性、可行性、可控性四个方面出发，围绕五个内容进行评估。即是否符合现行法律、法规、规章，是否符合党和国家的方针政策，是否符合国家、省委省政府的战略部署、重大决策；是否符合本省、本系统近期和长远发展规划，是否兼顾了各方利益群体的不同需求，是否考虑了地区的平衡性、社会的稳定性、发展的持续性；是否经过充分论证，是否符合大多数人民群众的意愿，所需的人力、财力、物力是否在可承受的范围内并且有保障，是否能确保连续性和稳定性，时机是否成熟；对所涉及区域、行业群众利益和生产生活的影响，群众对影响的承受能力，引发矛盾纠纷、群体性事件的可能性，以及其他有可能引发不稳定因素的问题。

作为我国项目审批，尤其是重大项目审批的主要部门，发展改革委专门出台了办法，规范对重大规定资产投资项目的社会稳定风险评估。

专栏	**国家发展改革委重大固定资产投资项目** **社会稳定风险评估暂行办法**

第一条　为促进科学决策、民主决策、依法决策，预防和化解社会矛盾，建立和规范重大固定资产投资项目社会稳定风险评估机制，制定本办法。

第二条　国家发展改革委审批、核准或者核报国务院审批、核准的在中华人民共和国境内建设实施的固定资产投资项目（简称"项目"下同），适用本办法。

第三条　项目单位在组织开展重大项目前期工作时，应当对社会稳定风险进行调查分析，征询相关群众意见，查找并列出风险点、风险发生的可能性及影响程度，提出防范和化解风险的方案措施，提出采取相关措施后的社会稳定风险等级建议。

社会稳定风险分析应当作为项目可行性研究报告、项目申请报告的重要内容并设独立篇章。

第四条 重大项目社会稳定风险等级分为三级：

高风险：大部分群众对项目有意见、反应特别强烈，可能引发大规模群体性事件。

中风险：部分群众对项目有意见、反应强烈，可能引发矛盾冲突。

低风险：多数群众理解支持但少部分人对项目有意见，通过有效工作可防范和化解矛盾。

第五条 由项目所在地人民政府或其有关部门指定的评估主体组织对项目单位做出的社会稳定风险分析开展评估论证，根据实际情况可以采取公示、问卷调查、实地走访和召开座谈会、听证会等多种方式听取各方面意见，分析判断并确定风险等级，提出社会稳定风险评估报告。评估报告的主要内容为项目建设实施的合法性、合理性、可行性、可控性，可能引发的社会稳定风险，各方面意见及其采纳情况，风险评估结论和对策建议，风险防范和化解措施以及应急处置预案等内容。

第六条 国务院有关部门、省级发展改革部门、中央管理企业在向国家发展改革委报送项目可行性研究报告、项目申请报告的申报文件中，应当包含对该项目社会稳定风险评估报告的意见，并附社会稳定风险评估报告。

第七条 国家发展改革委在委托工程咨询机构评估项目可行性研究报告、项目申请报告时，可以根据情况在咨询评估委托书中要求对社会稳定风险分析和评估报告提出咨询意见。

第八条 评估主体作出的社会稳定风险评估报告是国家发展改革委审批、核准或者核报国务院审批、核准项目的重要依据。评估报告认为项目存在高风险或者中风险的，国家发展改革委不予审批、核准和核报；存在低风险但有可靠防控措施的，国家发展改革委可以审批、核准或者核报国务院审批、核准，并应在批复文件中对有关方面提出切实落实防范、化解风险措施的要求。

第九条 国家发展改革委未按照本办法规定，对项目可行性研究报告、项目申请报告作出批复，给党、国家和人民利益以及公共财产造成较大或者重大损失等后果的，应当依法依纪追究国家发展改革委有关单位和责任人的责任。

评估主体不按规定的程序和要求进行评估导致决策失误，或者隐瞒真实情况、弄虚作假，给党、国家和人民利益以及公共财产造成较大或者重大损失等后果的，应当依法依纪追究有关责任人的责任。

第十条　国家发展改革委、有关部门和机构及其工作人员应当遵守工作纪律和保密规定。

第十一条　各级地方发展改革部门可参照本办法，建立健全本地区重大项目社会稳定风险评估机制。

第十二条　本办法由国家发展改革委负责解释。

第十三条　自本办法印发之日起，国家发展改革委受理的申报项目执行本办法。

（二）我国公共政策评估的原则和目标

公共政策评估是政策评估主体依据一定的标准和程序，运用科学的技术和方法，对政策系统、政策过程和政策结果的效益、效率、效果及价值进行综合判断与评价的行为，目的在于取得有关这些方面的信息，并作为决定公共政策的延续、修正、终止和重新制定新政策的依据。公共政策评估是西方国家普遍建立的制度，对我国公共政策的合理性、科学性和有效性也有巨大帮助，同时随着社会发展和人民群众参政意识的提高，我国公共政策评估制度建立显得愈发重要和迫切。公共政策制度的制定，必须遵循一定的原则和目标，在原则性的大方向把握下，通过制度的制定实现既定目标。

1. 公共政策评估的原则

公共政策评估活动是一项复杂的系统过程，为了使评估活动顺利进行，并能与客观实际相符合，就需要在具体的公共政策评估活动中遵循一定的原则。我们认为，公共政策评估需要遵循以下原则。

（1）民主原则

公共政策评估主体不同，其利益就肯定有所差别，再加之具有不同的价值观，评估活动难免会受影响产生一定的偏差，或者倾向于某一或某些利益群体。另外，评估对象，即公共政策也涉及不同的人或机构，同样也会在不同的利益群体间产生偏差。

我国公共政策评估的主体都是以政府评估机构为主，非政府评估机构的公共政策评估往往难以得到承认和发挥作用。但政府评估机构的政策评估报告往往更强调政府做了些什么，政府投入了多少，即更多地站在了政府角度。对公共政策给目标群体带来的效用往往关注不够。而非政府机构进行的公共政策评估中，则恰好相反，非政府评估机构多抱着批评政府的态度，在评估政策绩效的同时，容易忽视政策的执行成本等，更多地站在了目标群体，甚至目标群体外的公众利益角度。

因此，在建立公共政策评估制度的时候，为了避免评估主体不同带来的偏差，保证和力求评估活动的公正性和客观性，提高评估工作的权威性，应该充分考虑社会各阶层、政府和利益可能不一致的各方，充分实现公共政策评估制度的民主化。

（2）评估主体多元化原则

公共政策的评估主体是直接进行评估的执行者，直接决定着公共政策评估的有效性、真实性和科学性。评估主体多元化原则主要有两层含义，第一是将进行公共政策评估的机构进行多元化，第二是将多种社会群体吸纳入政策评估活动当中。

首先，应促进公共政策评估主体，也就是评估机构的多元化。公共政策目标具有复杂性，同时会因环境的变化出现变动，因此在公共政策评估中应当对政策有全面的认识。政府评估机构和非政府机构各自具有自身进行公共政策评估的优势，也同时有其不足。在主体确定时，应充分考虑二者的互补性等，保证评估主体的多样性，以对政策有更全面的认识。

其次，把社会机构和公民等政策对象吸纳入公共政策评估当中。在公共政策研究领域一个范围较广的共识是，公共政策评估活动中，评估主体除立法机关、政党组织、司法机关、社会组织和公民外，政策制定者和执行者、专业机构和人员、大众传播媒体也比较重要。作为公共政策对象的组织或公民可以提供公共政策给经济、社会生活带来的影响的第一手资料，对公共政策评估有很重要的作用。组织和公民作为政策对象参与公共政策评估，既可以提高公共政策评估的客观性和全面性，又能够提高公共政策评估结论的公信力。因此，要把政策对象这一重要评估主体吸收到公共政策评估当中。但目前我国的公共政策评估当中，这些政策对象的看法和意见没有得到足够的重视，对公共政策的评估是一个损失。

（3）可行性原则

公共政策评估应该是可行的，如果不遵循可行性原则，那么再好的评估方案也无法实施，评估也就无法进行。

可行性原则首先是条件可行。开展公共政策评估必须具备相应的人力、物力和财力，并且具有技术可行性，以确保评估活动的顺利完成。根据公共政策评估的规模、持续时间等不同，必须有相应的资金和人力保证，同时技术可行性是受评估所获得的信息限制的。在制定公共政策评估制度的时候，必须要注意要为评估预留充足的资源。

其次易于操作。一个理论和方案若不能在实践中得到应用，则是一纸空文，没有任何价值，因此公共政策评估方案必须易于操作才较有价值。

2. 公共政策评估的标准

公共政策评估作为决定政策、政策改进和制定新政策的依据，是一种进行判断的评估行为，需要根据一定的标准和程序进行。开展公共政策评估，应该首先得确定这个标准，然后按照标准执行。

（1）公共政策评估标准的理论认识

国内外学术界对公共政策评估标准都有一些研究。英国著名学者维克斯提出了政策是否成功的评价标准包括保持动态平衡的功能、优化自我保持功能、使资源流动最大化的功能、优化功能性绩效的功能。邓恩则将评估标准分为效果、效率、充足性、公平性、回应性和适宜性六类。林水波、张世贤认为评价标准有八个方面：即投入工作量、绩效、效率、充足性、公平性、适当性、执行力、社会发展总指标。陈振明提出了五大标准，即生产力标准、效益标准、效率标准、公正标准和政策回应度。任保平认为，当前我国公共政策评估标准有三个，一是在公共政策制定的科学性，二是公共政策实施成本，三是公共政策实施的绩效。谢明则提出公共政策评估标准应包括公共政策的投入与产出、成本与收益之间的比例关系；公共政策目标实现的程度和范围；公共政策对社会的影响程度。徐家良也认为公共政策评估标准可以按照事实标准、技术标准和价值标准三个方面进行分类。张国庆提出了公共政策评估的"首要标准"和"次要标准"。郭渐强、刘明然认为首要标准是指对某项政策进行评估的综合标准，是事实标准和价值标准的统一和高度概括，是从整体和原则的高度来衡量某项政策的是非曲直或利弊得失的标准；而次要标准则指用于评估公共政策的事实标准和价值标准。首要标准是根本性的标准，它支配和统帅次要标准；次要标准应服从首要标准，而不能与之违背。

（2）关于我国公共政策评估标准的建议

在以上原则的基础上，应该按照具体的标准对公共政策进行评估。建立我国公共政策评估体系的标准应该包括政策成本标准、政策绩效标准和政策公平标准。

①政策成本标准。公共政策成本标准主要是指政策的投入，包括公共政策制定、执行等的资源，人力、物力、财力以及这些资源的具体配置。公共政策的制定、执行等各个环节都需要大量的人力、物力、财力投入，包括资金支出、执行政策的人员、机构、工作时间，政策资源与政策对象之间的相互关系等。政策成本标准要衡量一项公共政策所投入的各种资源的质量和数量，也就是政策评估的成本问题。

政策成本也是政策能否取得成功的重要因素。公共政策评估中应认识到投入是公共政策成功的充分条件，而不是必要条件。高成本、高投入并不意味着政策的成功，反之，低成本、低投入的政策也不一定就不能取得成功。

②政策绩效标准。政策绩效标准是指公共政策取得的成效，包括在社会效应上的可量化与不可量化、预期内与预期外的效果、对其他方面的影响等。

政策目标是制定公共政策的起点，也是政策最终要实现的终点，而绩效则是政策目标的实现情况。评价一项公共政策的重要标准就是看政策执行是否在预定的时间内完成目标。公共政策评估中，绩效需要把制定公共政策时所要达到的目标同在一定时间限度内执行政策所达到的目标相比。如果公共政策在预期时间内实现制定政策所定目标，则公共政策是成功的，并取得了较好绩效。反之，没有实现既定目标，则说明该政策绩效较差。因此，评价公共政策的绩效首先应该看公共政策在预期的时间内是否完成或实现了预期的目标。

③政策公正标准。公共政策是政府依据特定时期的目标制定的行为准则或推出的公共项目，公共性是公共政策的重要特征和体现。在社会资源的分配和调节方面存在市场失灵，政府这只"看得见的手"此时可以通过公共政策发挥调节作用，这种调节作用更多地体现在社会公平方面。所以公共政策评估中也应该体现公正标准。

公共政策的制定应该以社会利益最大化为其目标，尽可能地实现帕累托最优。必须注意那些由于政策因素导致合法利益受损的少数人群体或部分利益集团的利益，通过利益的再分配或补偿等方式给予那些受损的合法利益的人群以合理的补偿，从而体现和照顾最大多数人的利益。公共政策是否成功的重要标准之一就是看是否体现了政策的公平和公正。在对公共政策进行评估时，也应该考虑这一点，除去总的政策绩效之外，还必须注意到政策绩效对不同群体的影响。

3. 公共政策评估的目标

为更好发挥公共政策评估的作用，我国公共政策评估应有制度和法律保障，同时实现评估主体的独立、专业和多元化。最终在系统科学的评估方法下，增加政策评估的透明度，更好地为政策检测、调整和出台等发挥作用。

（1）实现制度化、法律化

为更好发挥公共政策评估的作用，并给予公共政策评估必要的保障，制度化和法律化是最有效的途径。

首先，要构建公共政策预评估、执行评估和绩效评估相结合的完整体系，必须尽快出台规范公共政策绩效评估的法律法规。制定法规确立公共政策评估的地位，并赋予各级政府进行公共政策评估的责任；对政策评估原则、评估类型、评估程序、评估结果的反馈和评估职能机构、人员组成、评估费用等内容作出规定，使公共政策绩效评估在一套明确的法律制度框架下运行。

其次，保证公共政策评估的资源。政策评估是一项需要大量人力物力财力和信息资源的复杂系统工程，所以在公共政策评估制度中应该包括为评估提供必要资源的规定。首先就是要保证足够的资金投入，其次是相关部门应给予相应的信息服务，保障公共政策评估不会因为信息缺失出现问题。

最后，通过制度化、法律化打通公共政策评估的反馈渠道。以法律法规的形式加强对评估结论的反馈，并通过反馈不断地改进、修订和补充公共政策的内容，促进评估的规范化和程序化，使其形成良性循环。

（2）评估主体独立性、专业化、多元化

评估主体的独立性是评估报告客观的重要保障，评估主体专业化则可以提高公共政策评估的有效性，评估主体多元化则可以有效避免评估主体单一的弊病，实现更为全面的公共政策评估。

第一，增强政府评估机构在公共政策评估中的独立性，规范政府机构中的政策评估组织。按照"决策、执行、监督"想独立的原则，将公共政策评估机构与政策制定和执行机构尽量独立，各司其职。同时在评估过程中则要有足够的交流，实现信息共享。做到公共政策评估机构和被评估机构之间减少利益关系，防止不必要的干扰和阻力。

第二，实现评估主体的专业化，必须要制定严格的标准。实施资格认定制度，规定从业条件，只有符合从业条件的机构才能进入到公共政策评估工作当中。促进评估职业化发展，加大评估专业人才的培养力度。通过学历教育和在职培训，设立优秀评估奖励制度鼓励和吸引政策分析专业人士到政策评估组织工作。从评估机构和评估人员两方面加强管理，提高水平，从而实现整个公共政策评估的专业化。

第三，鼓励和引导民间政策评估组织的发展。在政府评估机构之外，充分发挥民间政策评估机构体制灵活、专业性强、立场中立、社会关系广泛的优势。尤其是利用民间评估机构相对独立的地位，保证其工作免受政府干扰。

（3）评估技术与方法系统化和科学化

评估技术与方法是进行公共政策评估不可规避的手段，这两者的系统化和科学化是提高我国公共政策评估水平的必然选择。

首先，加强公共政策评估的基础研究。在高校和科研院所展开关于公共政策评估理论的研究，由国家社会科学基金中建立专门用于公共政策评估研究的课题，鼓励科研人员从事相关的基础研究。加强政策科学的研究和传播，使政府部门认识到政策评估作用，如监督政策执行、有助于开发政策资源、增强政策效益等。使政府部门重视公共政策，乐于开展评估工作，为实现决策的科学化和民主化服务。加强培训，要求政府评估机构进行常态化的学习和培训，评估人员掌握尽量系统和有效的评估方法。

其次，选取合适有效的评估方法。常用的公共政策评估方法有对比分析法、成本效益分析法、统计抽样分析法、定性分析法，有同行评估、问卷调查、当面访谈、电话采访及案例研究等。通过系统的培训和学习，使评估人员能够在具有互补性的方法中作出正确选择和运用，根据具体情况选择一种主要的分析方法并结合其他方法综合地做出评估结论。实践中尤其应注意定性分析和定量分析的有机结合，以提高评估的科学性、客观性和准确性。

（4）提高政策评估透明度

完善政府信息公开制度、建设公共政策评估信息系统，提高政策评估透明度，使公众能够对其有更全面的了解和信任。

完善政府信息公开制度。评估过程中建立和维护各级政府信息库，注意征询政策目标人群的意见，评估采用的方法、引用的数据、评估的结果要通过主流媒体向公众公开。评估结果应将公众满意度作为参考依据，并在评估报告中有所反映，以促进决策的民主化。

4. 公共政策评估的限制

虽然政策评估在我国受到越来越多的重视，其应用领域也越来越广，但必须注意到在实际执行中，公共政策评估还面临一些限制。

（1）政策评估所需信息可得性较低

对政策进行评估，尤其是使用定量方法评估，必然会面对大量资料，关键是大量数据的获得性问题。在我国目前的统计方法中，并没有为政策评估的便利专门要求各部门提供评估可用数据。多数政府部门在政策执行过程中也没有专门的制度和人力去完成数据收集。这就为政策评估的执行带来了极大的不便。

目前我国的公共政策评估中，如果是由政府委托进行的，多数可以由委托机构提供一些评估所需信息，即评估机构一般可以获取存在的所有信息；但此时仍然会有制度和数据不健全带来的信息缺失。如果不是由政府机构委托的评估，那么评估机构就只能通过公开信息进行评估，或者投入资金和人力，以调研或问卷等方式获取信息。

政策评估信息可得性较低很大程度上限制了我国公共政策评估的水平，在信息缺乏的情况下，即使评估机构水平再高、评估方法选择再科学，也难以获得有足够说服力的结论。

（2）评估结果没有得到有效应用

在公共政策评估完成的情况下，面临的最大问题就是评估结果能否得到有效重视和应用。

目前我国的公共政策评估实践中，政府委托的评估结果反映渠道相对畅通，但也存在评估对象没有对评估结果做出相应回应的现象；非政府机构委托的评估，往往更多的只能起到呼吁的作用。即我国公共政策评估结果没有得到有效利用的现象是相当明显的。

评估结果无法得到有效应用，李允杰、丘昌泰认为其原因有三个。首先是施政者和评估者的不同立场。一些施政者进行政策评估的目的是明确的，即评估结果能够为其政策修订或出台提供有力依据。但评估者如果按照既有的原则和方法进行评估，其评估结果很可能和施政者的意图并不相符。这样在评估委托者和评估者之间的立场上就产生了区别。当评估报告与委托者的立场不同时，就很难得到委托者的重视了。其次是观念上的差距。施政者和评估者在一些情况下对政策评估的观念并不一致，这种差异在政府部门或其下属的评估机构担任评估者时仍然存在。由于观念不同，对同一事物的看法也会有差异。最后是需求不同。与第一个原因类似，施政者和评估者的需求不同，评估者更多的是完成评估任务，对于研究机构或学者而言，可能更重要的是依靠评估获得相应的学术地位和影响力。

（三）建立和完善我国公共政策评估制度的建议

要充分发挥政策评估的作用，必须要有一个完整的政策评估制度，形成完整的体系，依靠制度化的强制力保证政策评估的进行，并通过制度提高对政策评估的重视程度。

1. 确立公共政策评估的法律地位

政策评估的制度化和法律化建设是使政策评估工作真正纳入政策过程的必要保障。只有建立了规范化、制度化的公共政策评估体制和机制，政策评估才能走上健康发展的轨道，政策评估的功效才能得到充分、有效的发挥。公共政策评估比较规范的国家，均制定和出台了相关的法律、规章和制度，这些法规和制度尽管立法机关和制定部门不同，效力也各异，但都对公共政策评估的主体、内容、标准、方式和程序等进行规定，从法律上保证了公共政策评估的地位，有力地推动了公共政策绩效评估在国内的开展和推行。政策评估工作具有独立性、规范性和法制化的特点。要通过立法确立公共政策评估的地位，明确各级政府制定和执行公共政策都要进行不同程度的绩效评估；规范评估主体、客体的权力与责任；对政策评估原则、评估类型、评估程序、评估结果的使用和公开及职能机构、人员组成、评估费用等作出明确规定。

公共政策评估不仅涉及政策制定者、执行者和目标人群的利益，也涉及到政策评估者自身的利益，必须依据公平、科学的原则，对政策评估活动的各个环节建立法律法规加以规范。要通过立法对公共政策评估的法定地位、政策评估主体的法定权利与责任、政策评估的过程等加以规范，使政策评估成为公共政策过程的法定环节。

2. 加强评估机构和人才队伍建设

从各国的实践看，独立的政策评估组织既是保证评估结论客观、公正的前提，也是政策评估体系趋于成熟的重要标志之一。在许多发达国家，公共政策评估的组织化和专业化已成为一种主要发展趋势。国外从中央政府各部门到地方政府的各个部门都有专门的评估机构，建立了各自的评估专家队伍，而且有许多大学、研究机构和社会中介机构进行评估研究，并作为第三方承担政府委托的评估工作。与此同时，各国都注意加大对政策评估专业人才的培养，充分发挥外部专家、专业咨询机构和技术支持部门在评估中的作用。

为促进我国的公共政策评估开展，应该完善评估行业规制、培养专业化政策评估人才和培育政策评估机构。

（1）完善公共政策评估行业规制

公共政策评估中评估机构的建设要依靠行业规制。

同样是作为评估者，房地产估价师和房地产估价机构的评估报告往往具有很强的权威性，并普遍得到社会认可。这一方面是因为在我国房地产估价市场上，估价师既不是房地产的买方，也不是卖方，而是真正意义上的第三方。另一方面是因为房地产估价师的从业资格是按照政府主管部门颁布的行政法规，通过资格审查和考试公平取得。

对房地产估价师和评估机构的管理则由房地产评估协会来履行，从而形成了行业规制创设与监督部门（住房城乡建设部）、行业管理部门（房地产估价协会）、评估者（估价师和评估机构）三者相互监督、平行运行的局面。

要完善对评估机构的规制需要做到两点。第一是要有与评估需求相匹配的制度体系。目前我国的公共政策评估制度建设方面还处于起步阶段，大多数公共政策涉及领域既没有专门法律法规，也没有建立相关的制度，部分已有的制度也不完善。第二是要建立监管分离的行业发展机制。权力机构、政府管理部门是相关法律、政策的主要制定者，不适宜既做裁判员又做运动员，应该以非政府的行业管理机构、分开的运行机制进行规制。只有行业规制不断完善，评估机构才能真正发展起来。

（2）培养专业化政策评估人才

随着政府管理领域的扩大和管理任务的增加，公共政策的数量同时迅速上升。为对越来越多的公共政策展开评估，需要更多的专业化评估人才，以及专业人才在教育、卫生、社会保障、环境管理、军事、国际关系等众多领域充沛的知识储备。因此，必须大力培养专业化公共政策评估人才，不断补充到政策评估组织中去。

首先，需要针对各个公共政策领域的专业性特点培养专业领域的政策评估人才；其次，还要根据一些涉及较多领域的政策需求，培养能跨越多个领域，从广泛多样的政策评估中提炼规则、概念并推动政策评估研究发展的复合型人才。

培养方法上，可以借鉴美国20世纪70年代在大学设立政策评估专业的经验。在大学首先开设评估的本科专业，逐渐发展到培养不同专业的评估人才和包括硕士、博士层次的高级评估人才，保证公共政策评估发展的需要。

（3）发展民间的政策评估组织

努力使民间政策评估组织的评估成为政策评估的重要方式。

大力发展民间政策评估组织的原因有四个。首先，政府评估机构的评估必然会或多或少地受到体制内的压力和影响，这在我国更是较长时间内会一直存在的。在这种情况下，发展独立民间的、外部的、非政府的政策评估组织是保证政策评估结果客观性和公正性的必然要求。民间评估组织地位中立，更能够保持客观、公正的态度。其次，民间政策评估组织便于吸收专门的评估人才，其专业性质能保证政策评估的科学性。再次，民间政策评估组织社会关系广泛，更能接近群众和直接听取群众的意见和呼声，因而可以获得官方评估组织无法获得或出于自身利益而想回避的信息，真正把群众满意不满意、群众高兴不高兴作为政策评估的重要依据。应该在建设政府评估机构之外，完善非政府评估机构的规制，为其提供一定范围内的信息便利，促进非政府评估的发展。

3. 强化财政、审计部门的监督

尽管许多国家设有专门的政策评估机构，或者由各职能部门自身开展评估，但财政、审计部门都是发挥重要作用的。一方面许多政策的执行需要财政部门的资金投入和审计部门的监督评估，另一方面各个职能部门的评估指标、评估项目往往都是在财政部门的指导下进行。

4. 探索科学的评估理论和方法

我国的公共政策评估科学起步较晚，理论研究比较落后，同时评估实践发展的缓慢和滞后，使政策评估理论体系的建设一直难有大的进展。各国结合国情和实际，加强评估理论和方法体系建设，拥有先进、实用的评估方法与制度设计，比如内部评估与外部评估相结合、定量分析与定性分析相结合、专家评估与民众参与相结合、事前评估与事中事后评估相结合、中央部门和地方政府相区别等，不断提高政策评估的针对性、有效性。

5. 提高公共政策评估的透明度

建立政策评估信息系统，完善政府信息公开制度。在评估过程中，要扩大公众参与面。这样不仅可以保证评估的客观公正，提高评估的质量，同时有利于真正实现政策制定过程和执行过程的责、权、利相统一。根据不同情况，把可公开的政策评估信息对公众发布，接受公众监督和评议。

具体而言，除了必须保密的政策由国家法律或制度明确规定外，其他各项政策的评估结论都要向公众做好宣传、解释工作。要公开政策的具体规定、界限，公开办事程序、办事机构和办事人员，鼓励全社会对政策评估活动实施公开监督。在这个基础上，努力形成稳定正常的社会心理环境，提高对政策执行后果的社会承受力，减少政策评估可能带来的负作用。形成上级工作监督、公众舆论监督、政策对象投诉等一整套完善的办法，建立专门的信息反馈渠道，防止报喜不报忧的政策评估信息失真现象。

6. 重视评估结果的应用

作为政府绩效管理的重要组成部分，政策评估主要是通过发现政策在设计和执行中存在的问题，对不合理或不适当的政策目标加以修改，最终改善政策结构。通过政策评估，不断地改进、修订和补充公共政策的内容，使整个政策形成"制定——执行——评估——完善"的良性循环。

7. 提供必要经费保障

政策评估是一项耗资巨大而复杂的系统工程，需要各种专业人才参与，需要收集大量的资料和数据，经历较长时间的分析研究和评估过程，因此需要提供必要的经费保障。

根据西方的经验，建立政策评估基金为公共政策评估提供比较可靠的物质基础。政策评估基金由立法机构通过立法程序建立，其资金来源主要是公共财政，也可接受民间捐赠。政策评估基金在法律保护下保持自身的独立性，既可以防止政府与评估机构之间的利益输送，也能为评估实践提供较为充足的资金保障，促进政策评估机构的发展，增进其独立性。

8. 发挥人大和监察部门的作用

公共政策评估是政府绩效评估的重要内容之一，要把公共政策评估纳入政府绩效评估体系，作为一项重要内容来对待。对于各级政府颁布实施的政策，建议由同级人大常委会或其专门委员会负责组织评估；对于政府各个部门颁布实施的政策，建议由同级人民政府监察部门负责组织评估。

第四篇 ｜ 科技创新政策评估

一、国外科技创新政策评估

（一）国外科技创新政策评估的发展历程

20 世纪 30 年代贝尔纳首次进行了测量科学活动的尝试，他运用英国研发投入占国民收入的比重作为测量指标反映其科学活动绩效。1951 年，美国学者 Lasswell 提出"政策科学"的概念，指出建立一个即着重决策过程评估、又着重对其结果评估的学科①，从此，世界各国学术界、政界对政策研究的重视程度与日俱增，政策研究的范畴也从决策前的政策分析逐渐扩展到政策制定、执行、评估等各个方面。20 世纪 60 年代，随着政策评估逐渐被重视，Edward Suchman（1967）主张政策评估应成为一个专门的研究领域。政策评估逐渐成为一项"成长工业"，成为监督政府公共开支，促进政策规划成效的系统工程。

经济合作与发展组织（OECD）最早进行了科技创新政策评估，其于 1963 年出版的《弗拉斯卡蒂手册》为有关国家进行创新政策研究、测量研发活动及进行跨国比较提供了方法和规则。随后美国于 20 世纪 60 年代末开始，欧洲在 20 世纪 70 年代开始也进行了科技创新的评估研究。80 年代后，政策评估确立了它在社会科学中的独立地位，但与其他政策领域相比，技术创新政策评估实践仍旧处于发展的早期阶段，还未形成系统的政策评估方法，对于特定评估方法的适用性和价值仍存在争议，对于如何把评估与政策改进联系起来也存在争议。之所以这样，部分原因是缺少资金或兴趣，更复杂的问题是技术促进政策的扩散和间接效果很难评估。

在法国，1985 年由政府颁布的研究政策与技术开发的评估中，有条款规定法国研究与技术开发计划必须由公共研究机构按规定的程序、定期根据各自的指标接受评估，评估指标与方法在计划实施前已经确定，主要负责科技公共

---

① 哈罗德·拉斯韦尔，丹尼尔·勒纳，《政策方向》（The Policy Orientation）。

政策评估的科技选择评估局隶属法国国会。1990 年经合组织编撰的《奥斯陆手册》为创新数据调查和政策研究提供了基本规则。此后，2001 年，瑞典议会成立了瑞典增长政策研究所（TIPS），主要任务是启动、授权和评估产业、创新和区域政策措施，为决策机构提供经济发展和增长的分析、决策依据，并开发和传播全球学习和评估的方法；芬兰 2002 年启动了"ProAct 计划"，目的是进一步了解研究和技术政策对社会和经济产生的影响，以及社会对技术开发的影响；澳大利亚政府从 2003 年开始实施"科学与创新评价"计划，目的是确定科学和创新政策绩效的优势和劣势领域，并确定联邦政府、州和地区之间需要合作加以改进的领域，为未来开发的政策发展奠定基础①；美国政府于2005 年提出发展"SoSP"（科技政策方法学）的倡议，从不同层面开展科技政策评估研究。

一些国家开展科技评估活动，需按照有关法律设立机构，遵照法定程序进行工作、出具评估结论和向有关单位反馈结果。美国是首先通过立法来保障科技评估的国家之一，早在 20 世纪 70 年代，美国国会就开始进行项目评估的立法，使得政策评估的分析水平有明显提高。1993 年颁布了《政府绩效与结果法案》（GPRA），以立法的形式要求所有联邦公共研究部门都要对其科研活动的绩效和结果进行评价。GPRA 要求各部门制定未来五年的战略规划报告，该报告每三年修订一次，除此之外，各部门还被要求向国会提供将战略规划分解为可测量目标的年度绩效规划报告，并在其后每个财政年度对照年度绩效规划报告中设置的目标检查其实际完成情况，最终形成年度绩效报告。GPRA 要求国会及其审计总署（GAO）和白宫管理和预算办公室（OMB）根据战略规划报告和年度绩效规划报告的内容，对被评价部门的年度绩效报告进行审议，审议结果将与预算的批准过程结合起来，这种把各个部门每年所能得到的经费预算同其绩效情况直接联系起来的做法大大增强了科技评估的强制性和有效性②。2001 年 6 月日本推出了《关于行政机构开展的政策评价的法律（政策评价法)》，要求政府各部门各自开展政策评价，并向总务省（部）报告。

---

① 经济与合作发展组织：《OECD 科学技术和工业展望 2004》，科学技术文献出版社 2006 年版，第 204 页。

② Implementing the Government Performance and Results Act for Research：A Status Report. Washington，D. C.：National Academy Press，2000.

（二）科技创新政策的评估方法

对科技创新政策评估的方法和实践随着科技创新政策以及创新理论的演变而发展。从战后主导模型开始，关于科学研究质量的评估主要采用定性分析的方法，但定性分析受主观因素影响较大。随着政策评估的发展，人们逐渐把一些数学、运筹学和经济学等学科的方法引用到创新政策评估中，以提高评估结果的科学性，科技政策评估逐步进入到定性分析和定量分析相结合的阶段，评估质量有了质的提高。目前，很多国家科技政策评估是以定性分析为基础，以定量分析为手段，采用定性与定量相结合的方法，如美国、法国、日本等国家。但也有一些国家仍只采用定性分析为主的方法进行评估，如英国、瑞典。

1. 定性分析

定性分析法主要是通过理论分析，对各种资料进行编码和整理，比较直观地反映政策制定和执行过程中的种种问题和经验，这种方法的特点是理论性强，要求有相当的政策研究背景，得出结论过程直观性强，不会用到数学和统计知识，比较适合政策制定和执行部门研究应用。在定性分析中经常用到的分析方法有理论分析法、对比分析法、个案研究分析方法、专家评议法、自我评定法、目标获取模型和 SWOT 分析法等。

（1）理论分析方法

理论分析方法是指应用相应的经济学和社会学理论和经验，通过对政策从制定到实施全过程的追踪研究，运用逻辑推理和判断，分析政策实施的效果和影响，找到其中的成功之处和问题所在，提出改进建议和意见。

理论分析方法的特点是直观易懂，政策制定和执行人员能够比较容易地应用评估结果。

（2）对比分析方法

对比分析方法从比较的不同角度可以分为以下几种。

政策执行前后的比较。在同一个地区就政策执行前及执行一段时间后对一些指标分别进行观察分析比较两者的差异，以了解政策的实施效果。可细分为四种，即简单前后对比分析法、"投射—实施后"对比分析法、有无对比分析法和"控制对象—实验对象"对比分析法。

与政策制定目标比较。政策实施后各项指标与政策制定目标进行对比，观测预期与实际效果之间的差异。

国内外政策比较。比较直观地找到本国政策和先进国家的政策差距，并提出改进建议。其中 OECD 对各国科技政策的评估，以及拉瑞多和谬斯特编写的《新全球经济中的研究与创新政策》一书是国别比较的典型，这本书重新掀起了国际科技创新政策比较的高潮。但是应用此方法要注意本国国情和先进国家的差距，不能生搬硬套。

由于政策作用对象的变化不仅与被评估的政策有关，还往往与其他因素相关，因而致使被评估政策的效果难以从政策作用对象的变化中分离出来，这就大大降低了政策评估的准确性。

（3）个案研究分析方法

个案研究分析方法一般选取受政策影响的典型性案例，通过对案例进行详细调查分析，主要运用技术经济学、政策分析学对国家或区域内单项或多项技术创新政策从政策需求、决策环境、决策过程、政策实施、政策效果等环节进行全过程评估，找出该案例受政策影响情况，具体评述其对政策的反应，然后由个体推广到一般情况，找出政策的优缺点，提出改进建议。案例分析建立了与政策实践者之间的对话渠道，且从案例中的问题入手，带着问题去研究更容易得出正确的结论。

（4）专家评议法

专家评议法指由从事或接近某领域的专家运用归纳法和演绎法来评定某项科技政策工作的价值或重要性的机制，是一种由科学共同体来做出有关科技政策评价的制度。通常有以下几种不同做法：专家会议法，即组织专家面对面交流，通过讨论形成评估结果；Delphi 法，即征询专家，用信笺背靠背评估、汇总、收敛等。

专家评议法的优点是操作简便。由于专家一般对该领域具有相当的知识和经验，通过对具有相当资历且有代表性的专家进行访问或组织谈话，综合分析访谈内容后得出研究结论，结论易于使用。同时由于专家的意见具有权威性、针对性，不同专家的意见可以起到相互印证和补充的作用，可以为政策研究提供多种视角和多个层面的观点和看法，最终结论会更加权威、可靠。对于专业性非常强的某些具体政策，必须根据专家的意见制定特殊的评估标准，而不能简单地套用一般的评估准则；而一般的政策评估虽应征询专家的意见，但在制定评估标准时只将其作为参考。不过，接受访谈的专家发表的意见难免带有主观成分，因而利用专家意见不能代替对客观资料的分析，而且多人评估时结论难收敛。

（5）自我评定法

自我评定法是科技政策制定和执行人员自行对科技政策的影响和对预期目标的实现进行评估的一种方法。主要应用相应的经济学和社会学理论和经验，通过对政策从制定到实施全过程的追踪研究，运用逻辑推理和判断，分析政策实施的效果和影响，找到其中的成功之处和问题所在，提出改进建议和意见。

但这自我评定法也有片面性和随意性等缺点，主要是受到执行人员主观利益的影响。

（6）目标获取模型

目标获取模型是将政策目标作为评估时所持的唯一标准。这种评估方法需要做两个判断：政策或计划是否在目标领域内取得了预期的结果；所观察到的结果是否是该政策作用的产物①。

目标获取模型是一种最简单、最直观的政策评估模型。但由于该模型将一个复杂的评估问题处理得过于简单，故而其缺点是显而易见的：政策目标可能是模糊的，因而不易判断目标到底有没有实现，且制定政策时的环境条件与进行评估时相差很大，原定目标可能已不适宜；一项政策可以设立多个目标，且目标间有可能存在冲突，不利于目标的评估；政策实施后出现的非预期结果未予考虑；将政策的落实看作"黑箱"，未考虑政策实施过程和实施成本。

（7）SWOT 分析法

SWOT 分析也称为潜力分析法，是国际上 OECD 普遍应用的方法。按此方法，优势和弱势是可以影响的内因，而机会和风险为外因，只能在特定情况下产生影响。这种方法适用于国家或企业在制定战略规划时，针对前期和中期不同政策的制定进行分析，特别是相关利益各方在政策中的职能和利益的确定。

但 SWOT 分析法仅适合单项科技政策评估，对于集群科技政策评估并不适合，但大部分的科技政策都是集群政策。

（8）扎根分析（Grounded Theory）

扎根理论被视为是质性研究领域中较为科学的一种方法，1967 年由社会学者 Claser 和 Strauss 提出。扎根理论是一种构建理论的方法，研究开始前一般没有理论假设，而是带着研究问题，直接从实际观察入手，从原始资料中归纳出概念与范畴，然后上升到理论。即在自然环境下，通过开放性访谈、文献分析、参

---

① Vedung E. Public Policy and Program Evaluating. New Brunswick and London: Transaction Publishers, 1997: 19 – 24.

与式观察等，对社会现象进行深入细致的长期研究，在广泛、系统地搜集资料和进行三层次编码的基础上，寻找反映社会现象的核心概念，概括出理论命题，最终返回到资料或类似情景中接受检验的一种"质性"研究方法①。

2. 定量分析方法

定量分析法是指运用数量指标来进行评估，数量指标又可以分为客观指标和主观指标。所谓客观指标是指一些客观存在的可以用数量来表示的指标；在评估时还常常会涉及到服务对象的主观感受，这时就需要用主观指标来进行测度，目前用得比较多的是度量表。定量分析方法能为创新政策评估和设计提供重要参考，为政府决策部门提供相关政策建议。在定量分析中人们用到的分析方法有问卷调查法、经济计量分析法、成本—效益分析法、模糊数学分析法、政策指标法、回归分析法等。

（1）问卷调查法

问卷调查法是指围绕某一特定政策，设计科学、合理的问卷，根据收回的有效问卷进行实证分析，这是一种相对简便易行而又常用的实证法。采用这种方法，对问卷设计的要求比较高，问卷设计既要便于调查者理解和回答，又要能全面、准确地涵盖所需了解的问题。另外，为了保证问卷调查研究成果的质量，还要尽量提高问卷的回收率和所回收问卷的有效性。

（2）经济计量分析法

经济计量分析法是以经济理论和事实为依据的定性分析法，它利用数理统计方法建立方程式，来描述政策目标与相关变量之间经济行为结构的动态变化关系。经济计量分析法常需要运用数学模型，同时需要大量的基础数据作为前提条件，将统计年鉴、问卷调查获得的数据进行统计模型分析，经过统计假设检验后，得出政策评估结论。经济计量分析法相对较为科学、客观。但一般不容易获得这些评估方法所需要的基础数据。

（3）成本—效益分析法

成本—效益分析法是对科技政策运行成本与科技政策效益加以对比的分析方法。是指从经济利益角度，对技术创新政策关于人力、物力、财力的投入与地区实际技术创新需求进行比较，得出单位投入的效益与效率。

测定政策的收益和成本及其比较是成本—收益分析法评估政策效果的核

---

① 仓平、王素芬："基于扎根理论的大学产业集群形成机理研究"，《同济大学学报》（社会科学版），2008 年第 2 期，第 115～124 页。

心。政策成本包括政策制定费用、执行费用、新旧政策交替过程中造成的效益损失和社会浪费；政府效益则包括政策目标效益和非政策目标效益。由于对政策成本和收益的测度一般比较困难，该方法仅适用于政策执行过程简单且涉及面较小的情况。

（4）模糊数学分析法

模糊数学分析法是运用模糊集合理论对政策影响因素、综合实施效果进行评估的一种方法。一般是根据政策实施影响设立评价指标，通过统计年鉴、调查问卷等方式获得数据，从政策的知晓度、便捷性、兑现率和效益度等方面对科技创新政策的实施效果进行模糊综合评价。首先需计算各指标的映射隶属度（用来描述某些非"0"和"1"的"模糊事物"隶属于某个集合的程度），并通过专家打分等方法（为消除主观因素可用熵值法）得出指标权重，最后将各指标隶属度与权重相乘求和，得到科技创新政策的效果评估分值。

（5）政策指标法

政策指标法是把政策目标分解为评估指标，通过量化与权重打分，对各地政策落实与执行效果情况进行定量评估，一般需要设立达标指标，并进行定量判断和计分。

（6）回归分析法

回归分析法属于相关性的后验分析，由于没有具体的模型，所以主要是把一些测量的离散数据做成趋势图，以便做出预测和评价。具体地说，科技政策绩效的回归分析法就是衡量某项科技政策目标或效果（因变量）时，需要考察各种因素（自变量）的关系，通过回归分析找出与效果最密切的因素，分析政策执行与落实的差异性，如在科技政策评估的"目标——执行——效果"相关性分析中就是回答执行与效果的关系。

（7）数据包络分析法

数据包络分析法（DEA）以 Pareto 最优化这一经济学概念为基础，对具有同质投入产出的决策单元进行经济效率定量化评价。科技创新政策的实施效果包含对科技进步、经济增长和社会发展等方面的影响，很难确定明确的函数关系表达，DEA 突出的优点在于无需设定函数形式，即不必确定投入产出之间极其复杂的关系，仅仅依靠分析实际观测数据就可以得出每个决策单元的综合效率。另外，DEA 模型可自行根据最优性原则计算每个投入产出的权重，不受计量单位的影响。由于上述的优势，DEA 模型近年来在公共事业管理评估方面受到了广泛的关注。

3. 定性与定量相结合的方法

科技创新政策评估需要事实标准和价值标准，事实标准侧重于实证研究，需要定量数据作为政策评估的基础；价值标准侧重于政策的价值考察，需要定性信息作为政策评估的基础。通常来讲，科技政策评估的定量分析中普遍用到的"相关性"解释，是一种统计学意义上的"因果律"，而不是科学意义上的"因果性"。因此，定量分析并不是纯粹的客观性，而是包含着某种"建构性"。此外，定量分析方法中数据的全面搜集相对困难，在数据短缺的情况下，政策指标的量化失真是系统性误差，并非可以完全避免，要进行全方位的计量模型设计与分析也会存在一定的科学偏差。且定量评估并不能深入到政策执行、影响的内在本质，而只能是得出大致的事实判断。比如关于组织创新、服务创新和工艺创新的扩散和技术学习过程等指标测量的复杂性决定了在技术创新政策评估中定性研究仍然十分重要。纳尔逊认为在技术创新政策分析中机构和制度方面很难离开定性分析方法，因此需要综合考虑定性与定量信息。

从发展趋势来看，科技创新政策评估已经从以技术性评估为主的"实证主义"评估，转向以社会学方法为主的"后实证主义"评估。前者主要从事实的角度运用数理方法和模型，对政策效果进行相对精确的测量，而后者则结合了社会科学中常见的研究方法，分析更为复杂而难以量化的政策议题。评估方法逐渐从简单的单准则、单目标评估方法发展到多准则、多目标综合评估方法的形成和应用。

多目标综合评估法是一种能够对政策效应进行多目标的定性分析和定量评估的方法。一项政策从酝酿、制定、实施到最终成功或失败，通常要经历比较长的时间。评价一项政策的成败、优劣，仅仅看它取得的最终结果有失偏颇。而将政策的前期准备、落实、取得成果三个阶段都纳入评估范围的模型就是"综合评估模型"。在评估过程中，对上述三个阶段都要进行"描述"和"判断"。需要"描述"的内容有两项：各阶段的目标和现实情况；而判断则首先要明确评估标准，然后拿目标、现实情况与之进行比较，进而得出评估结论。运用该方法进行政策评估的步骤主要包括选择评估目标、确定评估标准和指标、确定指标的权重、构建综合评估模型等。其中，确定评估指标及权重是该方法的关键。

由于该方法充分考虑了政策效果的系统性和层次性，并且能够随着系统结构的变化而较方便地增减指标类和指标项，使得多目标综合评估法具有较好的适应性，目前在实际中应用较多。同其他模型相比，综合评估模型有两个突出的优点：政策的制定和落实过程都属于评估范畴，故而评估结论能够较好地反映决策民主化程度，政策执行程序的公开、公平、公正性；对政策实施后出现或不出现某个结果的原因能够给予较好的解释。如果政策实施效果难以物化甚至难以描述，那就只能依赖对政策过程的评估了①。

4. 小结

社会科学中的定性方法经常遵循非线性的研究路径，定性资料意义丰富，定性分析并不将社会生活转换成变量和数字，而是借用研究对象的想法，将它们置于一个自然的情景之中，强调对出现在社会生活中的原始自然状态下的个案进行细致考察，通常采用"扎根理论"和"田野调查"，因此是一种"建构主义"的范式。定量研究则遵循线性路径，强调客观性，更倾向于使用清晰的、标准化的程序，以及一种拟因果的解释，同时使用"变量和假设"语言进行表述，强调精确地测量变量和检验假设，使其与普遍的因果解释相联系，因此是一种"实证主义"的范式。西方公共政策评估的主流方法是实证方法，其方法论取向一直以实证主义为主导。且公共政策制定都是先有实证研究的政策评估然后进行相关利益者的对话和协商等政策辩论，实证主义的政策评估为其政策制定提供了理性基础。国外对技术创新政策实施效果评估的实证性研究最早见于经济与合作发展组织的研究报告，经合组织国家在科学技术政策的制定和发展过程中，逐步地形成了一套对各国科学技术政策进行评估的方法和体系。值得注意的是，由于各种分析方法都有一定的优缺点，适用场合各不相同，使用单一方法评估可能会产生非常严重的误导。各种不同方法之间存在互补性，在实践中需要根据具体情况选择一种主要的分析方法，同时结合其他方法分析的结果综合地做出评估结论。

（三）国外科技创新政策评估的实践

1. OECD 科技创新政策评估②

OECD 认为政策在支持创新中扮演着主要角色，因此非常重视对国家创新

---

① 王瑞祥："政策评估的理论、模型与方法"，《预测》，2003 年第 3 期，第 6~11 页。
② 汪凌勇、杨超："国外创新政策评估实践与启示"，《科技管理研究》，2010 年第 15 期，第 28~31 页。

政策及其绩效的评估。创新绩效评价、创新政策与经济绩效及社会目标之间的关系以及创新政策是否与特定的经济和制度环境相适应，是 OECD 创新政策评估的主要目标。评估内容一般包括以下方面：开发并普及新产品、新技术的能力；产业界和科技界的联系；公共机构和私营企业之间的合作关系；企业之间的合作；中小企业和以新技术为基础的企业的培育；创新政策的优化；研发的全球化；服务创新，特别是知识密集型服务业的服务创新。

评价方法包括 SWOT 法和情景分析法等。

主要分析内容包括：在现有创新绩效基础上能实现什么目标？需要什么资源？会产生什么回报？通过消除现有的绩效弱点，能够得到什么？所得是否大于成本和其他投入？未来科技发展能提供什么机会？这些是否能够以成本有效的方式得到利用？国内生产总值在多大程度上将受到全球科技发展和经济、社会变化的影响？抵制这些风险和威胁的潜在成本和效益如何？

OECD 的科技指标分为 3 类：投入指标，指的是该国的资金和人力投入，包括研究与开发、无形投资、固有技术、风险资本、创新费用、人力资本；流量指标，即连接投入指标和需求指标的中间指标，包括创新活动、流动、链条、信息通讯技术、全球化、知识流；需求指标，包括创新成果、专利、生产率、技术收支平衡、高技术贸易、文献计量[①]。

OECD 在对各国创新政策的比较分析中非常注意分析样本的多样性，即不同类型国家的选择。为此，OECD 根据投入产出将所选取的样本国家分为四类：高投入高产出国家、高投入低产出国家、创新和经济效益超过投入预期的国家、拥有较高经济和创新效益但对未来创新和经济效益越发关注的国家。调查样本为 OECD 成员国及部分观察员国和地区的科技创新情况，数据来源于对这些国家和地区所进行的 R&D 调查和其他国际组织的统计资料。该调查每两年进行一次，年初向成员国和部分观察员国及地区分发调查表，各国填好后，通过邮寄或 E-mail 向 OECD 传送数据。然后，OECD 建立科技统计数据库，包括两类，第一类是 OECD 或其他国际机构从成员国收集的数据，其内容主要有 R&D 数据、技术收集数据和专利数据、技术创新数据库；第二类数据库保存的是科技指标或经济分析指标的数据[②]。但目前还没有该体系指标数据具体评估方法和权重设计的详细说明文献。

评估过程中 OECD 十分重视国情分析，关注创新政策与国情的适应性、政

---

①　丹尼尔·马尔金："发展科技指标，促进政策的分析和评估——OECD 的经验"，《科技管理研究》，2003 年第 1 期。

②　成邦文："OECD 的科技统计与科技指标"，《中国科技信息》，2002 年第 5 期。

府的作用和角色转变等。如 OECD 在评价奥地利创新绩效的报告中，针对其创新活动增加但生产率却持续下降的事实。指出了单纯追求研发投入的数字目标会造成鼓励无效投入的风险，建议奥地利通过加强产学研合作以保证创新成果的扩散、通过鼓励大学竞争以提高其研究质量、加强通用技术的开发以保证创新投入的有效等①。OECD 也对中国的科技政策进行了评估，其指标有：从事研发各部门所占的研发支出情况、国家研发总支出的强度、各地区研发支出与各地区 GDP 的情况、按全时当量计算的中国研发人员数量、按执行部门划分的研发人员总数、各地区研发人员的比例与各地区教职工的比例、中国科技论文数量、科学论文的学科分布、中国人和外国人在中国获批准的专利类型、中国和一些 OECD 国家的企业研究经费开支的变化趋势、高技术行业的研究开发强度、按部门分类的国内发明专利数量、大中型企业科技人员情况、中国大中型企业技术开发经费来源②。但 OECD 是对中国科学技术政策的整体性评估，没有对技术创新政策单独进行评估。

"OECD 科学技术和工业记分牌"重在用具体数字分析全球范围（主要是 OECD 国家和新兴经济体）的创新活动与成效，其中也包括对各国创新政策的简要分析。"OECD2007 科学技术和工业记分牌"分析了各国促进创新的政策变化趋势，包括直接投资政策、税收优惠政策、促进知识转移政策以及创新国际化趋势等。该报告显示，政府对研发活动的直接投资正在逐渐让位于税收减免等间接性政策促进手段。如 2005 年政府直接提供的资金平均占企业研发费用的 7%，而十年前这一比重为 11%；2006 年已有 20 个 OECD 国家给企业研发活动提供税收减免，多数国家的研发税收优惠程度在逐年提高③。

2. 《全球竞争力报告》

《全球竞争力报告》是由世界经济论坛组织调研编写，负责人为美国哈佛商学院迈克尔·E. 波特教授。在 2002~2003 年的特别主题报告中，美国迈克尔·E. 波特（Michael E. Porter）和斯科特·施特恩（Scott Stern）编写了《区位对于全球创新的影响：基于国家创新能力指数的调查发现》，其中将创新政

---

① INNO – Policy TrendChart – Policy Trends and Appraisal Report CHINA. http：//www. proinno – europe. eu /docs /reports /documents /Country_ Report_ China_ 2007. Pdf.

② 经济合作与发展组织：《OECD 科学技术与工业概览 2002》，科学技术文献出版社 2004 年版，第 250~263 页。

③ EUROPEAN INNOVATION SCOREBOARD 2007：COMPARA – TIVE ANALYSIS OF INNOVATION PERFORMANCE. http：// www. Proinno – europe. eu /admin /uploaded _ docu – ments /European_ Innovation_ Scoreboard_ 2007. Pdf.

策指数作为国家创新能力的考察指标之一。该研究将国家和地区创新能力指数作为一级指标，包括科学与工程人力指数、创新政策、创新集群环境、创新联系、公司创新取向 5 个二级指标，34 个三级指标。其中创新政策指数包括知识产权保护、数学和自然科学教育的质量、国家环境对人才的吸引力、政府对研发的课税和补贴、高新技术产品的政府购买、要求制定管理标准的压力、反垄断政策的有效性、推动长期竞争力的环境规则 8 个三级指标。

评估样本为 73 个国家或地区的 10000 多名企业管理者，数据来源为调查问卷。

研究方法采用回归分析法，将 2000～2001 年间由美国专利与商标局授予一个国家发明者的专利总数作为因变量，分析其与 34 个三级指标之间的关系，给每个变量赋予相应权重，用这些权重来计算每个国家创新能力 4 个二级指标指数值，最后合并成为一级指标的排序指数。

该研究是完全从企业角度对技术创新政策的实施效果进行评估，以主观调查为主要数据。因此政府角度的缺失使评估有一定偏向性，并且官方数据的缺乏会对评价的客观性产生一定影响。

3. 《IMD 全球竞争力年鉴》

《IMD 全球竞争力年鉴》又称为"洛桑报告"，每年一期。该报告指标体系包括 1 个一级指标——世界竞争力得分，4 个二级指标——经济表现、政府效率、企业效率、基础设施，20 个三级指标，314 个四级指标。其中政府效率二级指标包括公共财政、财政政策、组织机构、企业法规、教育 5 个三级指标和政策方向一致性、政府决策、政策不稳定性风险、政府补贴等 73 个四级指标；企业效率二级指标包括生产率、劳动力市场、金融、管理实践、全球化影响 5 个三级指标和综合生产率、综合生产率实际增长率、R&D 设施再分配等 69 个四级指标；基础设施二级指标包括基本基础设施、技术基础设施、科学基础设施、健康与环境、价值体系 5 个三级指标和技术合作、技术的发展与应用、资助技术发展、人均研究与开发支出、有效专利数等 95 个四级指标。其中，科学基础设施部分主要指科技投入、科技产出、科技发展环境等；而技术基础设施主要指科研活动中的技术条件，一般以通信科技、电脑与互联网、技术环境来衡量。

调查样本为 49 个国家和地区的竞争力情况。数据来源为各国家和地区的官方数据和对 4000 多位企业行政总裁的调查问卷，及国际组织统计出版物等。权重设计是对 20 个三级指标赋予相同权重，即 20%。评估过程是在 314 个四级指标中，将 128 个指标的数据直接用来作为裁定竞争力高低的主要依据，这部分得分约占总分的 2/3；73 个指标不直接用于裁定经济体的竞争力高低，但会被用作衡量竞争力高低的背景参考；其余的 113 个指标来自问卷调查结果。这些问卷调查主要集中在有关竞争力领域的问题，但是每年抽查的问卷题目不尽相同，问题数量也会增删。这 113 个指标将会被用于裁定竞争力高低的参考，在总分中占 1/3 的比例。最后将 314 个四级指标值汇总得到 20 个三级指标的数据，再乘以相应权重，得到 4 个二级指标的数据，加总后得到世界总竞争力总排名[①]。

该研究没有对技术创新政策进行单独评估，而是将对技术创新政策实施效果与其他评估对象的影响因素一起分散于各三、四级指标中，分别从政府、企业、基础设施建设的角度对技术创新政策的实施效果进行了数据收集和评估，优点是角度多，将各种影响因素纳入分析，缺点是很难分析清楚哪些是对技术创新政策实施效果影响的主要因素，应该以哪些指标作为主要评估标准。

4.《全球城市竞争力报告》[②]

全球城市竞争力评估体系包括显示性指标体系与解释性指标体系，两者总计由 75 项次级指标合并形成。显示性指标体系包括规模、质量、效率、增长、就业、结构、效益 7 个方面。解释性指标包括 7 项一级指标、40 项二级指标和 68 个三级指标。其中一级指标有：人才本体竞争力、企业本体竞争力、生活环境竞争力、商务环境竞争力、创新环境竞争力、社会环境竞争力。其中创新环境竞争力二级指标又包括 5 个三级指标：国际专利数量、国际论文发表数量（包括科技论文发表数量、社会科学论文发表数量、人文艺术类论文发表数量）、科技投入水平（即研究与开发投入占 GDP 比重）、公共教育投入水平（即政府对初、中、高级教育的人均投入水平）、信息设施水平（包括互联网主机覆盖率、宽带覆盖率、每万人安全服务器数量）。

评估样本为全世界五大洲 110 个城市的创新环境竞争力情况，数据来源为各国各城市官方统计出版物、官方网络、学术研究成果，并在研究联合国统计发布（UNSD）、世界银行发展指标（World Bank，World Development Indicators）、经合组织数据库（OECD）等国际机构的数据统计项目和标准基础上，结合各国实际情况，确立数据统计标准。

---

① 瑞士国际管理发展学院：《IMD 世界竞争力年鉴 2002》，中国财政经济出版社 2002 年版，第 6～28 页。

② 段君伟："广东省技术创新政策实施效果评估研究"，暨南大学，2007。

评估方法采用量化处理，首先对单一性客观指标原始数据用标准化、指数化、阈值法进行无量纲化处理，再用等权法加权求得综合的指标值，在各级指标合成的过程中，采用非线性加权综合法①。

该研究的对象集中于对城市创新整体环境的评估，涉及专利、论文发表、科技和教育投入水平、信息设施五个方面，是对政府、企业、科研机构、中介组织等各主体在技术创新方面相互作用的全面评估，没有从政府和企业结合的角度对技术创新政策进行详细评估。

5. 欧盟科技创新政策评估

欧盟以系统的观点认识科技创新，通过制订多种多样的科技创新政策鼓励任何领域、地区或部门积极进行创新活动，并且注重社会公众意识的提高，为将科技创新成为经济增长的主要动力打下了坚实的基础。欧盟科技创新政策评估主要关注的内容包括科技实力、人力资本的发展、就业、基础设施、网络化和政府管理与战略等，评估目的在于通过评估确立下一步的创新战略或提出创新政策建议。

为提升自身创新水平以应对全球化和知识经济的挑战，争取成为全球最有竞争力和具有活力的知识经济区域，欧盟从 2000 年开始颁布欧盟创新政策的年度报告，汇报、定性分析和展望各成员国的创新政策，并从 2001 年开始正式发布欧盟成员国创新成绩表，利用创新指标体系对成员国的创新成绩进行定量比较。这些文件从 2002 年的版本开始也包括了申请加入欧盟的候选国家的数据和信息。

"欧洲创新趋势图"项目是欧盟委员会于 2000 年初在科技创新政策领域推出的一项重要举措，作为分析欧洲创新政策的工具，欧洲创新趋势图每年发布欧盟国家和美、日等国的创新政策与环境深度分析报告。该项目的宗旨是为欧盟创新政策的决策者提供各成员国在创新方面的综合信息，包括统计资料、政策汇总、各成员国的竞争态势和未来的趋势等。趋势图表项目是欧盟成员国之间进行创新标杆比较、政策的相互学习和交流的一个平台，也是欧盟层次上创新政策协调的一个体现。

由于欧盟各成员国在发展状态和经济发展水平等具体条件方面存在差异性，因此，各成员国也面临着创新绩效与挑战的多样性（如创新领导者芬兰、

---

① 倪鹏飞，Peter Karl. Kresl：《全球城市竞争力报告 2005－2006》，社会科学文献出版社 2006 年版，第 48～60 页。

创新紧跟者荷兰、温和创新者西班牙、创新追赶者匈牙利以及欧盟候任国土耳其），并非所有成员国需要在同一时间内启动全部创新政策措施，每个成员国应当以本国当前所面临的具体挑战和问题，找到合适的政策应对措施。

创新包含了不同主体的创新活动，不同结构与规模的组织（地区性创新集群、产品研发集团）在创新网络中的相互协作，以及创新系统本身对企业运作的影响，使得创新日益具有"多人游戏"的特性。因此，政策监控行为应在下述框架下予以展开，以便能抓住创新政策对创新活动干预的全部存在方式。

表 4.1　　　　　　　　创新趋势图表项目的政策监控框架①

1	改善创新管理与政策制定的战略视野
1.1	发展应对创新挑战与创新潜力的中长期战略愿景 （在产业、地区、地区间、国家和超国家层面）
1.2	加深对企业创新活动动力与障碍的理解力度，着眼于为政策制定过程提供信息
1.3	改善政策循环效率，以提高企业创新活动和产出的公共干预力度
1.4	鼓励政策之间相互学习，并为地区、国家和欧盟等层面的政策制定建立信息网络
2	培育有利于创新的环境
2.1	加强公共采购和相关标准化建设，成为企业开发创新产品和服务的动力
2.2	降低企业的管理与交易成本，企业应履行法定的、行政的和财政的义务
2.3	尽力扩大新立法或规则对企业创新活动的积极影响
2.4	提高企业在科研和技术革新上的投入比例
2.5	鼓励战略性技术的升级，尤其是信息与通讯技术
3	鼓励技术与知识向企业转化，形成创新集群
3.1	促进企业获得技能型员工
3.2	促进知识与技术向企业供给和转移，尤其鼓励跨界创新
3.3	提高面向企业具体服务的可用性、广度和质量，以提高企业内部创新活动的有效性
3.4	提高创新基础设施的可用性、以有利于企业知识交换、产品/服务的研发等
3.5	确保基于本地区/产业/国家的未来技能的发展，以符合企业的创新需求
3.6	促进企业与大学之间及其他实体之间开展合作，共同促进创新活动和知识交换
4	促进并维持创新型企业的产生与数量增长
4.1	提高新的创新密集型企业的创立数量，提高新企业存活率

————————————

① 借鉴赵中建（2012）对欧洲 2005 年趋势图表项目的创新政策监控框架进行的总结。

续表

4.2	为新技术企业提供充足的基础设施支援（包括启动和分化），促进企业的存活率与数量增长
4.3	支持创新型企业及其商业模式进入各产业、地区或国家市场
4.4	提高私营部门对企业创新资助的有效性
4.5	选择最好的法律/规则框架，以利于私营部门对创新的财政资助
4.6	为企业开辟和拓展新市场提供足够的支持
5	加强企业创新，包括知识产权保护及其商业化
5.1	提升技术创新的层次，并促进新技术在企业中的传播
5.2	提高企业中非技术创新的比例
5.3	将知识产权保护及其政策优化，作为创新动力之一
5.4	提高企业创新活动成果的商业化/市场化比率

欧盟创新排行榜指标根据创新投入与创新产出的五组指标而划分，为更好地衡量各国创新政策在多大程度上对欧洲趋势图表和政策报告中所确定的创新挑战做出了回应，利用表4.2中的创新指标，深入剖析主要挑战的应对政策方法的本质与恰当性[1]。

表 4.2 **欧洲创新排行榜指标**[2]

创新投入	创新动力	科学和工程类毕业生数
		拥有高等教育文凭的人口数
		宽带接入比率
		终身学习参与情况
		青少年教育成就水平
	知识创造	公共研发投入
		企业研发投入
		中高技术类研发所占比例
		接受公共财政资助的企业比例
		大学中由商业资助的研发比例

---

[1] 参见 Http：// trendchart. Cordis. lu/annualreports/report2004/innovation _ policy _ europe _ 2004. pdf.

[2] 资料来源：Annual Trend Chart Country Reports，2005（2005 年度各国年度趋势图表报告）。

续表

		国内中小企业创新
创新产出	创新与企业家精神	创新性中小企业与其他企业的合作
		创新投入市场新产品的销售比例
		早期风险投资
		信息与通讯技术支出
		中小企业非技术变革创新
	知识运用	高技术服务业就业人口
		高技术产品出口
		市场新销售产品
		企业新产品而非市场新产品的销售
		中高技术制造业就业人口
	知识产权	欧洲专利局专利，美国专利商标局专利，欧洲共同体商标与设计

当欧洲将创新议案更多地转移到经济政策时，各国日益注重采用合适的政策制定工具为政策制定服务，特别是组织必要性信息的收集工作，以系统化监控国家的创新绩效指标，并运用这些指标与其他各种形式的信息共同为政策设计服务。在政策制定阶段，许多国家在经过对政策的广泛讨论后，采纳了相似的政策文本，成为中期政策设计的指导方针，一些国家以白皮书形式发布了政策文本，而另一些国家以欧洲"结构基金"项目文本的形式予以发布。因半数以上的国家使用了系统化论证和公开协商流程，所以一些国家在战略性政策制定上已经达到某种精通的程度，而另一半国家也在主动朝着这一方向发展。为提高评估的质量与标准，可依据各国是否运用系统化的方式进行政策制定，依据在创新政策措施的制定与实施过程中是否与所有利益相关者开展交互等方法，而对各国进行分类。

表4.3　　　　　　　　　　措施的恰当性评价标准设定

评级	标准
☆☆☆	采取一系列措施，形成一套系统、综合的创新挑战应对方案
☆☆	采取了一些具体措施 （采取一项或多项举措，当然尚不足以完全应对挑战）
☆	正在制定创新挑战的应对政策 （已经制定或初步实施对策，如宣布国家里斯本改革计划）
○	没有专门的措施应对创新挑战 （可能还是一个议题，但尚无已制定相关政策的任何迹象）

表4.4　　　　　　　　　　对创新政策制定过程的评价①

政策制定与协调工具	评级	标准
基于证据论证和公开咨询的程序，制定战略性政策，包括国家战略、白皮书等	☆☆☆	系统地开展了讨论与研究，并有利益相关者参与
	☆☆	至少较系统地开展了一些讨论与研究，并由部分利益相关者参与
	☆	几乎没有事前讨论与研究，并无利益相关者参与
存在协调机制（政府高层次委员会，跨部门临时委员会等）	☆☆☆	组织内部良好的政策协调机制
	☆☆	少量或零散的双边协调行为
	☆	没有协调机制
对创新政策的系统评估	☆☆☆	系统政策评估
	☆☆	少量的专门评估
	☆	几乎没有政策文件，因此也没有评价
面向创新政策制定与实施的措施	☆☆☆	在所有利益相关者之间开展全方位互动
	☆☆	在基本层面开展政策咨询和合作
	☆	在政策制定和实施上非常中央集权化或封闭体系

　　在大多数国家，对创新政策的评估和考核只是偶尔公开发表和讨论，但也有几个国家如荷兰、挪威、瑞士和英国等将其对创新政策的评估全部公开发表或讨论。大多数国家认为对创新政策的评估是基本要求，或认为是为了满足具体某政府部门或资助实体的要求，这代表了当前欧洲对创新政策评估的一般水平。一些国家如荷兰、爱尔兰、德国和爱沙尼亚等在系统化评估上要高于一般水平，而意大利、卢森堡和一些新的成员国则要低于一般水平。由外部机构实施的评估活动也得出类似的结论。在大多数国家，一部分评估由独立机构完成，而在少数国家，外部专家参与了系统化评估并对评估报告的质量进行严格把关。只有极少数国家如意大利和卢森堡等仍执行着内部评估。

　　近来由于评价和评估活动得到了长足的发展，因此政策的良好制定和评估日益与协调式管理紧密联系。良好创新模式的共同点是商业部门在研究、技术发展的总支出上占有很高的比率。在瑞典和芬兰，大公司在创新方面发挥主导作用，并可能驱动国家治理体系朝着更为协调一致的方向发展。通过大型跨国公司的内部投资，在爱尔兰也存在大公司发挥创新主导作用的情况。在过去几年中，德国和荷兰两国已显现创新政策的评估文化，日益关注对公关资助项目

---

① National TrendChart Country Reports.

的管制以及议会的绩效责任。

　　那些能进行高效创新管理的国家都有较好的评估文化，积极寻求外部评估，并把评估结果公开化，如英国、挪威、爱尔兰、荷兰、德国、瑞士等国。而有些国家声明将为此做出努力，从而使评估成为创新政策周期的组成部分，但这类努力仍比较松散，远没成为国家文化的一部分。

表4.5　　　　　　　　　　　　对评估文化的评价①

政策制定工具与评估工具	评级	标准
在创新政策领域 存在某种"评估文化"	☆☆☆	在措施实施的转折点上，对创新政策进行系统化评估
	☆☆	认为对创新措施的评估是基本要求，或认为是为了满足具体某政府部门或资助实体的要求
	☆	对创新措施很少开展评估，仅对其进行监控和审计
对创新政策措施的 外部评估与内部评估	☆☆☆	评估遵照良好的实践标准（聘请外部专家进行系统化评估、实证评估、评估报告的质量评估）
	☆☆	一部分评估由独立机构实施，但这一评估方式尚未常态化
	☆	一般只进行内部评估
评估结果的透明化与公开化	☆☆☆	在公开论坛上公布或讨论所有评估结果
	☆☆	偶尔公布或公开讨论评估结果
	☆	评估结果缺乏透明度

表4.6　　　　　　　　　　　　政策目标的精确性和设定情况

评级	标准
☆☆☆	具体的创新政策目标，目标任务可量化
☆☆	一般性的创新政策目标，有少量可量化的目标任务
☆	没有具体的创新政策目标和任务

　　"欧洲创新趋势图法国政策趋势与评价"2007年度报告对法国创新政策制定和评估实践的评价内容包括：创新政策制定过程的开放性和质量、政策监控和评议过程的规范和透明对其他政策的影响、是否存在有效协调机制（高层

---

① National TrendChart Country Reports.

次委员会、跨部委员会等）、创新文化、外部评估与内部评估。评价方法依然采用 SWOT 法。报告认为，法国在研发政策的文献提供、公共咨询机制、网络化跨部门协调以及建立专门机构来管理创新方面具有优势；薄弱环节在于创新政策措施的下游跟进不够，仍然主要依赖非正式关系进行协调，没有很好地借鉴国际经验；面临的机会有，新政府（2007 年 5 月）设立了专门负责预测和公共政策评估的国务秘书一职，新成立了科技高级理事会（HCST），重组了研究部；挑战则包括支持创新的相关角色太分散，特别是国家层面的创新机构过于冗杂等。

"欧洲创新趋势图中国政策趋势与评价" 2007 年度报告则分析了中国国家创新体系面临的三大挑战：第一，区域发展不平衡；第二，鼓励外国直接投资（FDI）的特殊政策一定程度上已将本国企业置于不利地位，新政策要在继续吸引外国投资者的同时为本国企业创造一个良好的创新环境；第三是技术转移问题。报告还对中国的创新政策评估状况进行了分析，指出中国还没有开展对创新政策和创新体系的系统评估：科技部的国家科技评估中心等机构只评估项目，中国科学院评估中心为评估项目和研究所提供服务，并且没有一家评估中心独立于相应的机构，因此评价的客观性也值得怀疑。

虽然欧盟从政策制定到政策评估都形成了比较完善的体系，但其科技政策评估还存在以下问题。

首先，大多数国家的创新政策目标仍然十分模糊。并没有在更具战略性的水平上清晰界定本国的创新政策目标，或没有在各类创新措施与预期措施成果建立因果联系。解决方法的典范是荷兰的"从政策预算到政策问责制"方案。在该方案中，决策者有责任制定绩效评估指标以对预算的每一部分进行评估。每一项指标都设有明确的目标，其他各类手段都应积极配合以达到所设定的目标。而在制定目标时，应考虑目标制定的是否恰当？是否已把设想有效地转化为目标？目标是否从整体的创新政策视野出发处置相关议题？

其次，在设定目标时受到"巴塞罗那目标"的限制，即"将 GDP 的 3%用于研发，其中 2/3 由商业提供"。虽然在一般意义上这一目标对促进各国的研发投入非常重要，但是该目标对理解现代创新系统的复杂动力性或在认识研发投入与国家或地区经济结构之间的关系上，其价值非常有限。以荷兰为例，虽然 GDP 的 3% 的目标是作为创新投入的指标，但该国的政策及其实施工具往往将其视为最佳的政策结果。荷兰的目标还应包括提高新改良产品在企业销售额中的比例，以进一步推动由市场引致的创新。

再次，即便确定了政策任务，政策也被认为是合理的且具有可行性，也不一定会提高创新业绩。荷兰的报告重点指出"相较于其他竞争对手的政策工具，荷兰制定了良好的政策工具，可解决创新功能系统中的各类重要议题。然而各创新绩效指标显示，荷兰的创新绩效正在下降，特别是在新创新政策已确定目标任务的相关领域"。英国是政策设计、目标设定和评估方法方面的良好典范，其政策覆盖范围极其广泛，然而，英国从 20 世纪 90 年代以来，许多创新绩效指标的趋势绩效表现并未取得明显的进步。因此，有时研究者对项目的评估可以论证该项目是否达到了预期目标，但这很少能使决策者得出以下论证：政策措施在"健康创新系统"上产生了广泛的影响。这将是未来几年内欧洲创新政策制定者所要面临的挑战：大量政策工具在鼓励和支持企业创新时以及企业利用这些工具促进全球市场的持续发展时，需要对这些政策工具所带来的可能影响进行评估并进一步深化认识。

（四）国外科技创新政策评估对我国的启示

无论是实践方面还是理论研究方面，西方发达国家的政策评估发展得比较成熟，关于科技创新政策评估的研究成果也较为丰富，研究角度较为全面。尤其是欧盟作为国家的联盟，各国制定和执行各自的创新政策，政策之多、涉及面之广、执行效果的多样化，本身就构成了一个很大的政策资源库，可为中国创新政策的制定提供很好的参考和素材。在欧洲，一些评估文化发展更高的国家，评估已超越了对创新绩效的简单审计，而成为一种学习方式，成为支持政策制定和项目形成的一部分；评估可以不断提升政府对创新体系可行方式的认识，在这一创新体系中各类创新项目以各自的方式运行，创新项目评估可以从研究项目评估中获得大量经验，也对评估本身提出了需要去解决的创新挑战。

因此，发达国家对科技创新政策评估的方法是值得我国借鉴的，既包括适用于各种政策评估的一般性的方法，也包括只适用于科技创新政策的特殊方法。需要注意的是，在借鉴国外科技创新政策评估方法时，既要清楚方法的普世性，也要理解制度和文化的特殊性。而且，在评估中没有"魔术子弹"，没有单一的评估方法可以回答某项项目评估的全部主要问题，应用于全部类型的项目评估，评估需要使用混合的方法，以适合特定研究项目的评估需要。

1. 科技创新政策评估的模式

科技政策价值是多元的，主要包括行政价值、经济价值和社会价值等，科技政策评估是"通过专业的评估方法对科技政策的价值及其价值实现过程的判断与分析的'技术性建构'过程",其本质是把科技政策的事实标准与价值标准融为一体的实证主义和建构主义相结合的模式。因此,科技创新政策评估一般具有三种评估模式。

首先是"目标—执行—效果"模式(OPEM),是最基本的评估模式,该模式侧重政策的执行、落实评估。指标围绕着政策制定、政策执行、政策实施、政策效果等设计。

其次是经济模式(EM),侧重政策的经济效果评估。当成本列入考察范畴时,就存在比较政策成本与政策效果的问题,这时需采用经济模型。指标围绕着经济指标对比、科技指标对比、投入产出比、成本收益对比等设计。

最后是利益相关者模式框架(SM),侧重政策攸关方对科技政策的期望,以及政策对各方的影响,适合各类科技政策评估。指标围绕利益冲突、伦理与风险、社会环境、科学文化、可行性与政策协商等设计。Vedung 专门就这种评估模式在瑞典和北美的不同操作方式做了说明:在瑞典,由相关利益人组成"特别政策委员会",对所关心的政策自行评估;在北美,则由评估专家做评估,相关利益人仅是采访或咨询对象。

评估模式处于战略层面,决定着评估的思路、方向、内容和价值;评估方法则是操作层面的问题,影响评估结果的准确性和有效性。不同的评估模式由于政策价值导向的不同,需要合理的评估方法。通过它可以将评估理论、方法与实践有机结合起来,形成一个流程图,以此缩小评估主体的主观随意性,保证评估结论的科学性评估。

2. 政策评估的评判标准

政策评估是对政策设计、执行、效果和成败原因进行的系统分析和评判,目的在于完善该项政策,并为新的相关政策的制定提供借鉴。因此,一个好的政策评估应该利用恰当的标准,选用客观、充分的证据,系统地分析和评判政策的效果及产生该效果的原因,并给出清晰、可靠的结论及有效的政策建议。多边开发银行评估合作组织认为,好的评估模式应该满足评估标准中肯、能够有效执行、评估目标明确且通过所选方法可以实现该目标等条件。Nagel(2002)认为,好的评估模式应该有效、有用、有新意并且可行。Matthijs & Cees(1999)提出的模式选择标准包括有效性、可行性和普遍适用性。因此,选择评估模式应考虑如下政策评估方法的评判标准①。

（1）适用性

政策评估即是一门科学，也是一门艺术（Sanderson，2000）。正如 Rossi & Freeman（1999）所指出的，一个好的政策评估必须适合它所处的环境，针对评估要达到的目的给出可信和有用的分析和解释。因此，评估者需要根据实际情况去选择与评估目标相匹配的方法（Clarke，1999）。此外，选择时还必须考虑到模式的条件适用性，即在该评估的各项条件约束下该模式是否适用。时间、预算、伦理问题等都是模式选择时不可忽略的因素（Pitcher，2002），有些模式虽然适用于要评估的政策和目的，但可能在现有条件约束下难以完成。

正如科学知识的传播与利用并非线性模式那样简单一样，发达国家和发展中国家的科学体制化过程和科学政策变迁的模式也不是同一的和线性的，而是具有很强的异质性和路径依赖性，因为科学社会研究已经表明，科学是"通过特定环境中的人的行动而存在，绝不可能全然是价值无涉和价值中立的"②。

（2）系统性

复杂性是政策的一大特征，政策环境、政策问题、解决方案、利益相关者及其之间的关系等都越来越复杂。同时，政策之间往往有着紧密的关联，即便是独立的政策也可能是由不同的管理部分共同制定的，因此不能简单地把政策看成一个个独立体。不仅要以系统的观点来看待政策，而且政策评估也应该是系统性的思考。Pitcher（2002）提出，"与多项实证评估的叠加相比，一套系统方案能够促成更全面的判断"。政策评估应该系统考查政策实施的整体效果，综合分析对社会和各类利益相关者的影响，不仅要注重评价政策的预期效果，也要衡量非预期影响；不仅要考虑到政策对目标群体的影响，还要考虑到对非目标群体的影响。同时，应该以系统的方式、全局的眼光，综合分析上诉政策效果和影响，权衡政策的利弊得失，以便做出科学的判断，为后续政策制定提供借鉴。

（3）适当的价值导向

价值导向问题也是评估模式选择时不可忽略的重要因素。评估者在设计和执行政策评估活动时不可避免地带有评估者的价值倾向（Laura，1999），而这种价值导向将影响到评估的效果和政策建议的提出。因此，评估者在设计评估

①　雷家骕、彭勃、王雪梅：《经济及科技政策评估：方法与案例》，清华大学出版社 2011 年版。

②　International Council for Science Policy Studies, Science and Technology in Developing Countries: Strategies for the 90s, Paris: UNESCO, 1992, P17.

方案和选择评估模式时，需要考虑自己代表谁的利益，使谁的价值最大化（Rossi & Freeman，1999），怎样平衡不同相关者的利益，怎样使评估结果更加有效。并且自上而下的政策评估往往是为了强化已有政策和管理体系（Kettunen，1994），为现有政策和管理的存在提供理论上的"依据"（Kogan，1999）。为此，评估者更需要在必要时站出来代表社会公众的利益（Anders，2001），并且尽量专注于其根本目的，避免与管理者的联系过于紧密，成为证明"现有政策和管理是卓越而有效"的工具（Kogan，1999）。

（4）与利益相关者的沟通

各类利益相关者参与评估的广度和深度，以及评估结果是否会被采用、将被谁使用等都将影响到评估的效果。参与评估的相关者类别越多、参与程度越高、评估所获得的信息越全面，越有可能比较客观、系统地评价所评估的政策。已有很多学者建议让不同的相关者参与到评估过程中，以获得充足的信息和数据（Reese & Fasenfest，1999；Pitcher，2002）。瑞典学者 Vedung 在《公共政策与项目评估》中指出，倾听社会成员的不同意见（包括被政策影响的和可以影响政策的），通过权衡多方利益，提出各方都满意的政策，最大限度地回应公民诉求，使得政策制定更加科学、民主，顺应行政民主的政府管理新趋势①。同时，设计评估模式时也不能忽略政策制定者的意见，评估结果能否被政策制定者所采纳是实现评估价值的关键。因此，所选择的评估模式应该充分考虑到相关者在评估中的重要作用，在评估中要保持与各类相关者之间充分、必要的沟通，以便获得更全面、准确的信息，做出更系统的评判，并给出有效、可被关注的评估结果和政策建议。

（5）简洁易行

政策评估的具体模式应尽量简单、易于操作。受信息采集、评估者能力、时间和资源等多种因素限制，复杂的评估模式在实际操作中容易产生误差，这就会影响评估结果的准确性和有效性。再者，如果获得的数据和信息不符合实际，再精确的处理方法也难以做出客观的评判。因此，选择政策评估时应该尽量选取简洁易行的模式。此外，政策目标越复杂，具体方法对评估的影响也越明显，评估者越需要想办法将复杂的政策过程简化，以便于理解相关问题并做出评判（Lang，2001）。

---

① Vedung E. Public Policy and Program Evaluating. New Brunswick and London：Transaction Publishers，1997：19–24.

二、我国科技创新政策评估

现阶段我国科技创新正处于国家战略的新起点，从发展模式上要实现从模仿创新向自主创新的转变；在发展规划方面，要从以研究开发为主向科技创新与科技普及并重转变；从国际合作层面看，要从特定领域的一般性国际科技合作向全方位、主动科学利用世界科技资源转变。党的十八大报告强调指出："深化科技体制改革，推动科技和经济紧密结合，加快建设国家创新体系，着力构建以企业为主体、市场为导向、产学研相结合的技术创新体系。促进创新资源高效配置和综合集成，把全社会智慧和力量凝聚到创新发展上来。"《国家"十二五"科技发展规划》也提出了总目标：大幅提升自主创新能力，显著增强科技竞争力和国际影响力，创新型国家建设取得实质性进展。该规划从体制机制和政策环境两方面指出了今后科技良好发展的保障措施。其一是深化科技体制改革，推进国家创新体系的创建；其二是强化科技政策制定和落实，立足于发挥市场的基础性作用，强化政府的作用，即强调政府的服务职能和对科技创新需求的引导作用，优化科技创新环境。因此，科技政策对创新的促进作用已被广泛认知，我国科技创新政策将面临艰巨而繁重的任务：要适应我国建设创新型国家战略目标的要求，需要制定和实施一系列操作性强的科技创新政策，支撑引领经济社会全面、协调、可持续发展，为加强自主创新提供体制和政策保障。

(一) 我国科技创新政策评估的必要性与意义

在发达国家，政策评估已有相当长时间的历史。政府在推出和实施某一重大政策的前、中、后期，都会组织相应的政策评估："前期评估"是为政府制定或实施政策提供依据；"中期评估"是为政府调整政策提供依据；"后期评估"是为政策调整及制定新的政策提供依据。这不仅为政府制定、实施、完善相应政策提供了客观依据，还推动学术界建立了"政策评估的理论与方法"。在我国，关于"政策评估理论与方法"的研究才刚刚起步，尽管不少学者和政策研究机构曾对改革开放以来的某些政策进行过评估，但我国政府政策的制定、实施、调整还没有建立起系统、科学的政策评估的理论与方法。

1. 科技创新政策评估的重要性

第一，在新古典主义经济学理论中，公共政策干预的一个必要条件是"市场失灵"。因为创新收益具有部分公共产品的性质，创新收益非独占性、创新过程不可分割性和不确定性①导致市场失灵，市场机制运用竞争力促进创新和运用高收益引诱创新并不能从根本上解决技术创新的风险和创新的动力问题，从而企业自身技术创新动力不足。相关厂商会倾向选择等待接受创新厂商的"技术外溢"策略，而不是开展技术创新，创新就可能陷入停滞状态，行业共性技术供给不能满足产业发展的需求。而技术创新是一项具有很高外部性的活动，从长远看，任何创新的社会收益都大于创新的私人收益，因此需要政府努力创造一个鼓励技术创新的环境②。此外，由于信息不对称，技术供给与企业技术需求不完全匹配，高校偏重论文、项目及获奖情况，而对转化科技成果、获取经济效益和社会效应等考虑较少，不利于引导科技成果在市场转化产生经济效益。因此，纵观这些理论，市场机制虽是有效的经济机制，但存在市场失灵需要政府去做必要的弥补。如果知识是竞争的而又是非排他性的，可以通过知识产权保证对知识投资的激励；如果知识是非竞争的和非排他的，政府应该补贴以公用为目的的知识生产，或甚至自己负责生产。综上，一项政策的出台是否合理，政府干预是否有效，就看它能不能解决市场机制在某些领域的失灵问题，能不能弥补"看不见的手"固有的缺陷。

第二，科技创新政策涉及到产业、科技、国家安全等多领域的政府政策，政府所颁布的诸项政策之间往往有重叠或冲突之处，因而单独考察一项政策时会认为它是非常有效的，但如果将其置于一个复杂的政策体系之中考察时，会发现它的作用值得商榷。在创新和演化经济学理论中，创新政策制定的注意力从注重"市场失灵"转向解决"系统失灵"，系统失灵影响了一个国家或区域的创新绩效，这就要求将整个政策体系纳入评估范畴，用系统的观点来评估。Freeman（1987）首次提出了国家创新系统的概念，指出国家在推动技术创新中起着十分重要的作用，政府需要从一个长远的、动态的视野出发，寻求资源的最优配置，采取系统化的政策以推动产业和企业的技术创新。我国目前正处

---

① Keneth Arrow, The Economic Implications of Learning for Doing. Review of Economic Studies, 1962 (6).

② 柳卸林：《技术创新经济学》，中国经济出版社 1993 年版，第 166 页。

于经济的转型期，能否顺利地进行经济结构调整，实现经济又好又快地发展，取决于创新政策的系统作用。因此，如何充分发挥政府的主导作用，从市场经济的客观规律出发建立一套适合我国国情的科技政策支撑体系，提高科技政策的质量和效率，并从系统的角度设计科技创新政策评估体系是目前的热点也是重点问题之一。

第三，党的十八大报告强调指出："实施创新驱动发展战略。科技创新是提高社会生产力和综合国力的战略支撑，必须摆在国家发展全局的核心位置。深化科技体制改革，推动科技和经济紧密结合，加快建设国家创新体系，着力构建以企业为主体、市场为导向、产学研相结合的技术创新体系。完善科技创新评价标准、激励机制、转化机制。"国家"十二五"科学和技术发展规划指出："按照'目标导向、分类实施、客观公正、注重实效'的要求，加强科学技术评价工作的宏观管理、统筹协调和监督检查，建立健全科学技术评价制度。针对科技计划、机构、人员等不同对象，国家、部门、地方等不同层次，基础研究、应用研究、科技产业化等不同类型科技活动的特点，确定不同的评价指标、内容和标准。坚持科研评价的创新和质量导向，避免频繁考核、过度量化，使科研人员专注于科研活动。继续开展科技成果评价试点工作，推动科学技术研究项目的标准化评价。发展第三方独立评估制度，指导和支持社会专业评价机构开展科技评价。"因此，科技创新政策评估是一个系统内与创新相关的主体行为规则体系的评估及再造的理论和方法体系，是促进政策实施、提高政策效果的一个重要管理环节。

2. 科技创新政策评估的必要性

近年来，在建设创新型国家的政策指引下，我国政府借鉴众多发达国家经验，出台了相应的政策和措施，在建设创新型国家、提升自主创新能力，促进科技与经济结合方面现已做了大量的工作，进行了积极的探索。然而，中国正处于经济转型的特殊历史阶段，长期计划经济留下的影响还远未完全消除，政府在科技创新政策的制定中如何找准自己的位置仍是一个异常棘手的问题。对于政策评估者来说，在用"市场失灵"理论对某项政策给出正面评价的同时，更应关注所谓的"政府失灵"。在某些领域，市场机制无法实现资源的最优配置，但政府的介入很可能使情况更加恶化。

第一，政府干预力度缺乏实效。从科技创新政策运行的效果来看，并非所有的科技政策都能获得预期效果，政府资源配置及政策措施与鼓励自主创新的目标不匹配，创新政策效力很弱，有些政策甚至带来更高的创新成本。比如，我国"以市场换技术"的发展模式在短缺经济形态下起到了积极的效果，通过引进国外先进技术提高了产业技术装备水平，但由于我国缺乏对引进技术进行消化、吸收与再创新的政策和机制，从而陷入"引进、落后、再引进、再落后"的不良循环之中。尽管我们不断让出市场，但却未能真正换来产业核心技术，甚至在一些关键技术领域受制于人，吸引外资的一系列优惠政策并没有带来我国科技创新能力的系统性提升。而且，许多地方政府以零地价、减免税政策吸引投资，削弱了企业技术创新的动力。

第二，政府的干预对市场机制的破坏。冯宗宪等（2011）研究表明政府决策远离技术发展前沿，选择资助项目存在高失误率，而且政府干预会损害公平竞争环境。张燕航（2012）认为政府直接干预存在覆盖面有限、影响企业的行为和目标、激励不相容等问题。

第三，"寻租"更会导致政府的支持作用被扭曲，且由于政府部门分割，科技政策与投资政策、贸易政策、产业政策、消费政策间存在相互矛盾和抵触，政府在推进企业技术创新的实践中也会存在越位错位现象，导致创新系统中政策绩效低下。比如，由于缺乏促进科技资源共享相应的管理制度和利益激励机制，导致科学仪器及设施等科学资源存在登记数量多、开放共享数量少的问题。

"政策失灵"的原因是政府在政策作用力度的定位和实施过程中的作用尚未完全清晰，科技决策依凭主观经验的色彩依然浓重，决策的科学化还远未实现，科技支撑引领经济社会发展的作用还没有完全体现出来。因此，"政策效果不佳"究竟是政策目标设计不当所致，政策机制设计存在缺陷，还是因为政策执行中发生了扭曲，抑或是某些行业本身的特点所致，现有研究并没有给出十分有说服力的回答。为此，对科技创新政策评估的实施效果进行系统分析，剖析其奏效或效果不佳的深层次原因，相应提出政策调整的可能方向，不仅有助于政府调整、完善相关政策，也可为政府相关部门制定和修改其他社会、经济政策提供可供借鉴的佐证。

综上所述，对科技创新政策的利弊得失进行系统研究具有重要的理论价值和现实意义，这就需要健全的科技评估机制、科学的评估规范和法律保障、大量的政策评估专业人才和系统的科技创新政策评估理论提供支撑。通过科技政策评估工作制度化，建立长效机制，一是可以强化地方及有关部门落实政策的责任和压力，提高政策的执行力和兑现度，使广大企业、科研机构、高校及其科技人员能够充分享受政策的实惠；二是通过全面深入调查研究，可以及时发现政策及其落实中存在的问题及障碍，便于调整完善，更好地推动政策落实，有利于实现资源的优化配置，提高管理的科学性，减少各项政策可能产生的负面影响；三是可以判断一项政策是否收到了预期效果，反观政策制定目标相关性，决定该项政策是继续、调整还是终结，同时为新政策的出台提供借鉴和依据，有针对性地调整政策改进方向和支持重点，为科学决策提供全面有力的支撑。

(二) 我国科技创新政策评估的现状与问题

1. 我国科技创新政策评估的发展与现状分析

我国的科技创新政策评估最早开始于 20 世纪 50 年代初期。在引入苏联式技术经济分析或称技术经济认证之后，我国陆续颁布了《1956—1967 年科学技术发展远景规划》和《1963—1972 年科学技术发展规划》。当时主要是对将要实施的大型计划、重点项目进行技术和经济效果分析，这主要是对政策实施前的预测性分析。国务院在设立国防科工委及相应研究机构的同时，又在国家科委设立新技术局，"新技术"项目经分解后完全以计划任务面向全国科研单位和大学下达，由下达单位组织验收，研究项目设立密级，评议在对外不公开、对内相对透明的情况下进行，对有限的资源投入及产出起到了巨大的作用[①]。由于评估过程和方法科学严格，使得我国 20 世纪五六十年代所实施的政策项目产生了较好的经济效益。

政策科学作为一门独立的学科在我国是 80 年代以后才开始出现的，随着改革开放的深化，社会主义市场经济体制的确立，人们逐渐认识到政策科学对经济发展、行政效能的重要性，政策评估也日益受到党和政府的重视。进入 20 世纪 90 年代之后，我国的政策科学在理论研究和实践应用方面普遍展开，但政策评估是其中最薄弱的一个环节。通过对期刊网论文的收录情况检索发现，有关科技政策的内涵、特征、功能的文章在 20 世纪 90 年代以后异军突起，特别是有关科技体制改革、科教兴国战略研究的成果很多，但对科技政策效果的研究较少，尤其对科技政策及其效果进行系统评估的研究更是凤毛麟角。

1997 年，我国成立了国家科技评估中心专门承担对科技创新政策的评估，虽有发展，却远未能发挥它的作用。科学技术部 2000 年和 2003 年制订了《科技评估管理暂行办法》、《科学技术评价办法》（试行），指出科技评估是指由

---

① 张建波等："建立支撑创新创业的科技评估体系——国外借鉴与国内对策"，《提高全民科学素质、建设创新型国家——2006 中国科协年会论文集》，2006 年，第 250～254 页。

科技评估机构根据委托方明确的目的，遵循一定的原则、程序和标准，运用科学、可行的方法，对科技政策、科技计划、科技项目、科技成果、科技发展领域、科技机构、科技人员以及与科技活动有关的行为所进行的专业化咨询和评判活动。在一定程度上规范了政府框架下科技评估活动中政府管理部门、评估机构、被评估单位、评估专家的行为准则，提出了科技评估的运作程序和方法。2011 年 6 月全国人大常委会对包括《科学技术进步法》中的"财政性资金科技项目知识产权"等在内的 5 项制度进行了立法后评估，这也是新中国成立以来全国人大的首次立法后评估。

随着科技政策逐渐丰富化，在广度和深度上都有了大幅度提升，科技创新政策开始分化演变成为一个独立的政策研究领域，相应地也展开了对科技创新政策评估的研究。近几年，国内对科技创新政策评估的研究主要集中在以下方面。

一是与科技创新政策评估相关的基本理论，如科技创新政策评估的内涵、原则、一般步骤和采用的方法等。如肖士恩、雷家骕、刘文艳（2003）分析了科技创新政策评估的经济学基础，提出进行评估的三个原则：科技创新政策是否有利于本地区整体研发能力的提高；科技成果能否顺利转化为现实的技术和工艺；科技创新政策对经济增长的贡献是否显著。同时简要阐明了科技创新政策评估的一般步骤、调研方法和评估方法。

二是科技创新政策评估模型和指标体系的构建。如彭富国（2003）运用模糊数学理论构建了技术创新政策评估的模型，阐明了政策效果评价指数的具体计算方法。同时设计了技术创新政策效果评估的指标体系，包括经济发展指标、科技产出指标和科技投入指标三类，并在此基础上，运用 1991～1999 年的数据对全国各省技术创新政策效果进行了评价。肖士恩（2010）对创新型社会的地方科技创新政策评估理论进行了研究，认为在创新型社会的背景下，地方科技政策评估的标准有三个，即创新型社会标准、地域性与协调性标准和政策效果标准。在此基础上，制定了具体的评估指标体系，包括 4 个一级指标、15 个二级指标和 28 个观测点。

三是运用模型和指标体系对各地区进行实证研究。如段君伟（2007）运用 2003～2005 年的数据，采用模糊数学和熵值法对广东省各地区的科技创新政策的实施效果做出排名并提出改进建议。

2. 我国科技创新政策评估的不足

从我国科技创新政策评估实践与理论研究现状看，存在以下几个方面的不足。

一是科技创新政策的理论研究不足。我国的科技创新政策研究的重点主要集中在如何促进科学技术与经济发展的运用层面上，而忽略了对科技创新政策自身理论的研究，缺乏理论深度，也缺乏从历史角度梳理我国科技创新政策评估的发展脉络。对科技创新政策中的政策战略、决策过程、政策评估等理论问题的研究还很薄弱，直接影响科技创新政策的质量。特别是科技政策价值的复杂性和多元性使得科技政策评估比一般公共政策评估更复杂。因此，关于科技政策评估的理论研究迫切而又缺乏。

二是缺乏战略性和系统性。战略性是指科技创新政策服务于整体的科技经济战略目标，而并不单指服务于某个方面的目标；系统性是指政策制定和实施涉及经济和社会的多个部门，并且需要多部门的配合和协调。目前，我国科技创新政策没有形成一个完整的体系，且政出多门，管理不统一，没有形成推进科技创新的合力。因此，由于科技创新政策不是几项孤立、互不相关的政策，而是由众多不同相关领域的政策所组成的政策组合，这加大了政策评估的难度。

三是研究方法比较单一。国内关于科技创新政策评估的相关研究主要是在借鉴国外研究思路和方法基础上的集成，本土化的原创性创新政策评估方法研究很少。评估的方法大多以访谈、对比分析、问卷调查等定性或简单的定量分析为主，具有较大的主观性和随意性。在政策评估时常常倾向于用价值研究代替事实研究，用定性研究取代定量研究。所以导致我国科技创新政策研究的质量较差，实证研究不够严谨和科学，缺乏现代社会科学的研究方法，没有深入地分析因果机制并构建有说服力的理论，更没有进行理论检验，理论观点没有经验事实的支持。

因此，我国目前已有的科技创新政策评估研究成果基本上是比照公共政策评估理论的结果，虽然政府开始重视科技创新政策评估，但是学术界对科技创新政策评估的内涵及系统框架还没有形成共识。同时，机构设置和专业人才都存在明显不足，难以独立履行对科技创新政策的评价。且研究人员的分散性和收集资料的片段性问题影响了评估结果的可靠性与可信性。而且，公共政策评估缺少法律规范和法律保障。

（三）我国科技创新政策评估指标体系

国家"十二五"科学和技术发展规划指出："按照'目标导向、分类实施、客观公正、注重实效'的要求，加强科学技术评价工作的宏观管理、统筹协调和监督检查，建立健全科学技术评价制度。针对科技计划、机构、人员等不同对象，国家、部门、地方等不同层次，基础研究、应用研究、科技产业化等不同类型科技活动的特点，确定不同的评价指标、内容和标准。坚持科研评价的创新和质量导向，避免频繁考核、过度量化，使科研人员专注于科研活动。继续开展科技成果评价试点工作，推动科学技术研究项目的标准化评价。发展第三方独立评估制度，指导和支持社会专业评价机构开展科技评价。"

1. 科技创新政策的类别

科技创新政策是指从基础研发到技术创新再到技术的商业化全过程中相关政策的集合，不仅限于研究与发展政策（含科技规划与计划），还包括财税政策、贸易政策、金融政策、知识产权政策、教育与人才政策以及各种与环境和基础设施建设相关的政策等。

表 4.7　　　　　　　　　　　我国科技创新政策类别

政策分类			主要内容
财税政策	税收优惠	研究与开发人员的税收优惠政策	对在高新技术成果转化中做出重大贡献的技术人员和管理人员获得的专项资金奖励免征个人所得税；以股份或出资比例等股权形式获得的个人奖励免收个人所得税
		促进新技术和新产品开发	技术开发费或研发新产品、新技术、新工艺发生的各项费用比上年实际发生额增长 10% 及以上的，经税务部门审核批准，可按技术开发费实际发生额的 50% 抵扣当年应纳税所得额
		推进企业机器设备加速折旧	企业科根据技术改造规划和承受能力，在国家规定的折旧年限区间内，选择较短的折旧年限
		新兴或先进技术的引进和使用	企业为进行技术改造而引进的先进技术，以及按技术转让合同必须随附的仪器回赠进口关税和工商税
		技术转让、咨询、服务和培训	企事业单位进行技术转让，以及在技术转让过程中发生的与技术有关的技术咨询、技术服务、技术培训的所得，年净收入在 30 万元以下的暂免征收所得税；超过 30 万元的部分依法缴纳所得税
		对高新区内企业的税收优惠	内资办的开发区企业，以自筹资金新建技术开发和生产经营用房，按国家产业政策规定免征投资方向调节税

续表

政策分类			主要内容
财税政策	财政补贴	支持科技人才培养	依法对科技成果完成人和为成果转化做出重要贡献的其他人员给予奖励
		支持研究开发	对主要研究开发项目从科技经费中给予资助,以鼓励企业、高校以及研发机构开展研发活动,并寻求联合合作
		支持高新技术成果转化	设立技术创新资金用于支持高新技术成果转化;设立知识产权发展和保护资金,给予一定的专利申请费和专利维持费补贴;设立专利实施资金,资助专利技术产业化等
		支持产业园区基础设施建设	财政专项资金作为孵化器种子资金,用于科技园区、孵化基地建设和在孵企业的项目贴息、投资、缴纳税收、补助拨款等支持
	政府采购		在技术经济指标大致相同的情况下,有限购买国货
贸易政策	进口保护政策	关税政策	为保护本国幼稚产业,对进口商品征收保护性关税
		进口配额进度	对特定商品的进口数量或金额规定一个限额
		进口许可证制度	对特定商品进口发放许可证,以控制进口数量
		反倾销制度	产品以低于正常价格出口,并对国内相关产业产生实质性损害或损害的威胁时,国家采取必要的反倾销措施
		反补贴制度	进口商品接受出口国任何形式的补贴,并由此对国内相关产业产生实质损害或威胁时,国家采取必要的反补贴措施
		保障制度	因进口产品数量增加,致使国内相同产品生产者收到严重损害或威胁时,国家采取必要的救济性保障措施
	出口鼓励政策	提供出口信贷	政策性银行向企业提供出口信贷,分为买方信贷和卖方信贷
		出口信用保险	政策性银行或保险公司向出口企业提供信用保险业务
		信用证贴现和抵押贷款	出口企业可采用信用证贴现和抵押贷款形式向银行贷款
		外贸风险基金	补偿外贸企业因出口风险造成的部分损失
		出口退税	对出口产品退还已缴纳的增值税等税种
		成立出口商会	发挥行业协会协调、指导和服务功能,维护对外贸易竞争秩序
		企业自营出口权	对达到一定标准的生产企业赋予自营出口权
		推行出口代理制	受托人接受委托人委托,从事出口业务,并收取一定的费用

政策分类		主要内容
金融政策	政府融资担保	为符合发展战略规划和政策导向的科技项目设立融资担保，当发生贷款担保代偿损失时，可申请政府财政资金补偿
	银行信贷环境	加强对高新技术企业的金融服务，调整信贷结构，在防范风险的前提下，将信贷资金投向符合产业政策，尤其是符合国家政策要求的园区重点项目和高新技术企业，实行推进担保贷款、开通绿色通道等措施
	风险投资（创业投资）环境建设	鼓励民间资本建立风险投资机构和担保机构；风险投资机构享受财政专项资金支持
	明晰企业产权	妥善解决集体性质高新技术企业中历史遗留的产权不清问题
	信用体系建设	成立企业信用促进会，实施以企业信用为重点支点的高成长企业信用担保贷款绿色通道；推行新的信用服务品种营造良好的信用环境和投资环境；成立信用中介服务
知识产权政策	权利保护的法律体系建设	保护企业的名称专用权；设立知识产权投诉举报机制
	鼓励创新的资金支持	设立知识产权发展和保护资金鼓励组织和个人取得自主知识产权；基于具有市场前景的专利技术实施项目一定的专利实施资金支持；对共性技术、安全技术项目给予一定的科技经费支持；给予一定的专利申请费和专利维持费补贴，鼓励研发机构在京申请国内外专利
人才政策	人才培养与教育	培训、资助科研人才和科技人员
	提高科技人员待遇	逐步提高科技人员的普遍待遇，对有突出贡献的科技人员发放政府特殊津贴
	鼓励人才流动	对携带科技成果的留学人员开设绿色通道并在职称确认、特聘岗位、津贴领取等方面提供便捷服务；鼓励科学技术人员、研发机构以高新技术成果出资入股企业
	科技奖励	对做出重大贡献的技术人员和管理人员授予荣誉称号及奖励
	职称晋升	建立社会化的专业技术职务评审制度
	户口制度	对项目所需的外省专业技术人才和留学人员提供户籍政策优惠
提升政府服务质量政策	相关政策稳定性、统一性	
	监管部门全责明晰，分工明确	
	建设政府与企业间交流的平台	
	精简行政审批手续	
	维护市场公平竞争秩序，减少对企业日常经营的政府干预	

续表

政策分类		主要内容
区位环境建设政策	孵化器建设、科技产业园区建设	建设科技企业孵化器，划拨财政资金对在孵企业实行税收、项目贴息、投资和补助拨款等支持，建设专业产业化基地；支持建设创业孵育协会，协调各方面工作、举办各种培训、提供信息服务；制定孵化器评价指标体系，从实力和绩效方面评测孵化器
	信息网络支持	建立科技服务信息资源共享的服务平台，整合信息资源；建立和完善科技中介服务网络体系，集成科技服务资源
	基础设施建设	加强科技园区、专业化产业基地、孵化器机构的基础设施和配套环境建设
	中介服务环境	设立专项资金无偿资助科技中介机构；发展各类科技中介行业协会，鼓励建立行业联盟，并推行职业资格认证制度，建立科技中介执业资格标准体系；依托行业协会建立科技中介机构信誉评价体系，建立信誉评价信息发布和查询制度，使信誉监督管理社会化

2. 科技创新政策评估指标体系设计应遵循的原则

目前，我国科技创新政策的绩效评估正处于初创阶段，建立一套完善的科技创新政策绩效评估指标体系，研究科技政策的实施效果，找出其成效和存在的不足，对于贯彻国家"科教兴国"的总体战略以及进一步完善现有的科技创新政策，确定未来科技创新政策的基本走向，都具有十分重要的意义[1]。

而科技创新政策评估中用到的指标结构庞大、数目众多，各指标之间关系复杂，只有指定和遵循相应的原则，才能使构建的评价指标体系结构清晰、层次分明，才能更好地运用于多指标综合评价方法中，为评价方法的顺利实施打好基础。科技创新政策绩效评估指标体系设计应遵循以下原则。

一是完备性原则。建立的指标体系应全面地反映其数量化的现象和概念，即能够对被数量化的对象做出完整的划分和全面的覆盖，使被数量化对象的信息没有遗漏。对于某些指标，单一考虑总量，往往有失偏颇，难以全面准确地描述评价对象，指标设计应有效地将总量指标和均量指标加以结合。例如专利相关指标，专利总量体现了总体科技创新成果的大小；人均专利数则体现了科技创新的绩效。指标体系设计中可利用分指标加权计算形成综合指标，即在一个综合指标下设计分指标，赋予不同权重，综合计算考虑。

二是科学性原则。建立的指标体系中指标间应不存在信息重叠，以免影响指标体系的准确性和科学性。建立的指标体系中各指标的设置和含义应当符合相关标准，以便同其他指标体系作比较。

三是合理性原则。建立的指标体系具有现实性，对其指标值可以进行测量，能有效地为科技事业的发展服务。同时作为对某特定方面的评价，指标体系的构建要考虑其个性。但部分指标涉及的数据目前相关部门尚未进行统计，因而无统计资料可用，这对进行实际评价造成了困难。这些指标主要涉及环境、知识可持续性、科学管理能力等方面。

四是简明性原则。指标体系设计要简练，有层次性和针对性，过于繁琐的评估体系不利于实际的评估活动。为了能更加科学、全面、系统地做出评价，设计者往往不得已采用一套具有庞大结构、繁复项目的指标进行操作。这就造成了数据采集困难、指标间相关性高、计算复杂等难以克服的缺陷，其根本原因就是没有细分目标。

表4.8   各政策评估阶段指标设计应考虑的问题

评估阶段	评估标准	评估指标
政策制定	合理性	目标设置是否合理
	完备性	内容是否完整、与其他相关政策是否冲突
	科学性	制定程序是否科学、采用的方法及手段是否科学、对政策对象的了解程度
政策执行	有效性	执行力度、政策作用对象的认同感及回应度
	合理性	执行机构的权限、监督机制的设置
	科学性	执行的手段是否科学
政策效果	效果	既定目标的实现程度、政策对象的满意度
	效应	对相关政策目标的作用

3. 科技创新政策的指标体系的构建

目前虽不乏关于科技创新政策评估的研究，但尚无公认的标准对这些政策加以分类。综合以上科技创新政策的特点，可根据供给、需求和环境政策三方面的内容将其划分为三类。

第一，科技创新供给方面的政策。主要是指科技创新基础和科技投入情况，反映科技创新基础实力，是一个地区开展科技创新活动的基石。因科技创新活动的实现需要人才、资金、技术等方面的条件保障，与这些基本条件相关的诸如财税、金融、人才、成果转移等方面的政策构成科技创新供给政策的内容。

第二，科技创新需求方面的政策。从科技创新出来的相关产品和服务的市场需求来讲，企业是提供科技创新产品和服务的主体，其生产经营的目标是实现利润最大化，因此，市场需求会直接影响到企业进行科技创新的动力。在现实中，科技创新需求政策表现为政府采购政策、贸易政策、知识产权政策等，这些政策可以影响企业的获利，从而影响科技创新。

第三，科技创新环境政策。这是指政府在创新软件环境、信息网络、图书情报和公共服务设施等硬件设施方面的政策。

科学的政策评估指标应是一个多维、立体的指标体系，构建这一体系首先应当根据评估对象确定一个综合性标准，并在这一综合性标准的规定下，通过选择、排列和组合，制定出具体的、经过细化且可以操作化的标准体系。筛选指标应该遵循指标体系与制度支持者的评价及目标相一致。这些与衡量社会研究测量方法的效度相对应，即表面效度、相关效度、一致效度和外部效度（杨成虎，2010）。表 4.9 从科技创新投入政策、科技创新需求政策以及科技创新环境政策三个方面来构建一个较为科学的、以定量分析为主的科技创新政策评估指标体系，设计三级指标。

表 4.9　　　　　　　　　　基于投入—产出的指标体系构建

一级指标 A	二级指标 B	三级指标 C
A 科技创新政策 评估体系	B1 科技创新投入 政策指标	C1 科技三项经费总额
		C2 科技活动经费支出总额
		C3 大中型工业企业科技经费内部支出
		C4 从事科技活动人员数
		C5 科学家工程师数
		C6 大中型工业企业科技人员全时当量
		C7 研发课税扣除
	B2 科技创新需求 政策指标	C8 万人拥有有效专利量
		C9 专利申请授权数（发明专利）
		C10 技术市场成交合同额
		C11 国家科技进步奖落地数
		C12 国内外主要检索工具收录我国科技论文数
		C13 政府科技采购
		C14 知识产权保护
	B3 科技创新环境 政策指标	C15 科技园数量和质量（高新区、实验室）
		C16 万人使用因特网户数
		C17 高校及科学研究与技术开发机构数
		C18 科技支出法定增长目标

4. 指标解释

科技活动经费支出总额：是指调查单位在报告期内实际支出的全部科技活动费用，包括来自科研渠道的经费、教育事业费、基本建设投资、技术改造投资等实际用于科技活动支出的费用。科技活动经费支出分为内部支出和外部支出。

研究与试验发展经费：是指报告期内用于研究与试验发展课题活动（基础研究、应用研究、试验发展）的全部实际支出。包括用于研究与发展课题活动的直接支出，还包括间接用于研究与发展活动的一切支出（院所管理费、维持院所正常运转的必需费用和与研究发展有关的基本建设支出）。

专利授权数：是指由专利局对专利申请无异议或者经审查异议不成立的，做出授予专利权决定，发给专利证书，并将有关事项予以登记和公告的专利数。

5. 我国科技创新政策的初步评估

政策效果是进行政策评估的重要标准之一，一般包括效益标准和效率标准。效益标准旨在衡量投入量的成果，主要探讨在比较科技政策的实际成就与希望的理想水平之后，衡量科技政策是否产生希望的成果；效率标准是衡量科技政策取得效果所耗费的资源数量，通常表现为政策投入与政策效果之间的关系和比率。基于投入产出视角，运用数据包络分析法（DEA），利用中国 31 个省份 2000～2012 年的面板数据，对各省份的科技创新政策进行初步评估。

表 4.10　　　　　各省份科技创新政策评估结果

省份	DEA	省份	DEA	省份	DEA	省份	DEA	省份	DEA
广东	1	云南	0.613	广西	0.404	贵州	0.331	湖北	0.241
浙江	0.997	山东	0.595	天津	0.387	辽宁	0.306	黑龙江	0.195
海南	0.902	新疆	0.511	湖南	0.349	江西	0.258	山西	0.171
上海	0.782	吉林	0.476	河南	0.345	宁夏	0.257	陕西	0.160
北京	0.717	重庆	0.426	四川	0.342	安徽	0.243	甘肃	0.145
福建	0.664	江苏	0.423	河北	0.341	内蒙古	0.242	青海	0.140

虽然根据 DEA 方法测出的相对效率大小可以进行省份排名，但研发效率评价的目的不是单纯地评出各省份的名次及优劣程度，更重要的是评价出科技创新政策的实施效果，进而制定正确的发展方向，以期为政策制定的修订起到

导向性作用。DEA 方法显然不能实现这一目的，因为其只能确定每个决策单元的综合效率，不能明确地区分各项投入的贡献度。

另外，DEA 方法没有考虑到样本的随机性、不确定性因素及测量误差，对单个单元的数据误差非常敏感，稳定性较差。而参数方法由于确定了投入产出的数学关系式，可比较清晰地测算出各研发投入的贡献度，方便进行投入产出的控制及预测。且参数方法在设定函数形式时列入了随机误差项，考虑了样本的随机性，并具有较好的稳定性。因此，运用参数方法对科技创新政策的实施效果进行实证分析是以后的评估趋势。

此外，效率标准具体到科技创新政策对评估指标的约束不应太强，主要原因是科技创新政策是一个政策系统，并且政策制定者和政策执行者不是单一部门，政策投入不容易完全识别与核算，因此效率标准通常作为参考标准存在，这一标准在新政策制定和单项政策评估中需要逐步加强。

（四）我国科技创新政策评估的制约因素及对策建议

第一，单一目的的科技创新政策将不再是一个成功的政策战略，政府在制定科技政策时，应在发挥各项政策效益的基础上充分考虑各项政策之间的影响，提高科技创新政策的整体绩效。因此，强化国家创新系统，在此平台上实现人才、资本、信息、技术等创新要素的优化与组合，使科技创新在动力、速度、成果等方面能获得"1＋1＞2"的效用是科技创新政策充分发挥的有效保证。国家作为创新系统制定者对创新资源进行合理配置，并制定相关法律和制度，使得在这个系统中的企业等创新主体能协调发展，推动新技术的创新、引进、扩散和应用，使整个国家的技术创新取得更好绩效。如我国的国家知识基础设施（CNKI，China National Knowledge Infrastructure）建设，旨在利用国家信息基础设施，通过全面深化开发利用国内外的知识信息资源，在知识的生产、传播、扩散与应用的过程中，建立知识与技术创新和应用的社会化网络环境。使其能够支持我国创新体系建设和发展，支持全民族科技素质与创新素质的提高，以及促进我国知识信息资源在全球范围内的传播与交流。国家知识基础设施在知识经济时代作为知识经济发展的主要支撑必将使知识得以倍增、传播和拓展。然而，目前关于国家创新体系的研究尚处于初级阶段，还只是停留在系统框架的研究上，系统内要素间的相互关系仍处在"黑箱"状态，尤其是关于政府这个子系统的研究，仅仅停留在政府行为的重要性和必要性上，至于不同政策工具的不同作用途径和效果，以及不同政策工具如何搭配组合等问题还远没有解决。

第二，科技创新政策评估是一个动态、复杂的管理过程。政策评估活动在不同的国家有不同的运作方式。不存在一个可在不同国家或区域之间随意移植的最优化评估制度体系。对于一些政策主题，各国虽然都共同享有基本相同的特征，但综合性创新政策依赖于该国特有的优劣势、政策更新频率、政策目标宗旨以及该国经济和工业禀赋等。因此，关键在于了解哪些特征是反映各国创新系统的共有方面，哪些特征是反映国家独有的因素，评估过程中重视国情分析，关注创新政策与国情的适应性、政府的作用和角色转变等，才能因地制宜制定出适合该国的创新政策。

随着经济环境和全球科技创新的变化，为紧随创新变化步调，创新政策的制定应该谨慎、合理，需要建立在对特定环境分析基础之上，创建与变化了的创新始终相协调一致的创新政策和制度环境。因此，创新政策评估是一个动态过程，须密切跟踪创新和创新政策的新态势，根据创新和创新政策的新变化进行动态修订，适时对创新政策进行评估。

第三，科技创新政策的效用是多层面的，包括对技术层面、企业层面、产业层面、区域层面、经济增长以及其他层面的影响。在技术层面，政策倾向具有重要战略意义的技术支持，鼓励技术推广和二次创新，间接带动高新技术的发展；在企业层面，政策关注对技术创新企业的扶持；在产业层面，政策明确提升产业竞争力目标，发展优势创新和加强创新成果转化，对不断涌现出的新兴产业予以支持；在区域层面，由于技术、企业和产业方面的促进作用，使技术研发和综合竞争力得到一定程度的加强；在经济层面，政策关注于刺激经济增长，影响经济效益、系统稳健和个人研发投资；此外，资源配置的政治影响和溢出效应影响也是政策效用之一。这些影响基于不同的因素，因素间可能因政策而互补加强，也可能相互冲突弱化效果。

根据政策的强制程度、作用力度、持续效力、财政力度、影响层度、资源供给强度、响应受益周期和企业响应态度等，将集群创新科技政策分为：紧迫性政策、权威性政策、指导性政策、阶段性政策和长期性政策。其中，技术层面政策和企业层面政策对于企业来说是指导性政策、长短期政策的结合；产业层面的政策相对为长期政策且带有应激性政策特点；区域层面政策带有强制性；经济层面的政策带有调控色彩是阶段性政策，以刺激经济增长为目的，是应激性政策；资源政策是倡导企业节约和高效利用资源，是带有强制性的长期政策；而资源配置受创新需求制约，是阶段性的，且具有强制性。

第四，在大多数国家，政策决策者充其量只关注到关键创新指标上的长期性变化，而在决策者所热衷的创新政策与创新绩效之间未能建立起直接的联系。各国创新政策是否有效促进创新绩效改善仍是一个问题，仍需要在国家层面开展更为广泛与定期的政策评估，需要在企业层面对政策干预与政策成果之间的相关关系开展更为精确的计量经济学分析。但科技创新政策评估的计量经济学分析需要多领域的知识和信息，需要对不同行业开展典型案例研究和大样本的调查，进而探讨政策设计、制定、执行和评价的方式和影响因素等。

第五篇 公共政策评估案例

一、法国公共政策评估的两个实例

（一）对地方政府执行再就业公共政策的评估

1988 年，法国实施了"最终融入社会救济金"的公共政策。它针对处于社会边缘人士，面临就业培训、住房、健康等诸多困难，通过这项公共政策，帮助失业者再就业。这项评估是对地方政府执行再就业公共政策的评估。

法国上诺曼底大区审计法庭认为，要作出承担执行公共政策的本地区地方政府是否采取了措施，是否使政策享受者能从救济政策中得出有益的评估，需要对相关问题作出回答，这些问题是：①地方政府是如何制定救济计划的，是否真正符合政策享受者的需要；②政府采取措施所动用的资源与要达到的目的是否相称；③政府是否对每个享受个体的再就业过程真正掌握和控制；④政府是否通过内部监督机制实际掌握现场实施的救济行为；⑤政府是否真正考虑了保证政策成功的各种必要因素。借鉴社会学研究成果，假如能对以上所有问题作出正面答复，可知这项政策执行是良好的，可以断定地方政府尽力使救济者走出救济状态。要评估这样一项政策，考察的是地方政府的具体行为，而不是普遍意义上的地方政府行为。

大区评估委员会开展这项评估所做的工作有：一是了解相关政策以及法律法规，对实施政策的各种角色的定位作出明确规定。二是确定评估的范围，包括确定评估工作的时间范围、空间范围和评估的功能范围。三是选择评估方法，设计一系列具体问题，包括：①对享受者的照顾是效果机制还是窗口接待机制，即是最终走出困境还是付给救济金后不再管；②是不是由社团协会具体实施帮助；③在地方政府管辖范围内，享受者是否得到了平等公正对待；④由地方政府和个人签署的再就业合同，是否真正起到了帮助个人再就业的作用；⑤地方政府设立的相关机构是否能达到设立的目的；⑥地方政府对再就业付出了多少成本。四是针对提出的问题寻找相关答案，对地方政府救济计划、组织机构、区域内人员配置、开支的合法性、体制享受者在省内待遇的平等性等方面进行考察。五是参照规范体系，对评估政策作出价值判断，分析公共政策目标是否达到，得出地方政府实施社会救济政策的评估意见。上诺曼底大区评估委员会通过评估，得出的结论性意见是：①地方政府再就业公共政策制定者，没有能够遵守原设计的政策实施程序，没有掌握整个再就业情况，政策实施过程事实上已被一个私立机构所控制。②年龄在40岁以下的救济金享受者，没有能够马上走出救济机制，也没有受到特殊的对待。评估专家对以上评估情况进行综合后，形成地方政府执行社会救济政策的评估报告，由大区审计法庭提出意见后公布。

（二）对法国向地方分权公共政策的评估

法国自20世纪80年代开始向地方分权，某些权限从中央政府转到了大区。法国的地方分权政策是通过国家与大区政府签署规划合同来实施的，合同规定国家对大区某些项目提供资金。为了解向地方分权政策是否有效，需要对相关公共政策进行评估，由此国家与大区之间也建立了规划合同的政策评估体制。法国计划总署负责对国家与大区规划合同公共政策评估的组织协调。考虑到各个大区现实情况的多样性，对规划合同的评估，法国中央政府不强行制定统一的评估原则和计划，而主要通过大区根据本地区的情况制定评估计划，也就是由代表中央政府的大区行政长官和大区议会主席共同制定评估计划并组织实施。但评估所需资金由中央政府和大区共同提供。在制定评估计划时，根据对规划合同的投资方向确定评估的重点。

法国有22个大区，中央政府要签署22个国家与大区的规划合同。规划合同预算的一般结构是：用来建设交通基础设施（主要是公路、铁路、人工运河、机场）的资金占投资额的50%，用于高等教育、科研的资金占25%，用于职业培训、对企业补助、环境保护、领土整治等其他方面的资金占25%。从1984年开始，已经签署和实施了四代国家与大区规划合同，每代合同期为5年。对国家与大区合同的评估，在2000~2003年之间共进行了120项，主要分布在五个评估领域：①企业资助政策；②职业培训政策；③城市建设和发展政策；④环境保护政策；⑤土地整治政策。对每个领域主要进行规划合同项目的评估，一般不会涉及规划合同的整体评估。对国家与大区规划合同评估后，得出的评估意见是：①国家与大区规划合同的评估主要集中在重大利害关系的项目上，意味着法国向地方政府分权后，使大区负责人把精力放在了大区事务的重要方面；②这些评估都是按评估参与者的逻辑、主要针对地区政策实施作出的，通过评估能从大区的角度提出看法，使中央政府了解某项政策的执行情况；③规划合同的基础是大区参与或部分参与国家应承担的责任，被评估政策领导人的参与评估，有利于改善公共政策的制定，但也在一定程度上影响评估质量；④评估得出的结论，很接近大区的情况，但是不能产生整体的观念，因此只能在大区运用。

　　法国计划总署根据评估的实施情况，为更好了解中央向地方政府分权所产生的实际效果，针对评估中产生的问题，准备对 2006 年以后的国家与大区规划合同的评估体制进行改革。他们认为目前所进行的评估，是根据规划合同的执行情况对公共政策是否正确作出判断，为此对这项评估是由中央政府负责完成，还是由大区负责完成，或是委托中央和地方政府以外的评估机构完成，就显得非常重要了。通常情况是，一项由内部机构所完成的评估，要保证质量是很少见的，因为自我评估是很难提出批评意见的，最好由与被评估政策无关的机构和专家来实施评估。但是被评估负责人不参与评估工作，也不利于他们改善被评估政策的制定和实施。法国计划总署设想组成一个集体评估委员会，由中央和地方政府的代表、受评估政策的负责人、专业人士和评估专家等人员组成，负责对国家与大区规划合同的评估，改变主要由大区负责规划合同评估的做法。

　　通过评估，一方面，使评估结果能更客观反映国家与大区规划合同的执行情况，对中央向地方分权政策作出更加切合实际的判断；另一方面，使评估不仅体现在技术上有很高的质量，而且使被评估项目的负责人通过评估更多了解公共政策的管理对象，把评估结果能够整合到公共政策的制定和执行中。

　　　　　　　　　　——选自奚长兴《对法国公共政策评估的初步探讨》

二、新西兰季节性雇佣政策评估
报告（2007～2009）[①]

这份报告描述和评估了季节性雇佣政策（Recognised Seasonal Employer，RSE，从2007年4月1日到2008年3月31日，从2008年4月1日到2009年3月31日）。这份报告考察了这项政策是如何得到执行的，确认了这项政策的短期成效，并评估了对潜在风险的管理方式。

（一）季节性雇佣政策

新西兰的季节性雇佣政策允许海外工人临时进入新西兰的园艺行业。这项政策的优先选择被给予了来自太平洋岛屿论坛国家（除了斐济）的工人。最初有5个太平洋国家被挑选出来，通过促进性手段支持这项政策的实施：基里巴斯、萨摩亚、汤加、图瓦卢、瓦努阿图（在这里被称为发起国家）。这项政策主要包括以下方面。

①雇主确认：雇主想要参加季节性雇佣政策，必须首先通过学习成本良好雇主和满足其他要求来获得认可。一旦一位雇主取得了季节性雇佣政策的地位，他们可能会申请一份招募协议，上面标有具体的雇工数量、时间段、位置和工作任务。

②新西兰人优先：季节性雇佣政策的招募协议要优先选取合适的新西兰工人。

③雇主决定：工人的选拔与返回工人的再雇佣都由雇主的需求决定。

---

① Final Evaluation Report of the Recognised Seasonal Employer Policy（2007 - 2009）：http://dol. govt. nz/publications/research/rse - evaluation - final - report/index. asp.

④短期移民：从参与季节性雇佣政策的雇主手中得到工作的工人和满足季节性雇佣政策标准的工人被给予最大为 7 个月的入境签证。

⑤循环移民：季节性雇佣政策在未来的季节，为熟练工人（拥有工作，愿意返回，并满足移民要求）的返回作准备。

⑥教牧关怀：参与季节性雇佣政策的雇主负责工人的教牧关怀。

⑦机构之间的关系：发起国家的政府机构与新西兰劳工部之间相互理解，完成各自任务。

（二）研究人员与研究方法

Evalue 研究公司（一个独立的评估公司）签约承担了这项评估。这份评估报告由 Evalue 研究团队的成员 Heather Nunns 和 Mathea Roorda 编写。Evalue 研究团队的核心成员包括 Ieti Lima、Senorita Laukau、Amton Mwarksurmes（阶段 1 和阶段 2）、Alison Gray（阶段 1）、Talonga Pita（阶段 1）、Kateata Binoka（阶段 1）和 Charlotte Bedford（阶段 2）。在开展这项评估时，Evalue 研究团队还与新西兰研究院的 Mark Johnson 及其团队、劳工部的 Sankar Ramasamy、奥克兰大学的 Nicholas Lewis 博士合作。

这份报告是对两个阶段（2008 年 7 月到 11 月和 2009 年 6 月到 8 月）中收集到的资料的综合。这项评估使用了一个混合的方法设计，包括对太平洋沿岸各州工人、雇员、太平洋沿岸各州和新西兰政府官员、招募代理、行业与工会代表，以及社区参与者的定性访谈。还在新西兰和 5 个太平洋国家开展了实地调查。定量资料包括新西兰研究院开展的两次对雇员的在线调查和新西兰劳工部所作的行政资料分析。政府与行业文件也得到了评估。这项评估还调用了一份由劳工部在 2008 年审计的 17 位雇员的工资与收入资料。

另外，一本绩效声明红皮书也被制作出来，里面包含经新西兰政府和产业代表确认的维度与标准。该红皮书描述了如果政策符合利益相关者期望时，它在关键维度上的表现会怎样。

（三）研究发现

1. 对季节性雇佣政策的整体评估

表5.1　　　　　　　　双季节性雇佣政策的整体评估

维度	等级
工人维度	
行前准备	优秀
在新西兰适应情况	优秀
工人收入	足够
扣除额	非常好
工作经验	非常好
与雇主的关系	非常好
住宿	足够
接受社区服务	足够
问题解决	不够
融入当地社区	足够
雇主维度	
劳动力供给	优秀
可靠性，激情，工人生产能力	优秀
成本收益	优秀

2. 季节性雇佣政策的短期结果

对于工人的有利的短期成效是他们将会在经济上受益（在支付机票、其他债务以及生活费用之后）和获得新的工作技能。

基里巴斯与图瓦卢只从季节性雇佣政策的前两季中得到了很少的积极影响。这部分是因为参与季节性雇佣政策的工人数量非常小。在第一季，由一位雇主雇佣的基里巴斯工人经历了无数的问题，包括承包人无法找到足够的工作给他们。在第二季，雇主们报告了有关低绩效和酗酒的问题。有关图瓦卢工作的生产能力问题也被报告。

与此相反，来自瓦努阿图、汤加、萨摩亚的工人则从季节性雇佣政策中得到了经济上的好处。工人们的积蓄的最频繁的用处是支付学校费用和买校服，翻新或建新家，购买土地和牛，支援其他亲戚，支付家庭事件，购买车、船、设备和电子产品，偿还银行和其他贷款。

然而，并非所有的工人都从新西兰的工作中获益。有些工人并没有挣到足够的钱，来让他们在支付飞机票和生活费用后还能有所积蓄。有些工人带着不切实际的预期回家，并对他们的家庭感到失望。在新西兰生活和工作的经验正在改变一些太平洋人的志向。许多工人都怀抱着计划（例如建设新房子或教育孩子）返回新西兰积累财富。有些工人表达了永久移民到新西兰的愿望。

总体上，季节性雇佣政策实现了它预定的目标。这项政策为园艺行业的雇主提供了可靠而稳定的季节性劳动力。前些年的劳动力供给危机已经得到避免，而雇主们现在可以自信地规划和管理他们的生意。在第二季中，生产规模和收获质量就得到了大幅度提升。不仅雇主因此营利，太平洋国家的政府与工人在经济上也因参与季节性雇佣政策而获利。技能发展也被认为对于工人而言是一种积极的影响。

3. 劳工部的角色与方法

劳工部的角色与方法是季节性雇佣政策在前两季取得成功的关键因素。这项政策包含一系列不同的参与者（太平洋国家的政府与工人、行业协会、雇主、新西兰工会委员会）和多层次的活动（从地区到国际层次）。该部门在联系这些参与者和创造一个开放的环境上发挥了重要的作用。

尽管在季节性雇佣政策上，劳工部拥有许多强制性法规，但它描述自身的作用为"促进性"的。这种"促进性"方法巩固了该部门的全国办公室与地方性团队的工作。当问题被发现，该部门旨在通过教育和支持来解决它们。强制性服从只被视为最后的手段。尽管有些雇主和其他关键被调查者非常欣赏这种方法，其他人则批评该部门对不遵守季节性雇佣政策的雇主太过宽松。

（四）机遇与挑战

该评估报告提出了行业代表、太平洋国家和新西兰政府所要面对的机遇与挑战。

1. 行业——让政府投资发挥效果

为了支持政策的实施，季节性雇佣政策还含有新西兰政府的重大投资。那些通过季节性雇佣政策提高生产力的雇主现在需要考虑，他们应如何将这些收益转化为商业投资和增长。除非行业发生改变，季节性雇佣政策的预期成效（提高出口收入和对新西兰工人而言更具持续性的工作）可能就不会实现。

2. 太平洋国家的政府——平衡机遇与挑战

由季节性雇佣政策提供的机遇对于太平洋国家的政府而言同样是挑战。最大的挑战是如何在尽可能扩展雇佣机会与满足雇主对熟练工人的需求之间寻求平衡。其他挑战包括：鼓励工人在新西兰"聪明"的支出；培养储蓄和资本积累的文化；鼓励将季节性雇佣收入用来创业；提高本国庄稼产量；探索如何让崭新的园艺劳动力在国内得到雇佣，以生产新的出口农作物；将季节性雇佣收入转化为工作创造和地方性投资；在村和区的层次上创造可持续的季节性雇佣移民流。

3. 新西兰政府——提升纠纷调解机制

理论上，季节性雇佣工人应能像新西兰工人一样，享受2000年雇佣关系法案中的扶持机制。然而，在实践中季节性雇佣工人并不能轻易地求助于这些机制。劳工部或许应该考虑如何为季节性雇佣工人促进和强化既存的纠纷调解机制。

三、国际影响评估基金 2011 年的工作①

2011年，国际影响评估基金通过不同的资助窗口来开展影响评估。这一年的关键任务是完成更早的资助周期中的影响评估。有些来自影响评估的证据已经引起了政策变化。

---

① 3ie annual report 2012：http：//www.3ieimpact.org/en/about/annual - reports/.

（一）开放之窗

国际影响评估基金的开放之窗，在中低收入国家资助了针对社会和经济发展措施的影响评估。在第一轮开放之窗下完成的影响评估为政策制定提供了重要的证据。有些已经影响了政策。

莫桑比克有一些救助儿童学前教育的项目，针对这些项目的评估结果显示，参与学前教育的儿童会比没有参与的儿童更有可能进入小学，这个增多的概率为24％，而且他们会更快地适应学习。正是由于这项评估发现，莫桑比克教育部正在计划将学前教育扩展到600个社区。莫桑比克政府已经建立了一个全国幼儿发展委员会。幼儿教育同样被包含进该国2012～2016年的教育战略规划。

一项针对加纳厨房火炉设计的影响评估发现，这项设计对薪材和烟气并没有积极作用。结果，执行这个计划的非政府组织决定放弃这项昂贵的设计。

除了不断搜集发展项目中的影响证据，国际影响评估基金同样广泛搜集关于开展影响的有用信息。国际影响评估基金已经启动了一个研究工程，专门提取和编辑在开展影响评估时所学习到的经验。

在这一年中，国际影响评估基金还向所有的资助研究提供质量保证。受资助者经常会被要求加强他们的研究，这些研究是基于外部专家评论而设计的。

（二）社会保护主题窗

国际影响评估基金在2011年启动了它的第一个主题窗，作为对于持续收集影响证据的驱动力的一部分。这个主题窗围绕的是社会保护。由英国国际发展部资助，社会保护主题窗指在弥补社会保护领域的知识鸿沟。除了经济资助，国际发展部还在窗口设计中提供了重要的技术投入。该窗口将会在社会保护的3个子领域（公共工程项目、汇款项目和青少年培训项目）资助10项评估。

（三）政策之窗

在 2011 年，基于对第一轮政策之窗的经验汲取，国际影响评估基金对该项目进行了重新设计，启动了它的第二个政策之窗。该政策之窗资助的是由政策制定者和项目管理人委托的影响评估。

在新的政策之窗项目下，研究者必须相互竞争，从而与参与机构相匹配。国际影响评估基金会把一笔准备资金给予被选出来的研究团队，让它们直接在受评估项目机构开展工作，设计影响评估。推荐设计被严格评审以保证质量，但针对每个参与政策之窗的国家或机构资助至少一项评估。对于一些由政策之窗资助的评估，国际影响评估基金只接受来自当地的研究者的申请，并鼓励他们与国际专家联系。通过这种方式，国际影响评估基金实现了提高地方研究机构的能力的承诺。

在第二轮政策之窗中签署的每一项准备资金给予了印度的一个非政府组织，以评估一个抵制早婚的项目。

（四）质量保证服务

除了直接资助研究，国际影响评估基金还向其他签约机构或开展自己研究的机构提供质量保证服务。在 2011 年，国际影响评估基金收到了来自 22 个不同国家的 59 个不同组织的 95 项质量保证服务申请。

由于拥有来自比尔与梅琳达·盖茨基金会的资助，国际影响评估基金已经开始向非洲的一些影响评估提供质量保证服务和资金管理支持，而这些影响评估的对象是联合减少非洲 HIV 发病率的一些措施。一位参与该工程的美国国务院官员说道："评估将会对美国扩大投资影响和效率的努力至关重要，从而尽可能挽救更多的生命。"

而由伦敦卫生与热带医药学院开展的另一项研究，则是对赞比亚和南非的项目进行评估。

对于每一个工程，国际影响评估基金都会对研究计划开展广泛的评审，通过书面评价和建议来提升研究计划。国际影响评估基金同样会通过联合预防小组执行委员会，对工程提供有关全局指导的援助。

（五）产生证据：一个例子

1. 变绿：评估墨西哥生态系统服务支付的影响

每年森林毁坏向大气中增加了近 60 亿吨的二氧化碳。一棵树能在它 25 ～30 年的生命周期里吸收一吨的碳。

生态系统服务支付（Payments for ecosystem services，PES）向农民或土地所有者提供了激励，以换取他们保护或提高土地环保服务，这被视为一种有吸引力的基于激励的环保形式。

国际气候变化谈判大大地促进了生态系统服务支付，因为它们帮助许多国家从砍伐森林和森林退化中完成减少碳排放的任务。生态系统服务支付被视为一种基于市场的机制，并被视为有利于穷人。价值几千万美元的生态系统服务支付工程已经在从南非到哥斯达黎加到纽约的地区得到实施。

墨西哥的生态系统服务支付

墨西哥拥有世界最大之一的生态系统服务支付项目，拥有将近 2.27 百万公顷的土地面积。在这个项目下，个人或公社土地所有者都签了 5 年期的可更新契约，以交换他们的一部分产权。他们被给予一定的财务激励，以保证在契约范围内维持森林植被，但被允许改变其他土地的使用情况。

国际影响评估基金资助了针对墨西哥的生态系统服务支付的影响评估，初步研究结果揭示了在发展中国家实施这种计划的复杂性。

卫星资料表明，墨西哥的生态系统服务支付平均减少了 50% 的森林采伐。但实施影响似乎具有相当的异质性。在这个项目的早期，它似乎在贫困率较低的地方更能有效地阻止采伐森林。但研究工程并没有仅仅关注环境影响。该研究的主要调查员 Jennifer Alix - Garcia 博士提到，"我们与项目实施机构（墨西哥国家森林委员会）的长期关系，让我们得以对该项目的参与者和相应的非受益者开展广泛的实地调查。这些调查资源让我们得以在社会经济和环境这两方面的维度上（以及两个维度之间的抵换）评估项目影响。我们试图研究该项目的全部影响，以及不同收入组别之间的不同影响。"

例如，如果一个土地所有者将一块生产用地用来加入项目，但又去开辟另一块土地进行生产，那么财务激励或许就无助于减少森林采伐。还有一种可能是，减少生产用地或者支付项目的引进会提高市场价格，从而引起更多森林采伐。

已经有一些初步证据表明这两种影响都在墨西哥发挥作用。"贫穷的家庭或许有信贷约束，因此支付项目就会造成更多的森林采伐。因此我们必须明白生态系统服务支付的信贷和市场影响。不同种类的滑脱效应会造成完全不同的政策启示。"Jennifer Alix – Garcia 博士说。

2. 政策启示

墨西哥在很短的时间内发展出了一个非常大的生态系统服务支付项目，提供了一个重要的全球性案例。为了更好地服务于项目，项目管理人同样曾频繁地调整优先标准。"生态系统服务支付之所以是一个很难实施的政策，是因为你必须随时保证指向项目，并小心地实施契约以让它发挥效用。墨西哥的管理人员为了执行这个政策，已经展示出达到目标所必需的适应性管理。"Jennifer Alix – Garcia 博士说。

如果土地所有权界定不清，实施生态系统服务支付项目也会变得棘手。并不是所有存在森林采伐与森林退化的国家都拥有清晰的土地所有制政策。如果土地归政府所有，那么给予激励将会变得非常困难，而其他的政策或许更为合适。"采纳生态系统服务支付的发展中国家同样需要考虑到它们自身的背景。土地、信贷、劳工市场都会成为实施生态系统服务支付时所要面对的问题。"Jennifer Alix – Garcia 博士推断。

（六）国际影响评估基金 2011 年完成的评估项目

项目一主要研究人员：Sebastian Martinez，美洲开发银行；Sophie Naudeau，世界银行；Vitor Pereira，里约热内卢宗座大学。

关键发现：莫桑比克的一个学前教育项目导致小学入学率的升高和儿童认知、精细动作与社会情感能力的提升。而且，该项目对于年龄更大的兄弟姐妹的入学拥有积极的影响。

政策结果：莫桑比克政府将社区学前教育扩展到 600 个社区。

项目二主要研究人员：Linxiu Zhang，中国科学院；Scott Rozelle，斯坦福大学；Yaojing Shi，西北大学，陕西西安。

关键发现：给予学校校长的财政激励与有关学生贫血的配套信息，对于减少中国农村儿童贫血率发挥的作用有限。

项目三主要研究人员：Nava Ashraf，哈佛商学院；Oriana Bandiera，伦敦经济学院；Kelsey Jack，国际人口服务组织，赞比亚。

关键发现：在赞比亚，为了让理发师卖女用避孕套，社会认可要比现金激励更为有效。然而，总销量仍旧低迷，因此这项措施不可能对减少 HIV 的普及作出重大贡献。

项目四主要研究人员：David Levine，加州大学，伯克利；Robert Van Buskirk，佛蒙特大学。

关键发现：在加纳的图姆地区推行改良的火炉，对于减少薪材使用和烟气并没有积极作用。

政策结果：执行这个计划的非政府组织决定放弃这项昂贵的设计。

四、大学生村官政策评估

所谓大学生村官，是指到农村（含社区）担任村党支部书记、村委会主任助理或其他村"两委"职务的具有大专以上学历的应届或往届大学毕业生。与其他政策一样，大学生村官政策也经历了一个不断发展、完善的过程，大体可以分为萌芽产生、自发探索、全国性试验、全面铺开四个阶段，不同阶段的政策目标也略有差异。

（一）大学生村官政策的演进历程

1. 萌芽产生阶段（1995~2001 年）

1995~2001 年是大学生村官政策的萌芽产生阶段，其中，又以 1995 年江苏省丰县实施的"雏鹰工程"为标志。针对村级"两委"干部整体年龄偏大、文化程度偏低的状况，丰县率先选聘13名大学毕业生到村任职，充实村级"两委班子"。1999年，海南省也开始了局部试点。同年，浙江省宁波市成为全国第一个公开招考"一村一名大学生"的地区。此后，浙江省慈溪市、广州市天河区、辽宁省也相继制定了引导大学毕业生到农村工作的政策。总体而言，这一阶段的大学生村官政策相对不够完善，且零星分布于各地，也没有在社会中形成较大的影响；但是，却"开历史之先河"，逐步打开了改革开放以来知识分子回流农村的正式渠道，也为这一政策今后的发展奠定了重要的实践基础。

2. 自发探索阶段（2002～2004年）

随着社会各界对"三农"问题的日益关注，以及大学毕业生就业难问题的日渐突出，大学生村官及其相关政策在全国得到了普遍认可并得以进一步推广。2002年，河南省鹤壁市淇县成功实施了选聘高校毕业生到村任职的政策，之后至2003年迅速在全市推广；2003年，河南省平顶山市也开始公开选拔大学生村官。除此之外，吉林省、陕西省、上海市、成都市以及四川省、新疆维吾尔自治区、云南省和湖北省的个别地区也都相继推出了一系列相对完善的大学生村官政策方案，且实施的规模比较大。总的来说，这一阶段的大学生村官政策较之以前已相对完善，逐步实现以县市为单位、多省联动，且形成了一定的规模和社会影响力，并在提高村干部素质、促进农村经济社会发展等方面取得了一定的成效。

3. 全国性实验阶段（2005～2007年）

2005年是大学生村官政策的一个转折点。这一年6月，中办、国办联合下发《关于引导和鼓励高校毕业生面向基层就业的意见》，提出"从2006年起，国家每年有计划地选拔一定数量的高校毕业生到农村和社区就业"，并"争取用3到5年时间基本实现全国每个村、每个社区至少有1名高校毕业生的目标"。2007年的中央1号文件明确指出："有条件的地方，可选拔大专院校和中职学校毕业生到乡村任职，改善农村基层干部队伍结构。"在中央的部署要求和连续的政策利好下，17个省（直辖市、自治区）应声而动，结合各地实际情况制定地方政策，先后启动大学生村官计划，由此，大学生村官政策进入了全国性实验阶段。

4. 全面铺开阶段（2008 年至今）

2008 年 4 月，中组部、教育部、财政部、人力资源社会保障部联合下发《关于选聘高校毕业生到村任职工作的意见（试行）》，提出"在全国范围内开展选聘高校毕业生到村任职工作"。以此为标志，大学生村官政策进入了全面铺开阶段。按照计划，从 2008 年开始，全国每年选聘 2 万名，连续选聘 5 年，共选聘 10 万名高校毕业生到村任职①。2009 年 9 月，中共中央十七届四中全会报告提出："拓宽农村基层干部来源，……推进高校毕业生到村任职工作。"同年，中央又连续下发了两个关于建立长效机制、有序流动的文件，进一步部署工作。2010 年的中央 1 号文件再次明确提出："继续选聘高校毕业生到村任职，完善下得去、待得住、干得好、流得动的长效机制。"据中组部统计，2008 年以来全国累计有 200 多万高校毕业生报名应聘大学生村官。截至 2011 年底，各地已累计选聘大学生村官 22.3 万名。除期满流动的外，目前在岗的有 21 万多名，已经覆盖全国行政村总数 1/3 以上。

（二）政策目标在不同阶段的变化情况

通过对中央、省级、地市县等有关文件及相关文献进行梳理，除了可以清晰、准确把握大学生村官政策的来龙去脉，还能对这一政策在不同阶段的目标及变化进行如下归纳。

作为大学生村官政策的发源地，江苏省丰县 1995 年实施"雏鹰工程"的主要目的，一是培养锻炼年轻干部，二是加强农村党组织建设，进一步优化村级干部知识、年龄和经历结构。政策目标非常明确，就是基于农村经济社会发展需要，针对当时丰县村干部存在"三不两偏"（思想不够解放，政策观念不够强，工作开展不够主动，年龄偏大，文化偏低）的问题，立足"抓早抓小"做好战略性人才准备。

从海南的局部试点来看，琼山区（原琼山市）于 1999 年 4 月招聘 496 名大中专毕业生担任农村奔小康工作队员，分赴农村协助村级组织抓农村奔小康

---

① 2010 年 4 月 29 日，中组部下发通知，5 年内选聘 10 万大学生村官增长为 5 年内选聘 20 万大学生村官，其中 2010 年全国选聘 3.6 万名大学生村官。

工作；三亚市于 2000 年和 2001 年分两批选派了 109 名大学生到各区、镇居
（村）委会挂职锻炼和农村合作医疗站工作；五指山市于 2001 年招聘了 14 名
大中专毕业生作为农村奔小康班选派到省里参加培训，安排在农村任书记、主
任助理，由乡镇负责管理，作为农村书记、主任的后备人选进行培养。可见，
政策目标也比较明确，大体是两方面内容：一是加快农村经济社会发展，二是
作为后备干部培养。

　　河南省平顶山市于 2003 年 10 月正式发文在全市范围内进行大学生村官行
动试验，主要是基于三方面的挑战①：第一，改革开放 25 年来，社会经济发
生了很大变化，而农村经济依然落后，村民委员会领导班子成员知识结构低，
多数为初中以下文化程度，并且年龄结构偏大，面临调整问题；第二，全市经
济结构调整中，下岗或分流出相当数量有经验、精力旺盛的基层干部难以及时
足量安排；第三，随着高校扩大招生，毕业返乡的大专以上大学生积累数量
大，每年约 4000 人左右，安排就业困难。可见，政策目标除了"优化农村干
部队伍结构、加强农村基层组织建设……推动农村经济和各项社会事业的发
展"② 外，更增加了"安排下岗或分流的基层干部"、"解决高校扩招后大学生
就业困难"的内容。

　　作为大学生村官政策的转折点，2005 年 6 月中办、国办联合下发的《关
于引导和鼓励高校毕业生面向基层就业的意见》也没有回避"高校毕业生就
业难"的现实，指出："高校毕业生是国家宝贵的人才资源，他们的就业是一
个涉及全局的重大问题，……随着经济体制改革的深化和经济结构的战略性调
整，一方面高校毕业生就业面临着一些困难和问题，另一方面广大基层特别是
西部地区、艰苦边远地区和艰苦行业以及广大农村还存在人才匮乏的状况。"
这意味着进入全国性实验阶段的大学生村官政策，除了"解决广大基层（农
村）人才匮乏"的目标外，还必须同时兼顾"缓解高校毕业生就业难"的
目标。

　　从大学生村官政策全面铺开阶段的标志性文件——2008 年 4 月中组部等
多部门联合下发的《关于选聘高校毕业生到村任职工作的意见（试行）》开
始，中央推行这一政策的目标再次发生变化，即"加强农村基层组织建
设，培养有知识、有文化的新农村建设带头人；培养具有坚定理想信念和

---

① 胡跃高等，"大学生进村是新农村建设的重要创举——平顶山大学生'村官'行动调查报告"，
《2009 中国大学生"村官"发展报告》，中国农业出版社 2009 年 4 月版。

② "全市选拔大专以上学历优秀青年到农村任职动员大会召开"，2003 年 10 月 18 日，http://
www.pdsxww.com/jkhg/content/2003 - 10/18/content_ 131058. htm。

奉献精神，对人民群众有深厚感情的党政干部后备人才，形成来自基层和生产一线的党政干部培养链；引导高校毕业生转变就业观念，面向基层就业创业，到经济社会发展最需要的地方施展才华，为建设社会主义新农村、实现全面建设小康社会宏伟目标提供人才支持和组织保证"，归纳起来，主要有以下三个方面内容：一是要加强农村基层组织建设，培养新农村建设带头人；二是为党和政府培养后备干部；三是引导大学毕业生转变就业观念。

之后出台的一系列文件，以及中央领导在各种场合关于大学生村官、大学生村官政策的讲话，更是将政策目标集中在"新农村建设骨干力量"、"党政干部后备人才"两个方面，尤其是后者。

表5.2　2006年以来中央有关大学生村官以及大学生村官政策的重要论述

时间	来源	要点
2006年12月31日	中共中央、国务院《关于积极发展现代农业扎实推进社会主义新农村建设的若干意见》	有条件的地方，可选拔大专院校和中等职业学校毕业生到乡村任职，改善农村基层干部队伍结构
2008年4月1日	中共中央政治局委员、中央书记处书记、中组部部长李源潮在北京召开的到村任职高校毕业生代表座谈会上的讲话	高校毕业生到新农村建设一线去，是成长成才的正确选择，希望广大大学生把理想付诸行动，到农村基层磨炼意志、增长才干，更好更快地成长为中国特色社会主义事业的合格建设者和可靠接班人
2008年4月10日	中组部、教育部、财政部、人社部《关于选聘高校毕业生到村任职工作的意见（试行）》	为加强农村基层组织建设，培养有知识、有文化的新农村建设带头人；培养具有坚定理想信念和奉献精神，对人民群众有深厚感情的党政干部后备人才，形成来自基层和生产一线的党政干部培养链；引导高校毕业生转变就业观念，面向基层就业创业，到经济社会发展最需要的地方施展才华，为建设社会主义新农村、实现全面建设小康社会宏伟目标提供人才支持和组织保证，决定在全国范围内开展选聘高校毕业生到村任职工作
2008年10月12日	十七届三中全会《关于推进农村改革发展若干重大问题的决定》	加强农村基层干部队伍建设，……引导高校毕业生到村任职，实施一村一名大学生计划

续表

时间	来源	要点
2008 年 12 月 22 日	中共中央政治局常委、国家副主席习近平在北京举行的大学生村官代表座谈会上的讲话	大学生村官是加强中共基层组织建设和推进社会主义新农村建设的重要力量，也是党政机关培养和储备来自工农一线后备人才的重要来源，各级党组织和有关部门要切实关心大学生村官的成长，努力使大学生村官下得去、待得住、干得好、流得动
2009 年 4 月 7 日	中组部、中宣部、教育部、公安部、民政部、财政部、人社部、农业部、国家林业局、国务院扶贫办、团中央、全国妇联《关于建立选聘高校毕业生到村任职工作长效机制的意见》	选聘高校毕业生到村任职，是党中央作出的一项重大战略决策，对于改善农村基层干部队伍结构、培养新农村建设骨干力量和党政干部后备人才，推进新形势下农村改革发展，夯实党在农村的执政基础具有重大意义
2009 年 9 月 18 日	十七届四中全会《关于加强和改进新形势下党的建设若干重大问题的决定》	拓宽农村基层干部来源，⋯⋯推进选聘高校毕业生到村任职工作
2009 年 12 月 31 日	中共中央、国务院《关于加大统筹城乡发展力度，进一步夯实农业农村发展基础的若干意见》	加强和改进农村基层党的建设，⋯⋯继续选聘高校毕业生到村任职，完善下得去、待得住、干得好、流得动的长效机制
2012 年 3 月 31 日	中共中央政治局委员、中央书记处书记、中组部部长李源潮在中央创先争优活动领导小组第九次会议上的讲话	要抓好基层党组织带头人队伍建设，选派机关干部特别是优秀年轻干部到难点村、贫困村、后进村担任党组织书记，注意在大学生村官中发现优秀苗子，培养有文化、有抱负、有眼界、有胸怀的新一代农村党组织带头人
2012 年 7 月 29 日	中组部、中编办、教育部、财政部、人社部、国家公务员局《关于进一步加强大学生村官工作的意见》	自 2008 年以来，各地按照中央部署，扎实有序推进大学生村官工作，在改善农村干部队伍结构、增强农村基层组织生机活力、形成来自基层一线的党政干部培养链等方面取得了明显成效。广大大学生村官发挥特长优势，甘于吃苦奉献，主动干事创业，在服务农民、发展农业、建设新农村中作出了积极贡献，受到了农村基层干部群众及社会各界的普遍好评

(三) 对政策目标的进一步细化

如前所述，作为全面铺开阶段的标志性文件，2008 年 4 月中组部等多部门联合下发的《关于选聘高校毕业生到村任职工作的意见（试行）》将实施大学生村官政策的目标概括为三方面内容：一是要加强农村基层组织建设，培养新农村建设带头人；二是为党和政府培养后备干部；三是引导大学毕业生转变就业观念。从"事"和"人"的角度可将上述政策目标进一步细化，其中，推动新农村建设、引导大学生就业属于"事"的目标，促进人才向农村输入、培养锻炼年轻干部属于"人"的目标，"人"的目标是基础，"事"的目标是任务。具体来看，包括以下几个方面。

1. 推动新农村建设

选聘高校毕业生到村任职有利于农村各项事业的全面发展，有利于加快推进社会主义新农村建设。首先，推进农村文化建设，促进了新观念的传播。目前，我国大部分农村思想较为保守、观念较为落后，已不能适应经济社会和科学技术飞速发展的需要。因此，新农村建设的目标之一就是精神文明建设。大学生思想活跃、观念新，引导他们融入农村，将会给农民较为落后的思想观念带来冲击和转变，对于推进社会主义新农村建设也具有很大的促进作用。

其次，促进农村新技术推广，带动农村经济发展水平提高。大学生村官文化知识丰富、头脑灵活，掌握新技术快，可以利用互联网等手段，为农村把握又快又新的农业行情，还能给农村带来先进的农业科技，进而提高农副产品参与国内和国际市场竞争的能力，并通过开发和引进新的农业产品，调整农村的产业结构。

2. 引导大学生就业

大学毕业生能否顺利实现就业，不仅关系到广大人民群众的切身利益，而且直接影响到经济发展和社会稳定。随着 1999 年开始的高校扩招，大学毕业生人数从 2003 年起逐年攀升的现实使得这一群体的就业形势不容乐观。而许多大学生又以"天之骄子"自居，认为自己苦读了十几年书，即便无法实现专业"对口"，也要在大城市中从事有面子、待遇高的工作，而不愿意回到家乡，或者到艰苦、落后的基层去发展创业。由此出现了人才供求错位的"僧多粥少"现象。

与此同时，农村严重缺乏有知识、有能力、有干劲的年轻人才，即便有从农村走出来的大学生，也都出于上述原因离开了农村，选择了城市生活。因此，这种错位的择业观不仅阻碍了大学生自身的发展前途，也在一定程度上恶化了大学生的就业形势。面对城市人才拥挤和农村人才缺乏的矛盾局面，选聘高校毕业生到村任职无疑是积极和有益的探索。这一政策的实施使大学毕业生的职业生涯多了一种选择，促使他们由大学的精英教育逐步转变为大众教育；就业形势日益严峻的背景下，理解和接受"大学生也是普通劳动者"的观点。

3. 促进人才向农村输入

我国农村经济社会的发展，一般而言，较之城市明显滞后。虽然造成这种局面的原因是多方面的，但毋庸置疑的是，人才由农村向城市的单方面流动，进而造成农村精英人才严重流失，是导致农村发展相对滞后、出现恶性循环的一个重要原因。农村精英的严重流失，使农村失去了具有一定能力的领导者以及具有致富能力的实用人才，农村一直以来持续有序的发展遭到了严重制约。大学生村官政策的实施对于改变城乡间人才的单向流动模式、形成良性的人才循环，将发挥积极的作用，对维持城乡人才平衡具有重大意义[①]。

4. 培养锻炼年轻干部

目前我国各级政府党政干部队伍中，不乏学历高、能力强的人才，而相对比较缺少的是有基层实践工作经历，特别是直接担任过行政村的领导、具有与基层百姓面对面"接触"经历的干部。农村的情况错综复杂，农村的关系盘根错节，能够处理好农村工作，是对一名干部综合素质的挑战，也为干部的成长提供了历练的机会。对于大学生村官来说，农村工作的经历为他们施展才华、实践理想、历练人生提供了广阔的舞台，将会变成他们宝贵的经验财富。

总之，大学生村官政策从无到有，从单一目标到多重目标，体现出中央对于这一政策的高度重视。中央领导近年来在各种场合关于大学生村官及大学生村官政策的讲话，也体现出了中央对这一群体的高度关注，以及进一步推进大学生村官政策的坚定信心。

---

① 张清华，"大学生村官计划——双赢战略的政策选择"，《湖南工程学院学报》，2008年第1期，第25~28页。

（四）利益相关者对大学生村官政策实施效果的评价

大学生村官政策的利益相关者众多，至少包括各级政府部门（特别是组织人事管理部门）、乡镇（街道）干部、村（居）委会干部、大学生村官（在任、离任）、普通村民，以及高校、参加选聘而未入选的大学生、大学生村官的家人及同学等。本研究从中选取了与这一政策关系最直接、最密切的乡镇干部、村干部和大学生村官，从他们的角度来审视大学生村官政策的实施效果。

从这三类利益相关者的互动关系来看：首先，乡镇干部与村干部之间既是委托—代理关系，又是领导—被领导关系。乡镇委托村干部管理包括大学生村官在内的所有村级事务，同时又在一定程度上对村干部具有直接的行政领导。其次，乡镇（干部）拥有对大学生村官的管理、调配权，与后者实际形成了一个"有期合同"关系，这就容易造成合同参与者的短期行为；同时，签约之后，乡镇（干部）与大学生村官之间形成了委托—代理关系，前者委托后者在村级提供相关服务，如果缺乏有效的绩效考评机制，加之现实中"半途毁约"的成本相对非常低廉，也容易导致后者的道德风险。第三，村干部与大学生村官之间既有领导—被领导关系（或"师徒"关系），也有合作—竞争关系。大学生村官作为村党支部书记或村主任的助理，在日常工作中接受村干部的直接领导，但随着大学生村官逐渐独当一面、胜任工作后，二者之间又会显现出合作—竞争关系。

1. 政策目标之一：推动新农村建设

（1）乡镇干部的评价

调研中，基本上所有的乡镇干部都对大学生村官政策的这一目标持肯定态度。受访的乡镇干部认为，大学生村官政策给年轻人提供了一个接触基层社会的机会，为他们今后的工作奠定了良好基础；而且，大学生村官的到来打破了农村相对封闭的结构，为农村带来了新思维、新理念，尤其是促进和规范了农村工作。大学生村官入村任职使农村两委的办公效率得到了有效提升，集中体现在上报文字材料撰写质量明显提高、上级会议精神理解更加到位、村里各项活动开展活跃等方面；此外，一些乡镇在闲余时间还抽调部分大学生村官帮助进行档案管理、文字处理等工作，也极大提高了乡镇一级的办公效率。

同时，乡镇干部也提出了大学生村官日常工作中存在的一些问题，如：工作不够深入，在人际关系处理上欠缺火候；能力尚有待提高，对于一些农村中长期存在的较为复杂的问题（宅基地纠纷等）束手无策，缺乏相应的知识储备，专业知识与实际工作不相匹配等。当然，有的乡镇干部也认为专业对于大学生村官来说并不重要，他们认为影响大学生村官发挥作用的因素往往在于其自身的意愿和村干部的支持，其中，个人的意愿和热情对于大学生村官工作积极性的影响尤为重要。

虽然乡镇干部普遍表示积极鼓励大学生村官参与推动新农村建设，但从调研的情况来看，对于如何提高大学生村官对农村经济的参与力度，乡镇干部看起来也没有什么特别的想法。尽管乡镇干部还是会鼓励大学生村官去参加各类创业设计竞赛并提供各种方便，对于那些获奖的大学生村官也会加以表扬和勉励；但是，如果大学生村官并不热衷于创业，乡镇干部也没有理由对其进行批评。

（2）村干部的评价

调研中，村干部普遍认为大学生村官年龄较轻、文化素质较高、工作热情认真、头脑灵活，为农村带来了新思想，活跃了村干部的工作氛围，对农村干部的思路和认识也是一种开阔和提高。从对村两委的帮助来看，由于大学生村官文化水平较高，能够极大提高村两委办公效率（特别是办公自动化方面）。例如，撰写文字材料时，语言更加流畅、错别字明显减少；网络应用更为便利，能够更好地利用网络领会中央会议精神，有力弥补了农村两委班子成员文化水平较低、年龄层次较单一且偏大的缺陷，为村两委的管理活动带来了热情和冲劲。从对村民的帮助来看，由于大学生村官在校期间接受了良好的教育，能够捕捉和提供市场信息带领所在村致富，帮助村民开展远程教育，推广农业知识，还有部分大学生村官通过招商引资等直接为增加村民收入作出贡献。从对日常村务工作的帮助来看，大学生村官对新农村建设的贡献是全方位的，例如修路、防洪、绿化等农村基础设施建设，承包种植和养殖业，关心慰问五保户，克服农村吸毒、赌博等恶习，推动村务民主进程等。

同时，村干部也反映了大学生村官日常工作中存在的一些问题，如：由于语言等方面的原因，与村干部以及村民交流存在障碍；一些想法没有结合所在村的实际，农村工作经验较缺乏，尚欠人生阅历，工作还不够深入，专业不相匹配等。也有极少数村干部表示，大学生村官实际能够发挥的作用有限：一方面，大学生村官自身缺乏对农村工作的热爱，没有积极性；另一方面，村干部认为大学生村官不拿村里的工资，早晚要离开，因此对村官要求并不高。村干部普遍认为，影响大学生村官发挥作用的主要因素在于适应能力、个人主观能动性（工作积极性）、个人意愿（对农村工作的热爱程度），与专业、性格没有很大关系。

（3）大学生村官的评价

可以把大学生村官大体分为三种类型：一类是在村内没有具体主管工作，主要负责和电脑有关的行政文字工作；一类是发挥自身优势，在村内主管某项或某几项工作；一类是自主创业，带领村民致富。受自身和周围条件限制，大多数大学生村官属于第一种类型。调研中，大学生村官普遍表示，他们在村里多从事文件撰写、档案整理等与电脑有关的工作，因而戏称自己为"打字员"。至于村里的一些重大决策，他们参与较少。尽管可以参加关系到村里重大发展的村两委会议，但多为"记录员"而没有话语权和决策权。第二种大学生村官在经过一段时间的适应后，被村干部赋予了一定的小权力，主管某项或某几项工作，在村内独立开展工作。例如，丰县凤城闫庄的一名女大学生村官，就参与到村内新农村建设的拆迁工作中，跟村干部一起入户宣传、动员、负责合同签订及赔偿金发放工作，她的辛勤工作被村民看在眼里并得到了一致肯定。

如果按照大学生村官具体负责工作的不同，还可以将他们分为创业型和村务型。在部分地区（例如丰县），创业型大学生村官在领导当地农民致富的过程中发挥了重要的作用，包括：利用所享受的优惠政策吸纳低息或无息贷款创办大学生村官创业园区；涉农专业大学生村官将所学专业科技和知识转化为生产力并在全村推广；利用自己及亲属的社会关系为创业园引进技术和资金、市场支持。而在其他一些地区，村务型大学生村官在新农村建设中发挥的作用更大，主要涉及文档保管和整理、文字材料撰写和汇报、远程教育、现代化办公、上级精神传达、精神文明宣传、基础设施建设、农业技能培训、计划生育、治安维稳、协调邻里关系、征地拆迁、农村收费问题等。基本上，在农村村务中最重要和最困难的工作都有大学生村官在发挥作用。

大多数受访的大学生村官认为，无论自己当初报考的动机是什么，既然来到农村，就愿意认真完成村里、镇里的各项工作，不愿意整天混日子，更不愿意因为自己耽误村内工作。他们认为，只要给予机会，交代重要工作，都能很好完成，认为自己能够发挥很大作用。这无疑体现出了大学生村官较强的责任心和作为大学生特有的激情和热情。即便是第一种大学生村官，绝大多数也对自身发挥的作用给予了很高评价，认为自己的到来为村里带来了重要的变化，主要体现在：村里办公实现了自动化、村里材料的文字材料水平和档案管理的规范性有了很大程度的提高，所在农村的气氛也因他们的到来变得更加活跃起来。少数能自主创业的大学生村官，都对自己能在工作之余创办自己的事业，并为农村发展作出贡献感到十分骄傲。

当问及影响他们工作积极性和发挥作用的因素时，受访的大学生村官归纳为以下几个方面：一是村干部出于对自己的不信任及任期短等原因，没有把自己当本村人，不交代自己重要工作；二是村民由于自己年纪小、阅历少，对自己缺乏信任；三是由于自身工作经验、农村生活阅历不够，不能很好适应农村工作和生活；四是由于专业不对口，使自己作用发挥受限；缺乏镇里对自身发展思路的支持。其中，有第一种和第三种想法的大学生村官占多数，他们认为在农村发挥作用与否主要取决于是否有展现自我的机会和舞台。

大部分大学生村官对自己在村里的工作安排表示满意，认为可以胜任这些工作，并能够在工作中发挥主动性和创造性，但也有部分大学生村官对其工作的内容表示了质疑：首先，感觉工作没有得到村干部的支持（或想法与村干部存在差距），尤其是部分大学生村官有创业的想法但是却缺乏村干部的相应支持或缺少相应的方法。调研中，一名受访的大学生村官无奈坦言："上级领导对我们的培养非常重视，派我们大学生村官参加全国大学生村官的交流，在与全国其他地区大学生村官交流的过程中我受到了很多启发，希望能够在本村开展一些创业项目，但是当我和村里主要领导谈到我的想法时，我感觉村领导对我的想法并不支持，我无法将我的创业项目开展下去。"其次，部分创业型大学生村官提出能否继续加强创业的优惠条件，大学生村官创业项目现有的优惠，规模上还是太小，时间上也显太短。另外，还有一部分大学生村官指出由于之前生活环境与农村实际生活环境的差别，在实际村务工作中受到语言、思维方式、人际关系等影响，实际工作效果打了一定折扣。

2. 政策目标之二：引导大学生就业

（1）乡镇干部的评价

绝大多数乡镇干部将大学生村官作为就业群体来看待。他们认为，大学生村官政策在很大程度上解决了毕业生就业的难题。现实中，大学生村官报考的男女比例失调也从另一侧面对此进行了佐证。在女性就业相对弱势的情况下，作为职业的一个选择，尽管大学生村官工作只是短暂三年（至多再续聘三年）而非长期聘任，农村工作生活的艰苦与大学四年学习的期望有很大的落差，女生们还是对其趋之若鹜，将其作为自己一个工作选择。

当问及如何看待大学生村官报考动机大多倾向于政策带来的优惠条件时，

乡镇干部给予了相当的理解，更多的是将原因归结为：一是政策制度的不完善，自身缺乏长期性的支持；二是社会舆论、家庭和学校的教育没有充分发挥引导大学生树立正确的价值观、就业观的作用。

在就业问题上，乡镇干部与村干部的看法较为一致，集中表现在：将缓解就业压力作为大学生村官政策目标之一，造成了部分大学生村官无法安心工作。从管理上来看，确实没有相应的激励机制来调动部分以这一经历作为跳板的大学生村官工作的积极性；而且，由于当前无论是公务员考试还是研究生入学考试，笔试成绩依然是主要决定因素，与其他踏实工作的大学生村官相比，将大部分精力用于考研或考公务员复习，其考取好成绩的可能性更高，从而也打击了其他大学生村官工作的积极性。引导大学生就业的政策目标，无疑与大学生村官政策的初衷相矛盾，长此以往互相效尤，也容易带来不良后果。

（2）村干部的评价

受访的村干部普遍表示，能吸引大学生的到来，在农村是个大事。一方面，农村渴望大学生的到来；另一方面，又对大学生村官的动机存有疑惑，他们认为大学生村官在农村留下来的可能性比较小，存在"跳板"、"镀金"等短视心理。多数村干部认同大学生村官政策是解决大学生就业难题很好的途径，甚至不少村干部认为很多大学毕业生是由于找不到合适的工作，才选择到村任职的，大学生村官是他们最次的择业出路。这样的大学生村官，往往并没有做好在艰苦的农村长期工作的准备，现实与理想的落差往往挫伤他们工作的主动性，对农村并没有太多的好处。

当然，村干部基本上对大学生就业问题表示理解，他们从本村需要的角度出发，认为非常需要大学生。舟山市普陀区和岱山县多个社区的调查显示，不少村干部强调，不要把大学生村官仅仅当作解决大学生一时的就业压力来做。农村确实需要大量的大学生，希望他们将这个工作当作事业，而不是当作缓解就业压力的跳板，不要做几年就走，希望能留下来。但舟山的村干部普遍希望招聘本地大学生，最好是本村或者本乡镇的。村干部反映，生源不是问题，现在村村都有大学生，安排本地人就业才会扎根下来。这一点和大学生村官的评价实际上是相符合的。例如，有的大学生村官认为，做这个活最重要的不是能力和知识，而是"爱乡土"。而村干部希望多招本地大学生，原因就是这些人最"爱乡土"。

村干部对大学生村官政策作为一项推动就业的政策意见分歧较大，主要表现在以下两个方面：首先，大学生村官政策推动了大学生到农村基层就业，尤其是基层农村管理岗位，能够解决农村两委班子存在的年龄老化、活力不足等问题，同时，如果本村大学生回流，可以在一定程度上解决大学生就业问题（但这并不是他们所要考虑的重点）；他们考虑的更为重要的是，将推动就业作为大学生村官政策的目标之一，将造成大学生村官无法安心在农村扎根并深入进行农村工作，部分大学生村官出于未来职业道路的选择，将农村村务工作的时间用于考研、考公务员复习，反而影响了日常工作。

（3）大学生村官的评价

从调研的情况来看，绝大多数大学生村官都是出于现实考虑，将这一工作作为自己迈出校门的第一个选择。总的来看，不外乎三种想法：一是看中大学生村官的优惠待遇，例如某些城市给予村官期满后公务员考试的加分。近年来，公务员考录条件在具有一定的基层工作经历方面要求较高，如果大学毕业生在毕业时没有考上公务员，他们获得基层工作经历进入机关的一条途径就是当村官。同时，他们认为大学生村官经历也能提前使其适应机关工作，从而在公务员考录过程中增色不少。对于这部分大学毕业生而言，选择当村官是他们进入公务员队伍的一条必经之路。调研中，绝大多数在任大学生村官表示期满后首先选择的职业就是公务员和事业单位也说明了这一点。此外，某些城市还许诺期满后可转为城镇户口，这对外地生源来说，无疑也具有很强的诱惑力。二是没找到合适的工作，觉得大学生村官的待遇还可以，将大学生村官作为一个暂时落脚的选择。具有这部分想法的大学生村官往往对自身的要求不太高，对自己的未来规划不太清楚，对未来的发展比较迷茫。他们对自己的未来发展规划往往受环境因素影响，当了大学生村官后较为适应政府的工作，也认为以后考公务员是较好的出路，继而又期待迈进公务员队伍。例如，一名大学生村官坦言，自己大学本科毕业后，找到的工作不好，工资水平不高、工作强度大，离家远，都让自己不够满意。综合比较，选择了村官。三是自身有明确的理想目标，有远大的抱负，甘于扎根基层，锻炼自己。但是，具有这部分想法的大学生村官比较少，绝大多数大学生村官还是出于上述两种选择。

另外，从选择大学生村官作为职业的动机的排序来看，也说明了解决就业这一现实考虑的重要性。排在第一位的是直接的就业需求。大多数受访的大学生村官均直言不讳提到他们报考的直接目的就是就业，尤其是与其他职业相比，大学生村官享受种种优惠政策更促进了其以此作为职业方向。排在第二位的是家庭因素和个人因素。尽管还有部分受访者，尤其是曾经有过工作经历的大学生村官提及家庭、个人因素是其选择大学生村官的重要依据，但这也从另一个侧面体现了大学生村官政策已经成为大学生在选择就业方式时的重要途径之一，即能够满足部分在就业选择时将家庭和其他因素放在第一位的大学生的利益诉求，并且为这部分大学生提供了适合他们的职业。因此，出于家庭因素和个人因素而报考的大学生村官，其根本动机还是就业。排在第三位的是改变农村面貌或其他。有部分大学生村官在接受访谈时提到，选择大学生村官作为职业的一个考虑是希望能够通过自己的努力改变农村的面貌，或回报社会，但这一部分的受访者比例较小且在谈及此动机时，也往往在之前首先强调大学生村官政策的各种优惠条件，因此，不宜将改变农村面貌等作为他们选择大学生村官的首要动机。

调研中，不少大学生村官坦言自己报考的主要原因就是找份工作谋求生计。他们认为，虽然农村的生活环境存在诸多不便，工作也有苦有乐，但基层工作经验对个人成长还是有帮助的，而且，国家在招考公务员时的政策倾斜也对他们有很大的吸引力。一名大学生村官表示："不能说大学生村官不好，我们也是既得利益者，凭借这个上岸，总算没有白白耗费这两年青春。"从大学生村官个人发展来说，这都是实话。对离任和留任的大学生村官进行比较来看，非本地生源的大学生将这份工作当作就业缓冲的人数更多。

谈到续聘和继续扎根农村，不少大学生村官都表示不考虑，除非没有找到他们认为合适的工作。他们认为，续聘只是权宜之计，如果没有选进村"两委"班子，最终还是要离开，依然要面临着择业的困难。不如趁年轻尽早找其他工作离开农村。有的大学生村官表示，他们将目前的生活称为"后大学时代"或大学生活的一种延伸，认为只有期满卸任后找到的工作才能称之为工作。期满出路问题也是受访的大学生村官最为关注的一个问题，是他们对政策建议方面提到最多的一个问题，可见他们对自身期满后的道路充满了担忧。绝大多数大学生村官希望政府在公务员录取方面能够继续放宽条件，甚至能够有"直通车"，让大学生村官和公务员直接对接；有些则希望政府能够大力宣传大学生村官工作能力强的优势，引导社会单位认可（目前，除了机关企事业单位、部分国企外，许多社会上的单位都不承认大学生村官的三年工作经历，这不仅让他们感到委屈和心寒，也使得他们不得不都挤向考公务员、进国企的独木桥上，这样的局面是他们选择当初所未能料到的，让他们感到未来的迷茫）；还有些甚至提出希望政府保证大学生村官今后工作的建议。

3. 政策目标之三：促进人才向农村输入

（1）乡镇干部的评价

绝大多数地区在大学生村官的招考上，都没有对专业等个人情况提出更多要求。的确，农村需要大量的人才，但是农村到底具体需要什么样的人才、大批量招来的大学生村官和人才需求匹配度如何，都在很大程度上影响着大学生这一人才能否最终充分发挥作用。

调研中，乡镇干部对待大学生村官的态度主要分为两种：有的地区，乡镇干部把大学生村官政策作为上级安排、部署的任务来完成，将大学生村官作为一个普通的就业群体来看待，将大学生村官工作视为一个岗位，有些乡镇干部仅把大学生村官当成上级政府埋单的劳动力，存在着将大学生村官长期安排在乡镇机关工作的情况；有的地区，乡镇干部则将大学生村官视为宝贵的人才资源，认真做好人才培养、管理、激励等工作，并为大学生村官实现自主创业创造机会，使大学生村官能真正发挥作用。调研中，有前种想法的乡镇干部不在少数，只不过程度不同而已。

实际上，乡镇一级是大学生村官政策促进人才向农村输送的最大受益者。调研中，尽管乡镇干部纷纷指出当前大学生村官普遍存在专业、语言、生活和思维方式与农村生活格格不入等问题，但却普遍认为大学生村官政策确实促进了人才向农村的输送。作为大学生村官的直接管理者，乡镇将大学生村官分派进村只是表明对各村村务工作的支持，而对大学生村官在村里能做哪些工作其实并不十分关心；而且，当乡镇急需某类专业人才（或者说劳动力）时，可以凭借其行政优势直接从各村抽调大学生村官来帮忙，事实上，很多大学生村官的专业在乡镇一级更能派上用场。

（2）村干部的评价

调研中，受访的村干部坦言现在农村人才流失较为严重，稍微年轻一点都外出打工，能读书的也考出去不愿意回来，目前村里能干事的基本都是岁数比较大的；而对于那些经济发展程度较低的地区，由于缺少吸引人才的主导产业，人才流失现象更为严重。因此，大学生村官的到来，对很多村干部而言确实是人才。但同时，村干部也表示了对大学生村官人才身份的疑惑和担忧：一是大学生村官的专业在农村的不适应。排除大学生村官自身的积极性因素，有些专业确实不适应农村（比如外语、艺术），突然来到一个专业无用武之地的农村，确实让这些大学生村官一下子束手无策，不知道该干点什么。二是大学生村官任职期短对农村工作的不适应。由于农村工作复杂，从事这项工作的人由"门外汉"成长为"行家里手"更需要一个长期的过程；但多数大学生村官的任期为三年，往往刚刚熟悉了农村工作就面临离任的情况。三是大学生村官自身对农村工作的不适应。农村一直以来就是一个熟人社会，往往打破这个圈子很不容易。即便是在经济发展较好、开放程度较高的村，与单位职工同质化程度较高、聚集的目的性一致不同，大学生村官融入农村远比融入一个新单位难得多，这也就限制了他们发挥作用。四是好容易农村来了年轻的大学生，却被上级机关长期抽调，恐怕乡镇干部也没有把大学生村官当成人才对待。

多数受访的村干部表示，如果可能，他们愿意大学生村官期满后留在村里；同时，也对大学生村官期满后不愿扎根农村表示出了相当的理解：一是农村无法为大学生村官提供更好的发展空间，如果继续留在农村可能会耽误他们的前途。二是大学生村官扎根农村缺乏政策上的保障与支持。就目前政策而言，大学生村官如果期满后续聘，可以按照要求续聘一次，但政策并未对再次期满后的出路做出明确的回答，大学生村官即便想留在村里，也失去了政策的保障，除了通过参加民主选举别无他路，会再次面临走向社会寻找工作。

从调研的情况来看，几乎所有的村干部都希望村中能够吸引更多的人才，他们认为，当前的大学生村官政策在吸引人才方面发挥的积极作用主要体现在：部分创业型大学生村官任职期满后留村，能够带领当地致富或者为当地致富吸引更多的技术和人才；部分较为优秀的大学生村官确实在村务等方面表现优异，成功竞聘两委班子后确实为村里各项工作的开展奠定了基础。尽管村干部对所在村的大学生村官都表现出一定的夸赞，但从他们的话中还是能听出对当前这一政策在引进人才方面的一些负面态度，主要表现在：首先，部分大学生村官专业与农村生活不相匹配，无法为新农村建设服务；其次，由于语言不通，很多外地大学生村官并不能做到人尽其才，反而部分返乡大学生更能在新农村建设中发挥作用；第三，实际上部分地区的村干部对人才的吸引并非那么的迫切，这可能也与近年来有越来越多的大学生返乡有关；第四，较为普遍地存在乡镇与村级争抢大学生村官的现象，受访的大学生村官大多都有过被乡镇抽调或者抽出大量时间为乡镇工作的经历，而村干部对此反响较强，认为乡镇这样做是与村级争抢人才，扭曲了中央实施大学生村官政策的初衷。

（3）大学生村官的评价

从调研的情况来看，大部分大学生村官对促进人才向农村输入这一目标持肯定态度。作为人才资源向农村输入，大学生村官主要起到了以下几方面作用：更加规范了农村两委的行政工作，促进了农村基层组织建设；引办企业，解决了农村富余劳动力就业，并起到了示范带动作用；发挥自身优势，为农民提供了简单的公共服务。但是，大学生村官也提到了几个不利于农村留住人才的问题：一是工资低和社会地位不高。但进一步的访谈会发现这个问题反而很多大学生村官可以看得开，原因就是整个社会大环境就业压力大，相比而言，大学生村官的工资待遇和工作环境还是较好的。二是社会关系的需要。由于工作环境在村，很多大学生村官感到自己跟周围的村干部、村民并不属于一个阶层，共同语言少，与自己原有的人际交往圈隔离，以至一些大学生村官产生孤独感。此外，不少大学生村官仅将这一工作当作一个"跳板"，而不是作为自己的事业对待。

从是否愿意继续留在农村生活工作来看，大部分大学生村官表示，还是将参加公务员考试、研究生入学考试、进入城镇事业编制作为未来的首选。这一方面反映了大部分大学生村官仍然将这一政策作为就业的一种过渡；另一方面也反映了与各级公务员、城市事业编制、大型国企等相比，农村基层工作缺少对人才的吸引力。此外，大学生村官期满后留任（在村一级）比例并不高，也说明这一政策在农村引进人才方面的作用非常有限。

问及当初的报考动机时，受访的大多数大学生村官其实并没有把自己当成人才，也没有树立大学生村官政策是促进人才向农村输入的意识，只是把自己当成普通的就业者，或者是一名时刻准备再就业的人。这种对自己的看轻，主要体现在没有扎根农村的决心，工作的主动性不强、积极性较弱、缺乏责任感和工作认同感——不想好好干。与此同时，部分大学生村官也表示出对外在环境的不满。他们认为，村干部、乡镇干部对他们的态度，以及他们现在主要从事的文字性的简单工作，都是对他们大学毕业生这一人才身份的"亵渎"——不屑于干。部分大学生村官更是委婉地表示出对乡镇缺乏关心和支持的不满，以及对村干部对自己不信任、不能参与村内重要工作的无奈。

整体来看，大学生村官政策确实吸引了一部分人才流向农村，确实在一定程度上为农村经济社会发展作出了贡献。但是，出于现实的考虑，绝大多数的人才——大学生村官，却是"被人才"，他们考虑更多的是就业、发展。调研还发现，根据地区经济发展情况的不同，越是经济条件好的地区，乡镇干部对人才的渴望度就越低，相反村干部的渴望度就越高，乡镇干部为大学生村官提供的机遇和平台就越少，而村干部却希望大学生村官能够帮助自己发展村经济；越是经济条件不好的地区，乡镇干部对人才的渴望度就越高，越是给大学生村官创造良好的发展条件（如创业），相反村干部由于见的世面少，对人才的渴望度就不那么高。

4. 政策目标之四：培养锻炼年轻干部

（1）乡镇干部的评价

调研中，乡镇干部普遍认为大学生村官的最终发展方向还是公务员，大部分认同大学生村官是党政后备干部的重要来源。但在实际操作中，乡镇干部的态度又分为两种情况：一部分乡镇干部认为党政后备干部是广义上的，而不是现实能为自己提供后备干部的队伍，因此对待大学生村官的态度往往就是重使用、轻培养，在培养锻炼的各个环节做得并不到位；与此相反，另外一部分乡镇干部确实将大学生村官作为党政后备干部来培养锻炼，敢于给大学生村官压担子，敢于放手让他们独立承担具体的某项或某几项工作，有些地区还敢于突破，对优秀的大学生村官提拔使用。

以乡镇组织委员为代表的乡镇干部，普遍认同干部要有基层工作经验。所以，他们并不反对从大学生村官中选录公务员，但却对干部录用时优先考虑大学生村官有所保留。调研中，很多乡镇干部提出质疑，现在招录的公务员也会下派到基层先锻炼一段时间，这批公务员的基层工作经验不见得会比大学生村官少。有些乡镇干部甚至表示，理论上说是推荐优秀大学毕业生到农村工作担任大学生村官，但实际情况并非如此，应届毕业生直接报考公务员的反而更加优秀。在这种情况下，如果未来干部提拔还要向大学生村官倾斜，很多乡镇干部表示难以理解。

整体来看，乡镇干部更在意大学生村官的培养和使用，而较少关注大学生村官与一般村干部之间的矛盾。他们普遍认为，大学生村官政策能够培养锻炼一部分年轻干部，同时还有一系列的其他影响，如推动农村民主化进程、改变农村干部结构等。乡镇干部在大学生村官政策上最为关注的是，如何能够实现有效管理和加强培训，如何实现大学生村官个体价值与社会价值的统一，如何选拔大学生村官，以及未来如何促使大学生村官能够留在农村为农村经济社会发展作出贡献等。

（2）村干部的评价

调研中，受访的村干部普遍承认大学生村官入村任职有利于实现农村干部年轻化，在一定程度上改变了工作方法、拓宽了工作思路。几乎所有的村干部（尤其是年龄较长的村干部）都表示，平时对大学生村官的培养非常用心，也非常注意给大学生村官压担子，让他们负责村务中许多最复杂的工作（如计生、收费、拆迁等），使他们得到了极大的锻炼。

但在某种意义上，村干部和大学生村官也是最直接的利益冲突的两极。从村干部来看，大学生村官具有的一系列优势是他们所不能相比的，例如年轻、知识文化水平较高、见识较广、头脑灵活、享受政策优惠等。所有这些有利条件使得与一般村干部相比，大学生村官的晋升之路更为顺畅，这也在一定程度上阻挡了一般村干部的晋升之路。从调研的情况来看，这一点表现得非常明显，大多数村干部都会婉转表示，一般村干部晋升的限制条件也应当适当放宽，应该考虑一般村干部的未来出路；也有少部分村干部直接坦言，当前大学生村官享受的政策优惠太过明显，使他们心理非常不平衡。因此，对于如何安排和使用大学生村官，不少受访的村干部也表示，根据这一群体了解农村少、文字能力强、使用电脑的能力强的特点，一般并不会给他们安排很重要的工作，而是先让他们先做一些抄写以及与电脑有关的事务，待适应一段时间后视情况安排其他工作。与此同时，由于任职期短，相当一部分大学生村官并无意扎根农村，这也使得不少村干部不愿给他们安排重要工作。这样，失去了岗位的支撑，大学生村官如果没有非常强烈的责任感和积极性，最终只能平平碌碌地度过三年任期，成为农村的一个过客。

大学生村官卸职后，有相当一部分考上了公务员或被上级机关以各种形式聘用。对此，村干部认为，这些大学生村官与以往的机关干部不同，因为来自基层，所以更加懂基层。但另一方面，村干部也普遍认为，在目前的情况下，大学生村官的能力锻炼还不够显著。有不少村干部表示，大学生村官的确只是在行政工作能力方面得到了较大提高（如文字能力、宣传海报策划等）；凡是直接和村民打交道的工作（如社区调解），相当多的大学生村官并不会介入；至于村级经济事务，参与的大学生村官更是极少。调研中，一名村干部直言不讳："不解决群众问题，老百姓都不知道，那叫什么村官"。

当然，村干部还是普遍欢迎大学生村官到村民家中走访，以及参与日常事务的处理。之所以目前这方面工作不够，他们认为主要原因在于：一是大学生村官前途未知。一部分明确将考公务员作为任期内生活和工作的主要目标，村干部对此表示理解。二是大学生村官身份不明。包括村干部和大学生村官在内，都难以真正将大学生村官视为本村一分子，因此对其较少约束。三是大学生村官职能不清。村干部的工作和地方政府不同，基层工作不可能采取"朝九晚五"的坐班制，很多时候是 24 小时战备状态。但是，大学生村官目前的工作状态，不少仍是按照"朝九晚五"来对待，这造成大学生村官无法真正融入工作环境。

（3）大学生村官的评价

调研中，当问及入村任职三年是否真正了解农村，经过三年锻炼能否达到党政后备干部的要求时，受访的大学生村官表达了以下两层意思：一是乡镇干部和村干部没有系统地将大学生村官规划为党政后备干部进行培养。这主要体现在：管得少、培养得少、使用得多。乡镇干部更希望达到的一种状态是，让大学生村官在工作中学，在工作中锻炼；乡镇干部和村干部没有给大学生村官设置培养锻炼的岗位，或者很少有大学生村官能够独立负责某项或某几项具体工作，多数大学生村官还是处于四处打杂的状态。二是尽管大学生村官对于乡镇干部给他们布置大量的行政工作多有抱怨，但还是表示，入村任职的经历多少都会对农村工作有一定的了解，而且这些工作也有利于他们提前熟悉公务员工作。

受访的大学生村官对目前的激励约束机制也表示了不满。他们认为，大学生村官的激励约束机制没有很好激发出他们的作用，既没有资金、出路等方面的激励，惩罚、退出等方面的约束也流于形式，以至于出现了"干多干少一个样、干好干坏一个样"的现象，这在很大程度上影响了大学生村官工作的热情与积极性。

从调研的情况来看，绝大多数受访的大学生村官认为，这一政策确实使他们得到了各方面的锻炼，有利于他们的快速成长。不少大学生村官在任期期满后，确实成为农村干部的中流砥柱。这些锻炼，用他们的原话概况就是："和农民建立了比较朴实的情谊，在后来制订工作计划、出台具体措施以及对待农民的态度上，都能够从农民的角度考虑问题，更能客观地开展工作。工作方法、工作思路上得到的锻炼很多"，"经过锻炼后看东西角度更细更切合实际，做事情更踏实"，"学会了处理一些突发事件的方法"，"对自己今后的工作增加了一份阅历，有了最早的基层工作经验"。如果对这些锻炼加以分类，则体现在：从性格上来看，大部分大学生村官在工作之前对农村生活并不了解，在成为大学生村官后更加适应农村生活，性格也成熟了很多；从工作能力上来看，培养了最基层的工作经验，能够多角度广范围的思考各类问题，工作更为细致，处理突发事件能力得到提高。但是，也有部分大学生村官对自己的这一经历表示质疑，主要体现在："无法做到学以致用，专业无从开展"，"想得多，做得少，工作得不到支持"。但整体而言，入村任职的经历，对于绝大多数大学生村官性格的塑造和社会经验的丰富起到了很大作用。

（五）对大学生村官政策目标落差的原因分析

1. 大学生村官政策在执行过程中的主要落差

通过利益相关者的相关评价可以发现，大学生村官政策在实际执行过程中，并没有很好达成中央实施这一政策的目标，无论是"事"的目标还是"人"的目标，都存在一定落差，但程度较为不同。总体而言，"事"的目标落差相对较小，"人"的目标落差相对较大。具体来看，包括以下几个方面。

（1）政策目标之一：推动新农村建设

乡镇干部、村干部以及大学生村官对这一目标的解读较为一致，但由于大学生村官具体负责工作的不同，在政策执行过程中，政策目标的实现程度差别较大。大体而言，村务型大学生村官的日常工作，更多是体现在实现农村"两委"的办公自动化方面，真正能够独当一面或参与重大决策的少之又少；相较而言，创业型大学生村官在推动农村发展特别是带领村民致富方面，发挥的作用更为显著，但由于自主创业需要具备若干前提条件，因此，真正创业成功的大学生村官并不多。而且，在个别地区，创业型大学生村官实际已经脱离了日常村务，对农村其他社会事业特别是那些与村民直接面对面的事务基本不涉足，自主创业已然从推动新农村建设异化为个人办企业"挣大钱"，这一倾向尤其需要注意。

（2）政策目标之二：引导大学生就业

乡镇干部、村干部以及大学生村官对这一目标的解读高度一致，在就业压力日益严峻的情况下，投身农村基层不失为一种就业途径。乡镇干部、村干部虽然对此表示理解，但也都意见很大，认为这势必造成大学生村官无法安心工作。在他们看来，农村渴望大学生，但仅仅作为缓解一时就业压力而来的大学生，不仅对农村并没有太多好处，即便是对于这些大学生自身而言也无裨益（从更长远来看，可能只是在白白浪费光阴，毕竟最终能够考上公务员或事业单位等的人数有限），甚至还会直接打击那些真正想要扎根农村、踏实工作的大学生村官的积极性，长此以往容易带来不良后果。而且，如果一旦各利益相关者均主要从缓解大学生就业压力这一"权宜之计"角度来看待大学生村官政策，将会对这一政策的其他目标带来严重的不利影响。

（3）政策目标之三：促进人才向农村输入

乡镇干部、村干部以及大学生村官对这一目标的解读存在较大差异，主要体现在是否把大学生村官当作宝贵的人才资源对待、是否懂得珍惜与关爱等方面。实际上，不少乡镇干部只是把大学生村官当作普通的就业群体来看待，甚至仅仅作为上级政府埋单的劳动力使用，而且，较为普遍地存在着乡镇与村级"争抢"的情况，扭曲了中央实施这一政策的初衷。即便从大学生村官自身来看，大多数其实也没有把自己当成人才看待，入村任职不过是缓解就业压力或下一步就业的"跳板"。而且，农村基层工作的现状也缺少对人才的有效吸引力，尤其是对那些主要从事文字性简单工作的村务型大学生村官而言，对于村干部的不信任以及不能参与村内重要工作等外在环境，不仅不满甚至无奈。当然，这种不信任实际上与前面分析的"事"的目标有很大关系。

（4）政策目标之四：培养锻炼年轻干部

乡镇干部、村干部以及大学生村官对这一目标的解读也存在一定差异，主要体现在是否把大学生村官当成后备干部、有无完整的干部培养链等方面。实际操作中，不少乡镇干部、村干部对待大学生村官的态度往往是管得少、培养得少、使用得多，除了认识方面的因素外，现实或潜在的利益冲突不可忽视，特别是大学生村官在晋升、选拔上所享受的各种政策优惠太过明显，或多或少会对一般基层干部的未来出路产生影响（或心理的不平衡与攀比）。虽然看到了大学生村官的各种优势以及入村任职起到的积极作用，但由于一些制度（如身份、职能不明、激励约束机制流于形式等）或部分大学生村官自身的原因（如无意扎根农村），大多数大学生村官尤其是村务型的，实际上并没有得到很好的培养锻炼（真正能被压担子的少之又少），即便是那些顺利通过公务员考试的大学生村官，入村任职的经历真正发挥的效果也比较有限。

2. 大学生村官政策自身及执行中的问题

（1）大学生村官政策的设计缺陷

第一，多重政策目标的内在矛盾。大学生村官政策从无到有，从单一目标到多重目标，体现出中央对于这一政策的高度重视。但是，从政策的实施效果及相关评价来看，这些目标的实现程度参差不齐，且"事"的目标对"人"的目标负面影响较大。其中，争议最大的就是引导大学生就业这一"事"的目标。且不论这一政策究竟能在多大程度上缓解大学毕业生的就业压力，从调研的情况来看，无论是在就业规模（数量）[①]还是质量（稳定）方面，大学生村官政策实际发挥的作用都非常有限，可谓是杯水车薪。

由于不同利益相关者对于政策的解读立场和利益诉求并不完全一致，因而，在政策目标的优先序选择、侧重点方面也可能存在差异，甚至会有所增减。客观来说，相较于"人"的目标，"事"的目标更便于操作，配套措施相对更少，投入资源相对也少，更为地方基层所偏好。进一步分析可以发现，同

---

① 我国大学毕业生的规模逐年扩大，已成为城镇新增劳动力的主体。教育部、人力资源和社会保障部的相关统计数据显示，2007年大学毕业生为495万人，2008年达到559万人，2009年增至611万人，2010年继续增加到630万人，2011年又增至660万人，2012年达到了680万人。另据中组部2011年统计，2008年以来全国累计有200多万高校毕业生报名应聘大学生村官，截至2011年底，各地累计选聘大学生村官22.3万名，在岗21万名左右。可见，在岗的大学生村官数量仅占报名应聘的1/10，与每年新增的大学毕业生规模相比，这一比例更低。

为"事"的目标，相较于"推动新农村建设"，"引导大学生就业"操作起来更加简便易行，也更为地方基层所偏好。而且，实际执行过程中，"引导大学生就业"往往被简单解读为"缓解就业压力"，只要把大学毕业生招录（或选聘）入村任职即完成任务，至于这种就业是否稳定、质量能否保证等问题，并不为大多数地方基层持续关注。

尤其需要警惕的是，一旦这种"缓解就业压力"的解读成为主流，并在政策实施中不断强化，长此以往，势必造成整个大学生村官政策的临时性与过渡性。这不仅不利于建立政策实施的长效机制，也违背甚至损害了政策的初衷，特别是"人"的目标实现。

第二，大学生村官身份的尴尬。"我们是谁？我们不是学生、不是农民、不是公务员，我们到底是谁？"这是很多大学生村官心中的疑惑，也是大学生村官政策有待进一步明确的内容。从法律角度来看，他们担任的并非真正意义上的村官，岗位性质为"村级组织特设岗位"，是国家开展的选派项目，处于"非官非农"、"非公务员非村委会成员"的尴尬身份。

虽然2010年10月28日经第十一届全国人大常委会第十七次会议修订后颁布的《村民委员会组织法》中增加了选民登记的内容①，授予大学生村官（特别是那些户籍不在本村）"村民"的身份，从而使他们具有合法的选民资格；但是，大学生村官发挥作用仍存在法律层面的障碍：一是户籍不在本村、且在本村居住不到一年的大学生村官，依然无法参与村委会选举；二是即便具有合法的选民资格，如果没能在村委会换届选举中顺利当选，按照《村民委员会组织法》的规定②，参与管理村级事务也是受到限制的；三是在村委会换届选举之前，由于不是村委会成员，大学生村官参与管理村级事务同样与《村民委员会组织法》的相关规定有冲突。

从调研的情况来看，身份的尴尬，在一定程度上影响了大学生村官的工作积极性，使得他们对入村任职参与村民自治管理，乃至未来职业发展都产生了

---

① 例如，《村民委员会组织法》第十三条规定："村民委员会选举前，应当对下列参加选举的村民进行登记：（1）户籍在本村并且在本村居住的村民；（2）户籍在本村，不在本村居住，本人表示参加选举的村民；（3）户籍不在本村，在本村居住一年以上，本人申请参加选举，并且经村民会议或者村民代表会议同意参加选举的公民。"

② 《村民委员会组织法》第二条第一款规定："村民委员会是村民自我管理、自我教育、自我服务的基层群众性自治组织，实行民主选举、民主决策、民主管理、民主监督"。第六条规定："村民委员会由主任、副主任和委员共三至七人组成"。第十一条明确规定："村民委员会主任、副主任和委员，由村民直接选举产生。任何组织或者个人不得指定、委派或者撤换村民委员会成员。"由于入村任职的大学生不一定都是本村村民，大学生村官只是与基层政府签订为期3年的劳动合同。在这种情况下，大学生村官的这种身份不仅无权参与村委会的选举，还限制了他们参与管理村级事务。

极大的困惑。进而，也部分解释了为什么一些地区的乡镇干部、村干部在大学生村官的安排和使用上态度消极。

第三，大学生村官的职能定位模糊。大学生村官的职能是驻守村级，还是可以抽调到乡镇甚至县级部门？是有专门负责的工作，还是什么工作都参与、到处"打杂"？虽然政策明确规定，基层政府不得抽调大学生村官；但是，从全国及调研的情况来看，长期或不定期抽调大学生村官到乡镇、县直单位使用，或者让大学生村官村级、乡镇"两头担"的并不是少数。长此以往，将无法保证大学生村官在村工作的时间和精力，进而影响了大学生村官在村务管理中作用的发挥，更是与中央实施这一政策的初衷相违背。

调研中，一部分大学生村官坦言，自己主要在镇里帮忙，很少参与村务，在服务村级事务和乡镇政府之间不好平衡和取舍，工作职能定位比较模糊。即便是那些坚守在村的大学生村官，也有职能定位上的困惑，相当一部分认为自己不过是村干部的"助理"，只能打杂、跑腿，没有专门分配或负责的工作，甚至不知道该具体做些什么。

（2）大学生村官政策的执行问题

从全国范围及调研的情况来看，大学生村官政策在各地的实施效果并不一致。客观条件上，各省（直辖市、自治区）经济社会发展水平不一，工作基础、专项资金、配套政策等的多寡不同，都会成为影响这一政策实施效果的重要因素。主观态度上，是否给予足够的重视程度、是否结合实际情况管理使用等，也会成为影响大学生村官任职期间发挥作用的主要原因。因此，实施大学生村官政策时，消极的只是完成中央下达指标，积极的则推动市、县参照上级规定再自行追加聘任数量，进而各地大学生村官数量少至几百人、多达上万人，在规模上相差较大，这也造成大学生村官的群体效应、社会影响等方面的明显差距。从这一政策的执行来看，主要存在以下几方面突出问题。

第一，选录标准过于宽泛。当前，大学生村官的选拔标准并不限定申报者所学的专业是否适合农村、是否具备做好农村工作的潜质等。选拔录用标准的宽泛化，致使一些大学生村官"英雄无用武之地"。农村干部、群众普遍希望大学生能给他们带来一些资金、农技、信息、市场等方面的服务，但现实情况是"牛头不对马嘴"。比如，很多理工科出身的被选录到粮食主产区，专业适用性不足，当地对大学生村官的期望与现实产生严重错位。

第二，相关培训效果有限。从调研的情况来看，大学生村官的专业五花八门，真正涉及三农的并不多，而他们往往也对农村了解并不够。为了帮助大学生村官尽快适应农村环境，岗前相关培训十分必要。例如，有些地区一般要组织新任大学生村官进行为期3天的培训，以便帮助他们更好地了解村情。此后，每年还要组织一次为期2~3天的区级培训，以及零星的一些乡镇级别的培训。但是，对于大学生村官而言，仅靠这些短期培训远远不能满足他们的需求，对于农村的了解和适应远不是几次培训可以解决的。

第三，日常管理服务缺位。大学生村官任职之前要经过笔试、面试、体检、政审等一整套严格的考核程序和岗前短期培训，但在任职之后，各级部门忽视了跟踪培养、在岗管理，出现了重前期考核、轻日常管理的普遍现象。在部分地区，大学生村官到了农村基层后却长时间处于"无人管"的状态，他们戏称自己是"三不管"人群、"没娘家的孩子"。大学生村官入村任职后，如果跟踪培养、培训指导、日常管理等没有及时衔接，他们面对基层复杂情况将束手无策，对如何开展工作、如何认识和克服困难无处请教，出了问题没人管，遇到困难没人帮，容易造成工作被动、积极性受损。

从调研的情况来看，由于受到编制的数量的限制，乡镇普遍没有设立专门的办公室和人员来管理大学生村官。而兼职的工作人员，受时间、精力的限制，在一定程度上存在着将大学生村官的管理、服务放在应付地位的现象，只有遇到开会、培训等事情才去主动接触大学生村官，没有真正去关心和把握这一群体的想法，对他们平时的关怀也很不够。

第四，相关政策衔接不足。调研中发现，不同省（直辖市、自治区）之间、同一地区不同时期招录的大学生村官之间、中央计划与地方自行招录的大学生村官之间的政策保障、待遇标准等并不完全一致。有些地区在政策上不完善、前后脱节，主要考虑下得去、待得住，没有对干得好、流得动进行配套安排，进而引发了大学生村官的不满，影响到他们工作积极性，有的甚至波及当地社会稳定（例如，部分地区近年来先后发生了几起影响较大的大学生村官群访事件）。

3. 来自大学生村官自身因素的影响

乡镇干部、村干部对于大学生村官政策执行落差的影响，前文已经进行了较为充分的讨论，这里不再赘言。接下来，重点分析一下大学生村官自身存在的几方面问题。

（1）报考大学生村官的动机复杂

大体来说，大学毕业生报考这一岗位主要有四种动机：第一种，自己出生于农村，想回到熟悉的农村工作，服务农村发展；第二种，所学专业为涉农专业，想在农村发挥所长，锻炼能力、本领，实现自身价值；第三种，迫于就业压力和受到优惠政策吸引，先有个工作再说，缓解就业压力；第四种，把入村任职作为进入机关事业单位的过渡，为将来参加机关和事业单位招考打基础。其中，先解决就业是大学生村官报考的首要动机。

（2）或妄自菲薄，或自视过高

不少大学生村官过度看重自身身份，把身份作为开展工作的唯一"原点"，主观上认定自己"非官非民"、"非公务员非村委会成员"，身份尴尬从而妄自菲薄，不能积极融入原有的村干部体系，不能主动参与重要问题的讨论、决策，日积月累也就被村干部认定他们只能干一些事务性工作。但也有一些大学生村官认为，自己多少是一名大学生，不仅挤过了"千军万马"的高考"独木桥"，而且还通过了各级组织部门的层层选拔，农村的工作对于他们而言不成问题，思想上有"高人一等"的优越感，难以放下架子和基层干部、群众打成一片。面对村干部交代的工作，存在挑三拣四的现象。他们认为自己不应该只做打电脑、写材料、接打电话这些琐碎的事情，而是应该参与村里"大事"的管理和决策。但是，往往大学生村官并不真正了解所在村的情况，村干部也不敢将涉及村民重大利益的"大事"交代给他们，这就造成了大学生村官对村干部的误会，认为他们不接受自己。

（3）关注今后"出路"，在岗心态不稳

从调研的情况来看，相当比例的受访大学生村官并没有树立扎根农村的观念，只是把入村任职当作就业的"跳板"。虽然在村里工作，但首先想的还是一有机会就考研、考公务员，如果聘任期满还未考走，则打算继续受聘，走一步看一步。当然还是有一部分大学生村官确实具有扎根农村干一番事业的意愿，比较珍惜自己目前的岗位，但是，他们对于这一政策的规范性、稳定性心存疑虑，担心政策不能完全兑现或发生变化，对自己的前途和命运具有明显的不确定感。此外，由于个别地区对优惠政策的片面宣传，导致有的大学生村官对今后"出路"期望过高，认为不管干得怎么样，政府都会对这一特殊群体给予特殊照顾。

（4）能力素质与实际需求存在较大差距

从全国及调研的情况来看，有些地区在选聘大学生村官时，存在盲目追求数量、忽视质量的问题。由于大学生村官各自学历、专业、阅历、心态、成长环境及其他方面素质的不同，与农村实际需求存在或多或少的差距，这也导致在工作中作用发挥程度有高有低。那些熟悉农村环境、综合素养较高、一心扎根农村的大学生村官往往能够更快进入角色，获得党政和群众认可，有的通过推选已成为乡镇后备干部或担任村"两委"主职；而那些对农村比较陌生、综合素养相对较弱的大学生村官，则很难融入农村基层，作用发挥有限，甚至招致负面反映，例如，有的地方就出现大学生村官长期不上班、不参加考核的情况。

4. 大学生村官政策实施的外部环境分析

（1）大学毕业生就业压力方面

应该考虑的一个现实是，近年来大学毕业生就业问题日益严峻。教育部、人力资源和社会保障部的相关统计数据显示，2007 年大学毕业生为 495 万人，2008 年达到 559 万人，2009 年增至 611 万人，2010 年继续增加到 630 万人，2011 年又增至 660 万人，2012 年达到了 680 万人，大学毕业生人数再创新高；其中，2007 年有 144 万人未能如期就业，2008 年底大约有 100 万大学毕业生不能就业；《2012 年中国大学生就业报告》显示，在 2011 年毕业的大学生中，有近 57 万人处于失业状态。可见，大学毕业生规模逐年扩大，已经成为城镇新增劳动力的主体，且就业形势非常严峻。另据中国社会科学院的一项调查，毕业半年后应届生的失业率在 15% 左右，而国家统计局统计的城镇劳动者登记失业率平均值为 4%。

基于这种背景，通过选聘一些大学毕业生到农村任职，似乎可以在一定程度上有效缓解其在城市中的就业压力。2008 年，全国共有 14 万余名毕业生奔赴农村基层，比 2007 年增加 44%。截至 2011 年底，全国共有村委会 59.5 万个。这也为大学毕业生就任村官提供了一个平台。在城乡统筹发展、新农村建设背景下，我国广大的农村将逐渐成为大学毕业生就业、创业的一个新领域、新舞台。正如中央不断强调的，大学毕业生是国家宝贵的人才资源，他们的就业是一个涉及全局的重大问题，不仅关系到广大人民群众的切实利益，而且直接影响到经济发展和社会稳定。但是，大学生村官政策不能也不应该只是作为政府缓解大学生就业的"无奈选择"，不能为了就业而谈就业。否则，不仅前文所讨论的那些执行落差难以有效解决，长此以往，对大学生村官政策本身的负面影响将更为严重。

（2）村民自治方面

新中国成立后，随着乡村行政体制的几次改革，特别是农民独立利益主体的确立和政治参与意识的增强，以 1981 年广西宜山县三岔乡的一个自发成立的村民委员会为开始，群众自治为主体的村民委员会应运而生并得到大力推广。经过 30 年来的发展，这一村民自治体制也遇到了一些挑战和问题①，既有外部大环境即行政体制改革推进不明显的原因，也受到人力、财力、物力等自身条件的制约。目前一些农村特别是沿海发达地区和城市郊区富裕村，出于提供公共服务的考虑，尝试由乡镇根据工作需要选聘村级干部，由县、乡两级政府支付薪酬，承担县、乡委派的工作，某种意义上促使村委会成员"准干部"化。这种不改变原有乡村两级行政架构的模式创新，既是对村民自治的完善和补充，也是对农村基层社会治理模式的一次改革探索。村级"两委"职能转变的过程，是我国农村基层社会治理走向成熟的过程，这一过程中，大学生村官作为一支新生力量又将发挥怎样的作用？

大学生村官是自上而下派来的、带有较强的"行政色彩"，而村民自治是自下而上的自我管理、自我教育、自我服务，二者发生冲突非常正常。大学生村官在其中，将面临角色定位与使命履行等问题。如果没有冲突，那可能有一方妥协了，有以下几种可能性：①"村民自治"仅仅是一种形式；②大学生村官有能力融入村民之中；③大学生村官只是做些边缘性工作而与村民自治的事务没有发生直接冲突，进而游离在村民自治之外。无论是哪一种答案，都会对大学生村官政策的实施效果产生重要影响。

（3）乡村社会的生态方面

农村区别于城市的一个显著特点，就是因为血缘关系形成的礼俗社会。随着经济社会的快速发展，不可避免会注入各种新鲜血液，农村原有的封闭结构将被逐渐打破。但是，在这一过程中，这些新鲜血液最初是不受欢迎的。农村人际关系复杂，各种家族关系、帮派关系、传统习惯盘根错节，积累形成了特殊的人脉网络。农村的血缘凝聚力会产生巨大的排斥力量，使得外来的新鲜血液知难而退。此外，农村较城市社区而言，村民之间熟悉程度较高，就村干部本身工作而言，日常琐事繁杂，各种利益均需协调，情感关系远远超越工作权限关系。

因此，大学生村官作为一个外来人，突然进入到农村工作后融入较为困难。特别是他们在村民眼中，都是"读过大书"的知识分子。调研中，许多

---

①　主要体现在以下几个方面：第一，在选举实践中因为宗族势力、乡村地痞流氓的操纵干扰，村民自治民主体现的不充分、不健全；第二，在现实中村委会承担了太多政务，行政化色彩较为强烈，失去自治的本质属性；第三，乡镇直接通过干部包村等方式直接插手村级事务和账务管理，村一级在财务和人事上不能完全独立；第四，村级"两委"关系没有完全理顺，职责得不到明确界定，存在越权揽权现象，在村里"大事要事谁拍板"上还存在矛盾，具体地说就是：党支部试图领导权力绝对化，事无巨细、一统到底，让村委会无事可干，而村委会希望揽事不松手，不容他人插手，往往架空党支部；第五，也是最主要的一点，就是村民自治的制度设计还不完善，得不到足够的制度支撑。

大学生村官都表示，村民并不了解他们，也不想了解他们，都认为他们来到农村是因为找不到工作，或者是来"镀金"，而非真正想为农村做点什么，进而很难与村民建立起相互信任的关系。此外，农村工作的特点决定了外来人很少能够做好。农村工作往往需要的不是多大的知识，更多的是对村情人情的熟悉，以及耐心细致、拿捏到位的工作方法。正因为这样，外来人很少能够在村里较好地开展工作，他们对村情了解的缺乏和年龄阅历上的劣势，使得村民很难接受他们。其实，村干部和村民一样，一时也无法接受大学生村官的到来，往往不会把重要的工作交给他们，客观上造成了大学生村官的"边缘化"。

这种农村社会的排外性，使得大学生村官开展工作的难度加大。从调研的情况来看，不少大学生村官表示并非他们对工作懈怠，而是村民的不信任，以及部分村干部的冷淡使他们深感委屈，也让他们无所适从。面对这一客观存在的现象，大学生村官要想干出一番事业，需要付出比在一般单位更多的努力，只有这样才能真正融入农村内部。对他们而言，这无疑是很大的考验与挑战。

五、高层次人才政策评估[①]

（一）我国高层次人才政策体系

1. 高层次人才

什么人是高层次人才？在界定高层次人才之前，先了解一下高层次人才的特点。

---

① 本部分内容选自《人才蓝皮书·中国人才发展报告 NO. 3》。

有学者认为，高层次人才具有以下一些特点：①高层次；②类别性；③相对性；④稀缺性；⑤动态性。

有学者认为，高层次人才具有如下本质特征：①高创造性；②高流动性；③大协作性；④强时效性；⑤相对性；⑥地域不均衡性。

也有学者认为，高层次人才具有以下特点：①高层次人才的职业特点是高风险性、稀缺性、难配置性；②高层次人才投入的特点是资本投资高、教育周期长、成长的条件要求高；③高层次人才产出的特点是产出的高效益性、产出的多样性、产出以精神形态为主；④高层次人才劳动消费的特点是劳动的复杂性、劳动的连续性、劳动的高难度性、劳动的创造性、劳动的国际化。

以上界定有一定道理，但也都有一定的局限性，实际上，根据人才"四不唯"理念，高层次人才应具有以下主要特点。

①能力强。具有很强的业务能力，特别是创新能力，是成为一个高层次人才的基本前提。

②业绩大。光有能力，没有业绩，显然也不是人才，更谈不上是高层次人才。

③相对性。知识分子中有高层次人才，技能人才中也有高层次人才，农民人才中同样也有高层次人才。在每个不同的人才群体，都有各自的高层次人才。当然，一个领域中的高层次人才，在另一个领域中可能连普通人才也算不上。如，一个高技能人才，如果放在知识分子队伍中，可能就称不上人才了。

④时间性。在知识更新速度加快的今天，如果不能持续提高能力，今天的高层次人才，明天就会落伍。

⑤区域性。在人才集中的地区，对高层次人才的要求就会高一些，而在人才相对缺乏的落后地区，对高层次人才的界定就宽松一些。

把握了高层次人才的特点，界定高层次人才概念就有了基础。首先分析一些现有关于高层次人才的界定。

"高层次专业技术人才就是在某一学科或专业领域有较深造诣和较高威望，在重要岗位上工作、承担重要任务、能对经济社会发展和科技创新发挥较大作用的人才。具体可以划分为以下几个层次：①两院院士，在本领域有很深造诣，在国际上有一定影响，是有总揽全局能力的战略科学家或科技帅才；②重大科学领域的领军人物，科技将才，杰出社会科学家和文学艺术家；③对国家有突出贡献专家，国家主要科技奖励获奖者；④享受国务院特殊津贴专家；⑤百千万工程人才，863计划、973计划等重要项目的首席科学家，重大科技成果发明人，著名企业技术负责人。"这样界定高层次人才的优点是对象明确，但不足也很明显，这就是只是针对高层次专业技术人才而言。

"高层次人才是人才中的一小部分，而新型高层次人才则是高层次人才中特点鲜明、能量和作用巨大的又一小部分。他们是人才中出类拔萃者，是不仅具有高学历，还具有强能力，在专业领域具有创造性、发挥统领作用、取得突破性成就、并为科技及社会的发展做出某种突出贡献的人。因而，新型高层次人才是学历、能力、贡献的高度统一。"该定义的不足之处在于，判断高层次人才的主要标准是能力及业绩，学历可以作为标准，但不应作为绝对标准，特别是不能把高学历作为主要前提条件。

"高层次人才是知识层次高、创新能力强、社会贡献大的人才群体。通常，高层次人才主要包括：两院院士，对国家有突出贡献的中青年专家队伍，国家和省、市重点学科负责人，学术、技术带头人，具有较深学术技术造诣的博士生导师、博士、专业技术拔尖人才，正高职称和海外优秀留学人员，高级管理人才，掌握先进技术的高科技人才等。从不同层次划分，高层次人才有国家级、省级、市（地）级、县（区）级和系统内的，表现为金字塔飘移结构。"该种界定的不足之处主要体现在过于强调"知识层次高"，且没有突出高层次人才的时间性特征。

"高层次人才指在人才队伍各个领域中层次比较高的优秀人才，或处于专业前沿并且在国内外相关领域具有较高影响的人才。一般来讲，这类人才素质高、能力强、贡献大、影响广。高层次人才常常具有特别旺盛的创造力，在个人素质上表现为具有创新意识、创新能力、合作能力、敬业精神的新型人才。"该定义较为全面，不足之处是没有点出高层次人才的时间性、区域性特征。

综合以上各个界定的优点，我们可以这样界定高层次人才：高层次人才是指在一定时间、区域、行业内的人才队伍中，那些具有较强专业能力，且有较大贡献的人才。一般是指院士、具有正高及副高级职称的专业技术人才、博士后、高级经营管理人才等。

2. 高层次人才政策

政策是现代社会生活中使用得非常广泛的概念之一，但人们对他的含义并没有一致的界定。这里仅举几例。

"政策是国家机关、政党及其他政治团体在特定时期为实现或服务于一定社会政治、经济、文化目标所采取的政治行为或规定的行为准则，它是一系列谋略、法令、措施、办法、方法、条例的总称。"

"政策是指某一（或一组）行动者（主要是政府的官员、机构和团体）在既定的活动领域中的行为。更广义地理解，政策是政府机构和它周围环境之间的关系。政策体现了这种关系。又为处理这些关系提供了手段。一般来说，公共政策是由政府机构和政府官员制定的，公共政策体现了他们在政治系统和特色环境下的活动方式和活动过程，表达了他们的行为和目的，反映了他们实际所做的事情和效果。"

"政策是一个国家的执政者（包括执政党和政府）为实现一定历史时期的任务和目标，为调整一定的社会利益关系而制定的行动准则，是执政者的特定价值取向和策略措施的有计划的实践活动过程。"

综合以上内容，本文认为，高层次人才政策就是国家机关、政党及其他政治团体为了规范高层次人才行为而制定的行为准则，以及主要目标诉求虽然不仅仅是为了针对高层次人才，但含有高层次人才的内容，或者是适用于高层次人才的准则，主要包括谋略、法令、措施、办法、方法、条例等。

从广义上讲，公共政策包括法律，而狭义的公共政策与法律相对，本文所探讨的高层次人才政策主要是指狭义的公共政策，不过也涉及部分相关法律、法规的内容。

近些年，随着我国"人才强国战略"的实施，我国越来越重视高层次人才队伍的建设，有关部门也出台了许多旨在加强我国高层次人才队伍建设的政策文件。《中共中央、国务院关于进一步加强人才工作的决定》（2003 - 12 - 26）指出，要"突出重点，切实加强高层次人才队伍建设"。《中央人才工作协调小组 2005 年工作要点》提出，要"大力加强高层次人才队伍建设"，主要措施包括：组织实施"高层次专业人才培养工程"；建立高层次人才库，探索发挥专家作用的有效途径；加大吸引留学和海外高层次人才工作力度。《中央人才工作协调小组 2006 年工作要点》则进一步提出，要"以创新型领军人才为重点，大力加强高层次专业技术人才队伍建设"。

总的来说，我国高层次人才政策体系所包括的范围较广。

从人才开发的角度来说，高层次人才政策体系主要包括：高层次人才培养政策、高层次人才使用政策、高层次人才激励政策、高层次人才安全政策、高层次人才市场与人才流动政策等。

从不同人才群体来说，有针对院士、专业技术人才、党政人才、企业管理人才、国际人才的政策，也有针对留学生、博士后的政策，等等，甚至有专门针对退休人才的政策。

从政策自身类别来说，有职称政策、工资保险福利、考核与奖励、劳动关系等内容。从不同行业来说，每个行业都有其相应的、有针对性的高层次人才政策，如教育部出台的有关政策。

按照地域来说，有国家级政策、省市等区域性高层次人才政策等。

按照国内外人才来说，有针对国内高层次人才的，也有针对国外人才的。

3. 国家层面高层次人才政策

在高层次人才培养与使用方面，我国有关部门先后出台了"百千万人才工程"、"四个一批"、"西部之光"人才培养计划、《2004—2008 年全国党政领导班子建设规划纲要》等多项政策文件。为加大高校高层次人才的培养力度，教育部等有关部门也出台了一系列的政策文件，如 1993 年实施的"跨世纪优秀人才培养计划"，1998 年教育部在国务院批转的《面向 21 世纪教育振兴行动计划》中启动"高层次创造性人才工程"。此外，教育部还实施了"优秀青年教师资助计划"、"高等学校骨干教师资助计划"和"留学回国人员科研启动基金"等。近期，国家有关部门还在研究制定《中央企业领导人员管理暂行办法》、《加强高层次专业技术人才队伍建设的若干意见》、《关于建立海外高层次留学人才回国工作绿色通道的意见》等政策。

在高层次人才吸引方面，国家出台了一系列吸引中国留学生回国的政策文件，如：《人事部、国家教委关于进一步争取优秀留学博士回国做博士后的通知》（人专发〔1992〕16 号）、《关于吸引海外留学人员为西部服务，支持西部建设有关工作函》（教外厅〔2002〕30 号）、《人事部〈关于重点资助优秀留学回国人员开展科技活动〉的通知》（人调发〔1995〕144 号）等。在吸引国外人才方面，国家也出台了一些相关政策，如经国务院 2003 年 12 月 13 日批准，公安部、外交部还在 2004 年 8 月 15 日联合发布实施了《外国人在中国永久居留审批管理办法》（公安部、外交部第 74 号令），2005 年，我国有关部门出台《外国专家在中国工作管理条例》。

在高层次人才激励方面，也先后出台了国家科学技术奖励政策、政府特殊津贴政策、有突出贡献的中青年专家政策等政策。

在高层次人才安全方面，国家有关政策文件也多次提到这方面问题，《中共中央、国务院关于进一步加强人才工作的决定》（2003 - 12 - 26）指出，要"高度重视和充分信任国家重要人才。通过立法维护国家重要人才安全，有效防止重要人才流失"。人事部《2005 年人事工作要点》提出，要"配合有关部门研究人才安全问题，制定重要人才流动办法"。

在人才市场与人才流动方面，我国出台了《关于印发〈关于加快发展人才市场的意见〉的通知》（国人部发〔2004〕12 号）等多项政策文件，这些政策对于推动高层次人才的有效配置起了巨大的作用。2005 年，有关部门又对《人才市场管理规定》等政策做了修订。

4. 省市层面的高层次人才政策

为加强地方高层次人才队伍的建设，目前，许多地方也出台了一些高层次人才政策。其中，以浙江省比较有代表性。

2004 年底，浙江省集中出台了十项人才新政策，主要包括：《实行浙江省特级专家制度暂行规定》、《关于加强高层次企业经营管理人才队伍建设的若干意见》、《关于进一步加强高层次专业技术人才队伍建设的若干意见》、《关于促进人才柔性流动的实施办法》、《浙江省实行引进人才居住证制度暂行规定》、《关于积极推行人事代理制度的若干意见》和《浙江省专业技术资格评价与职务聘任暂行规定》等。其中在高层次人才队伍建设方面有几项突破：一是设立特级专家评选制度；二是建立创新人才引进机制；三是规定高技能人才可破格晋升。

一些省市出台的有关高层次人才的政策也涉及到多个方面，如河南省出台的《关于进一步加强高层次专业技术人才队伍建设的若干意见》（省委办公厅、省政府办公厅，豫办〔2001〕10 号），就包含了以下多个方面：着力培养造就高层次专业技术人才；大力引进国内外高层次专业技术人才；切实提高高层次专业技术人才的待遇；对有重大贡献的专业技术人才实行重奖；充分发挥高层次专业技术人才在科学决策、民主决策中的作用；加强高层次专业技术人才队伍建设工作的组织领导。江苏省出台的《关于进一步加强高层次人才队伍建设的意见》（中共江苏省委、江苏省人民政府，苏发〔2001〕4 号）中，也有类似内容：加大培养力度，建立一支适应经济社会发展需要的高层次人才队伍；大力推进体制创新，积极营造留住人才、使用人才和吸引人才的良好环境。各省市出台最多的是吸引高层次人才的政策，几乎每个省及主要城市都出台了相关政策。如《上海市人事局关于印发〈上海市吸引国内优秀人才来沪工作实施办法〉的通知》（沪人〔1999〕51 号）；北京市海淀区人民政府制定实施的《关于支持高新技术产业加强人才建设引进急需人才的暂行办法》；《大连市关于吸引软件高级人才的若干规定》等。为吸引海外人才，许多省市也出台了相关政策，如深圳市人事局、深圳市人民政府外事办公室、深圳市公安局、深圳市外国专家局在 2002 年就联合出台了《关于为外国籍高层次人才和投资者提供入境及居留便利的实施办法》（深人发〔2002〕70 号）。

在高层次人才的使用、激励等方面，各地也出台了一些相关政策，如重庆市《关于改善高级人才生活待遇有关问题的通知》（渝人发〔2001〕69号）等。

（二）有代表性的高层次人才政策

1. 国家科学技术奖励政策

自 1978 年 3 月全国科学大会以来，我国恢复和重建了国家科学技术奖励制度，这项制度有力地激励了科技人才的创造热情。1999 年，为了解决科学奖励制度存在的一些问题（如奖励项目过多，获奖项目质量有所下降；缺少具有权威性的最高奖项；奖励项目促进技术创新、成果转化和高科技产业化的导向性不强；重复设奖、奖励名目多而乱），国家颁布实施《国家科学技术奖励条例》，通过立法设立了国家最高科学技术奖，并完善国家级四大科学技术奖——国家自然科学奖、国家技术发明奖、国家科学技术进步奖、中华人民共和国国际科学技术合作奖。同时还规范了省、部级以及社会力量的科学技术奖励办法。

国家最高科技奖设立以来，吴文俊、袁隆平、王选、黄昆、金怡濂、刘东生、王永志先后获得该项大奖。

国家科学技术奖励政策在实践中不断被修订、完善，地方、部门和各类企事业单位设置科学技术奖也受到鼓励、规范。目前，新的国家奖励政策正在规划或酝酿之中，如国家功勋奖励制度。

2. 政府特殊津贴政策

1990 年 7 月，为了充分体现党和国家对我国高级专家的关心与爱护，弘扬尊重知识、尊重人才的社会风气，经党中央、国务院批准，决定给部分高级知识分子发放特殊津贴。为此，人事部、财政部发出《关于给部分高级知识分子发放特殊津贴的通知》（人专发〔1990〕6 号），决定将特殊津贴列为国家财政专款，从 1990 年 7 月开始发放，津贴额为每人每月 100 元。

1991 年 6 月，中共中央、国务院发出《关于给做出突出贡献的专家、学者、技术人员发放政府特殊津贴的通知》（中发〔1991〕10 号），确定了政府特殊津贴选拔的数量（当年 10000 名）、范围（以自然科学为主）、条件、程序和待遇（每人每月 100 元）等内容。从此，这项工作正式在全国推行。

1993 年 4 月，人事部发出关于《对享受政府特殊津贴人员进行考核的意见》的通知（人专发〔1993〕10 号），决定每两年对享受政府特殊津贴的专家、学者、技术人员进行考核。考核对象为在职人员，对其新成就通过各种途径进行宣传和表彰，并及时输入专家数据库；对谎报成果、出国不归、自动离职、不求上进等情况，停发或取消政府特殊津贴。

1995 年，人事部发出《关于从 1995 年起实行政府特殊津贴发放办法改革的通知》（人专发〔1995〕27 号），实行"新人新办法，老人老办法"，即从 1995 年起，新选拔的享受政府特殊津贴人员，将不再采取逐月发放津贴的办法，而是由国务院向他们一次性发放 5000 元；1990 年至 1994 年选拔的人员，仍按原逐月发放的方式发给政府特殊津贴。同时制定了政府特殊津贴工作暂行办法。进一步明确了政府特殊津贴选拔的范围、条件、数量（1995 年至 2000 年，每年控制在 5000 名左右）、程序和待遇。

2001 年 6 月，中共中央、国务院发出《关于对做出突出贡献的专家、学者、技术人员继续实行政府特殊津贴制度的通知》（中发〔2001〕10 号），决定今后十年，每年选拔 3000 名左右在社会主义现代化建设中做出突出贡献的专家、学者、技术人员享受政府特殊津贴。对享受政府特殊津贴的人员，每人一次性发放政府特殊津贴 10000 元。

享受政府特殊津贴专家的选拔制度实行十多年来，全国共有十几万人享受了政府特殊津贴。

3. 百千万人才工程

自 1995 年起，人事部会同有关部门组织实施了培养造就年轻学术技术带头人的专项计划——"百千万人才工程"。到 2002 年，入选"工程"的各类人才万余名，形成了分层次、多渠道培养造就优秀年轻人才的工作体系，有力地推动了全国高层次专业技术人才队伍建设。

1995 年 4 月，《国务院办公厅转发人事部等部门关于培养跨世纪学术和技术带头人意见的通知》（国办发〔1995〕28 号），提出了到 20 世纪末在我国科学技术发展的主要学科和技术领域形成一支结构合理、高效精干的学术和技术带头人队伍的目标。

1995 年 11 月，《人事部等七部门关于印发〈"百千万人才工程"实施方案〉的通知》（人专发〔1995〕147 号），提出了到 20 世纪末"百千万人才工程"培养的三个层次，第一层次：培养造就上百名能进入世界科技前沿，在世界科技界有较大影响的杰出青年科学家；第二层次：上千名具有国内先进水平，保持学科优势的学术和技术带头人；第三层次：上万名在各学科领域里有较高学术造诣、成绩显著、起骨干或核心作用的学术和技术带头人后备人选。《实施方案》对"百千万人才工程"的目标、指导思想、实施办法等内容做出了明确规定。

1998 年 8 月，为建立健全对"百千万人才工程"人选的动态管理和激励机制，人事部等七部门拟订并下发了《"百千万人才工程"人选考核暂行办法》（人发〔1998〕62 号），对人选进行考核的目的、指导思想、考核内容和标准、考核方式及组织实施、考核结果的使用等内容做了明确规定。

2002 年，根据中共中央办公厅、国务院办公厅《关于加强专业技术人才队伍建设的若干意见》（中办发〔2001〕14 号）精神，为继续做好年轻一代学术技术带头人培养工作，人事部等七部门制定了《2002—2010 年新世纪百千万人才工程实施方案》（人发〔2002〕55 号）。方案提出：根据我国社会主义现代化建设第三步战略目标和实施人才战略的总体部署，到 2010 年，培养造就数百名具有世界科技前沿水平的杰出科学家、工程技术专家和理论家；数千名具有国内领先水平，在各学科、各技术领域有较高学术技术造诣的带头人；数万名在各学科领域里成绩显著、起骨干作用、具有发展潜能的优秀年轻人才。

4. 有突出贡献的中青年专家政策

为了激励有突出贡献的中青年专家，1983 年 3 月 24 日中央书记处第 50 次会议纪要提出："对那些在国内外有名望的中青年科学家生活待遇方面的问题，如工资问题、级别问题、住房问题、两地分居问题、医疗问题等，中央组织部应作为特殊的情况，立即同有关部门协商加以解决"。经国务院同意，从 1984 年起，中央组织部等部门陆续出台了一系列相关政策。截至到 1998 年，全国共选拔八批有突出贡献的中青年科学、技术、管理专家。为了进一步完善此项工作，中组部正在酝酿出台新的措施，因此，从 1998 年至今，国家有突出贡献中青年专家的选拔工作暂时停止。

5. 四个一批

由中央组织部、中央宣传部、人事部共同组织，中宣部具体实施的全国宣传文化系统"四个一批"人才培养工程于 2003 年启动。该工程是宣传文化系统深入贯彻党的十六大精神和中央关于人才工作的总体部署，大力实施人才强国战略，适应宣传文化事业发展需要的重要举措。"四个一批"人才是指：一批全面掌握邓小平理论和"三个代表"重要思想、学贯中西、联系实际的理论家；一批坚持正确导向、深入反映生活、受到群众喜爱的名记者、名编辑、名主持人；一批熟悉党和国家方针政策、社会责任感强、精通业务知识的出版家；一批紧跟时代步伐、热爱祖国和人民、艺术水平精湛的作家、艺术家。

"四个一批"人才培养工程的目标是：要用 5～10 年的时间，在中央和省级宣传文化单位，以及中央国家机关有关部门推荐的专业人才中，培养 1000 名理论、新闻、出版、文学艺术优秀人才（其中，理论界 200 名，新闻界 300 名，出版界 100 名，文学艺术界 400 名）。通过实施"四个一批"人才培养工程，使他们成为宣传文化系统各个方面的领军人物和学术带头人。

相关政策规定文件主要是《关于印发〈全国宣传文化系统"四个一批"人才培养工作意见〉的通知》（中宣发〔2003〕26 号）。

6. 高层次创造性人才计划

1998 年教育部启动"高层次创造性人才工程"。"高层次创造性人才计划"包括"长江学者和创新团队发展计划"、"新世纪优秀人才支持计划"和"青年骨干教师培养计划"三个层次，其中"长江学者和创新团队发展计划"是目前教育部最高层次的人才项目，每年遴选聘任 100 名长江学者特聘教授、100 名长江学者讲座教授，重点支持 60 个优秀创新团队，以吸引、遴选和造就一批具有国际领先水平的学科带头人，形成一批优秀创新团队。"新世纪优秀人才支持计划"着眼于培养、支持一大批学术基础扎实、具有突出的创新能力和发展潜力的优秀青年学术带头人，每年遴选支持 1000 名左右。"青年骨干教师培养计划"每年重点支持培养 10000 名以上的青年骨干教师，提升教师队伍整体素质。三个层次间，上层牵引下层，下层支撑上层，为人才强校战略提供持续发展的人力资源。

为保证"高层次创造性人才计划"的有效实施，教育部坚持统筹协调学科建设、人才培养、科技创新、队伍建设和国际交流合作等各方面工作，将人才计划与"985 工程"、"211 工程"、"高等学校科技创新计划"等工作紧密结合，充分发挥人才、基地、项目、资金和政策的综合效益。在教育部的示范和带动下，多数高校也制定实施了相应的高层次人才计划。

7. 专业技术人才知识更新工程

从 2005 年起，中国人事部会同有关部门开始实施"专业技术人才知识更新工程"（"653 工程"）。计划到 2010 年的 6 年内，在现代农业、现代制造、现代管理、信息技术、能源技术等 5 个领域，重点培训 300 万名紧跟科技发展前沿、创新能力强的中高级专业技术人才。

"653 工程"重点从两个方面开展继续教育工作。一是根据经济社会发展和科技创新的需要，开展可供选修的公需科目继续教育活动。二是开展五个重点行业领域的专项继续教育活动。《方案》明确了五个行业领域开展培训活动的牵头单位、重点培训内容、项目、方式和培训人数。现代农业领域由农业部、水利部、国家林业局、中国科协按职能分工负责，中国农学会、中国林学会和中国水利学会等参加；现代制造领域由中国机械工业联合会负责，中国轻工业联合会等参加；信息技术领域由信息产业部负责；能源技术领域暂由中国继续工程教育协会牵头，有关大型石油、石化企业以及电力企业联合会、中国煤炭工业协会等单位按职责分工、业务范围分别组织实施；现代管理领域由中国企业联合会负责组织实施。

8. "西部之光"人才培养计划

为贯彻党的十六大和全国组织工作会议精神，落实中央关于实施西部大开发的战略部署，支持西部地区专业技术人才队伍建设，根据中央组织部的统一部署，从 2003 年起，中组部、教育部、科技部和中国科学院共同组织"西部之光"访问学者工作，即从西部地区选调部分青年科研骨干作为访问学者到中央和国家机关有关部委所属的研究机构、重点院校、医疗卫生机构进行培训。此项工作的目标是，经过 5 年的努力为西部地区培养和造就 1000 名左右热爱西部、奉献西部、扎根西部、有较高水平和能力的学术技术带头人和科研骨干。

9. 博士后人才政策

我国的博士后制度，是在改革开放的大环境下，借鉴了国外博士后制度和培养年轻高级人才的经验，于 1985 年 7 月，经国务院批准开始试行。这一制度目的是吸引、培养和使用高层次优秀人才。

1985 ~ 2004 年累计招收博士后研究人员 31186 人，出站博士后研究人员 17258 人。截至 2004 年底，全国累计招收博士后研究人员 31548 人，目前在站人数 12206 人。2004 年全年进站 4889 人，比 2003 年的 4495 人增长 8.77%。到 2010 年，全国博士后科研流动站总数比 2005 年底增长 30% 左右，科研工作站总数增长 50% 左右，博士后研究人员年招收规模达到 8000 人左右，其中企业博士后年招收规模有较大幅度增长。

中国博士后制度作为一种培养年轻高层次人才的制度,为促进我国教育、科技、经济及社会发展,培养高水平的科研和管理人才,发挥了重要作用。实践已经证明,博士后制度是一项富有远见的战略决策,是一条快速培养高水平人才的成功之路,是一种组织高水平科研活动的有效方法,是加强国际人才竞争的重要手段。

10. 留学高层次人才政策

1978 年以来,教育部及其他有关部门制定了 400 余件关于出国留学选派、国外管理、回国工作、为国服务、出入境便利、海关、工资待遇等方面的文件。

为了加强海外高层次留学回国人才队伍建设,2005 年 3 月 22 日,人事部会同教育部、科技部、财政部以及全国留学人员回国服务工作部际联席会议成员单位,共同制定印发了《关于在留学人才引进工作中界定海外高层次留学人才的指导意见》,对海外高层次留学人才的范围,界定海外高层次留学人才的主要原则、条件等做了明确规定。《意见》明确指出,当前我国引进海外高层次留学人才一般是指:我国公派或自费出国留学,学成后在海外从事科研、教学、工程技术、金融、管理等工作并取得显著成绩,为国内急需的高级管理人才、高级专业技术人才、学术技术带头人,以及拥有较好产业化开发前景的专利、发明或专有技术的人才。

引进海外高层次人才是提高我国科技创新水平和国际竞争力的重要着力点和突破口,针对我国全面建设小康社会的发展重点和特殊需要,《意见》提出了 8 项具体的界定条件,它包括了学术界、国外高校、世界五百强企业、国外政府机构、国际组织等 8 个方面的著名专家、学者、管理人员和技术人员。人事部有关负责人表示,这种界定方式尽量照顾到了科研、教学、创业、管理等多个方面,尤其注重业绩,将界限圈定在留学人员中素质能力层次较高的人员,特别是我国重点建设领域和急需的紧缺人才。

11. 国外高层次人才政策

在全球一体化的大趋势、大背景下,我国人才开发行为日趋国际化,政策支持力度也逐步加大,国外人才在中国有了越来越广阔的发展空间。

《2002—2005 年全国人才队伍建设规划纲要》(中共中央办公厅、国务院办公厅,2002－5－7)指出,要"鼓励留学人员回国工作或以其他方式为国服务"、"吸引和聘用海外高级人才"。为了吸引国外优秀人才，经国务院 2003 年 12 月 13 日批准，公安部、外交部还在 2004 年 8 月 15 日联合发布实施了《外国人在中国永久居留审批管理办法》（公安部、外交部第 74 号令）。《外国人在中国永久居留审批管理办法》共 29 条，分别对外国人申请在中国永久居留的资格条件、申请材料、审批程序、审批权限、取消资格等方面做出了明确规定。许多地方也出台了一些相关政策，如深圳市人事局、深圳市人民政府外事办公室、深圳市公安局、深圳市外国专家局在 2002 年就联合出台了《关于为外国籍高层次人才和投资者提供入境及居留便利的实施办法》（深人发〔2002〕70 号）。

目前，我国引进国外人才工作取得了明显成效。根据国家外国专家局的统计，在中国改革开放初期的 20 世纪 70 年代末，每年外国人才的引进规模只有五六百人，90 年代增加到每年 6 万多人。加入世贸组织后，中国引进外国人才的规模猛增至每年 22 万人，外国人才的来源也已从当初的十几个国家发展到目前的 80 多个国家。仅 2003 年、2004 年两年，先后约有 48 万人次的外国专家和 29 万人次的港澳台专家来中国大陆，"中国正在成为'引智'大国，每年引进人才近 45 万人次"。

（三）我国高层次人才政策评估及思考

1. 高层次人才政策评估

鉴于高层次人才对我国发展的重要性，我国有关部门先后出台了一系列的政策文件，这些政策对我国高层次人才队伍建设起了巨大的作用。但同时，这些政策也存在这样或那样的不足，对这些政策的有效性进行科学评估，是完善高层次人才政策体系的重要过程。

目前，有关政策评估的方法及措施多种多样，常用的评估模式有效果模式、经济模式、职业化模式等，这几种模式有着各自的优缺点。

效果模式强调政策目标及政策结果的对照，这种政策评估方式既提供了客观的评估标准，又具有简单性的特点，但不足是把政策过程考虑得过于理想化，实际上，在政策过程中投入的大量人力、物力、财力和时间等因素往往被忽略掉了，而且在政策目标不是十分清楚的情况下，这种评估措施往往是无效的。

经济模式是在经济学方法被引进政策科学领域后迅速形成并广泛应用的一种模式。它克服了所有效果模式的共同缺陷：忽视成本，从而把成本即政策投入作为一个重要指标纳入评估范畴。经济模式在现代政策评估中因为数字的精确性而广受推崇。但是，必须注意，经济模式不是万能的，它在对政策的社会影响、象征性的效果及软目标等无法用数字精确表达的项目评估上是无能为力的。

职业化模式主要是利用专家们的直觉，这种政策评估模式主要用于公共生活中的一些目标较复杂、技术难度较大的领域。但不足也是很明显的，就是人为因素过大。

高层次人才政策体现包括了很多政策，因此，在对这些政策进行评估时，需要综合运用多种方法。不过，由于本文主要是对政策体系进行分析，因此，侧重于利用效果评价模式，即通过分析高层次人才队伍的状况来分析、评估高层次人才政策。

2. 我国高层次人才队伍存在的问题

近年来，我国高层次人才的数量有了大幅度增加，2005 年，我国从事 R&D 活动人员约为 120 万人，比上年增长 4.1%，科学家与工程师达 98 万人，比上年增长 5.8%。而 1991 年为 47 万人；2005 年，中国科学院院士达 707 人，中国工程院院士总数达到 704 人；到 2005 年，全国已累计招收博士后研究人员逾 3.2 万人，在站博士后研究人员逾 1.2 万人。我国高层次人才队伍的迅速发展，在很大程度上得益于一系列人才政策的调节与推动。

但同时，我国高层次人才队伍也存在一些问题，这些问题主要表现在以下几个方面。

其一，高层次人才相对总量偏低。2001 年，我国每万名劳动力中从事 R&D 活动的科学家与工程师只有 10.2 人，而美国 1997 年为 81 人，日本 1999 年为 97 人。

其二，区域分布不均衡。2001 年，我国东、中、西部三大地带从事科技活动的科学家和工程师的比例为 3.31：1.47：1。根据《中国科技统计年鉴（2003）》，北京、上海两个城市集中了全国 17.79% 的科学家和工程师，16.4% 的研究与开发人员，两项指标分别是甘肃、青海、宁夏、新疆四省（区）总和的 7.4 倍和 6.78 倍。

其三，缺少世界级科学家。在我国本土的中国科学家在国际性权威科学奖中一直没有实现零的突破。从国际权威性科学院外籍院士人数的国别排序来看，中国不仅低于主要发达国家和若干中等发达国家，而且落后于印度。

其四，高层次人才老化问题比较严重。以工程院院士为例，在 2001 年的 613 名院士中，65 岁以下的院士有 215 人，占总数的 35.10%。66～75 岁的院士有 296 人，占总数的 48.30%。76～79 岁有 54 人，占 8.79%。80 岁（含）以上有 48 人，占 7.9%。这显然与科学研究人员出成果的年龄段不相吻合。从世界经验来看，一个民族科学的振兴，都必须拥有一批平均年龄不超过 50 岁的杰出科学家队伍。

其五，高层次人才流动不畅，结构性人才供需矛盾日益突出。由于用人制度、分配制度、评价制度等未能从根本上克服计划经济残留的弊端，高层次人才在各单位之间流通渠道不通畅，部分人才未能充分发挥作用，人才资源重复浪费现象较为严重。

其六，人才安全问题日益严重。在世界人才争夺战日趋激烈的今天，高层次人才更是各国争相延揽的对象。作为发展中国家，我国高层次人才流失问题非常严重。如我国留学生人才流失就有进一步加剧的趋势。

通过我国高层次人才队伍存在的问题可以分析出相关政策的不足，当然，由于近期政策的效果可能在今后才能表现出来，通过这种方法评估当前政策体系显然不够客观，但也能大体反映政策体系存在的不足。

3. 高层次人才政策体系存在的问题

通过分析我国高层次人才队伍存在的问题，可以发现许多我国高层次人才政策体系存在的不足：高层次人才相对总量偏低，说明我国高层次人才培养政策还有很大的发展空间；缺少世界级科学家，说明我国高层次人才的选拔与使用政策存在不足；区域分布不均衡，既说明各地人才环境差别较大，也说明一些地区的人才吸引与激励政策存在不足；高层次人才老化问题比较严重，说明在政策方面需要加强年轻高层次人才的选拔工作；高层次人才流动不畅，说明人才市场与人才流动政策需要进一步完善，同时，也反映出户籍问题、档案问题等因素依然是制约高层次人才自由流动的重要因素；人才安全问题日益严重，说明需要尽快加强人才安全方面的政策。

综合来说，我国高层次人才政策体系主要存在以下问题。

（1）高层次人才政策的政策过程存在的问题

在高层次人才制定方面，尽管制定政策的速度及质量比以前有了大幅度的提高，但包括高层次人才在内的我国人才政策体系还不完善，从高层次人才的培养、选拔与使用、激励、流动、安全等方面都存在许多漏洞，还需要相应政策甚至法规的规范。同时，一些地方制定高层次人才政策只是一味模仿其他地方，并没有认真考虑到自身的特点及优势，结果导致政策效果并不理想，相应政策目标也难以实现。

在政策的执行方面，一些地方制定高层次人才政策的目的只是为了制定政策而制定，把建设高层次人才队伍这一核心目标放在次要地位，如果再缺乏有效的政策监督机制，自然导致政策的执行力不够。另外，也有一些政策由于部分目标群体不予以配合，也导致政策的有效性大打折扣。比如，"西部之光"人才培养计划中，一些接收单位不积极配合，导致一些参加培训的人员并没有真正得到提高。

在政策的修订及终结方面，尽管各地已经认识到及时修订或终结有关政策的重要性，但由于缺乏相关经验，导致一些不合时宜的高层次人才政策得不到及时修订或终结。

（2）高层次人才政策的趋同

对于高层次人才来说，能对他们产生有效吸引的因素是多方面的，他们不仅考虑自己的工资收入等物质待遇，也考虑个人学术的发展空间、子女的成长空间等多种因素，他们所做的选择往往是综合考量这些因素后的结果。

当前，各地制订高层次人才政策日益趋同，在这种情况下，政策优惠的吸引力日益降低，地区环境自身所起的作用越来越大，这种趋势显然给欠发达地区带来更大的压力。因为，这些地区无论是在物质环境，还是在文化、学术环境方面都有很大劣势，更何况有些地区自然条件也很恶劣。在同样的吸引高层次人才的条件下，欠发达地区缺乏竞争力。近些年，西部地区的高层次人才流失问题日益严重，这不是因为这些地区缺乏吸引高层次人才的政策，而是由于相关政策缺少自身特色导致竞争力不足所至。

（3）人才科学与现实体制及思想的冲突对政策的影响

在人才科学研究方面，众多专家多次提出要打破官本位思想，不要扼杀中青年人才。但是，由于在现行体制中，官本位思想影响深远，决不是短时期可以消除的，因此，众多高层次人才政策也不可避免地带有官本位思想的痕迹。

如河南省出台的《关于进一步加强高层次专业技术人才队伍建设的若干意见》（省委办公厅、省政府办公厅，豫办〔2001〕10号）指出："对在豫院士和参政议政能力强、有较高社会威望的高层次专业技术人才，要给他们创造参政议政的条件，充分发挥他们在'科教兴豫'战略中的智力优势。注意选拔具有较高学历、年纪较轻、综合素质较高的科技人才担任领导职务，以提高领导班子的科技素质。"江苏省出台的《关于进一步加强高层次人才队伍建设的意见》（中共江苏省委、江苏省人民政府，苏发〔2001〕4 号）也明确指出："把德才兼备、具有管理和领导才能的中青年高层次人才选拔到各级领导岗位。"

从人才学及政策科学的角度来讲，这种政策都是存在很大弊端的，但是，在现实实践中，这种政策却是非常有效的，甚至比高报酬、优厚的科研环境更加有吸引力。类似的问题就带出许多两难的选择：一些政策规定对高层次人才政策体系的科学化，对更有效发挥高层次人才的作用是不利的，但在政策制定过程中却又是回避不了的。这种人才科学与现实体制及思想的冲突将在相当长一段时间内困扰我国人才政策。

4. 高层次人才政策体系思考

创新高层次人才政策体系需要从多个角度进行，在政策制定方面。要根据不同地区、不同行业的高层次人才的不同特点，制定有区别、有自身特色的政策。没有自身特色的人才政策，就缺乏有效的竞争力；在政策执行方面，要重视对政策可执行程度的评估，同时加强监控力度；在政策评估方面，要重视政策评估的科学性，减少人为因素；在政策终结方面，要适应迅速变化的社会环境。及时淘汰不合时宜政策条文甚至政策本身。

具体来说，在创新高层次人才政策时，要关注以下内容。

（1）不要继续用行政职务刺激专业技术人才

要建立良性的、符合高层次人才成长规律的激励机制，就需要逐步淡化"官本位"机制，不再过于强调行政职务的激励作用。中国科协主席周光召曾对热衷做官的现象进行了痛斥，"要搞科研就不要当官，要当官就不要搞科研，当了官就要好好为科研工作者服务，既想当官又想搞科研肯定什么都做不好。"他指出，在"官本位"习气影响下，许多科技工作者热衷于做官，被繁杂的行政事务分散了精力，忽视了本职科研工作，工作积极性受到影响。"搞科研工作和做官是两种完全不同的价值观，这两种价值观很难同时在一个人身上体现。一些有领导能力的科技人员可以去做官，但做官的前提是必须为科技工作者好好服务，既然做官就不要搞科研，想搞科研就不要去做官。但目前有许多人既做官又搞科研，做官不为大家好好服务，而是利用职务之便，把好多科研经费留在自己所在的研究所里，往往使真正搞科研的人没有科研经费，严重影响了科研事业发展。"

（2）不要过多占用高层次人才的时间

当前，绝大多数高层次知识分子在学术上已经面临相当繁重的压力，不要在一些同高层次人才相关度不大的事情上过多地占用他们的时间。近一时期，知识分子过劳死问题引起人们很大的争议。尽管有人认为知识分子过劳死问题已经相当严重，有人则持反对态度，但高层次人才时间紧张是不争的事实。

高层次人才是国家宝贵的财富，每失去一个都会带来很大的损失。

因此，我们建议能考虑给高层次人才实施专业休假制度，以便使他们更好地劳逸结合。同时，也要认清时间对于他们的意义，尽可能不要无谓地占用他们的时间。

(3) 确保高层次人才与国际接轨

尽管我国高层次人才的工作条件已有改善，但是真正有水平的成果较少。如我国的 R&D 成果是论文多而专利少，申请专利与发表论文的比例大约为 1：17。其中，企业的 R&D 成果主要体现在专利上，其拥有的发明专利数占总量的 78.0%。也就是说，企业的科技活动与经济结合得最为密切；科研机构的 R&D 活动是学术研究与产业研究并重，但申请专利与发表论文的比例为 1：34；高等学校的 R&D 成果中虽然专利的数量占有一定的份额，但产出主要还是体现在论文与著作中，申请专利与发表论文的比例为 1：113。也就是说，偏重于学术研究，与产业的联系还不够。

另根据生产 SCI 数据库的 ISI 公司的研究数据，从 1994 年 1 月至 2004 年 10 月间，我国 SCI 论文被引证次数为 88.83 万次，比 1993～2003 年间的 65.84 万次增长了 35%。在世界的排名从第 19 位升至第 18 位。从平均每篇论文被引证次数看，我国为 3.07 次，高于 1993～2003 年的 2.78 次，表明我国科技论文的影响力有所提高，然而在国际上的排名相当落后，仅列第 123 位，不但远远落后于主要发达国家，而且也落后于巴西、印度和俄罗斯等国家。

鼓励高层次人才多参与国际性的学术活动，为他们能在国际上有一席之地提供便利条件。不仅是建设高层次人才队伍的需要，也是提升国家人才竞争力的需要。

(4) 为高层次人才创造较好的环境

这里所说的环境包括软环境、硬环境两个方面。软环境指的是精神层面为他们提供更好的条件，如完善高层次人才激励、评价机制，深化人才流动机制等。

硬环境主要是指要持续改善高层次人才的工作环境，提高他们的物质待遇，特别是要用制度保证他们的收入同他们的工作成果相符。

总之，我国高层次人才政策体系已初见成效，其中，一些政策已取得很好的政策效果，近期颁布的一些政策将在今后一段时间内发挥重要的作用。随着公共政策理论的日趋成熟，高层次人才政策的制定、施行、监控、终结等过程也日趋规范。但同时，高层次人才政策体系还有许多地方有待进一步完善，而且，由于社会环境日趋复杂，高层次人才政策体系的规范也面临越来越大的挑战。

六、内蒙古自治区法制办立法后评估①

内蒙古自治区法制办在门户网站上设有立法评估的版块，内蒙古法制办曾就《内蒙古自治区组织机构代码管理办法》、《内蒙古自治区草原管理条例实施细则》进行评估。

以下以《内蒙古自治区组织机构代码管理办法》的评估为例进行介绍。

《国务院全面推进依法行政实施纲要》提出，规章、规范性文件实施后，制定机关、实施机关应当定期对其实施情况进行评估。为落实《纲要》的要求，自治区政府法制办会同自治区质量技术监督局选择了《内蒙古自治区组织机构代码管理办法》（以下简称《办法》）作为立法后评估对象，成立了评估小组，拟定了立法后评估方案。这次评估在收集资料、调查研究、情况分析的基础上，对《办法》进行了立法后评估。

在评估过程中主要采取了以下方式收集相关评估信息：一是召开征求意见座谈会。召集全区 105 个组织机构代码办证窗口人员，广泛听取对《办法》实施执行情况的意见和建议。二是发征求意见函。从《办法》实施 10 年来在本地区所起的作用；《办法》具体操作过程中存在的问题；需增加或删除的内容等，向全区各盟市、旗县（区）质量技术监督局发函，广泛征求意见和建议。三是听取自治区标准化院贯彻实施《办法》的情况介绍。

---

① 本部分内容选自内蒙古自治区法制办网站。

（一）《办法》颁布的总体情况

1. 制定经过

根据自治区政府 2003 年政府规章立法计划，自治区质量技术监督局代政府起草了《内蒙古自治区组织机构代码管理办法》送审稿，自治区法制办会同自治区质量技术监督局，从自治区实际出发，根据我区组织机构代码工作的发展要求，全面分析和研究了我区推行统一代码标识制度以来有关依法需要规范和管理的问题。以规范和加强组织机构代码管理，确保组织机构信息的准确性、可靠性、时效性，推进信息化基础建设，完善社会监督管理和服务体系为指导思想。力求体现《办法》的适用性和可操作性，突出地方特色。在经过充分调查研究，广泛征求各方意见，深度开展专家论证的基础上，对《办法》进行了反复修改，形成了《办法》草案稿。2003 年 7 月 14 日自治区人民政府第 12 次常务会议讨论通过了《内蒙古自治区组织机构代码管理办法》自 2003 年 9 月 1 日起实施。

2. 《办法》主要内容和特点

《办法》共十六条，对立法的宗旨、组织机构代码管理机关的职责、代码证的监督管理、责任主体的行为规范、组织机构的范围，代码登记的申办程序、变更和注销程序、代码信息与维护、信息共享以及法律责任等几个方面做了比较完整的规定。明确了各级人民政府推广应用组织机构代码的职责。其特点包括以下几点。

①推行组织机构统一代码标识制度是国家信息化建设的基础工作，随着我国改革开放不断深化，社会主义市场经济体制的不断完善，各类组织机构变化相当频繁，《办法》要求各类组织机构应当按照法定程序及时变更、注销年检、换证，使代码信息随时与结构更新一致，保证代码数据库的完整性、准确性、时效性，实行动态管理。

②《办法》规定了代码工作机构根据应用部门的需要，提供代码信息服务的职责，并要求提供代码信息服务应当遵守国家信息管理和保密制度的规定。

③对于代码证使用中的违法行为以及不按规定办理代码登记的组织机构必须有相应的措施，否则国务院提出的"推行统一代码标识制度，发展国家监督管理整体效能，强化管理"的目的就难以实现。因此《办法》对未按照规定办理代码登记的组织机构和使用组织机构代码中的违法行为设定了处罚措施。

（二）《办法》实施的总体评价

通过评估，评估小组对《办法》实施的总体评价是：《办法》规定的条款符合当时的实际，且基本上得到了贯彻执行。《办法》的实施使我区组织机构代码工作进入了一个新的发展时期，为我区组织机构代码工作依法管理提供了强有力的法律依据，进一步推动我区组织机构代码管理走上法制化轨道。具体效果体现在以下几个方面。

1. 稳升代码数据库质量，保证代码信息准确性

组织机构代码数据库能够及时为各级政府、职能部门的宏观决策、监管、查询工作，提供有效的信息支持。《办法》中规定的登记范围、申请、变更、换证、注销等条款，实施中逐步完善，使代码信息数据库质量逐年提高，信息项不全、机构重名、代码重码等质量问题逐年减少，按代码"准确性、可靠性、时效性"原则，保证了代码信息与原始档案一致。

2. 建成海量数据库，参与信用体系建设

目前我区组织机构代码数据库已存储各类型组织机构 18.6 万户，信息总量 613.8 万条。组织机构代码数据库已经成为我国四大数据库之一的法人单位基础数据库的基础。

3. 拓展深化代码应用，加强信息共享

一是各级政府利用代码信息数据掌握其经济行业、经济类型、规模结构等具体分析地区差异及走势特征，对政府调整区域产业结构、引导区域经济发展方向、制定相关政策具有重要的参考价值。

二是从银行账户开户到与银监会实行银码共享，是银行、金融机构有效防

范授信风险的有效举措，对树立银监会监管权威、提高监管水平具有深远意义。

三是组织机构代码陆续应用于公检法领域，应用组织机构代码信息共享平台查询功能提高了侦查办案工作科学化、技术化水平。

四是为国家重大经济活动如全国经济普查，以及应对突发事件，如三聚氰胺奶粉事件等，提供决策信息支持。

组织机构代码从初期银行、工商、税务、车辆管理开始应用，拓展到海关、外汇管理、统计、民政、公检法、人事和社会保障等 14 个部门应用，已经成为国家宏观管理的重要基础信息。

（三）通过立法后评估反映出来的问题

1. 《办法》宣传力度有待进一步加强

《办法》出台后，尽管主管机构曾经在《办法》颁布后进行过比较广泛深入的宣传活动，但宣传的广度和深度还不够，尤其是机关因其组织机构代码证在许多应用部门使用较少，部分单位对组织机构代码工作还不够重视。《办法》出台后，相应的配套制度和《办法》释义没有出台，使得个别条款在实施过程中不易操作。

2. 关于管理主体

组织机构代码标识制度是国务院 1989 年决定的一项社会管理制度，根据我区组织机构代码工作发展的实际并遵循国家组织机构代码工作"五统一"的原则，内蒙质监局内质监办发〔2011〕667 号文件确定，各盟市、旗县（市区）局组织机构代码办证机构和采集点的设备、业务、数据库，管理职能全部划归自治区组织机构代码管理中心实施统一管理。自治区编办内机编办发〔2012〕83 号文件批复确定，内蒙古自治区标准化院挂内蒙古自治区组织机构代码管理中心牌子，其职责是：承担全区组织机构管理工作并负责制定组织机构代码工作方针与规划，统一管理全区的赋码、颁证及监督检查工作；负责组织机构代码的推广应用与技术开发工作；统一组织、建立、维护全区组织机构代码信息系统。我区的管理模式有所改变，因此，需要进一步明确各相关部门职责，做到清晰明了、责任到位、各行其责。

3. 关于资源共享、防止重复建设问题

经过 20 多年的发展，组织机构代码信息库已经成为海量数据库，存储了我区党政机关、人民团体、事业单位、社会团体、企业、民办非企业等 18.6 万户、613.8 万条信息，组织机构代码证书分为纸质和电子副本。电子副本可脱机使用，储存了其组织机构 33 项基本信息。完全能够满足社会各应用部门采集公共基础信息的要求，可以减轻各组织机构负担，省时省力，便捷快速。但是仍有部分部门自行独立、重复建设，浪费资源、浪费财力、增加社会负担。因此，需要法律法规予以规范。

4. 关于质量诚信建设和社会信用体系建设

国务院印发的《质量发展纲要 2012—2020》和国务院办公厅印发的《关于社会信用体系建设的若干意见》明确提出：搭建以组织机构代码实名制为基础，推动行业质量信用建设，实现银行、商务、海关、税务、工商、质检、工业、农业、保险、统计等多部门质量信用互通与共享。因此，需要通过法律法规促进组织机构代码深层次应用力度。

5. 关于申领资格

随着社会活动和国民经济的发展，个体工商户、社区组织、农民专业合作社等等社会各类组织机构应运而生，登记范围有变化。申领资格的确认，提交的相关材料等，需要通过立法重新统一规范。

6. 关于需要修订的内容

《办法》部分条款内容规定得过于原则或者超出了政府规章的制定权限。一是《办法》第十一条中关于代码证书的有效期最长为 4 年的规定比较含糊，实践中不易操作；二是《办法》第十三条、第十四条罚则规定得不够明确，并且罚款数额偏低，造成违法成本偏低，致使部分单位年检、换证、变更不及时，影响组织机构代码信息数据的准确性、可靠性、时效性；三是《办法》中关于没收违法所得的规定需要修正。

（四）有关建议

建议适时提请自治区政府修订《办法》。

政府立法应当随着经济社会的发展变化及时作出调整。《办法》出台 10 年了，已经不能完全适应我区当前经济社会发展的客观要求和组织机构代码工作的实际情况，因此，建议修订《办法》，以便最大限度地发挥组织机构代码在促进社会进步和经济发展中的作用。

参考文献

［1］ Frank van der Most. Use and non – use of research evaluation: A literature review. Circle. Lunds university.

［2］ Hellmut Wollmann. Evaluation in public-sector reform: concepts and practice in international perspective. Cheltenham: Edward Elgar publishing, 2003.

［3］ Guba E. G, Y. S. Lincoln. Fourth generation evaluation. Newbury park: sage, 1989.

［4］ Hendry Dunlop. Evaluation research: an illustrative case study. Public policy and administration. Dec 1, 1993.

［5］ Angela J. Huebner and Sherry C. Betts. Examining Fourth Generation Evaluation: Application to Positive Youth Development, Evaluation, July 1999; vol. 5, 3: pp. 340 – 358.

［6］ Daniel L. Stufflebeam, Anthony J. Shinkfield. Evaluation: Theory, Models, and Applications. San Francisco: Jossey – Bass, 2007.

［7］ Nick L. Smith, Paul R. Brandon, Melanie Hwalek, Susan J. Kistler, Susan N. Labin, Jim Rugh, Veronica Thomas and Louise Yarnall. Looking Ahead: The Future of Evaluation. American Journal of Evaluation. 2011 32: 565 DOI: 10. 1177/1098214011421412.

［8］ Carol Hirschon Weiss. The Interface between Evaluation and Public Policy. Evaluation. Oct 1, 1999.

［9］ William N. Dunn. Public policy analysis: an introduction. London: Longman, 2009 (4th edition).

［10］ James E. Anderson. Public policy – making. New York: praeger publishers, 1976.

［11］ Charles O. Jones. An introduction to the study of public policy. Monterey: brooks/cole publishing company, 1984.

［12］ Blaine R. Worthen, James R. Sanders, Jody L. Fitzpatrick. Program Evaluation: Alternative Approaches and Practical Guidelines. Longman Publishers, USA, 1997 (p5).

［13］ Evert Vedung. Public policy and program evaluation. new jersey: transaction publishers, 2009 (p1 – 13).

［14］ American Evaluation Association: http: //www. eval. org/aboutus/organization/aboutus. asp.

［15］ Treasury Board ofCanada Secretariat: http: //www. tbs – sct. gc. ca/cee/index – eng. asp.

［16］ Laura Irwin Langbein, Claire L. Felbinge. Public Program Evaluation: A Statistical Guide. M. E. sharpe, Inc. , 2006.

［17］ Werner Bussmann. Evaluation of Legislation: Skating on Thin Ice. Evaluation. 2010 16: 279. DOI: 10. 1177/1356389010370252.

［18］ Iris Geva-May, Leslie A. Pal. Good Fences Make Good Neighbours: Policy Evaluation and Policy Analysis-Exploring the Differences. Evaluation, July, 1999, Vol 5 (3): 259 – 277.

［19］ Ray C. Rist. Program evaluation and the management of government: patterns& prospects across eight nations. new jersey: transaction publishers, 1999 (p4).

[20] Michael Howlett, M. Ramesh. Studying public policy: policy cycles and policy subsystems. Oxford: Oxford University Press, 1996.

[21] National Evaluation Policy Framework: http://www. thepresidency. gov. za/MediaLib/Downloads/Home/ Ministries/National_ Evaluation_ Policy_ Framework. pdf.

[22] Edie N. Goldenberg. The three faces of evaluation. Journal of Policy Analysis and Management, Vol. 2, No. 4 (Summer, 1983), pp. 515 – 525.

[23] Alan K. Cambell. A Frame for the Three Faces. Journal of Policy Analysis and Management, Vol. 2, No. 4 (Summer, 1983), pp. 526 – 530Published.

[24] Daniel L. Stufflebeam, Anthony J. Shinkfield. Evaluation: Theory, Models, and Applications. San Francisco: Jossey – Bass, 2007 (p5).

[25] Blaine R. Worthen, James R. Sanders, Jody L. Fitzpatrick. Program Evaluation: Alternative Approaches and Practical Guidelines. Longman Publishers, USA, 1997 (p10).

[26] Dreolin N. Fleischer, Christina A. Christie. Evaluation Use: Results from a survey of U. S. American Evaluation Association Members. American Journal of Evaluation, June 2009; vol. 30, 2: pp. 158 – 175.

[27] Thomas r. dye. Understanding public policy. New Jersey: Prentice Hall, 2007 (12th edition).

[28] UK department for work & pensions: http://research. dwp. gov. uk/asd/asd5/WP2. pdf.

[29] American evaluation association: http://www. eval. org/Publications/AJE. asp.

[30] Susan N. Labin, Jennifer L. Duffy, Duncan C. Meyers, Abraham Wandersman, , Catherine A. Lesesne. A Research Synthesis of the Evaluation Capacity Building Literature. American Journal of Evaluation, September 2012; vol. 33, 3: pp. 307 – 338. , first published on January 27, 2012.

[31] Chris L. S. Coryn, Lindsay A. Noakes, Carl D. Westine, and Daniela C. Schröter. A Systematic Review of Theory – Driven Evaluation Practice From 1990 to 2009. American journal of Evaluation, June 2011; vol. 32, 2: pp. 199 – 226, first published on November 12, 2010.

[32] Robert Wilderman. Evaluation Research and the Sociopolitical Structure: A Review. American journal of community psychology, vol. 7, No. 1, 1979.

[33] Lyn M. Shulha and J. Bradley Cousins. Evaluation Use: Theory, Research, and Practice Since 1986. American Journal of Evaluation, September 21, 1997; vol. 18, 3: pp. 195 – 208.

[34] Jan Blustein. Toward a more public discussion of the ethics of federal social program evaluation. Journal of Policy Analysis and Management, Vol. 24, No. 4 (Fall, 2005), pp. 824 – 846.

[35] Peter Z. Schochet. Comments on Dr. Blustein's Paper, " Toward a More Public Discussion of the Ethics of Federal Social Program Evaluation" . Journal of Policy Analysis and Management, Vol. 24, No. 4 (Fall, 2005), pp. 849 – 850.

[36] Burt S. Barnow. The Ethics of Federal Social Program Evaluation: A Response to Jan Blustein. Journal of Policy Analysis and Management, Vol. 24, No. 4 (Fall, 2005), pp. 846 – 848.

[37] Claudio M. Radaelli, Bruno Dente. Evaluation Strategies and Analysis of the Policy Process. Evaluation, January 1996; vol. 2, 1: pp. 51 – 66.

[38] Daniel L. Stufflebeam, William J. Webster. An Analysis of Alternative Approaches to Evaluation. Webster. Educational Evaluation and Policy Analysis, May 1980; vol. 2, 3: pp. 5 – 20.

[39] Duncan MacRae. Jr. , Dale Whittington. Assessing Preferences in Cost – Benefit Analysis: Reflections on

Rural Water Supply Evaluationin Haiti. Journal of Policy Analysis and Management, Vol. 7, No. 2 (Winter, 1988), pp. 246 – 263.

[40] Kenneth J. Arrow, Maureen L. Cropper, George C. Eads, Robert W. Hahn, Lester B. Lave, Roger G. Noll, Paul R. Portney, Milton Russell, Richard Schmalensee, V. Kerry Smith, and Robert N. Stavins. Is there a role for benefit – cost analysis in environmental, health, and safety regulation? 12 April 1996, Volume 272, pp. 221 – 222.

[41] Philip Potter. Facilitating Transferable Learning through Cluster Evaluation: New Opportunities in the Development Partnerships of the EU 'EQUAL' Programme. Evaluation, April 2005; vol. 11, 2: pp. 189 – 205.

[42] Sean Ehrlich, Cherie Maestas. Risk Orientation, Risk Exposure, and Policy Opinions: The Case of Free Trade. Political Psychology, Vol. 31, No. 5, 2010 doi: 10. 1111/j. 1467 – 9221. 2010. 00774. x.

[43] Paul Slovic and Ellen Peters. Risk Perception and Affect. Current Directions in Psychological Science, Vol. 15, No. 6 (Dec., 2006), pp. 322 – 325.

[44] Gary Stoneburner, Alice Goguen, and Alexis Feringa. Risk Management Guide for Information Technology Systems. U. S. DEPARTMENT OF COMMERCE, July 2002.

[45] Jack Needleman. Sources and Policy Implications of Uncertainty in Risk Assessment. Statistical Science, Vol. 3, No. 3 (Aug., 1988), pp. 328 – 338.

[46] F. Ackermann, C. Eden, T. Williams and S. Howick. Systemic Risk Assessment: A Case Study. The Journal of the Operational Research Society, Vol. 58, No. 1 (Jan., 2007), pp. 39 – 51.

[47] DAC Evaluation Network Working Paper, "Joint Evaluations: Recent Experiences, Lessons Learned and Options for the Future": www. oecd. org/dac/evaluationnetwork.

[48] Philip Davies. the state of evidence – based policy evaluation and its role in policy formation. National Institute Economic Review No. 219 January 2012.

[49] Walter J. Jones. Can Evaluations Influence Programs? The Case of Compensatory Education. Journal of Policy Analysis and Management, Vol. 2, No. 2 (Winter, 1983), pp. 174 – 184.

[50] Donald Fisk and Darlene Forte. The Federal Productivity Measurement Program: final results. Monthly labor review. 1997 (5): http: //www. bls. gov/mfp/mprff97. pdf.

[51] The white house: http: //www. whitehouse. gov/omb/mgmt – gpra/gplaw2m.

[52] ALFRED HO. GPRA AFTER A DECADE: LESSONS FROM THE GOVERNMENT PERFORMANCE AND RESULTS ACT AND RELATED FEDERAL REFORMS. Public Performance & Management Review, Vol. 30, No. 3, March 2007, pp. 307 – 311.

[53] White, Joseph. laying the Wrong PART: The Program Assessment Rating Tool and the Functions of the President's Budget. Public Administration Review; Jan/Feb2012, Vol. 72 Issue 1, p112 – 121, 10p.

[54] IBM center for the business of government: http: //www. businessof – government. org/blog/business – government/gpra – modernization – act – 2010 – explained – part – 1.

[55] U. S. governmental accountability office: http: //www. gao. gov/about/index. html.

[56] Hendry Dunlop. Evaluation research: an illustrative case study. Public policy and administration. Dec 1, 1993.

[57] Joseph S. Wholey, Harry P. Hatry, Kathryn E. Newcomer. Handbook of Practical Program Evaluation. John Wiley& Sons, Inc. 2010 (p19 – 21).

［58］Wikipedia：http：//en. wikipedia. org/wiki/Inspector_ General#cite_ note – 5.

［59］Executive order 12866—regulatory planning and review, September 30, 1993.

［60］Office of management and budget：http：//www. whitehouse. gov/omb/organization_ mission/.

［61］Wikipedia：http：//en. wikipedia. org/wiki/American_ Recovery_ and_ Reinvestment_ Act_ of_ 2009.

［62］Akin Gump：http：//www. akingump. com/files/Publication/3de9530e-6cad-4307-857f-36d419a96c56/ Presentation/PublicationAttachment/7969a620-afab-4e70-900d-071efee0eb33/090309_ Stimulus% 20Bill % 20and% 20Strings. pdf.

［63］NAO：http：//www. nao. org. uk/about_ us/history_ of_ the_ nao. aspx.

［64］national audit office：http：//www. nao. org. uk/about_ us. aspx.

［65］audit scotland：http：//www. audit – scotland. gov. uk/about/.

［66］wales audit office：http：//www. wao. gov. uk/aboutus/aboutus. asp.

［67］northern Ireland audit office：http：//www. niauditoffice. gov. uk/index/about – niao. htm.

［68］Office of the Audit General of Canada：http：//www. oag – bvg. gc. ca/internet/English/au_ fs_ e_ 820. html.

［69］Office of the Audit General of Canada：http：//www. oag – bvg. gc. ca/internet/English/au_ fs_ e_ 828. html.

［70］Office of the Audit General of Canada：http：//www. oag – bvg. gc. ca/internet/English/au_ fs_ e_ 829. html.

［71］Office of the Audit General of Canada：http：//www. oag – bvg. gc. ca/internet/English/au_ fs_ e_ 830. html.

［72］Office of the Audit General of Canada：http：//www. oag – bvg. gc. ca/internet/English/acc_ fs_ e_ 832. html.

［73］Mackay, Keith. 2011. The Australian Government's Performance Framework. Evaluation Capacity Development Working Paper No. 25, World Bank, Washington, DC.

［74］Rémy Prud'homme. POLICY EVALUATION IN FRANCE : A TENTATIVE EVALUATION. July 27, 2008：http：//www. rprudhomme. com/resources/2008 + Policy + Evaluation + France. pdf.

［75］Laura Polverari and John Bachtler：《assessing the evidence：the evaluation of regional policy in europe》, http：//www. eprc. strath. ac. uk/eprc/documents/PDF_ files/EPRP_ 56_ Assessing% 20the% 20Evidence% 20 – % 20The% 20Evaluation% 20of% 20Regional% 20Policy% 20in% 20Europe. pdf.

［76］KOIKE Osamu, HORI Masaharu, KABASHIMA Hiromi. The Japanese Government Reform of 2001 and Policy Evaluation System : Efforts, Results and Limitations. Ritsumeikan Law Review. No. 24, 2007.

［77］NATIONAL EVALUATION POLICY FRAMEWORK：http：//www. thepresidency. gov. za/MediaLib/ Downloads/Home/Ministries/National_ Evaluation_ Policy_ Framework. pdf.

［78］Performance Assessment in the Public Services of the EU Member States：Procedure for Performance Appraisal, for Employee Interviews and Target Agreements：European Communities (April 2008) .

［79］OECD：http：//www. oecd. org/dac/evaluationofdevelopmentprogrammes/understandingtheroleofevaluatio nindevelopmentprogrammes. htm.

［80］OECD：http：//www. oecd. org/dac/aideffectiveness/parisdeclarationandaccraagendaforaction. htm.

［81］IEG：http：//ieg. worldbankgroup. org/content/ieg/en/home. html.

[82] World bank. Independent evaluation group：Public sector reform：what works and why? An IEG evaluation of world band support，2008.

[83] UNEG：http：//www. uneval. org/.

[84] UNDP：http：//web. undp. org/evaluation/about - eo. htm.

[85] UNDP：Independent review of the UNDP evaluation policy，January 2010.

[86] UNDP：http：//web. undp. org/evaluation/.

[87] IOCE：http：//www. ioce. net/.

[88] AEA：http：//www. eval. org.

[89] James G. McGann. 2012 Global Go To Think Tanks Report And Policy Advice（1. 28. 2013）. University of Pennsylvania. http：//www. gotothinktank. com.

[90] 3ie：http：//www. 3ieimpact. org.

[91] Institute of Business& Economic Research：http：//iber. berkeley. edu/iberbulletinonline/facultyfeatures/2009fall_ iber_ hosts3ie. html.

[92] 李永生. 我国公共政策评估困境及完善途径. 改革与开放，2010（21）

[93] 王波. 公共政策评估：意义、困难和对策. 山西经济管理干部学院学报，2003（9）

[94] 倪星. 反思中国政府绩效评估实践. 中山大学学报（社会科学版），2008（3）

[95] 程国祥，李志. 刍议第三方政策评估对我国的启示. 行政与法，2006（3）

[96] 周建国. 政策评估中独立第三方的逻辑、困境与出路. 江海学刊，2009（6）

[97] 陈世香，王笑含. 中国政策评估：回顾与展望. 理论月刊，2009（9）

[98] 吕炜. 中国环境保护政策评估与建议. 山西建筑，2012（31）

[99] 周东兰. 大学生市场化就业政策的历史变革及其评估. 广东外语外贸大学学报，2006（7）

[100] 王海勇，冉晓晞. 环境保护与税费政策：一项总体评估. 河南师范大学学报（哲学社会科学版），2006（1）

[101] 潘毅，高岭. 中美公共政策评估系统比较及启示. 甘肃行政学院学报，2008（5）

[102] 韩丹. 中国政府限塑令政策预评估——从商家应对和消费者偏好角度分析限塑令的环保效应. 时代人物，2008（5）

[103] 窦薇，杨雅棋，韩学平. "限塑令"政策实施效应与对策研究. 中国环保产业，2010（2）

[104] 何正华，侯石安. 我国结构性减税政策效果的宏观分析. 中国税务，2009（9）

[105] 田霞. 国内外公共政策绩效评估比较研究. 会计之友，2009（6）

[106] 于立生. 公共政策评估理论研究及其困境分析. 发展研究，2011（5）

[107] 李春久. 立法后评估研究与行政立法后评估制度的构想. http：//www. chinalaw. gov. cn/article/dfxx/dffzxx/sd/jns/200801/20080100022526. shtml

[108] 崔孟修. 政府审计的新领域：政策评估. http：//www. audit. gov. cn/n1057/n1072/n1342/29113. html

[109] 丁时勇，张万钧，吕炜. 政府审计开展政策评估的优势分析. 审计月刊，2011（6）

[110] 刘祥永. 政府审计在政策评估中的作用及其实现方式. 审计文摘，2008（5）

[111] 徐锦婷. 国家审计在政策评估应用中的作用. http：//www. zjsjt. gov. cn/art/2009/1/15/art_ 506_ 35885. html

[112] 刘寰. 国家审计机关开展政策评估的理性思考. 审计与经济研究，2009（7）

[113] 曾稳祥. 深化政策评估审计 推动完善国家治理. 审计研究，2012（4）

［114］马朝琦，雷晓康．美国公共政策绩效评估方法及借鉴．西北农林科技大学学报（社会科学版），
2006（5）

［115］奚长兴．对法国公共政策评估的初步探讨．国家行政学院学报，2005（6）

［116］庞宇，崔玉亭．日本的政策评估体系和实践及其对中国科技评估的启示．中国科技论坛，2012
（3）

［117］黄斌．现代政策研究组织探析．福州大学学报（哲学社会科学版），2003（2）

［118］郑保章，王楠．我国民间公共政策分析机构发展的必然性分析．河北师范大学学报，（哲学社会
科学版），2005（2）

［119］陈振明．公共政策分析．北京：中国人民大学出版社，2003

［120］王建容．我国公共政策评估存在的问题及改进．行政论坛，2006（2）

［121］高兴武．公共政策评估：体系与过程．中国行政管理，2008（2）

［122］申喜连．试论我国公共政策评估存在的困境及制度创新．中央民族大学学报，2009（5）

［123］威廉·邓恩．公共政策分析导论．北京：中国人民大学出版社，2002

［124］雷洁．我国公共政策评估存在的问题及其对策．沿海企业与科技，2006（42）

［125］李德国，蔡晶晶．西方政策评估：范式演进和指标构建．科技管理研究，2006（8）

后　记

　　本书是在有关课题研究的基础上补充完善而成的。李志军同志负责总体设计和统稿，具体分工是：李志军、张友浪负责第一、二篇；杨超负责第三篇；王春晖负责第四篇；杨超、张友浪负责第五篇，其中案例四"大学生村官政策评估"由佘宇同志提供。

　　在有关课题研究和本书编辑出版过程中，始终得到了单位领导、同事和朋友的指导、关心和帮助。谨此一并表示衷心的感谢。由于时间和水平所限，书中缺点错误在所难免，敬请批评指正。

作　者

2013 年 5 月 8 日